◆···· 고교학점제 기반 교육과정 자기주도적 탐구활동 ····◆

SDGs와 함께 하는 심화탐구보고서

김선환 · 김진환 · 이석록 · 정재훈 · 최진규 · 피상훈

국가 지속가능발전목표
KOREAN SUSTAINABLE DEVELOPMENT GOALS (K-SDGs)

"깊이 있는 학습, SDGs로 완성하다"

역량 기반 학생부 경쟁력 강화를 위한 필독서!!

대학입학사정관 진학지도 교사 1급 진로진학상담사의 콜라보 도서!!

1급 진로진학상담사들과 명문대생들의 철저한 검토!!

학생부 자기평가서 양식 및 예시 QR 코드 제공 !!

교육과학사

지속 가능한 미래 교육을 위한 나침반을 들고...

지금 우리는 급변하는 사회와 예측 불가능한 미래라는 거대한 파도 앞에 서 있습니다. 기후변화, 빈곤, 불평등과 같은 전 지구적 과제들은 이제 더는 남의 일이 아닌, 우리의 일상과 밀접하게 연결된 현실입니다. 이러한 시대적 요구에 발맞춰 우리의 교육은 단순한 지식 전달의 역할을 넘어 학생들이 미래 사회의 변화를 주도할 수 있는 역량을 키우는 방향으로 나아가야 합니다. 학생들에게 단순히 정보를 전달하는 것을 넘어, 문제 해결 능력, 비판적 사고, 창의적 접근 방식을 배양하는 데 교육의 초점을 맞추어야 합니다. 그리고 실생활과의 연계성을 강화하고 다양한 학문 간의 융합을 통해 학생들이 실제 문제에 접근할 수 있는 능력을 키우는 방향으로 발전해 가야 합니다. 이를 위해서는 지속 가능한 발전과 관련된 주제를 우리의 교육과정에 통합하는 것이 중요합니다. 학생들이 기후변화와 같은 글로벌 이슈에 대한 깊은 이해를 바탕으로 책임 있는 시민으로 성장할 수 있도록 지도하는 것이 교육의 핵심 과제가 되어야 합니다. 그리고 학생들은 복잡한 사회적 이슈를 인식하고, 이를 해결하기 위한 전략을 구상하는 데 필요한 도구와 지식을 갖추어야 합니다. 이처럼 교육이 사회적 요구에 부응하면서 학생들에게 필요한 역량을 키워주는 방향으로 나아간다면 우리는 보다 나은 미래를 만들어 나갈 수 있을 것입니다.

2025년 고등학교 1학년부터 전면 시행되는 '2022 개정 교육과정'은 이러한 방향성을 명확히 하고 있습니다. 학생들이 변화하는 사회에서 주체적으로 성장할 수 있도록 돕는 지침이 될 이 교육과정은 단순 암기나 피상적 이해를 넘어, 실생활과 연계된 학습, 교과 간 융합 등을 통해 학생들이 미래 사회에 필요한 핵심역량을 함양하는 것을 목표로 하고 있습니다. 이처럼 미래 사회 대비에 필요한 필수적인 교육 방향을 제시하고 있는 만큼, 학생들은 실제 사례를 통해 학습하며 이론과 실천의 연계를 강화하고 다양한 관점을 이해할 수 있어야 합니다. 문제 해결 능력, 비판적 사고, 창의적 접근 방식 등은 학생들이 앞으로 직면하게 될 복잡한 사회적 이슈들에 대한 능동적인 대응력을 갖추는 데 필요한 핵심역량입니다. 이러한 역량은 학생들이 다양한 상황에서 효과적으로 의사결정을 내리고, 협력하여 문제를 해결할 수 있는 기반이 됩니다. 따라서 '2022 개정 교육과정'은 학생들이 실제 문제에 직면했을 때, 이를 분석하고 적절한 해결책을 도출할 수 있는 능력을 키우는 데 중점을 두어야 합니다. 이러한 목표 달성을 위해서는 체계적이고 실질적인 접근 방식이 요구되며, 교육자들은 학생들에게 더욱 효과적인 학습 환경을 제공해야만 합니다.

이 책은 '2022 개정 교육과정'과 'SDGs(지속가능한 개발목표)'의 연계를 통해 미래 교육의 방향성을 제시하고, 지속 가능한 발전을 위한 교육의 중요성을 강조하였습니다. 한국 사회의 특성을 반영한 K-SDGs(국가 지속가능발전목표)를 심층적으로 분석하여, 교육 공동체에 긍정적인 영향을 미치고, 학생들이 미래 사회의 주역으로 성장하는 데 이바지 하기를 바라면서 학생들이 실제 삶과 연계된 학습을 할 수 있도록 설계하였습니다. 학생들은 '2022 개정 교육과정'의 핵심역량인 비판적 사고력, 창의적 문제 해결력, 협업 능력, 의사소통 능력을 기르는 탐구 주제에 초점을 맞추고, 탐구 과정에 대한 성찰을 통해 자신의 학습 과정을 되돌아보며 더욱 발전된 학습 전략을 수립할 수 있을 것입니다. 그리고 다양한 탐구 주제 및 활동 예시를 통해 학생들의 흥미와 참여를 유도하고, 학교 교육의 범위를 넘어 지역 사회와의 연계를 강조하여 학생들이 실제 사회 문제 해결에 참여할 수 있도록 지원합니다. 또한, 탐구활동 결과를 체계적으로 정리하고 공유할 수 있도록 이론적 배경과 실제 탐구활동 설계 및 보고서 작성 방법을 설명하였습니다.

학생들이 교육과정을 통해 얻은 지식을 실제로 적용하는 데 유용하도록 다음과 같이 이론편 총 11장과 활용편 총 7장으로 구성하였습니다. 또한 부록에서는 최진규 선생님의 저서 '결정적 학생부' 「교과 세부능력 및 특기사항」 자기평가서 양식 및 예시를 첨부하여 학교 현장에서 실질적인 도움이 되도록 구성하였습니다.

1. '2022 개정 교육과정'과 'SDGs'의 융합

급변하는 사회 속에서 미래 세대가 갖춰야 할 핵심역량을 설정하고, 2022 개정 교육과정과 SDGs의 연계 필요성을 강조합니다. 학생들이 사회적 문제를 인식하고, 이를 해결하는 데 필요한 역량을 키울 수 있도록 교육의 방향성을 제시합니다.

2. 'UN-SDGs'와 'K-SDGs'의 연관성

UN-SDGs의 17가지 목표와 한국의 현실에 맞춘 K-SDGs의 연관성을 설명하고, 국제적 논의가 한국 사회에 어떻게 적용되는지를 보여줍니다. 이를 통해 학생들이 글로벌 문제를 이해하고, 지역적 맥락에서 이를 고민할 기회를 제공합니다.

3. '제4차 국가 지속가능발전목표' 분석

17개 목표, 119개 세부목표, 236개 지표를 상세히 소개하며, 지속 가능한 발전을 위한 구체적인 목표를 제시합니다. 이를 통해 학생들이 각 목표의 중요성을 이해하고, 실제 적용 가능성을 탐구할 수 있도록 안내합니다.

4. '2022 개정 교육과정' 핵심역량 및 하위요소

학생들이 길러야 할 핵심역량과 통합사회 및 통합과학의 함양 방법을 설명합니다. 비판적 사고, 창의적 문제 해결, 협업 능력, 의사소통 능력 등을 중심으로 각 교과에서 어떻게 이러한 역량을 함양할 수 있을지 하위 요소 키워드를 구체적으로 제시합니다.

5. '2022 개정 교육과정' 내용 체계 및 성취기준

교사들이 교육과정을 효과적으로 설계하고 평가하는 데 도움을 주는 내용 체계 및 성취기준을 설명합니다. 이를 통해 교사들이 학생들의 학습 목표를 명확히 하고, 평가 기준을 설정할 수 있는 기반을 마련합니다.

6. 'K-SDGs' 목표와 교과 연계 주제탐구

K-SDGs 목표와 관련된 탐구 주제(통합사회, 통합과학) 및 활동 예시를 제시하여, 교과 간 융합 학습을 지원합니다. 학생들이 실제 사회 문제를 탐구하며, 학문 간의 경계를 넘는 학습 경험을 제공합니다.

7. 'K-SDGs' 목표와 교과 연계 주제탐구 AI prompt

학생들의 탐구 활동을 돕는 구체적인 질문을 제시합니다. 이러한 질문들은 학생들이 깊이 있는 탐구를 진행하도록 유도하며, 자기 생각을 정리하고 표현하는 데 도움을 줍니다.

8. '정부출연연구기관'의 연구 분야 탐구

학생들이 정부출연연구기관의 연구 분야와 연계하여 탐구 활동을 수행하는 방안을 제시합니다. 이를 통해 학생들은 이론을 넘어 실제 연구 환경에서와 같은 경험을 쌓을 수 있습니다.

9. '정부출연연구기관'의 연구 분야 탐구 AI prompt

연구 활동을 위한 구체적인 질문을 제시합니다. 학생들이 연구기관의 연구 분야를 통해 더욱 구체적이고 실질적인 문제 해결능력을 키울 수 있도록 합니다.

10. '지방자치단체'와 교과 연계 탐구 활동

학생들이 지방자치단체가 직면하고 있는 지역 사회 문제를 탐구하고 해결 방안을 모색하는 활동을 제시합니다. 지역 사회의 실질적 문제를 이해하고, 해결책을 제시하도록 안내합니다.

11. '지방자치단체'와 교과 연계 탐구 활동 AI prompt

지역 사회 문제 탐구를 위한 구체적인 질문을 제시합니다. 이를 통해 학생들이 지역 사회의 요구를 이해하고, 그에 맞는 해결 방안을 제시할 수 있도록 돕습니다.

• 활용편 – 탐구보고서 작성 안내

K-SDGs와 교과, 정부출연연구기관, 지방자치단체 연계 탐구보고서 작성 방법을 설명합니다. 학생들이 학습 과정을 반성하고, 성과를 구체적으로 기록하면서 탐구활동의 결과를 체계적으로 정리하고 공유할 수 있도록 안내합니다.

이 책에 담긴 탐구 주제들은 단순히 교과 지식을 습득하는 것을 넘어, 비판적 사고력, 창의적 문제 해결력, 협업 능력, 의사소통 능력과 같은 2022 개정 교육과정의 핵심역량을 함양하는 데 초점을 맞추었습니다. 또한, 탐구 과정에 대한 성찰을 통해 학생들은 자신의 학습 과정을 되돌아보고, 더욱 발전된 학습 전략을 수립할 수 있도록 안내합니다.

이 책이 교사들에게는 새로운 교육과정을 깊이 있게 이해하고, 학생 중심의 탐구 활동을 설계하는 데 실질적인 아이디어를 제공하는 역할을 하기를 기대합니다. 학부모들에게는 자녀의 학습을 이해하고, 가정에서 함께 지속가능한 미래를 위한 실천을 격려하는 동반자가 되기를 바랍니다. 그리고 학생들에게는 스스로 질문하고 탐구하며, 더 나아가 세상을 변화시키는 주역으로 성장하는 데 용기를 북돋아 주는 나침반이 되기를 바랍니다.

2025년 3월

저자 일동

최근 상위권 대학의 학생부종합전형 평가는 학업역량(평가요소) 중심으로 이뤄지고 있다. 학업역량 중에서도 특히 탐구력(평가항목)의 변별력과 중요성이 큰 편이어서 교과 세특과 창체 활동의 중심을 이루는 심화탐구 보고서를 어떻게 준비할지 수험생들의 고민이 깊다. 근래의 준비 경향은 희망하는 전공 분야에 맞춰 진로 일변도로 심화탐구 보고서의 여러 주제를 나열식으로 보여주는 것보다 각 교과목의 특징에 맞는 깊이 있는 공부 경험의 이력을 만들어나가는 것을 권장하고 있다. 2030년까지 인류가 공동으로 추구해야 할 가장 시급하고 핵심적인 과제인 SDGs(지속가능발전목표)는 깊이 있는 공부의 방향성을 명확하고 친절하게 제시해 줄 것으로 기대된다. 각 교과목을 공부하며 SDGs의 내용 중 자기 관심 분야를 연계시켜 주제를 선택하고 자기 주도적 해결책을 고민하는 보고서 준비에 많은 도움이 될 것으로 기대된다.

- 대구광역시교육청 중등교육과 대입지원관, 법학박사 윤종걸 -

인공지능이 산업과 사회 전반에 일상화되어 일자리가 줄어드는 상황에서, 지속가능한 발전 목표(SDGs)를 아는 것은 새로운 직업의 기회를 찾는 열쇠가 될 수 있다. 또한, 수능시험에 한정된 학업 경험을 전 세계적인 필요 사항을 이해하고 탐구하도록 하는 이 책은 학생들에게 새로운 관점과 탐구 경험을 제공하는 새로운 교육 담론으로 충분하다. 앞으로 어떤 분야에서 일할 것인지 찾지 못했다면, 이 책을 통해서 영감을 얻기를 바란다.

- 전) 서울청원고 진학부장, 교육학 박사 배상기 -

청출어람(靑出於藍)이라고들 하나, 먼저 청(靑)이 되어야 람(藍)이 되는 것이 이치입니다. 많은 선생님들이 무엇을 가지고 어떻게 제자들을 만나야 그들을 람(藍)으로 만들 수 있을까 고민하고 있습니다. 그런데, 여기 먼저 이 푸른 길을 개척한 분들이 있습니다. 지난 수십 년간 고교 현장에서, 대학 현장에서 치열한 고민과 토론과 실천 속에 만들어진 길입니다. 길은 처음 만들기 어렵지만, 한 번 만들어진 연후에는 뭇사람이 편히 갈 수 있습니다. 제자들과 함께 이 길을 걷고, 그 길 끝에서 쪽빛으로 성장할 제자들의 모습을 상상해 보시기 바랍니다.

- 숭의여고 교사 정제원 -

고교학점제 전면시행에 따라 학생들은 다양한 과목을 선택하고 깊이 있는 학습이 필요합니다. 이 책은 지속가능한발전목표와 연계하여 학문 간 융합적 사고를 기를 수 있도록 구성된 교재입니다. 교과서에서 배운 지식을 현실 문제와 연결하고, 분석과 탐구를 통해 해결 방안을 모색하는 경험을 할 수 있습니다. 특히 인공지능을 활용한 탐구 방법을 통해 창의적이고 융합적인 사고를 한층 더 업그레이드할 수 있는 좋은 기회가 될 것입니다.

- 서령고 교사 권오성 -

고교 학점제는 다양성과 개별성을 존중하는 교육 체계입니다. 이를 통해 학생들은 진로와 적성에 맞는 학습을 경험하며, 미래 사회가 요구하는 창의적이고 융합적인 인재로 성장할 수 있습니다. 'SDGs와 함께 하는 심화탐구보고서'는 교과서에서 배운 내용을 실제 문제에 직면했을 때, 이를 분석하고 적절한 해결책을 모색하는 능력을 키울 수 있도록 저자들의 풍부한 실전 경험과 혜안을 바탕으로 만들어진 최적의 교재라고 생각합니다. 아울러 이 책은 꼼꼼하게 나무도 볼 수 있고, 전체 숲도 조망할 수 있는 시금석이 될 교재라고 확신합니다.

- 지산고 교사 김익규 -

지속 가능 발전목표와 연계한 심화 탐구보고서 작성에 도움이 되는 이 책은 미래 사회의 다양한 도전과제를 창의적으로 해결할 수 있는 방법을 제시합니다. 사례 분석과 실제 적용 방법이 풍부하여 학습자들에게 실질적 영감을 주며, 교육 현장에서 혁신적인 사고를 촉진하는 유익한 자료입니다. 미래를 준비하는 학생과 선생님들에게 필독할 가치가 있고, 탐구력을 불러일으킵니다.

- 오늘과 내일 학교 회장 정동완 -

이 책은 SDGs라는 글로벌 주제를 통해 학생들에게 융합적 사고와 문제 해결 능력을 키울 수 있는 교육 도구로서 탁월합니다. 과학, 사회, 경제 등 다양한 교과와 연결된 탐구 활동은 학생들이 학문 간 경계를 넘어 사고할 수 있도록 돕습니다. 또한, 탐구 과정에서 학생들이 스스로 동기를 부여받고 성장하는 모습을 상상하게 만드는 책입니다. 교육 현장에서 활용하기에 최적화된 자료로, 교사들에게도 큰 도움이 될 것입니다. 특히 교육과정부 부장으로서 학교 내에 개설된 교과 간의 융합적 접근을 시도할 수 있는 다양한 접목 거리가 풍부한 것도 큰 장점입니다.

- 인천 인항고 교육과정부 부장 허진석 -

『SDGs와 함께 하는 심화탐구보고서』는 학생들이 단순히 지식을 습득하는 것을 넘어, 지속가능한 미래를 위해 실천 가능한 아이디어를 제안하고 행동으로 옮길 수 있도록 돕는 실천적 학습의 새로운 패러다임을 제시합니다. 이 책은 SDGs라는 글로벌 주제를 중심으로 학생들이 주도적으로 탐구하고, 창의적 해결책을 제시하며, 나아가 실천 방안을 고민하도록 유도합니다. 특히, 각 주제별로 제공되는 탐구 과정과 결과물 예시는 교사들에게도 수업 설계의 귀중한 자료가 될 것입니다. 학생들이 탐구를 통해 얻은 깨달음을 실천으로 연결할 수 있도록 돕는 구조화된 접근법이 돋보이며, 지속가능발전교육(ESD)을 고민하는 모든 교육자들에게 이 책은 필독서입니다. 또한 지역 문제 해결에 도전하는 Living Lab 프로젝트와 연계하여 활용한다면 매우 유용한 길잡이가 될 것으로 확신합니다.

- 파주시 교하고 (전)진로부장 교사, 성균관대학교 철학박사 강세순 -

'SDGs와 함께 하는 심화탐구보고서'는 단순히 지속가능발전목표(SDGs)를 학습하는 데 그치지 않고, 학생들이 스스로 문제를 정의하고 해결 방안을 탐구할 수 있도록 돕는 훌륭한 길잡이입니다. 이 책은 2022 개정 교육과정의 취지에 맞춰, 학생들이 주도적으로 학습하며 창의적 사고를 발휘할 수 있는 환경을 제공합니다. 특히, 17개의 SDGs를 다양한 교과와 연계하여 창의적이고 실질적인 탐구 활동으로 확장할 수 있는 구체적인 사례와 방법론이 담겨 있어, 교사와 학생 모두에게 큰 영감을 줄 것입니다. 이 책은 단순히 학습 자료를 넘어, 학생들이 글로벌 시민으로 성장할 수 있는 발판을 마련해 줍니다. 미래를 준비하는 교육의 본질을 고민하는 모든 분께 강력히 추천합니다.

- 학교법인 창성학원 이사, (전)대전중앙고 진학지도 교사 김태근 -

이 책은 학교현장에서 개념적 지식을 기반으로 각종 탐구활동 등을 통해 지식을 확장하고 수업 내용과 연계된 질문을 하거나 새로운 문제 해결 방법을 찾고 수업에서 생긴 궁금증을 풀어보고 역량을 기르기 위해 주제 탐구, 프로젝트 학습과 관련된 자율활동을 통해 꾸준한 탐구 의지를 보여주고 안내하는 길라잡이로서 학생들이 자신감을 갖고 탐구역량을 파악하고 개척하는 멋진 안내서가 될 것입니다. 집필진들에게 노고의 박수를 보냅니다.

- 한국교원대 전국진로진학교사 자격연수 강사,
국립창원대 영어영문학과 겸임부교수 손국석 -

차 례

Ⅰ. 이론편

Ⅱ. 활용편 – 탐구보고서 작성 안내

I

이론편

제 1 장

'2022 개정 교육과정'과 'SDGs'의 융합

[사진 출처: UN SDGs 협회]

지속가능한 개발 목표(Sustainable Development Goals, SDGs)는 2030년까지 인류가 공동으로 추구해야 할 가장 시급하고 핵심적인 과제입니다. 이는 단순히 과거 밀레니엄 개발 목표(MDGs)의 연장이 아닌, 사회, 경제, 환경의 상호 연관성을 포괄하는 더욱 심층적이고 통합적인 접근 방식을 제시합니다. 그러나 2020년 초 발생한 COVID-19 팬데믹은 전 세계적인 보건 위기를 야기했을 뿐만 아니라, 경제 침체, 사회적 불평등 심화, 그리고 SDGs 달성을 위한 노력에 심각한 지장을 초래했습니다. 엎친 데 덮친 격으로, 우크라이나 전쟁은 국제 질서를 불안정하게 만들고 에너지 및 식량 안보 위기를 증폭시켰으며, 기후변화로 인한 극심한 기상 이변은 지구 생태계의 회복력을 시험하고 있습니다. 이러한 복합적인 위기는

SDGs 달성 시한이 얼마 남지 않은 상황에서 국제사회의 공동 노력을 더욱 절실하게 요구하고 있습니다.

이러한 위기 상황 속에서, 미래 세대에게 지속가능한 사회를 물려주기 위한 교육의 역할은 그 어느 때보다 중요합니다. 2022 개정 교육과정은 이러한 시대적 요구에 부응하여 2022 개정 교육과정에서 '지속가능발전'을 모든 교과에서 강조하고 있으며, '기후변화와 지속가능한 세계'와 같은 과목을 통해 학생들이 지속가능발전목표(SDGs)에 대한 심층적인 이해를 함양하고, 이를 바탕으로 실제적인 문제 해결 역량을 강화하는 데 중점을 두고 있습니다. 특히, 단순히 지식 전달에 머무르지 않고, 학생들이 환경적, 경제적, 사회적 측면을 통합적으로 고려하여 지역 사회의 지속가능성 관련 이슈를 분석하고, 비판적 사고 능력과 실천적 문제 해결 능력을 키우도록 설계되었습니다. 이는 곧 미래 사회의 주역이 될 학생들이 복잡하고 다층적인 지속가능성 문제에 대해 숙고하고, 적극적으로 해결 방안을 모색하는 주체로 성장하도록 돕는 것을 목표로 합니다.

이 책은 이러한 2022 개정 교육과정의 방향성과 맥을 같이하며, 학생들이 지속가능발전목표(SDGs)를 추상적인 국제적 목표로 인식하는 데 그치지 않고, 자신들의 삶과 밀접하게 관련된 지역 사회의 구체적인 사례를 통해 체감하고 이해하도록 돕고자 기획되었습니다. 학생들은 신문 기사, 학술 논문, 정부 보고서, NGO 간행물, 다큐멘터리, 심지어 문학 및 예술 작품에 이르기까지 다양한 형태의 자료를 비판적으로 분석하는 과정을 통해, SDGs가 어떻게 지역 사회의 다양한 맥락 속에서 구현되고 있는지, 또 어떤 어려움에 직면하고 있는지 심층적으로 탐구하게 될 것입니다. 이러한 탐구 과정은 학생들이 지속가능성 문제에 대한 다각적인 시각을 갖추도록 돕고, 나아가 자신들의 역량을 활용하여 지역 사회의 지속가능성을 증진하는 데 기여할 방안을 모색하도록 이끌 것입니다.

이 책은 2022 개정 교육과정이 지향하는 핵심 가치, 즉 자기 주도 학습 능력,

비판적 사고 능력, 창의적 문제 해결 능력, 그리고 공동체적 책임감을 함양하는 데 필수적인 도구로서 기능할 것입니다. 학생들이 본서를 통해 습득한 지식과 분석 능력, 그리고 문제 해결 역량은 단순히 교실 안에서의 학습 경험에 머무르지 않고, 실제 삶 속에서 지속가능한 삶의 방식을 실천하고, 더 나아가 사회의 긍정적인 변화를 이끌어 내는 데 중요한 밑거름이 될 것이라고 확신합니다. 지속가능한 미래를 향한 여정에 함께하는 모든 학생에게 이 책이 의미 있는 길잡이가 되기를 기대합니다.

제 2 장

'UN-SDGs'와 'K-SDGs'와의 연관성

[사진 출처: 지속가능발전포털]

UN의 지속가능발전목표(SDGs)와 한국형 지속가능발전목표(K-SDGs)는 긴밀하게 연결되어 있으며, K-SDGs는 UN SDGs를 바탕으로 한국의 특수한 상황과 맥락을 반영하여 설정된 국가 차원의 이행 계획입니다. 둘의 관계를 명확히 설명하면 다음과 같습니다.

1. UN SDGs: 글로벌 목표이자 프레임워크

1) 보편성과 포괄성: UN SDGs는 2030년까지 전 세계가 공동으로 달성해야 할

보편적인 목표입니다. 빈곤 퇴치, 불평등 해소, 기후변화 대응 등 17개의 주 목표와 169개의 세부목표를 포함하며, 경제, 사회, 환경의 모든 영역을 포괄합니다.

2) 글로벌 어젠다: UN SDGs는 국제사회의 공동 번영과 지구의 지속가능성을 위한 거대한 틀(프레임워크)을 제시하며, 각국은 이 틀 안에서 자국의 상황에 맞게 목표를 설정하고 이행해야 합니다.

3) 지향점 제시: UN SDGs는 각 국가가 나아가야 할 방향성을 제시하며, 지속가능한 발전을 위한 국제적인 협력과 연대의 기반이 됩니다.

2. K-SDGs: UN SDGs의 국가적 이행 체계

1) UN SDGs의 국내화: K-SDGs는 UN SDGs의 목표와 방향성을 존중하면서, 한국의 경제적, 사회적, 환경적 특성과 우선순위를 반영하여 국내 상황에 맞게 구체화한 목표입니다. 즉 UN SDGs라는 큰 그림 안에서 한국이라는 퍼즐 조각을 맞추는 과정입니다.

2) 국가적 특성 반영: 예를 들어, 한국의 경우 고령화 사회, 저출산 문제, 미세먼지 문제 등 UN SDGs가 직접적으로 다루지 않는 특수한 국가적 과제를 K-SDGs에 포함하여 더욱 현실적인 목표 설정을 가능하게 합니다. 또한, 한국의 높은 교육 수준이나 정보통신기술 발전과 같은 강점을 활용하여 SDGs 달성에 기여할 수 있는 목표를 강조하기도 합니다.

3) 이행 주체와 책임 명확화: K-SDGs는 정부, 기업, 시민사회 등 다양한 주체의 역할과 책임을 명확히 하고, 국가 차원의 정책 수립 및 예산 배분 등에 활용되어 SDGs 이행을 위한 구체적인 실행 계획을 수립하는 데 기여합니다.

4) 성과 측정 및 관리: K-SDGs는 UN SDGs의 목표 달성 여부를 국내 상황에 맞게 측정하고 관리하기 위한 지표를 설정하고, 정기적인 보고 및 평가를 통해 이행 상황을 점검하고 개선 방향을 모색하는 데 활용됩니다.

3. UN SDGs와 K-SDGs의 상호 연관성

1) K-SDGs는 UN SDGs 달성에 기여: 한국이 K-SDGs를 효과적으로 이행하는 것은 곧 UN SDGs의 글로벌 목표 달성에 기여하는 것입니다. 각 국가의 노력들이 모여 전 세계적인 변화를 만들어 내는 것이 SDGs의 기본 정신입니다.
2) UN SDGs는 K-SDGs의 방향성 제시: UN SDGs는 K-SDGs가 나아가야 할 방향을 제시하고, 국제적인 기준과 비교하며 한국의 지속가능발전 수준을 평가하는 기준이 됩니다.
3) 정보 공유 및 협력: UN과 국제사회는 SDGs 이행 관련 정보를 공유하고 모범 사례를 전파하며, 각국의 K-SDGs 수립 및 이행을 지원합니다. 한국 또한 국제사회와의 협력을 통해 K-SDGs를 발전시켜 나갈 수 있습니다.

4. K-SDGs 수립 및 제4차 기본계획 수립

제3차 지속가능발전 기본계획을 수정/보완한 '제4차 지속가능발전 기본계획'은 2021-2040 기간의 지속가능발전 실행 계획을 담고 있습니다. 제4차 지속가능발전 기본계획은 미래 세대와 공존하는 지속가능한 발전을 위하여 K-SDGs 목표 및 지표는 국민의 의견을 수렴하여 미래지향적으로 구성하였습니다. 제4차 지속가능발전 기본계획의 개편 방향성은 아래와 같습니다.

① 기존 K-SDGs 17개 목표체계를 그대로 유지
② 여건 변화 등을 반영하여 세부목표 및 지표 보완 (122개 세부목표, 214개의 지표 → 119개 세부목표, 236개 지표)
③ K-SDGs 달성에 필요한 정책과제를 17개 목표별 제시
④ 향후 5년 중점 추진 및 관리 필요한 정책목표 및 지표 선정

결론적으로, K-SDGs는 UN SDGs라는 국제적인 약속을 한국의 현실에 맞게 실천하기 위한 국가적인 전략이자 구체적인 실행 계획입니다. UN SDGs가 제시하는 큰 방향성을 바탕으로, 한국 사회의 특성과 과제를 고려하여 더욱 효과적이고 체계적으로 지속가능한 발전을 이루어나가기 위한 노력의 결과라고 볼 수 있습니다. K-SDGs의 성공적인 이행은 한국 사회의 지속가능성을 높이는 것은 물론, 국제사회의 SDGs 달성 노력에도 중요한 기여를 할 것입니다.

제3장 K-SDGs '제4차 국가 지속가능발전목표(K-SDGs)' 분석

(출처: 국가지속가능발전포털 https://www.ncsd.go.kr/)

[출처: 지속가능발전포털]

□(G1) 빈곤층 감소와 사회안전망 강화

"모든 곳에서 모든 형태의 빈곤 종식"

[기본 정보]

2000년 이래 세계 빈곤율은 절반으로 낮아졌지만, 개발도상국의 10명 중 1명은 여전히 하루에 1.9달러의 국제 빈곤선(최저 생활비) 이하 생활비로 살고 있으며, 일일 금액보다 더 적게 버는 사람은 수백만 명 이상 존재합니다. 동아시아, 동남아시아 지역에서 두드러진 진척을 보였으나, 사하라 이남 아프리카 인구의 42%에 해당하는 사람들은 여전히 극심한 빈곤으로 고통받고 있습니다.

빈곤은 지속적인 생계를 보장하기 위한 수입과 자원의 부족에 그치지 않는 그 이상의 결핍을 의미합니다. 여기에는 기아와 영양실조, 교육 및 생활 서비스에 대한 제한, 사회적 차별과 배제, 의사결정 참여의 제약 등이 포함됩니다.

경제발전은 반드시 지속가능한 일자리를 제공하고 불평등 구조를 개선하기 위한 포괄적인 목표를 가져야 합니다. 사회적 보호체계는 재난 위험이 있는 국가들의 고통을 완화하고 경제적 위기 극복을 위해 지원이 필요하며, 이러한 제도는 재해 발생 시 예상치 못한 비용 손실로 고통받는 사람들의 대응력을 강화하고 궁극적으로 절대빈곤 지역의 극심한 빈곤을 종식시키는 데 도움이 될 것입니다.

[수치와 현황]

전 세계 인구의 10%, 7억 명이 넘는 사람들이 하루 1.9달러 미만으로 생존하며 극심한 빈곤 속에 놓여 있습니다.

직업을 갖는 것은 생존을 보장하지 못합니다. 2018년 세계 노동인구 중 8%는 그들의 가족과 함께 극심한 가난 속에서 살고 있었습니다. 전 세계적으로 같은 연령대 남성 100명과 비교하면 25세에서 34세 사이의 여성 122명은 극도의 빈곤 속에서 살고 있습니다. 국제 빈곤선 1.9달러 미만으로 살아가는 대부분 사람은 남아시아와 사하라 이남 아프리카 지역에 속해 있습니다. 높은 빈곤율은 규모가 작고, 약하며, 갈등에 시달리는 국가에서 나타납니다.

빈곤은 아동의 발달 불균형을 유발합니다. 5명 중 1명의 아이는 극심한 가난에 처해 있습니다. 2018년 기준, 전 세계 인구의 55%가 사회보장을 전혀 받고 있지 못합니다. 2018년에는 출산한 여성 중 41%만이 출산장려금을 받았습니다.

세부목표 1-1. 남녀노소, 장애여부 등과 관계없이 빈곤인구 비율을 OECD 평균 이하 수준으로 줄인다.

• 정책과제

① 공공부조 제도 역할 강화

② 노후소득보장체계 확충

세부목표 1-2. 사회보장제도의 사각지대를 최소화하고, 빈곤층과 취약계층에 대한 실질적 보장을 달성한다.

• 정책과제

① 국민 의료비 부담 경감

② 고용보험 및 산재보험 적용대상 확대를 통한 사각지대 해소

③ 취약계층을 위한 노후보장 강화

세부목표 1-3. 빈곤층과 취약계층에 사회서비스 제공을 강화한다.

• 정책과제

① 생애주기별/대상별 사회서비스 확충

세부목표 1-4. 빈곤층과 취약계층의 경제·사회·환경적 충격 및 재난에 대한 노출을 감소하고, 회복력을 강화한다.

• 정책과제

① 긴급복지지원제도 강화

② 장애인 재난·안전 지원시스템 강화

[출처: 지속가능발전포털]

□(G2) 식량 안보 및 지속가능한 농업 강화

"기아 종식, 식량 안보와 개선된 영양상태의 달성, 지속 가능한 농업 강화"

[기본 정보]

우리가 어떻게 음식을 재배하고, 유통하고, 소비하는지 다시 생각해 볼 때입니다. 제대로만 한다면 농업·임업·어업은 모든 사람에게 영양이 풍부한 음식을 제공할 수 있고, 상당한 수준의 소득을 창출할 수 있으며, 동시에 국민 중심의 농촌 발전을 지원하고 환경을 보호할 수 있습니다.

현재 토양, 담수, 바다, 산림의 훼손으로 생물다양성은 급격히 감소되고 있습니다. 기후변화는 우리가 의존하는 자원에 치명적인 영향을 미치고 있고, 가뭄이나 홍수와 같은 재난 위험을 증가시키고 있습니다. 많은 농민은 더는 그들의 땅에서 생계를 유지할 수 없어 기회를 찾기 위해 도시로 이주해야 하며, 열악한 식량 안전보장은 심각한 영양실조로 수백만 명의 아이들의 성장을 저해하거나 수명을 단축하고 있습니다.

세계적으로 영양결핍에 시달리는 인구는 8억 1500만 명, 2050년까지 추가로 20억 명의 인구가 영양결핍에 시달릴 것으로 예상하며 이들을 부양하려면 세계 식량과 농업 시스템의 근본적인 변화가 필요합니다. 농업에 대한 투자는 농업 생산력 발전에 필수적이며 지속 가능한 식량 생산 시스템은 영양결핍 발생 위험을 줄이는 데 필요합니다.

[수치와 현황]

• 기아

2017년 기준, 전 세계적으로 8억 2100만 명은 영양부족 상태입니다.

영양부족에 시달리는 인구 대부분은 개발도상국에 살고 있으며, 12.9%의 사람들이 영양부족으로 고통받고 있습니다.

사하라 이남 아프리카 지역은 기아가 가장 극심한 곳입니다. 게다가 2014년 20.7%에서 2017년 23.2%로 증가하는 추세입니다.

사하라 이남 아프리카 지역에서 영양실조 인구는 2014년 1억 9500만 명에서 2017년 2억 3700만 명으로 증가하였습니다.

영양부족으로 인한 5세 이하 어린이 사망률은 45%로, 매년 310만 명의 어린이들이 죽고 있습니다.

2018년에는 전 세계 5세 이하 아동의 22%에 해당하는 1억 4900만 명의 아동들이 만성 영양부족 상태로 밝혀졌습니다.

• 식량 안보

농업부문 종사자는 전 세계 노동인구의 40%를 웃돌며 많은 인구가 농업에 생계를 의존합니다.

전 세계적으로 5억 개의 작은 농장들 대부분은 여전히 비를 통해 물을 공급받으며, 이 소농들은 개발도상국의 많은 지역에서 소비되는 음식의 최대 80%를 제공합니다. 소농에 대한 투자는 지역 및 전 세계 식량 생산뿐만 아니라, 절대 빈곤층을 위한 식량 안보와 영양 증진을 위해서도 중요합니다.

1900년대 이후 작물 품종의 75%가 사라졌습니다. 농업의 생물 다양성을 더 잘 활용한다면 식단의 영양을 더욱 높이고 농업 공동체의 생계를 향상하며, 복원할 수 있고 지속가능한 농업 시스템을 만들 수 있습니다.

만약 여성 농부들이 남성과 동일한 자원을 이용할 수 있다면, 세계의 굶주린 사람들의 수는 1억 5천만 명까지 줄어들 수 있습니다.

전 세계적으로 40억 명의 사람들이 전기를 사용할 수 없으며 대부분은 개발도상국의 농촌 지역에 거주하고 있습니다. 많은 지역의 에너지 빈곤은 충분한 식량을 생산하는 것을 방해하는 근본적인 장벽입니다.

세부목표 2-1. "취약계층에 대한 식량 접근성을 안정적으로 보장한다."

• 정책과제

① 취약계층 대상 복지용 쌀 할인공급

② 미래 세대 등 맞춤형 식품 지원 등을 통한 식생활 개선

세부목표 2-2. "농가 소득원을 다각화하고, 경영 안전망을 확충하여 농가 소득증대를 도모한다."

• 정책과제

① 농축산물 수급 안정 및 판로확충 등 농업소득 증대

② 농촌 융복합 사업 등을 통한 농외소득 증대

③ 재해대응력 강화, 공익직불제 본격 추진 등 소득안전망 구축

세부목표 2-3. "지속가능한 식량 생산체계를 구축한다."

• 정책과제

① 친환경 농업 확산

세부목표 2-4. "종자, 작물, 가축의 유전적 다양성을 유지하고 신품종을 개발한다."

• 정책과제

① 농업유전자원의 다양성 유지

② 신품종 개발

세부목표 2-5. "식량 작물의 가격 변동성을 줄여 식량 접근성을 보장한다."

• 정책과제

① 쌀 적정생산, 소비촉진을 통해 수급 균형으로 쌀 가격 안정

② 적정 수준의 정부 관리 양곡 재고 유지 및 효율적 관리

③ 국제곡물가 변동 등 외부요인에 대한 대응 체계 구축

[출처: 지속가능발전포털]

□(G3) 건강하고 행복한 삶 보장

"모든 연령층을 위한 건강한 삶 보장과 복지 증진"

[기본 정보]

전 연령대의 건강한 삶을 보장하고 복지를 증진하는 것은 지속가능한 발전에 필수적입니다.

인류의 기대 수명은 늘어나고 영·유아와 임산부 사망률은 감소하는 등의 상당한 진전이 이루어졌지만 2030년까지 10만 명당 70명 미만의 임산부 사망률 감축 목표를 위해서는 출산시스템의 전문적인 개선이 필요합니다. 2030년까지 비전염성 질병으로 인한 조기 사망률을 1/3로 줄이는 목표를 달성하기 위해서 요리 중 깨끗한 기름을 사용할 수 있는 효율적인 기술을 장려하고, 담배의 위험에 대한 교육이 필요합니다.

다양한 질병을 근절하고 지속해서 발생하는 건강 문제들을 해결하는 데에도 큰 노력이 필요합니다. 의료시스템에 대한 효과적인 자금 지원, 위생 개선, 의료서비스의 접근성 확대, 환경오염 방지에 대한 정보제공 등에 중점을 둠으로써, 수백만 명의 생명을 살리는 큰 진전을 이룰 수 있습니다.

[수치와 현황]

• 어린이 건강

1990년에 비해서는 매일 아이들이 17,000명 덜 사망하지만, 매년 5번째 생일을 넘기지 못한 5백만 명 이상의 아이들이 죽고 있습니다. 2000년 이후, 홍역 백신은 거의 1,560만 명의 사망자를 방지했습니다.

국제적인 진전에도 불구하고 사하라 이남 아프리카와 남부 아시아 지역의 아동 사망률은 증가하고 있습니다. 5세 미만 아동 사망자의 5명 중 4명이 이들 지역에서 발생합니다. 최빈곤층 자녀는 부유층의 자녀보다 5살 이전에 사망할 확률이 거의 두 배나 높습니다. 교육을 받은 어머니의 자녀들, 심지어 초등 교육을 받은 어머니의 자녀가 교육을 받지 않은 어머니의 자녀들보다 생존할 가능성이 더 큽니다.

• 임산부 건강

임산부의 사망률은 2000년 이후 37% 감소했습니다. 동아시아, 북아프리카, 남아시아에서는 임산부 사망률이 약 3분의 2로 감소했습니다. 하지만 출산 후 사망하는 임산부 사망률은 선진국보다 개발도상국에서 14배 이상 높습니다.

많은 여성이 출산 전 관리를 받고 있으며, 개발도상국에서는 1990년 65%에서 2012년 83%로 관리율이 증가했습니다. 개발도상국의 여성 중 절반만이 그들이 필요로 하는 권장 의료 서비스를 받습니다. 개발도상국에서 청소년의 출산율은 감소하는 추세이나 성과속도는 더딘 상황입니다. 1990년대 피임약의 사용이 많이 증가하였으나 2000년대 구체적인 성과로 이어지지는 않았습니다. 가족계획의 필요성은 많은 여성에게 서서히 충족되고 있지만, 수요는 빠른 속도로 증가하고 있습니다. HIV/AIDS, 말라리아 및 기타 질병 2017년 기준, HIV 감염자는 전 세계적으로 3690만 명입니다. 2017년 기준, 2170만 명의 사람들이 항레트로바이러스 치료를 받고 있습니다. 2017년에만 180만 명의 사람들이 HIV에 신규 감염이 되었습니다. 2017년에는 94만 명의 사람들이 에이즈와 관련된 질병으로 100만 명이 사망했습니다. 결핵은 HIV 감염 환자들의 주요한 사망 원인이며, 에이즈 환자 3명 중 1명은 결핵으로 사망합니다.

전 세계적으로 청소년기의 소녀들과 젊은 여성들은 성별에 따른 불평등, 배척, 차별, 폭력에 처해 있으며, 이는 그들의 HIV 감염 위험성을 증가시키고 있습니다. 전 세계적으로 HIV는 가임기 여성들의 주요 사망 원인입니다.

AIDS는 현재 아프리카의 청소년(10~19세) 사망의 가장 큰 원인이고, 전 세계

청소년 사망의 두 번째로 흔한 원인입니다. 2000년에서 2015년 사이에 620만 명이 넘는 말라리아 사망자가 발생했으며, 주로 사하라 이남 아프리카 지역에서 5세 미만의 어린이가 사망했습니다. 전 세계 말라리아 발병률은 37%, 사망률은 58%로 떨어졌습니다.

세부목표 3-1. "만성질환의 위험요인 관리와 건강보장을 확대한다."

• 정책과제

① 만성질환의 관리

② 가까운 지역에서 믿을 수 있는 의료 서비스 제공

③ 적극적 금연 정책

④ 건강 취약집단 관리체계 구축

세부목표 3-2. "정신건강을 증진하고 약물 오남용을 예방한다."

• 정책과제

① 자살 예방사업

② 정신질환에 대한 체계적 관리를 통해 정신건강 증진 도모

③ 정신장애인의 지역 사회 중심적인 관리모델 구축

④ 코로나19 등 재난 상황에서의 국민 정신건강 관리

⑤ 음주 폐해 예방

세부목표 3-3. "교통사고 등 각종 인명사고로 인한 사망과 신체 손상을 예방한다."

• 정책과제

① 교통사고 사상자 절반 프로젝트

세부목표 3-4. "감염병의 예방과 관리를 위해 노력한다."

• 정책과제

① 감염병 발생 및 피해 최소화

② 원헬스적 측면에서 신종 감염병 대응 정책

③ 감염병 취약집단 개념화 및 관리체계

세부목표 3-5. “모성의 건강을 보호하고 증진한다.”

• 정책과제

① 산모와 영아 사망률 감소

세부목표 3-6. “아동의 건강을 보호하고 증진한다.”

• 정책과제

① 아동 건강 보호 및 증진

세부목표 3-7. “유해 화학물질, 대기, 물, 토양오염으로 인한 사망과 질병을 줄인다.”

• 정책과제

① 대기오염 총량제 확대 시행

② 온열 환자 리포팅 및 예방사업

③ 인체 내 환경 유해 물질 농도 조사 사업

세부목표 3-8. “대한민국의 저출산 극복과 인구 고령화를 대비한다.”

• 정책과제

① 고령화 사회를 대비한 돌봄 체계 구축

세부목표 3-9. “공공보건의료서비스를 확대하여 보편적 의료보장을 달성한다.”

• 정책과제

① 공공보건의료 정책기능 강화 및 기관별 기능 정립

② 공공의료 종사 인력 양성

③ 지역의 공공의료 역량 강화

④ 필수의료 중심의 건강보험 보장성 강화

[출처: 지속가능발전포털]

□(G4) 모두를 위한 양질의 교육

"모두를 위한 포용적이고 공평한 양질의 교육 보장 및 평생학습 기회 증진"

[기본 정보]

양질의 교육은 지속가능한 발전을 위한 토대입니다. 포괄적인 교육을 제공하는 것은 삶의 질을 향상하는 것 외에도, 현지인들이 국제 현안에 대한 혁신적인 해결책을 찾는 데 필요한 창의적 사고를 갖추도록 도와줍니다.

현재 2억 6500만 명 이상의 아동이 학교를 중퇴했고 그들 중 22%는 초등학생밖에 안 되는 나이입니다. 게다가 학교에 다니는 아동들조차 읽기와 계산 등 기본적인 능력이 부족합니다. 지난 10년 동안 전 과정 교육에 대한 접근성을 높이고 여성의 학교 입학률을 높이기 위한 노력들이 이루어졌습니다. 기본적인 문맹퇴치는 비약적으로 높아졌지만, 보편적인 교육목표 달성과 진전을 이루기 위해서는 더 큰 노력이 필요합니다. 한 예로, 남녀 아동 사이의 초등 교육의 평등은 달성했지만, 교육 전 과정에서 그 목표를 달성한 국가는 거의 없습니다.

양질의 교육이 부족한 이유는 훈련된 교사의 부족과 빈약한 학교시설, 농촌 아이들의 상대적으로 부족한 기회 등 자본 문제와 연결되어 있습니다. 가난한 가정의 아이들에게 양질의 교육을 제공하기 위해서는 교육 장학금, 교사연수 워크숍, 학교 건축과 수질 개선, 학교 전기설비 등에 투자가 필요합니다.

[수치와 현황]

개발도상국의 초등 교육 입학률은 91%에 달했지만 5,700만 명은 여전히 미취학 아동입니다.

미취학 아동의 절반 이상이 사하라 이남 아프리카에서 살고 있습니다.

초등학교 나이의 미취학 아동 중 약 50%가 분쟁의 영향을 받는 지역에 살고 있습니다.

전 세계적으로 6억 1700만 명의 청소년들이 기본적인 계산과 읽고 쓰는 능력이 결여되어 있습니다.

세부목표 4-1. "모든 아동이 성별과 장애 유무와 관계없이 적절하고 효과적인 학습성과를 거둘 수 있도록 양질의 무상 초등·중등교육의 평등한 이수를 보장한다."

• 정책과제

① 공교육 신뢰 제고를 통한 교육 형평성 확대

세부목표 4-2. "모든 아동에게 양질의 영유아 보육 및 교육서비스의 이용기회를 보장하여 초등 교육에 대비한다."

• 정책과제

① 유아교육의 공공성 강화

② 교육 공동체와 함께 유아의 건강한 발달 지원

세부목표 4-3. "모든 학습자에게 성별과 장애 유무와 관계없이 적정 비용으로 가능한 양질의 기술교육, 직업교육 및 대학교육을 포함한 고등교육에 대한 평등한 접근을 보장한다."

• 정책과제

① 고등교육 기회 확대

② 평생교육 기반 조성

세부목표 4-4. "취업, 양질의 일자리, 창업 활동에 필요한 전문기술 및 직업기술 등 적절한 기술을 가진 청소년과 성인의 수를 실질적으로 증대한다."

• 정책과제

① 직업교육 훈련 혁신을 통한 사회적 가치 실현

세부목표 4-5. "교육에서의 성 불평등을 해소하고, 장애인, 이주민, 취약상황에 처한 아동 등 취약계층이 모든 수준의 교육과 직업훈련에 평등하게 접근할 수 있도록 한다."

• 정책과제

① 소외계층의 기초교육 지원

② 소외계층의 직업교육 학습권 보장

세부목표 4-6. "모든 청소년과 다수의 성인이 문해 및 산술능력을 갖추도록 한다."

• 정책과제

① 모든 국민에게 문해 교육기회 제공

세부목표 4-7. "지속가능발전, 인권, 성평등, 평화와 비폭력문화 확산, 세계시민의식, 문화 다양성 존중과 지속가능발전을 위한 문화의 기여 등에 대한 교육을 통해 모든 학습자가 지속가능발전을 증진하기 위한 지식과 기술을 습득할 수 있게 한다."

• 정책과제

① 지속가능발전 교육 및 세계시민교육 강화

세부목표 4-8. "아동, 장애인, 성별을 고려한 교육 시설을 건립·개선하고, 안전하고 비폭력적이며, 포용적이고 효과적인 학습 환경을 제공한다."

• 정책과제

① 안전한 학교 구현

② 스마트한 학교 환경 조성

세부목표 4-9. "포용적이고 양질의 교육을 위해 모든 교육단계에서의 충분한 교육재정을 확보한다."

• 정책과제

① 모든 학생의 균등한 교육기회 보장을 위한 재정 투자 확대

세부목표 4-10. "모든 교육단계에서 양질의 교육을 제공하기 위한 교사를 충분히 확보한다."

• 정책과제

① 교원 전문성 강화

[출처: 지속가능발전포털]

□(G5) 성평등 보장

“성평등 달성과 모든 여성 및 여아의 권익 신장”

[기본 정보]

새천년개발목표(MDGs, 보편적 초등 교육 달성 포함)에 따라 성평등과 여성의 권익에 대한 진전을 이루었지만, 여성과 소녀들은 세계 각지에서 차별과 폭력을 계속 겪고 있습니다.

성평등은 인간의 기본적 인권일 뿐만 아니라 평화와 번영을 추구하는 지속가능한 세상에 필요한 필수 토대입니다. 15세에서 49세 사이의 여성 5명 중 1명에 해당하는 수가 조사 일자로부터 12개월 이내 친밀한 파트너에 의해 물리적 폭력 또는 성폭력 피해를 본 경험이 있다고 진술했고, 현재 49개국은 가정 폭력으로부터 여성을 보호하는 법을 가지고 있지 않습니다. 지난 10년 동안 아동 결혼은 감소하고 있으며, 해로운 관습인 여성 성기 절제술(여성 할례)은 30% 감소하는 등 진전은 있었으나 이러한 관행을 근절하기 위해서는 더욱 강도 높은 노력이 필요합니다.

여성 및 소녀들에게 교육과 건강관리, 양질의 일자리를 제공하고, 그녀들의 정치적 · 경제적 의사결정과정 참여를 높이는 것은 지속 가능한 경제와 사회 그리고 인류에게 전반적인 이익을 가져다줄 것입니다. 따라서 직장 내 여성의 평등에 관한 새로운 법체계를 마련하고 여성을 대상으로 해로운 관행을 근절하는 것은 전 세계의 많은 나라에서 성차별을 종식시키는 데에 있어 매우 중요합니다.

[수치와 현황]

세계적으로 7억 5천만 명의 여성과 소녀들이 18세 이전에 조혼하였으며, 30개국의 최소 2억 명이 넘는 여성과 소녀들이 여성 성기 절제술(여성 할례)을 강요받았습니다.

이 관행이 집중된 30개국에서 여성 성기 절제술(여성 할례)을 겪은 15~19세 사이 소녀들의 비율은 2000년 2명 중 1명에서 2017년까지 3명 중 1명으로 떨어졌습니다.

18개국에서 남편은 합법적으로 아내가 일하는 것을 막을 수 있으며, 39개국에서 딸과 아들은 동등한 상속권을 가지고 있지 않습니다. 그리고 49개국에서 가정폭력으로부터 여성들을 보호하는 법이 없습니다.

15세에서 49세의 여성 중 19%를 포함하여 여자 5명 중 1명이 조사 일자로부터 12개월 이내 친밀한 파트너에 의한 물리적 폭력 또는 성폭력 피해를 본 경험이 있다고 진술하였습니다. 그러나 49개 국가에서는 그러한 폭력으로부터 여성들을 특별히 보호하는 법이 없습니다.

여성이 전 세계적으로 중요한 정치적 지위에 진입하는 동안 23.7% 국가의 의회에서 여성 대표는 여전히 평등과는 거리가 멉니다.

46개국에서 여성들은 현재 적어도 전국 의회에서 30% 이상의 의석을 차지하고 있습니다.

기혼 여성 또는 노동조합에 가입한 여성 중 오직 52%만이 성관계, 피임약 사용, 건강관리에 관한 결정을 자유롭게 내립니다.

세계적으로 농지를 소유한 여성은 농경지 보유자의 13%에 불과합니다.

북아프리카의 여성들은 비농업 분야에서 5명 중 1명 미만이 유급의 직업을 가지고 있습니다. 농업 분야 외 유급 고용 여성의 비율은 1990년 35%에서 2015년 41%로 증가했습니다.

100개 이상의 국가들이 성평등을 위한 예산 배분을 추적하기 위한 조치를 취했습니다.

남아시아에서 소녀의 유년기 결혼위험은 2000년 이후로 40% 이상 감소했습니다.

세부목표 5-1. "여성과 소녀를 대상으로 하는 모든 형태의 차별을 철폐한다."

• 정책과제

① 남녀평등 의식과 문화의 확산

세부목표 5-2. "모든 여성과 소녀에 대해 모든 영역에서의 인신매매, 성적착취 등의 폭력을 철폐한다."

• 정책과제

① 여성폭력 근절과 예방

세부목표 5-3. "무보수 돌봄과 가사노동에 대해 인정하고 가치를 부여한다."

• 정책과제

① 평등하게 일할 권리와 기회의 보장

② 일·생활 균형 사회기반 조성

세부목표 5-4. "정치·경제·공적 생활의 모든 의사결정 수준에서 여성의 완전하고 효과적인 참여와 리더십을 위해 평등한 기회를 보장한다."

• 정책과제

① 여성 대표성 제고 및 참여 활성화

세부목표 5-5. (보완) "성·재생산 건강과 관리에 대해 보편적으로 접근을 보장한다."

• 정책과제

① 여성의 성·재생산 건강 및 권리 보장

세부목표 5-6. (보완) "여성 권한 강화를 위해 핵심기술, 특히 정보통신기술에 대한 접근을 확대하고 여성 인력을 양성한다."

• 정책과제

① 과학기술·ICT 분야 활용 역량 강화

세부목표 5-7. "모든 수준에서 성평등 및 모든 여성과 소녀의 권한 강화를 위한 견실한 정책과 법을 채택하고 증진한다."

• 정책과제

① 양성평등 정책 추진체계 강화

[출처: 지속가능발전포털]

□(G6) 물과 위생의 보장 및 지속가능한 관리 보장

"인류 건강을 위해 깨끗하고 이용 가능한 물 이용"

[기본 정보]

깨끗하고 이용 가능한 물은 건전한 생태계와 인류 건강에 필수적입니다. 또한, 이를 위한 충분한 양의 담수도 지구상에 존재합니다. 그러나 경제난이나 열악한 사회기반시설로 인해 어린이들을 포함한 수백만의 사람들이 물 부족과 위생문제로 인한 질병으로 매년 사망하고 있습니다.

물 부족과 수질 악화, 불충분한 위생시설은 전 세계 빈곤 가정의 식량 안보와 생계수단 및 교육기회에 부정적인 영향을 미칩니다. 현재 20억 명 이상의 사람들이 담수 고갈의 위험을 안고 살고 있으며, 2050년까지 최소한 4명 중 1명은 만성적이고 반복적인 물 부족의 영향을 받으며 살게 됩니다. 특히 가뭄은 최빈국에 기아와 영양결핍을 악화시키는 피해를 줍니다. 다행히도 지난 10년 동안 식수와 위생에 관한 상당한 진전이 이루어져, 현재 전 세계 인구의 90% 이상이 개선된 식수 공급원에 접근하고 있습니다.

수질 환경향상 및 공급 접근성을 개선하기 위해 사하라 사막 이남 아프리카, 중앙아시아, 남아시아, 동아시아 및 동남아시아의 여러 개발도상국에서는 지역의 수생태계 및 위생시설 관리에 대한 투자를 확대할 필요가 있습니다.

[수치와 현황]

4개 중 1개의 의료시설에는 기본적인 배수시설조차 없습니다. 10명 중 3명은 안전한 식수 장치를 이용하지 못하고, 10명 중 6명은 안전한 위생시설에 접근하지 못합니다. 최소 8억 9천9백만 명의 사람들이 야외 배변을 계속하고 있습니다. 주거 내에 수도가 없는 가정의 80%에서는 여성과 소녀들이 물을 떠 오는 일을 맡고 있습니다. 1990년과 2015년 사이에 개선된 식수원을 사용하는 세계 인구 비중은 76%에서 90%로 증가했습니다. 물 부족 현상은 전 세계 인구의 40% 이상에 영향을 미치고 있으며 앞으로 증가할 것으로 예상합니다. 현재 17억 명이 넘는 사람들이 강 유역에 살고 있으며, 보충되는 양보다 더 많은 양의 물을 사용하고 있습니다. 24억 명의 인구가 화장실과 변소와 같은 기본적인 위생시설이 부족합니다. 인간의 활동으로 인한 폐수의 80% 이상이 정화장치 없이 강이나 바다로 배출됩니다. 매일 약 1000명에 가까운 아이들이 수인성 질병과 위생과 관련한 설사병으로 사망합니다. 하천, 호수, 대수층에서 추출한 물의 약 70%가 관개(irrigation)에 사용됩니다. 자연재해와 관련된 사망자의 70%는 홍수 및 기타 수질 관련 재해로 인한 것입니다.

세부목표 6-1. "모두를 위한 안전한 식수를 공평하게 공급한다."

• 정책과제

① 건강한 물을 안정적으로 이용

세부목표 6-2. (보완) "모두에게 편리한 하수도 서비스를 제공한다."

• 정책과제

① 물 복지 형평성 제고

② 하수도 안전관리 강화

세부목표 6-3. (보완) "수질오염 물질의 수계 유입을 최소화하여 수질 개선을 담보한다."

• 정책과제

① 상수 오염원 억제

② 수질오염 관리 고도화 (오염물질 총량제 강화)

세부목표 6-4. (보완) "물 공급 안정성 도모를 위해 수자원을 효율적으로 사용한다."

• 정책과제

① 상수도 누수율 개선

② 물 부족에 대한 대응역량 강화

③ 물 순환 정책 강화

세부목표 6-5. (보완) "수생태계의 건강성을 회복하고 다양성을 확대한다."

• 정책과제

① 수생태계 보호 및 복원

세부목표 6-6. (보완) "건강하고 안전한 물 관리를 위해 지역공동체 참여를 지원하고 강화한다."

• 정책과제

① 물 관리 시민참여 지원 확대

[출처: 지속가능발전포털]

□(G7) 에너지의 친환경적 생산과 소비

"적정한 가격에 신뢰할 수 있고 지속가능한 현대적인 에너지에 대한 접근 보장"

[기본 정보]

에너지는 오늘날 세계가 직면하고 있는 주요한 도전과 기회의 핵심입니다. 일자리, 안보, 기후변화, 식량 생산 또는 소득증대를 위해서는 에너지 이용이 필수적입니다. 이 목표를 향해 노력하는 것은 다른 지속가능발전목표와 연계되기 때문에 특히 중요합니다. 에너지의 보편화와 효율 증대, 새로운 경제와 일자리 창출을 통한 재생 에너지의 사용 증가에 초점을 맞추는 것이 핵심이며, 이를 통해 지속 가능하고 포용적인 지역 사회를 만들고 기후변화와 같은 환경문제에 대응할 수 있습니다. 현재 30억 명의 사람들이 청정한 조리 기구를 이용하지 못해 대기오염의 위험에 노출되어 있습니다. 또한, 10억 명 미만의 사람들은 전기 없이 생활하고 있으며, 그들 중 50%는 사하라 이남 아프리카에서 발견됩니다. 다행히 지난 10년 동안 수력・태양열・풍력 발전의 이용에 큰 진전이 있었고 GDP 단위당 에너지 사용률도 감소하였습니다. 그러나 당면한 과제는 아직 해결되지 않았습니다. 우리는 청정연료와 기술의 접근성을 더욱 높여야 하며, 건물・운송 및 산업의 최종 에너지로 재생 에너지를 통합하기 위해 더 많은 발전을 이루어야 합니다. 에너지에 대한 공공・민간 투자도 증가해야 하며 국제적인 에너지시스템 변화를 위해 규제 체제와 혁신적인 비즈니스 모델에 중점을 둘 필요가 있습니다.

[수치와 현황]

세계 인구의 13%는 여전히 전기 사용 환경에 접근하지 못하고 있습니다. 30억 명의 사람들이 요리와 난방을 위해 목재·석탄·숯·동물성 폐기물에 의존하고 있습니다. 에너지는 기후변화의 주범으로 전 세계 온실가스 배출량의 약 60%를 차지합니다. 가연성 연료로 인한 실내 공기 오염으로 2012년 430만 명이 사망했으며, 여성과 소녀는 10명당 6명이 사망했습니다. 최종 에너지 소비단계에서 신재생 에너지의 비중은 2015년에 17.5%에 달합니다.

세부목표 7-1. "에너지 서비스에 대해 안정적이고 적정한 접근을 보장한다."

• 정책과제

① 취약계층을 위한 에너지 기본 복지 강화

세부목표 7-2. (보완) "국가 에너지원에서 청정에너지 공급을 증대한다."

• 정책과제

① 재생 에너지 발전 비중 증대

② 친환경 에너지에 대한 사회적 수용성 강화

세부목표 7-3. "에너지를 절약하고 에너지 효율을 향상시킨다."

• 정책과제

① 그린 뉴딜 관련 에너지 산업 육성

② 신축 건물에너지 효율화와 기축 건물 노후 설비 개선 지원

세부목표 7-4. "운송 분야의 에너지 소비로 인한 대기 오염을 최소화한다."

• 정책과제

① 친환경 차량 공급 확대

② 노후 경유차 등의 운행 억제

[출처: 지속가능발전포털]

□(G8) 좋은 일자리 확대와 경제성장

"포용적이고 지속가능한 경제성장, 완전하고 생산적인 고용과 모두를 위한 양질의 일자리 증진"

[기본 정보]

5.7%의 세계 실업률 속에서 전 세계 인구의 절반은 여전히 하루에 약 2달러로 살아가고 있으며 직업을 갖는 것이 가난에서 벗어나는 것을 보장하지는 않습니다. 느리고 불균등한 이러한 성장은 우리에게 빈곤 퇴치를 목표로 하는 경제적·사회적 정책을 재고하고 재조정할 것을 요구합니다.

계속되는 양질의 일자리 부족과 불충분한 투자, 소비 감퇴는 '모두가 성장을 나누어야 한다'는 민주사회에 기반을 둔 사회의 기초적인 합의를 점차 약화시킵니다. 전년 대비 전 세계 1인당 연평균 GDP 성장률은 증가했지만, 여전히 개발도상국에서는 성장 속도가 저조하며, 많은 국가가 2030년까지 7% 성장률 목표에서 멀어지고 있습니다. 또한, 노동 생산성의 감소, 실업률 상승으로 인해 임금이 하락했고, 우리의 생활수준 역시 떨어지고 있습니다.

지속가능한 경제성장은 환경을 해치지 않으면서도 경제를 부양하는 양질의 일자리를 가질 수 있는 사회를 요구합니다. 전체 노동 가능 인구의 일자리 기회와 양질의 근로 조건도 필요합니다. 소득 관리와 저축, 생산적인 투자를 위해 금융 서비스에 대한 접근성도 강화되어야 합니다. 무역·은행·농업 기반시설에 대한 투자 역시 수반되어야만 세계 빈곤 지역의 생산성을 높이고 실업률을 낮추는 데 도움을 줄 수 있습니다.

[수치와 현황]

2017년의 세계 실업률은 2000년 6.4%에서 5.6%로 낮아졌습니다. 2016년 전 세계 전체 근로자의 61%가 비공식 분야에 종사했습니다. 농업 분야를 제외하고 전체 근로자의 51%가 이 고용 범주에 속했습니다. 45개국 중 자료를 보유한 40개국에서 남성은 여성보다 12.5% 더 많은 소득을 올리고 있습니다. 성별에 따른 임금 격차는 전 세계적으로 23%에 이르며, 결단력 있는 조치가 취해지지 않으면 남녀가 동일한 임금을 받는 데에 68년이 더 걸립니다. 남성의 노동 참여율은 94%에 이르지만, 여성의 노동 참여율은 63%에 그칩니다. 여성의 사회참여가 확대되고 있음에도 불구하고, 여성들은 남성들보다 2.6배 많은 가사노동을 하고 있습니다. 2016년부터 2030년까지 노동시장에 새로 진입하는 사람들을 위해서는 전 세계적으로 4억 7천만 개의 일자리가 필요합니다.

세부목표 8-1. "모두가 행복해지는 경제성장을 한다."

• 정책과제

① 혁신적 포용 성장 기반 마련

세부목표 8-2. "좋은 일자리 창출을 위한 정책을 강화한다."

• 정책과제

① 취약계층 대상 적극적 노동시장 정책 강화

② 비정규직 감축과 비정규직에 대한 차별 해소

세부목표 8-3. (신설) "중소기업과 소상공인의 성장을 촉진한다."

• 정책과제

① 코로나19 위기 극복을 위한 재기안전망 및 보호 기반 구축

② 중소·벤처·소상공인의 디지털화 촉진을 통한 경쟁력 확보

③ 전통 중소기업·소상공인에 대한 맞춤형 지원 강화

세부목표 8-4. "동일한 가치노동에 대해 동일한 임금을 지급한다."

• 정책과제

① 성차별 없는 일터

세부목표 8-5. (보완) "이주노동자 등 취약그룹 노동자들의 권리 보호를 확대한다."

• 정책과제

① 이주노동자의 권리 보호 강화

② 청년의 구직 어려움 해소

세부목표 8-6. "모든 근로자의 권리를 보호하고 안전하고 건강한 근로 환경을 조성한다."

• 정책과제

① 노동기본권 신장을 위한 기반 마련

② 안전한 일터 조성

③ 일·생활 균형의 확보

[출처: 지속가능발전포털]

□(G9) 산업의 성장과 혁신 활성화 및 사회기반시설 구축

"회복력 있는 사회기반시설 구축, 포용적이고 지속가능한 산업화 증진과 혁신 도모"

[기본 정보]

"회복력 있는 사회기반시설 구축, 포용적이고 지속가능한 산업화 증진과 혁신 도모"

교통, 관개, 에너지, 정보 및 통신기술 등 인프라에 대한 투자는 많은 국가에서 지속 가능한 발전을 달성하고 지역 사회에 힘을 실어주기 위해 중요합니다. 또한, 생산성 및 소득증대, 건강 및 교육 향상은 기반시설에 대한 투자가 필요하다는 것은 오래전부터 인식됐습니다.

제조업은 경제성장, 고용, 사회 안정성의 주요한 원동력입니다. 북미와 유럽에서 1인당 4,500달러의 제조업 가치가 부가되었고 최빈개발도상국(LDC)의 경우 100달러 정도인 것으로 나타났습니다. 고려해야 할 다른 중요한 요인은 제조과정의 이산화탄소 배출입니다. 지난 10년 동안 많은 나라에서 탄소 배출량이 감소했지만 감소 추세가 전 세계적으로 이루어지지는 않았습니다.

기술 진보는 자원과 에너지 효율성 증대와 같은 환경 목표를 달성하기 위한 노력이 수반되어야 합니다. 기술과 혁신이 없이는 산업화는 일어나지 않으며, 산업화가 없다면 개발이 이루어지지 않을 것입니다. 효율성을 높이기 위해 제조 제품을 관장하는 첨단 제품에 더 많은 투자가 필요하고, 사람 간의 연결을 강화하는 모바일 서비스에 초점을 맞춰야 합니다.

[수치와 현황]

많은 개발도상국에서는 도로・정보통신기술・위생・전력・수자원 등과 같은 기반시설이 부족한 상태입니다.

전 세계 인구의 16%는 광대역 이동 통신망에 접속하지 못하고 있습니다. 여러 아프리카 국가, 특히 저소득 국가의 경우 인프라에 대한 제약이 기업 생산성에 약 40%의 영향을 미칩니다. 국내 총생산(GDP) 대비 제조업 부가가치 비중은 아시아의 빠른 성장세에 힘입어 2005년 15.2%에서 2017년 16.3%로 증가했습니다. 산업화에 따른 일자리 창출은 사회에 긍정적 영향을 미칩니다. 제조업의 모든 직업은 다른 업종에서 약 2.2개의 일자리를 창출합니다. 산업공정 및 제조업에 종사하는 중소기업이 산업화 초기 단계에 매우 중요하며 일반적으로 가장 큰 일자리를 창출합니다. 그들은 전 세계의 90% 이상의 사업을 구성하고 있으며 50~60%의 고용을 차지합니다. 최빈개발도상국은 지속적인 고용 창출과 생산성 향상이라는 측면에서 전망이 좋은 식품 및 음료(농공산업), 섬유와 의류 산업화에 막대한 잠재력을 가지고 있습니다. 중산층 국가는 빠르게 성장하는 국제수요에 맞춰 다양한 제품을 제공하는 기본 및 가공 금속산업에 진출하여 이익을 누릴 수 있습니다. 개발도상국의 농업 생산 중 시설을 통한 가공을 거치는 경우는 30%에 불과합니다. 고소득 국가에서는 98%가 가공을 거칩니다. 이것은 농업부문에 있어서 개발도상국에 좋은 기회가 열려있다는 것을 의미합니다.

세부목표 9-1. (보완) "대다수 국민이 정보에 안정적으로 접근할 수 있도록 노력한다."

• 정책과제

① 기간교통망의 효율화와 교통 이용 편의 증진

② 함께 누리는 디지털 포용 실현

세부목표 9-2. "산업의 다양성을 추구하고 지속가능한 기업 활동의 기반 마련을 통해 산업 경쟁력을 확보한다."

• 정책과제

① 중소 · 혁신기업의 성장을 돕는 혁신금융

② 중소기업을 혁신성장의 중추로 육성

③ '비대면 · 디지털' 전환 대응 기반 구축

세부목표 9-3. "기술 역량을 구축하고 고도화된 기술 상용화를 촉진하여 국제 경쟁력을 강화한다."

• 정책과제

① 중점 과학기술 개발

② 혁신성장동력 육성

③ 제조업 재도약 및 서비스업 고도화

세부목표 9-4. "국가 연구 인력과 자본을 확충하고 적절한 연구의 기획과 실행을 통해 국가 경제성장에 기여한다."

• 정책과제

① 정부 R&D 투자시스템 혁신

② 과학기술 기반 일자리 창출 강화

세부목표 9-5. "환경 친화적인 산업 활동과 기술 혁신을 통해 자원 효율성이 높은 산업화를 추구한다."

• 정책과제

① 산업 분야 자원 생산성 제고

② 에너지 고효율 산업으로의 전환

③ 자원 순환성을 고려한 제품 설계

[출처: 지속가능발전포털]

□(G10) 모든 종류의 불평등 해소

"국내 및 국가 간 불평등 감소"

[기본 정보]

국제사회는 빈곤 퇴치 과정에서 상당한 성과를 거두었습니다. 최빈개발도상국, 내륙 개발도상국, 군소도서 개발도상국에서 불평등을 줄이려는 노력이 한창입니다. 하지만 여전히 보건, 교육, 자산관리 부문에서 불평등은 계속되고 있습니다.

경제성장이 포괄적이지 않고, 경제적·사회적·환경적 차원의 지속가능발전 3요소를 포함하지 않는다면 경제성장이 빈곤을 줄이는 데 충분하지 못하다는 공감대가 커지고 있습니다. 다행히도, 소득 불평등은 국가 간과 국가 내에서 모두 감소하였습니다. 현시점에서, 자료를 보유한 94개국 중 60개 국가의 1인당 소득이 국가 평균보다 더 빠르게 증가했으며, 저개발 국가들로부터의 수출에 유리한 조건을 만드는 것에 대한 조금의 진전이 있었습니다.

불평등을 줄이기 위해 정책은 원칙적으로 보편적이어야 하며, 취약계층과 소외계층의 요구에 주의를 기울여야 합니다. IMF 내에서 개발도상국의 투표 비율을 증가시키는 것 외에도 개발도상국의 면세 처우와 수출 호조세를 이어 나가야 합니다. 마지막으로 기술 혁신은 이주노동자들의 높은 송금 비용을 줄이는 데 도움이 될 수 있습니다.

[수치와 현황]

세계 시장에 수출되는 최빈개도국에서 생산된 제품의 관세 면제율은 2010년부터 20% 증가하여 2016년 64.4%를 넘었습니다. 개발도상국의 경우, 가장 가난한

20%의 어린이들이 가장 부유한 5%의 어린이보다 5세 이전에 사망할 확률이 3배 이상 높습니다. 사회보장은 전 세계적으로 상당히 확대되었지만, 장애인의 평균 의료비 지출은 최대 5배 이상 많은 것으로 나타났습니다. 대부분의 개발도상국에서 임산부 사망률이 전반적으로 감소했음에도 불구하고 농촌 지역의 여성들은 도심에서 사는 여성보다 출산 중 사망할 확률이 최대 3배 이상 높습니다. 소득 불평등의 최대 30%는 남성과 여성을 포함한 가구 내 불평등 때문입니다. 또한, 여성은 남성보다 중간 소득의 50% 이하로 살 가능성이 더 큽니다.

세부목표 10-1. "하위 40% 인구의 가처분소득 증가율을 국가 평균보다 높은 수준으로 달성하고 유지한다."

• 정책과제

① 사회보험 가입 지원 및 수급자 사례관리 강화

② 자활 일자리 확대

③ 부양의무자 기준 대상자별·급여별 완화

세부목표 10-2. "나이, 성별, 장애여부, 지위 등과 관계없이 모든 사람에 대한 사회·경제·정치적 포용성을 확대한다."

• 정책과제

① 다층적 노후소득 보장체계 내실화

② 다중적 차별을 겪고 있는 장애인의 권리 보장

세부목표 10-3. "나이, 성별, 장애여부에 따른 차별적 대우를 철폐하여 공정한 기회를 제공한다."

• 정책과제

① 노인 일자리 확대

② 장애인고용서비스 및 직업 재활 지원 강화

③ 장애인의 교육 형평성 제고를 위한 지원 체계 강화

④ 여성이 평등하게 일할 권리와 기회의 보장

세부목표 10-4. "재정정책, 임금정책, 사회 보호 정책을 강화하여 더 높은 수준의 평등을 달성한다."

• 정책과제

① 근로 연령층 소득보장체계 확충

② 고용보험 및 산재보험 적용대상 확대를 통한 사각지대 해소

③ 실업급여 보장성 확대를 통한 고용 안전망 강화

세부목표 10-5. (보완) "내・외국인 권익을 균형적으로 보장하는 이민정책을 통한 상호문화 이해 환경을 조성한다."

• 정책과제

① 이민단계별 정착 지원 및 사회통합 촉진

② 이민 배경 자녀 역량 강화

③ 이민자 사회통합을 위한 균형 있는 복지 제도 운용

④ 이민자 인권 보호 체계 강화

⑤ 문화 다양성 증진 및 수용성 제고

[출처: 지속가능발전포털]

□(G11) 지속가능한 도시와 주거지 조성

"포용적이고 안전하며 회복력 있고 지속가능한 도시와 주거지 조성"

[기본 정보]

도시는 아이디어・상업・문화・과학・생산성・사회개발 등을 위한 허브 역할을 하며, 사람들이 사회적・경제적으로 발전할 수 있도록 해주었습니다. 2030년까지 도시 내에 거주하는 인구수가 50억 명으로 증가할 것으로 예상함에 따라, 도시화로 인한 과제를 해결하기 위해서는 효율적인 도시 계획과 관리 방식이 마련되는 것이 중요합니다.

토지와 자원에 부담을 주지 않으면서 일자리 창출과 공동 번영 방식으로 도시를 유지하는 데는 많은 어려움이 있습니다. 일반적인 도시 문제로는 도시 혼잡 외에도 부족한 관리운영 비용, 주택 부족, 생활 인프라 감소, 대기 오염 증가 등의 문제들이 있습니다. 급격한 도시화는 도시 내 고형 폐기물의 안전한 수거 및 처리와 같은 문제를 발생시키지만, 자원 사용을 개선하고 오염과 빈곤을 줄여 지속해서 발달하고 성장하는 방식으로 극복할 수 있습니다. 그러한 한 가지 예는 도시 쓰레기 수거의 증가입니다. 미래의 도시는 기본적인 서비스, 에너지, 주택, 교통 등을 이용할 기회를 제공해야 합니다.

[수치와 현황]

인류의 절반인 35억 명이 오늘날 도시에 살고 있으며 2030년까지 50억 명이 도시에 살 것으로 예상합니다.

향후 수십 년간 도시 확장의 95%가 개발도상국에서 발생할 것입니다. 오늘날

8억 8천 3백만 명의 사람들이 빈민가에 살고 있으며 대부분은 동아시아, 동남아시아에서 발견됩니다. 세계 도시들은 지구의 3%에 불과하지만, 에너지 소비량의 60~80%, 탄소 배출량은 75%를 차지합니다. 급속한 도시화는 신선한 물·하수·생활환경 및 공중보건에 영향을 미치고 있습니다. 2016년 도시 거주자의 90%가 안전 기준에 미달하는 공기를 마셔 대기 오염으로 인해 420만 명이 사망하였습니다. 전 세계 도시 인구의 절반 이상이 안전 기준보다 최소 2.5배 높은 대기 오염 수준에 노출되었습니다.

세부목표 11-1. "적절하고 부담 가능한 가격의 주택과 기본서비스에 대한 접근을 보장하고, 노후 주거지의 환경을 개선한다."

• 정책과제

① 생애 단계·소득수준별 맞춤형 주거 지원

② 무주택 서민·실수요자를 위한 주택공급 확대

③ 임대차시장의 투명한 관리

④ 노후·취약 주거지 개선과 미래형 주거환경 조성

세부목표 11-2. "안전하고 부담 가능한 가격의 교통시스템을 제공하고 특히 여성, 아동, 장애인, 노인 등 취약계층을 고려한 대중교통을 확대한다."

• 정책과제

① 대중교통 및 녹색 교통수단 분담률 제고

② 교통약자의 이동 편의 개선

세부목표 11-3. "도시의 포용성과 지속가능성을 제고하며, 주거지에 대한 참여적, 통합적 계획 및 관리 역량을 강화한다."

• 정책과제

① 시민참여 확대와 민주적 갈등관리

세부목표 11-4. "세계 유산을 보호하고 보존하기 위한 노력을 강화한다."

• 정책과제

① 세계 유산 등재 및 보존·활용

세부목표 11-5. "재난으로 인한 인명피해와 경제적 손실을 현저히 감소시키며, 통합적 도시재난 위기관리를 개발, 이행한다."

• 정책과제

① 재난대응체계 혁신

② 지방자치단체의 재난관리역량 강화

③ 안전취약계층 보호와 재난 회복력 확보

세부목표 11-6. "대기 질 및 폐기물 관리 등 도시가 가지는 부정적인 환경 영향을 감소시킨다."

• 징책과제

① 미세먼지 등 대기 오염 물질 감축

② 생산단계 폐기물 원천감량 촉진

③ 생활 속 폐기물 발생 억제

세부목표 11-7. "여성, 아동, 장애인, 고령자를 포함한 모든 이에게 공공 녹지공간으로의 안전하고 용이한 접근을 보장한다."

• 정책과제

① 도시 자연의 확충

② 취약계층에 대한 도시 자연 접근성 보장

[출처: 지속가능발전포털]

□(G12) 지속가능한 생산과 소비

"포용적이고 안전하며 회복력 있고 지속가능한 도시와 주거지 조성"

[기본 정보]

지속가능한 소비와 생산은 자원과 에너지 효율을 높이고, 지속가능한 인프라를 조성하며, 기본적인 서비스는 물론 친환경적이고 적절한 일자리를 제공하며, 모두에게 더 나은 삶의 질을 제공합니다. 지속가능한 소비와 생산을 실천하는 것은 전체 개발 계획을 달성하고, 미래의 경제·환경 및 사회적 비용을 줄이며, 산업 경쟁력을 강화하고, 빈곤을 감소시키는 데 도움이 됩니다. 현재 천연자원 중 금속 소비는 늘고 있으며, 특히 동아시아 지역에서 가장 큰 폭으로 소비됩니다. 전 세계 국가들은 또한, 대기, 수질 및 토양오염과 관련된 문제들을 계속해서 다루고 있습니다.

지속가능한 소비와 생산은 "적은 비용으로 더 많은 것을 얻고 더 잘하는 것" 것을 목표로 하고 있으므로, 삶의 질을 높이면서도 자원 낭비나 오염을 줄임으로써 경제적 활동으로 인한 복지혜택을 증가시킬 수 있습니다. 또한, 생산자부터 최종 소비자에 이르는 모든 사람이 참여하는 공급망 운영에도 중점을 맞추어야 합니다. 여기에는 소비자에게 지속가능한 소비와 생활방식에 대한 교육, 표준 규정이나 라벨을 통한 적절한 정보제공, 지속가능한 공공 조달 참여 등이 포함됩니다.

[수치와 현황]

인구가 2050년까지 96억에 달하면 현재의 생활양식을 유지하는 데 필요한 천연자원을 공급하기 위해서는 거의 3개의 지구가 필요합니다. 기반시설과 건설 분야에서 비금속광물 사용 증가로 생활 수준이 크게 개선되었습니다. 개발도상국의 1인당 "물질 발자국(material footprint)"은 2000년 5톤에서 2017년 9톤으로 증가했습니다. 세계 250위 대기업의 93%가 현재 지속가능성에 대해 보고하고 있습니다.

• 물

전 세계 물의 3% 미만이 담수(음용수)이며 2.5%가 남극 · 북극 · 빙하 등에 동결되고 있습니다. 따라서 인류는 인간의 생태계와 담수 수요에 0.5%를 의존해야 합니다. 인간은 자연에서 재활용하고 호수에서 정수할 수 있는 것보다 더 빨리 물을 오염시키고 있습니다. 아직도 10억 명이 넘는 사람들이 담수를 이용하지 못하고 있다. 물의 과도한 사용은 전 세계적인 물 부족을 일으킬 것입니다. 물은 자연에서는 비용이 들지 않지만, 필요한 사회기반시설로 운반하는 데에는 큰 비용이 듭니다.

• 에너지

전 세계 사람들이 에너지 소비 효율이 높은 전구로 바꾸면 연간 120억 달러를 절약할 수 있습니다.

에너지 효율 향상을 촉진한 기술적 발전에도 불구하고 OECD 국가들의 에너지 사용은 2020년까지 35% 증가할 것입니다. 상업 및 주거용 에너지 사용은 운송에 이어 두 번째로 빠르게 증가하는 에너지 사용 영역입니다.

2002년 OECD 국가 자동차 재고량은 5억 5000만대(그중 75%가 개인차)였다. 2020년까지 차량 소유권이 32% 증가할 것으로 예상합니다. 동시에 자동차 사용량은 40% 증가할 것으로 예상하며, 전 세계 항공여행은 같은 기간 동안 3배로 증가할 것으로 예상합니다. 가구는 전 세계 에너지의 29%를 소비하며 결과적으로 CO2 배출량의 21%에 기여합니다. 최종 에너지 소비에서 재생 에너지의 비중은 2015년에 17.5%에 달했습니다.

• 식품

식품으로부터 발생하는 가장 큰 환경적인 영향은 생산단계(농업, 식품 가공)에서 일어나지만, 가정에서도 식생활 선택과 식습관을 통해 환경에 영향을 미칠 수 있습니다. 주로 식품 관련 에너지 소비와 폐기물 생성을 통해서 말입니다.

해마다 생산되는 모든 식품의 약 3분의 1(약 1조 달러 상당)은 소비자와 소매점 쓰레기통에서 썩거나 교통과 수확의 부실로 인해 폐기됩니다.

전 세계 20억 명의 사람들이 과체중이거나 비만입니다.

토지 황폐화, 토양의 비옥도 감소, 지속 가능하지 않은 용수 사용, 어류 남획, 해양환경 파괴로 식량 공급 능력이 떨어지고 있습니다.

식품업계는 세계 총 에너지 소비량의 약 30%를 차지하며, 온실가스 배출량의 약 22%를 차지하고 있습니다.

세부목표 12-1. "지속가능한 소비와 생산에 관한 통합적인 국가정책을 수립하고 이행한다."

• 정책과제

① 지속가능한 소비와 생산에 관한 통합적인 국가정책을 수립하고 이행한다.

② 자원의 재사용·재이용 촉진

③ 산업계 자원 생산성 향상기반 조성

세부목표 12-2. "모든 자원을 지속 가능하게 관리하고 효율적으로 사용한다."

• 정책과제

① 재활용 촉진을 위한 배출·수거·선별체계 혁신

② 폐기물 직매립 제로화 및 처리 최적화

세부목표 12-3. "식품의 생산·유통과정에서 발생하는 식품 손실과 소비과정에서 발생하는 식품 폐기물을 감소시킨다."

• 정책과제

① 음식물 쓰레기 감량을 위한 RFID 보급 확대 및 홍보·교육 추진

세부목표 12-4. "화학물질과 유해 폐기물의 친환경적 관리를 통해 인간의 건강을 보호하고 환경오염을 예방한다."

• 정책과제

① 취약부문과 사각지대 해소

② 유해 화학물질 취급 시설 폐쇄 및 폐기물업체에 대한 안전관리

③ 유해 화학물질 운반 차량 안전관리

세부목표 12-5. "폐기물의 원천예방과 감량, 재사용과 재활용을 통해 폐기물 발생을 감소한다."

• 정책과제

① 생산단계 폐기물 원천감량 촉진

② 자원 순환성을 고려한 제품 설계

③ 생활 속 폐기물 발생 억제

세부목표 12-6. "기업의 지속 가능 경영활동을 관리하고 지원을 확대한다."

• 정책과제

① 중소·중견기업으로의 청정생산 및 환경경영 확산

② 국제환경규제 선제 대응역량 강화

세부목표 12-7. "녹색 제품 인증 및 녹색 구매의 확대를 통해 지속가능한 녹색 소비를 촉진한다."

• 정책과제

① 공공분야 녹색 구매 정책기반 강화

② 인증기업 및 재활용산업 대상 제도적 지원 강화

세부목표 12-8. "모든 국민이 지속가능발전에 대한 의식을 갖도록 환경교육 참여 기회를 확대한다."

• 정책과제

① 대상별 환경교육 다변화

② 환경교육 프로그램 발굴·지원

③ 지역 기반 환경교육 활성화

④ 유아 환경교육 강화

⑤ 청소년 환경교육 체험기회 확대

세부목표 12-9. (신규) "플라스틱이 선순환 하도록 재생 플라스틱의 활용을 증가시키고, 친환경 재료 개발을 통해 플라스틱의 환경으로 유출을 방지한다."

• 정책과제

① 재활용이 쉬운 제품을 생산하도록 단계적 의무화

② 플라스틱 재활용 활성화

③ 자원순환형 소재·디자인 개발 지원

세부목표 12-10. (보완) "지속가능한 관광의 확대를 통해 환경보전에 기여한다."

• 정책과제

① 환경과 지역을 지키는 지속가능한 관광 확대

세부목표 12-11. "화석연료 보조금을 단계적으로 철폐한다."

• 정책과제

① 연탄사용 저소득층 직접지원 강화

[출처: 지속가능발전포털]

□(G13) 기후변화와 대응

"기후변화와 그로 인한 영향에 맞서기 위한 긴급 대응"

[기본 정보]

기후변화는 이제 대륙 전반의 모든 국가에 영향을 미치고 있습니다. 국가 경제를 혼란에 빠뜨리고 삶에 영향을 미치며, 오늘날과 미래의 인류, 공동체 및 국가에 큰 손실을 주고 있습니다. 날씨 패턴은 변화하고 해수면은 상승하며 기상 이변은 잦아지고, 온실가스 배출량은 현재 최고 수준에 도달했습니다. 아무런 조처를 하지 않는다면, 금세기에 해수면 온도도 평균적으로 3도를 넘어 상승할 것으로 예상합니다. 이는 가난하고 위험에 취약한 사람들에게 가장 많은 영향을 주고 있습니다. 경제적이고 확장 가능한 해결 방안을 모색함으로써 국가는 더욱 청렴하고 탄력적인 경제국으로 도약할 수 있습니다. 더 많은 사람이 재생 에너지 사용방안을 모색하고, 온실가스 배출량 저감 및 적응 방안을 모색함에 따라 변화의 속도는 빨라지고 있습니다. 그러나 기후변화는 초국경적인 세계적 도전 과제입니다. 개발도상국들이 저탄소 경제로 나아가는 것을 돕기 위해 국제적 수준의 개선안이 필요합니다. 기후변화의 위협에 대한 국제적인 대응을 강화하기 위해 각국은 2016년 11월에 발효된 유엔기후변화협약 당사국총회(COP21)에서 파리협약을 채택했습니다. 이 협약에서 모든 국가는 지구의 기온상승을 2°C 이하로 제한하기로 합의했습니다. 2018년 4월, 175개국이 파리 협약을 비준했으며 10개 개발도상국이 기후변화에 대응하기 위한 국가적응계획을 처음으로 제출했습니다.

[수치와 현황]

2018년 4월 175개국이 파리 협약을 비준했으며 168개 당사국은 유엔 기후변화 사무국에 자발적 기여(INDC) 보고서를 제출하였습니다. 2018년 4월 현재 10개 개발도상국이 기후변화에 대응을 위한 국가적응계획을 최초로 완성하여 제출하는 데 성공했습니다. 선진국의 정당들은 완화조치를 위해 2020년까지 연간 1,000억 달러를 동원하는 목표를 향해 지속해서 진전을 보였습니다. 기후변화에 대한 정부 간 패널(IPCC)을 통해 다음 내용을 알 수 있습니다.

1880년부터 2012년까지 지구 평균온도는 0.85°C 상승했습니다. 이 관점으로 보면 온도가 1°C 상승할 때마다 곡물 생산량은 약 5% 감소합니다. 옥수수, 밀 그리고 다른 주요 농작물들은 1981년과 2002년 사이에 기후 온난화로 인해 매년 40메가톤이라는 상당한 수확량 감소를 경험했습니다. 바다는 따뜻해지고 눈과 얼음은 줄어들었으며 해수면은 상승했습니다. 1901년부터 2010년까지 전 세계 평균 해수면은 온난화로 얼음이 녹으면서 19cm 상승했습니다. 북극의 해빙 범위는 1979년 이후 매 10년 동안 줄어들었고, 매 10년마다 107만km²의 얼음 손실이 있었습니다.

현재의 온실가스 농도와 지속적인 배출량을 고려할 때 21세기 말까지 지구온난화의 상승은 1850년부터 1900년에 비해 1.5°C를 초과할 것으로 예상합니다. 세계의 바다는 따뜻해지고 얼음은 계속 녹을 것입니다. 평균 해수면 상승은 2065년에는 24~30cm, 2100년에는 40~63cm로 예측됩니다. 기후변화의 대부분 배출이 중단되더라도 수 세기 동안 지속할 것입니다. 세계 CO2 배출량은 1990년 이후 50% 가까이 증가했습니다. 2000년에서 2010년 사이의 배출량은 과거 30년간의 배출량보다 더 빠르게 증가했습니다. 다양한 기술적 조치와 행동의 변화를 통해 세계 평균•기온을 산업화 이전 수준보다 2°C로 제한할 수 있습니다. 주요 제도적 · 기술적 변화는 지구온난화가 이 한계를 초과하지 않을 가능성보다 더 나은 가능성을 줄 것입니다.

세부목표 13-1. "기후변화로 인해 예상되는 위험을 감소시키고, 자연재해에 대한 회복 및 적응능력을 강화한다."

• 정책과제

① 기후재난 대응역량 강화

② 기후재난 대비 제도 정비

③ 기후변화 중장기 영향 평가 능력 강화

④ 부문별 기후변화 적응 체계 구축

⑤ 기후변화 적응 사업 단위별 관리

세부목표 13-2. (보완) "기후변화에 대한 조치계획을 지방정책 등에 노력한다."

• 정책과제

① 기후변화 정책 통합 모니터링

② 기후변화 적응 정책 이행 지원 확대

세부목표 13-3. (보완) "기후변화 대응에 관한 역량을 강화한다."

• 정책과제

① 기후변화 정책 형성 단계부터 시민참여 지원

② 기후변화 교육 프로그램 도입을 위한 정책 수단 마련

세부목표 13-4. "지구의 온도 상승을 산업화 이전 수준에 비하여 2℃보다 아래로 유지하고 더 나아가 온도 상승을 1.5℃까지 제한하도록 노력한다."

• 정책과제

① 온실가스 감축 이행 점검 평가 체계 고도화

[출처: 지속가능발전포털]

□(G14) 해양생태계 보전

"지속가능발전을 위한 대양, 바다, 해양자원의 보존과 지속가능한 이용"

[기본 정보]

지구의 해양은 온도, 화학반응, 조류, 생명력 등 지구를 인간이 살기에 좋은 서식지로 만들고 있습니다. 빗물, 식수, 날씨, 기후, 해안선, 음식, 심지어 우리가 숨 쉬는 공기의 산소까지도 결국 바다에 의해 제공되고 규제됩니다. 역사를 통틀어, 대양과 바다는 무역과 수송에 필수적인 통로였습니다.

이 필수적인 글로벌 자원을 신중하게 관리하는 것은 지속가능한 미래의 핵심입니다. 그러나 현재는 오염으로 인해 연안해가 계속 악화하고 있고, 해양 산성화는 생태계와 생물 다양성의 기능에 악영향을 미치고 있습니다. 이것은 또한, 소규모 어업까지도 부정적인 영향을 미치고 있습니다.

해양보호구역은 효과적으로 관리되고 자원이 풍부해야 하며, 남획, 해양오염 및 해양 산성화를 줄이기 위한 규제를 마련해야 합니다.

[수치와 현황]

해양은 지구 표면의 3/4을 덮고, 지구상 물의 97%를 차지하고 있으며, 부피로는 지구상의 생활공간의 99%를 차지합니다. 30억 명이 넘는 사람들이 생계수단으로 해양과 해안 생물 다양성에 의존하고 있습니다. 전 세계적으로 해양 및 연안 자원 및 산업의 시장 가치는 연간 3조 달러, 즉 전 세계 GDP의 약 5%로 추산됩니다. 해양에는 약 20만 종의 확인된 생물이 존재하지만, 실제 개체 수는 수백만에 달할 수 있습니다. 해양은 인간 활동으로 인해 배출되는 이산화탄소의 약

30%를 흡수함으로써 지구온난화의 영향을 줄입니다. 해양은 세계 최대 단백질 공급원으로서 30억 명 이상이 단백질의 주요한 원천으로 바다를 의존하고 있습니다. 2억 명이 넘는 사람들이 직접 또는 간접적으로 해양어업에 종사하고 있습니다. 어업 보조금은 많은 어종의 급속한 감소에 기여하고 있으며, 전 세계의 어업과 관련한 일자리를 보전하고 되살리는 노력을 방해하고 있습니다. 이는 해양수산업이 벌어들일 수 있는 수입 대비, 연간 500억 달러의 손실을 발생하게 합니다. 산업혁명 이후 해양의 산성도는 26% 이상 증가하였습니다. 해안 수역은 오염과 부영양화 때문에 악화하고 있습니다. 공동의 노력이 없다면 2050년대까지 해양생태계의 20%에서 해안 침식 현상이 증가할 것으로 예상합니다.

세부목표 14-1. "육상과 해상의 오염물질로부터 해양환경 보전을 위한 관리체계를 확립한다."

• 정책과제

① 육상 오염물질 유입 차단

② 해양 플라스틱 저감

세부목표 14-2. "바다의 생태환경과 수산자원의 서식처를 적극적으로 관리한다."

• 정책과제

① 해양생태계 서식지 보호

② 해양생물 보호

세부목표 14-3. "과학기술 협력 강화 등을 통한 해양 산성화에 의한 영향을 최소화한다."

• 정책과제

① 과학기술 협력 강화

세부목표 14-4. "수산자원을 지속 가능하게 관리하고 과도한 어업을 지양한다."

• 정책과제

① TAC 기반 자원관리형 어업구조 정착

② 고질적 불법 어업 근절 및 어린 물고기 보호

세부목표 14-5. "해양생태계의 체계적인 보전과 현명한 이용을 위해 해양보호구역 지정 면적을 확대한다."

• 정책과제

① 해양보호구역 확대 및 관리 강화

세부목표 14-6. "해양자원의 지속가능한 이용을 통해 경제적 이익을 확보한다."

• 정책과제

① 수산업 혁신

② 해양·어촌관광 활성화

③ 해양 신산업 육성

세부목표 14-7. "해양과학 연구역량 제고와 해양과학기술 이전을 확대한다."

• 정책과제

① 해양과학 연구역량 제고

② 해양과학기술 이전 확대

세부목표 14-8. "소규모 영세어업인의 안정적 어업 행위를 지원한다."

• 정책과제

① 어업인 어업·복지 여건 개선

② 어촌·어항·연안 지역 정주 여건 개선

세부목표 14-9. (신규) "해양과 해양자원의 보존과 지속가능한 이용에 대한 국제법을 국내법적으로 수용함으로써 해양과 해양자원의 보존 및 지속가능한 이용을 강화한다."

• 정책과제

① 해양생태계 보전을 위한 국제법의 국내적 수용

[출처: 지속가능발전포털]

□(G15) 육상생태계 보전

"육상생태계의 지속가능한 보호 · 복원 · 증진, 숲의 지속가능한 관리, 사막화 방지, 토지 황폐화의 중지와 회복, 생물 다양성 손실 중단"

[기본 정보]

산림은 지구 표면의 30.7%를 차지하며 식량 안보와 보호지역을 제공하는 것 외에도 기후변화에 대처하고 생물다양성과 토착민들의 집을 보호하는 데 핵심적인 구실을 합니다. 산림 보호를 통해 우리는 천연자원 관리를 강화하고 토지 생산성을 높일 수 있을 것입니다.

현재 매년 1300만 헥타르의 산림이 손실되며, 건조지의 지속적인 파괴로 인해 36억 헥타르가 사막화되었습니다. 현재 토지의 15%까지 보호되고 있지만, 생물다양성은 여전히 위험에 처해 있다. 인간의 활동과 기후변화로 인한 삼림 벌채와 사막화는 지속가능한 발전에 주요한 차질을 빚고 빈곤 퇴치에 있어 수백만 명의 삶과 생계에 영향을 미쳤습니다.

숲을 관리하고 사막화를 막기 위한 노력이 이루어지고 있습니다. 공정한 자원 사용을 촉진하는 두 가지 국제협정이 현재 시행되고 있으며, 생물 다양성을 지원하기 위한 금융투자 또한 제공되고 있습니다.

라이언스 주식기금

2018년 6월 21일, 유엔개발계획(UNDP), FINCH 그리고 설립 파트너인 Mars는 광고주들에게 미디어의 일정 비율을 기부하도록 요청하며 전 세계 동물들의 삶을 변화시키는 데 목적을 둔 사업인 Lion's Share를 발표합니다. Lion's Share는 파트너가 동물을 배경으로 하는 광고마다 미디어 지출의 0.5%를 기금으로 조성하여 전 세계 동물과 그들의 서식지를 지원하는 데 사용될 것입니다. 기금은 유엔과 시민사회단체가 시행하는 다양한 야생동물 보호와 동물 복지 프로그램에 투자되는 돈으로 3년 이내에 연간 100만 달러를 모금하려고 계획하고 있습니다.

[수치와 현황]

• 산림

7천만 토착민을 포함하여 약 16억 인구가 숲에 생계를 의지하고 있습니다. 숲에는 동물·식물·곤충 등 모든 육상생물종의 80% 이상이 서식하고 있습니다. 2010년과 2015년 사이 전 세계적으로 330만 헥타르에 달하는 산림이 소실되었습니다. 가난한 농촌 여성들은 공유재에 의존하고 있으며, 이는 특히 숲의 고갈에 영향을 받습니다.

• 사막화

26억 인구는 농업에 직접적으로 의존하지만, 농업에 사용되는 토지의 52%는 심각한 토양오염의 영향을 받고 있습니다. 경작 가능한 토지의 손실은 과거 대비 30~35배로 추산됩니다. 가뭄과 사막화로 인해, 1년에 2천만 톤의 곡물이 재배될 수 있었으나 매년 1200만 헥타르(1분당 23헥타르)가 손실되고 있습니다. 빈곤층의 74%는 전 세계적으로 토지 황폐화에 직접적인 영향을 받습니다.

• 생물 다양성

120개국에서 약 7,000종의 동식물이 불법 거래로 신고 되고 있으며, 야생동물 밀렵과 밀매로 동·식물 보존 노력을 계속 방해하고 있습니다. 알려진 8,300종의 동물종 중 8%가 멸종되었으며 22%는 멸종 위기에 처해 있습니다.

8만 그루가 넘는 수종 중 오직 1% 미만만 잠재적인 이용을 위해 연구됩니다. 물고기는 30억 인구에 동물 단백질의 20%를 공급합니다. 오직 10종만이 해양 포획 어업의 약 30%를 제공하고, 10종은 양식업생산의 약 50%를 제공합니다. 인간 식단의 80% 이상이 식물에 의해 제공됩니다. 쌀, 옥수수, 밀 등 세 가지 곡물이 에너지 섭취량의 60%를 제공합니다. 개발도상국의 농촌 지역 인구 80%는 기본적인 건강관리를 위해 식물기반 의약품에 의존하고 있습니다. 미생물과 무척추동물은 생태계의 핵심 요소이지만 그 기여도는 아직 알려지지 않고 거의 인정되지 못하고 있습니다.

세부목표 15-1. "육상과 내륙 담수의 생태계 다양화를 위해 보전과 복원 활동을 활성화한다."

• 정책과제

① 산줄기/하천/습지 등 멸종 위기종 서식지 보전/개선

② 습지 보전계획 수립 및 실시

③ 산림유전자원보호구역 관리 강화

④ DMZ 생태 축 보전 사업

세부목표 15-2. "산림파괴 중단, 황폐해진 산림복원 등 지속가능한 산림경영을 강화한다."

• 정책과제

① 산불방지 및 재해 방지

② 황폐해진 산림복원

③ 지속가능한 산림경영

세부목표 15-3. "가뭄 · 홍수 · 개발 등으로 황폐해진 토지를 복원하기 위해 노력한다."

• 정책과제

① 황폐해진 토지 복원

세부목표 15-4. "생물 다양성 손실을 예방하기 위해 멸종위기종을 보호한다."

• 정책과제

① 멸종 위기 야생 동식물 증식 복원

② 공존 서식지 사업: 멸종 위기종 서식지 주민이 참여하는 '마을 생물 다양성 살리기'

③ 멸종위기종 복원 컨트롤타워 구축 · 운영

④ 생물 다양성 조사 및 종 분포 지도

⑤ 전국 야생동물 통합 모니터링 시스템 및 스테이션 구축

세부목표 15-5. (보완) "동식물 보호종의 포획과 불법 거래를 없애도록 노력한다."

• 정책과제

① 사이테스 조약 준수 및 야생동물 검역 및 유통 관리 강화

② 야생동물 포획 및 밀거래 금지

③ 야생동물·가축·인간 사이 고위험 접촉점 대비 관리제도

세부목표 15-6. (보완) "침입외래종의 유입을 예방하고 이들이 육지 및 수중 생태계에 미치는 영향을 줄이려고 조처한다."

• 정책과제

① 침입외래종 관리

세부목표 15-7. "개발사업 등 인간 활동으로 단절된 생태 축의 복원과 생태 네트워크 유지·관리를 위해 노력한다."

• 정책과제

① 도시 생태 축 복원사업

② 백두대간 등 보전·복원계획

③ 남북 산림협력

[출처: 지속가능발전포털]

□(G16) 평화・정의・포용

"지속가능발전을 위한 평화롭고 포용적인 사회 증진, 모두에게 정의를 보장, 모든 수준에서 효과적이며 책임감 있고 포용적인 제도 구축"

[기본 정보]

국제 살인사건, 어린이 폭력, 인신매매 그리고 성폭력 위협을 다루는 것은 지속가능한 발전을 위한 평화적이고 포괄적인 사회를 촉진하기 위해 중요합니다. 이는 모두를 위한 정의에 대해 접근성을 제공하고, 모든 단계에서 효과적이고 책임있는 기관을 건실할 수 있는 길을 열어줍니다. 지난 10년 동안 전 세계적인 살인율은 감소했으나 남미, 사하라 사막 이남 아프리카, 아시아의 일부 국가에서는 의도적 살인 위험이 증가한 것으로 나타났습니다. 신체적 체벌 및 성폭력과 같은 다양한 형태의 아동 폭력은 지속하고 있는 것으로 조사되었지만, 보고되지 않거나 비교할 수 있는 자료가 부족하기에 이 문제에 대한 전반적인 상황을 파악하는데는 한계가 있습니다. 이러한 문제들을 해결하고 평화롭고 포괄적인 사회를 만들기 위해서는 보다 효율적이고 투명성 높은 규제와 전체적으로 고려된 정부의 예산이 필요합니다. 개인의 권리를 보호하기 위한 첫걸음 중 하나는 전 세계 출생 등록의 시행과 전 세계에 걸쳐 보다 독립적인 국가 인권 기구를 설립하는 것입니다.

[수치와 현황]

부패의 가장 큰 영향을 받는 기관으로는 사법부와 경찰이 있습니다. 부패・뇌물수수・절도・탈세 금액은 개발도상국의 경우 매년 1조 2600억 달러에 이르며, 이 금액은 최소한 6년 동안 하루 평균 1.25달러 미만으로 생활하는 사람들을 유치하는 데 사용될 수 있습니다. 5세 미만 아동 73%가 출생신고를 했지만 사하라 이남 아프리카에서는 46%만이 출생신고를 합니다. 약 2천850만 명의 초등학생들이 분쟁지역에 살고 있습니다. 법과 개발원칙은 상호관계가 크고 상호 간 강화는 국가·국제 차원의 지속가능한 발전에 필수적입니다. 선고 없이 구금된 수감자의 비율은 지난 10년간 31%로 거의 일정하게 유지되고 있습니다.

세부목표 16-1. "모든 형태의 폭력 및 폭력으로 인한 사망률을 대폭 감소시킨다."

• 정책과제

① 상습적 침입, 강도 절도 집중 검거

② 학교폭력 예방 및 피해 아동 보호

세부목표 16-2. "아동에 대한 학대, 착취, 매매 및 모든 형태의 폭력과 고문을 종식한다."

• 정책과제

① 아동학대 예방 및 피해 아동 보호

② 실종아동 등의 보호 및 지원

세부목표 16-3. "국내·국제적 차원에서 법치를 증진하며 정의에 대한 평등한 접근을 모두에게 보장한다."

• 정책과제

① 법 앞에서의 평등 구현

세부목표 16-4. "불법 자금 및 무기거래를 감소시키고, 불법취득자산의 환수와 반환조치를 강화하며, 모든 형태의 조직범죄를 퇴치한다."

• 정책과제

① 불법무기류로 인한 테러 및 범죄 예방

② 마약 및 조직범죄 퇴치

세부목표 16-5. "부정부패와 뇌물수수를 감소시킨다."

• 정책과제

① 청탁금지법 등 청렴 기준 규범력 강화

② 청렴도 측정과 부패방지 시책평가로 공공기관의 자율적 청렴 노력 지원

세부목표 16-6. "효과적이고 책임감 있는 정부정책과 제도를 수립・이행한다."

• 정책과제

① 공무원이 일할 수 있고 국민이 체감하는 적극 행정

② 국민이 신뢰하는 공정행정 확립

③ 변화・혁신 역량을 키우는 공무원 교육 강화

④ 디지털 기반 행정업무 효율화

세부목표 16-7. "포용적이며 사회 각계각층의 시민 참여도가 높은 의사결정을 보장하고 정보에 대한 대중의 접근을 향상시킨다."

• 정책과제

① 풀뿌리 민주주의 제도 확대

② 선거참여 제고를 위한 지원

세부목표 16-8. "모든 사람에게 출생 등록을 포함하여 법적 지위를 부여한다."

• 정책과제

① 보호가 필요한 아동에 대한 공적 책임 강화

세부목표 16-9. "국내법과 국제협정에 따라 정보에 대한 대중의 접근을 보장하고, 기본적 자유를 보호한다."

• 정책과제

① 국민의 정보 접근성 보장 및 알 권리 보장

② 기본적 자유의 보장

세부목표 16-10. “개도국 내 폭력, 테러 및 범죄 퇴치를 위한 공공기관의 역량 강화를 위해 국제협력을 강화한다.”

• 정책과제

① 폭력적 극단주의 예방

세부목표 16-11. “차별을 지양하기 위한 법과 정책을 수립하고 시행한다.”

• 정책과제

① 포괄적 차별금지법 제정

세부목표 16-12. (보완) “디지털 인권을 보호하고 강화한다.”

• 정책과제

① 변형 카메라 불법 촬영 탐지·적발 강화

② 불법 영상물 유포·신고 체계 정비

③ 디지털 불평등/정보 격차 해소

[출처: 지속가능발전포털]

□(G17) 지구촌 협력 강화

"이행수단 강화와 지속가능발전을 위한 글로벌 파트너십의 활성화"

[기본 정보]

성공적인 지속가능발전 계획은 정부·민간·시민사회 간의 협력이 필요합니다. 원칙과 가치, 비전 및 인류와 지구를 중심으로 하는 공동목표를 바탕으로 한 이러한 포괄적인 파트너십이 전 세계적·지역적·국가적·지역 차원에서 필요합니다.

지속가능발전목표를 달성하기 위해서는 수조 달러의 민간 자원의 힘을 바탕으로 전환·개방하기 위한 긴급조치가 요구됩니다. 해외 직접투자를 포함한 장기투자는 특히 개발도상국의 핵심 분야에 필요하며, 여기에는 지속가능한 에너지, 인프라 및 운송은 물론 정보통신기술 분야가 포함됩니다. 공공 부문은 명확한 방향을 설정해야 할 필요가 있습니다. 투자유치와 지속가능한 발전을 마련하는 방안으로 검토 및 감독 규정, 인센티브 제도를 마련해야 합니다. 최고 감사기관 및 입법부의 감독 기능과 같은 국가 감독기구 체제 또한 강화되어야 합니다.

[수치와 현황]

공적개발 원조는 2014년 1352억 달러로 지금까지 기록 중 역대 최고 수준입니다. 개발도상국이 수출하는 품목에 선진국이 무관세를 적용합니다. 개발도상국의 부채 부담은 수출 수입의 약 3%로 안정적입니다. 아프리카의 인터넷 사용자 수는 지난 4년간 거의 두 배로 증가했습니다. 전 세계 청년 30%가 디지털 노마드로, 최소 5년 이상 온라인에서 활동하고 있습니다. 그러나 40억 인구 이상이 인터넷을 사용하지 않으며 그중 90%는 개발도상국의 사람들입니다.

세부목표 17-1. (보완) "ODA를 확대하고 개발 재원을 다양화한다."

• 정책과제

① ODA 확대 및 개발 재원 다양화

② ODA 추진체계 개선을 통한 ODA 효율성 제고

세부목표 17-2. "다자무역체제를 촉진하고 개도국의 교역 및 투자증대를 지원한다."

• 정책과제

① 개도국 교역 시스템 및 투자증대 촉진

세부목표 17-3. (보완) "개발도상국의 과학기술혁신시스템 강화를 지원한다."

• 정책과제

① 개도국의 과학기술혁신시스템 강화 지원

세부목표 17-4. (보완) "전략적인 개발 협력을 추진한다."

• 정책과제

① 개도국의 SDGs 이행을 지원하기 위한 전략적 ODA 추진

세부목표 17-5. "지속가능발전을 위한 정책 일관성을 강화한다."

• 정책과제

① 행정계획의 지속가능발전 영향 검토 강화

② 이행 관리 및 평가 내실화

③ 전문성 확보 및 인프라 구축

세부목표 17-6. "개도국의 지속가능발전을 위한 다양한 글로벌 파트너십을 강화한다."

• 정책과제

① 다양한 협력기구를 선정하고 다자협력협의체 운영

세부목표 17-7. "효과적인 공공, 공공-민간과 시민사회 간 파트너십을 권장하고 촉진한다."

• 정책과제

① 민관부문과의 협력 강화

제 4 장

'2022 개정 교육과정' 핵심역량 및 하위요소

1. 2022 개정 교육과정 총론 핵심역량 및 하위요소

(출처: 2022 개정 교육과정 해설서)

총론 핵심역량	정의	하위 요소(키워드)
자기관리 역량	자아정체성과 자신감을 가지고 자신의 삶과 진로를 스스로 설계하며 이에 필요한 기초 능력과 자질을 갖추어 자기주도적으로 살아갈 수 있는 자기관리 역량	자기비판, 자기관리, 목표 설정, 적응력, 자기평가, 자아정체성 확립, 자신감획득, 자기통제 및 절제, 기본생활습관형성, 감정조절, 건강관리, 기초학습능력, 자기주도학습능력, 진로설계능력, 합리적 경제생활, 여가선용, 시간 관리, 목표설정, 스트레스 관리, 자기반성, 책임감
지식정보처리 역량	문제를 합리적으로 해결하기 위하여 다양한 영역의 지식과 정보를 깊이 있게 이해하고 비판적으로 탐구하며 활용할 수 있는 지식정보처리 역량	문제해결능력, 논리적 사고, 비판적 사고, 정보탐색, 정보수집, 정보분석, 정보평가, 정보 활용, 해결 방안실행 및 평가, 매체 활용능력, 디지털 리터러시, 윤리적 사고, 디지털 도구 활용
창의적 사고 역량	폭넓은 기초 지식을 바탕으로 다양한 전문분야의 지식, 기술, 경험을 융합적으로 활용하여 새로운 것을 창출하는 창의적 사고 역량	문제 정의, 유창성, 융통성, 독창성, 정교성, 유추성, 민감성, 개방성, 독립성, 과제집착력, 자발성, 융합적 사고, 아이디어생성, 실험과 탐구, 비판적 평가, 개방성, 협력적 창의성
심미적 감성 역량	인간에 대한 공감적 이해와 문화적 감수성을 바탕으로 삶의 의미와 가치를 성찰하고 향유하는 심미적 감성 역량	미적 감각, 창의적 표현, 비판적 감상, 문화이해, 공감 능력, 문화적 소양, 감수성, 문화적 상상력, 공감 능력, 다양한 가치존중, 정서적 안정감, 행복한 삶의 추구, 자기성찰
협력적 소통 역량	다른 사람의 관점을 존중하고 경청하는 가운데 자기 생각과 감정을 효과적으로 표현하며 상호협력적인 관계에서 공동의 목적을 구현하는 협력적 소통 역량	언어적 표현능력, 타인이해, 존중능력, 갈등조절능력, 경청, 이견조율, 비언어적 소통, 협력적 작업, 갈등 해결, 다양성 존중

총론 핵심역량	정의	하위 요소(키워드)
공동체 역량	지역・국가・세계 공동체의 구성원에게 요구되는 개방적・포용적 가치와 태도로 지속 가능한 인류 공동체 발전에 적극적이고 책임감 있게 참여하는 공동체 역량	시민의식, 준법정신, 질서의식, 공정성, 정의감, 참여, 책임의식, 협동, 협업, 나눔, 배려, 사회적 책임감, 자원봉사, 공동체 문제의식, 민주적 참여, 공감과 이해

2. 2022 개정 교육과정 사회과 핵심역량 및 하위요소

사회과 역량	정의	하위 요소(키워드)
비판적 사고력 역량	사태를 분석적으로 평가하는 능력으로 비교・분석을 통해 해석하고 평가하는 능력	명료화, 사실과 의견 구분, 비교, 해석, 의도 파악 추론, 평가, 정확성 평가, 신뢰성 평가, 논리적 일관성, 타당성 판단
창의적 사고력 역량	폭넓은 기초 지식을 바탕으로 다양한 전문분야의 지식, 기술, 경험을 융합적으로 활용하여 새로운 것을 창출하는 능력	새로운 시각, 다양한 관점, 창의적 사고기능, 창의적 사고 성향, 아이디어의 창의성, 사고의 혁신도
문제해결력 및 의사 결정력	합리적인 선택을 통해 생활에서 직면하게 되는 문제를 해결할 수 있는 능력을 일컫는 것으로, 당면한 문제의 원인을 분석하여 이를 해결하기 위한 대안을 탐색, 평가하고 최적의 대안을 선택할 수 있는 능력	사회현상과 문제 탐구, 적절한 해결책 선택, 최적의 방안 도출 과정 평가, 문제 인식, 해결 방안 탐색, 해결 방안실행과 평가, 지식 활용, 인과적 추론, 대안 모색 및 의사결정, 계획 수립 및 반성, 탐구문제 이해, 탐구문제 해결 실행, 문제 해결의 난이도, 설계, 실행, 도출, 반성(성찰), 대안 모색, 대안선택
의사소통 및 협업 능력	다양한 상황에서 자기 생각과 감정을 효과적으로 표현하고 다른 사람의 의견을 경청하며 존중하는 능력, 지역, 국가, 세계 공동체의 구성원에게 요구되는 가치와 태도를 보이고 공동체 발전에 적극적으로 참여하는 능력	설명하기, 발표하기, 토의・토론하기, 공감 경청, 자신의 관점 효과적 표현, 상대방 의견 수용, 상호작용, 타인존중, 협력, 문해력, 언어적 표현력, 지리적 도해력, 타인이해 및 존중, 협동, 리더십, 의사소통, 발표력, 갈등관리, 역할의 범위 및 수행
정보 활용능력	다양한 자료와 테크놀로지를 활용하여 정보를 수집, 해석, 활용, 창조할 수 있는 능력으로 수집한 정보를 명료화하거나, 사실과 의견을 구분하거나 비교하는 능력	정부수집, 정보 활용, 정보윤리, 정보획득, 정보해석 및 평가, 미디어 비판적 이해 및 활용, 매체 활용능력

3. 2022 개정 교육과정 과학과 핵심역량 및 하위요소

과학과 핵심역량	정의	하위 요소(키워드)
과학적 탐구	자연 현상에 대한 호기심과 의문을 과학적이고 합리적으로 해결해 나가는 일련의 과정	문제 인식, 가설 설정, 탐구 설계 및 수행, 변인 통제, 실험 설계, 자료 분석 및 해석, 결론 도출 및 평가, 일반화 및 새로운 질문 생성, 과학적 사고력, 과학적 의사소통 능력, 창의・융합적 사고력
문제해결능력	과학적 탐구 과정을 통해 길러지는 핵심역량 중 하나로, 과학적 지식과 탐구 기능을 활용하여 문제를 효과적이고 창의적으로 해결하는 능력	문제 정의, 정보수집 및 분석, 해결 방안 모색, 브레인스토밍, 최적 해결책 선택 및 평가, 반성 및 개선, 해결책 실행 및 평가, 과학적 지식 활용
과학적 의사결정 능력	과학적 지식과 과학적 사고 과정을 바탕으로 사회 속에서 일어나는 다양한 문제 상황을 분석하고, 이를 해결하기 위한 합리적이고 윤리적인 의사결정을 내리는 능력	문제 인식, 쟁점 파악, 영향 범위 분석, 정보탐색, 출처 비교, 신뢰도 평가, 타당성 검증, 데이터 분석, 관점 파악, 이해관계자 분석, 주장 비교, 근거 분석, 공정성, 객관성, 브레인스토밍, 발상의 전환, 수렴적 사고, 확산적 사고, 귀납적 추론, 연역적 추론, 가설 설정, 변인 통제, 예측 및 검증, 논리적 사고

제 5 장 '2022 개정 교육과정' 내용 체계 및 성취기준

1. 2022 개정 교육과정 통합사회 내용 체계 및 성취기준

(출처: 2022 개정 교육과정 해설서)

<table>
<tr><th colspan="3">[공통 과목] 통합사회 1</th></tr>
<tr><td colspan="2">핵심 아이디어</td><td>• 시간적, 공간적, 사회적, 윤리적 측면을 함께 고려하는 통합적 관점의 적용을 통해 인간, 사회, 환경의 특성 및 관련 문제를 잘 파악할 수 있다.
• 질 높은 정주 환경의 조성, 경제적 안정, 민주주의의 실현, 윤리적 실천은 행복한 삶을 위한 중요한 조건이다.
• 자연환경과 인간 생활의 유기적 관계를 고려하는 생태 시민의 태도가 자연과 인간을 공존할 수 있게 한다.
• 다양성 존중의 태도는 서로 다른 문화권과 다문화 사회의 특성을 이해하는 바탕이 된다.
• 생활공간과 생활양식의 변화로 나타난 문제를 해결하려는 시민의 실천을 통해 지역 사회의 변화를 이끌어낼 수 있다.</td></tr>
<tr><th colspan="2">범주</th><th>내용 요소</th></tr>
<tr><td rowspan="4">지식·이해</td><td>통합적 관점</td><td>• 통합적 관점
• 시간적 관점
• 공간적 관점
• 사회적 관점
• 윤리적 관점</td></tr>
<tr><td>인간, 사회, 환경과 행복</td><td>• 행복의 의미
• 행복의 조건</td></tr>
<tr><td>자연환경과 인간</td><td>• 자연환경
• 자연관
• 환경문제
• 생태 시민</td></tr>
<tr><td>문화와 다양성</td><td>• 문화권
• 문화 변동</td></tr>
</table>

<table>
<tr><th colspan="2">범주</th><th>내용 요소</th></tr>
<tr><td></td><td></td><td>• 문화 상대주의와 보편윤리
• 다문화 사회</td></tr>
<tr><td></td><td>생활공간과 사회</td><td>• 산업화와 도시화
• 교통 · 통신과 과학기술의 발달
• 생활공간과 생활양식
• 지역 사회</td></tr>
<tr><td colspan="2">과정 · 기능</td><td>• 탐구 주제를 나-지역-국가-세계의 관계 속에서 파악하기
• 탐구 주제의 역사적 배경 조사하기
• 주제와 관련된 다양한 가치를 통합적 관점에서 이해하고 가치 간의 관계 탐구하기
• 갈등 상황에서 가치를 선택하고 그 결과를 예측 및 평가하기
• 탐구 주제를 그림이나 지도, 도식 등을 활용하여 분석하고 표현하기
• 탐구 대상에 대한 현장조사 수행하기
• 탐구 주제에 적합한 자료를 수집 및 분석하기
• 의견 및 주장을 자료 및 매체를 활용하여 효과적으로 전달하기
• 통합적 관점에서 해결 방안을 도출하고 타당성 평가하기
• 민주적 절차와 방법을 활용하여 합의 도출하기</td></tr>
<tr><td colspan="2">가치 · 태도</td><td>• 시간적, 공간적, 사회적, 윤리적 차원의 다양한 쟁점에 관한 관심
• 갈등 해결을 위한 타인과의 소통과 협력
• 타인의 감정 이해 및 타인의 가치와 태도 존중
• 다양한 생활방식과 문화에 대한 이해와 존중
• 민주적 절차를 존중하는 과정에서 사회적 소수자 배려
• 공동체 문제 해결을 위한 적극적 참여와 공동선의 실천
• 생태 · 평화적 관점에서 공존과 지속가능한 발전을 지향하는 태도
• 지역적, 국가적, 세계적 수준의 다양한 쟁점에 관한 관심
• 지구촌 공동체의 문제 및 위기 해결 과정에 대한 적극적 참여</td></tr>
</table>

(1) 통합적 관점

[10통사1-01-01] 인간, 사회, 환경을 바라보는 시간적, 공간적, 사회적, 윤리적 관점의 의미와 특징을 사례를 통해 파악한다.
[10통사1-01-02] 인간, 사회, 환경의 탐구에 통합적 관점이 요청되는 이유를 도출하고 이를 탐구에 적용한다.

(2) 인간, 사회, 환경과 행복

[10통사1-02-01] 시대와 지역에 따라 다르게 나타나는 행복의 기준을 사례를 통해 비교하여 평가하고, 삶의 목적으로서 행복의 의미를 성찰한다.
[10통사1-02-02] 행복한 삶을 실현하기 위한 조건으로 질 높은 정주 환경의 조성, 경제적 안정, 민주주의 발전 및 도덕적 실천의 필요성에 관해 탐구한다.

(3) 자연환경과 인간

[10통사1-03-01] 자연환경이 인간의 생활에 미치는 영향에 관한 과거와 현재의 사례를 조사하여 분석하고, 안전하고 쾌적한 환경에서 살아가는 것이 시민의 권리임을 주장한다.
[10통사1-03-02] 자연에 대한 인간의 다양한 관점을 사례를 통해 비교하고, 인간과 자연의 바람직한 관계를 제안한다.
[10통사1-03-03] 환경 문제 해결을 위한 정부, 시민사회, 기업 등의 다양한 노력을 조사하고, 생태 시민으로서 실천 방안을 모색한다.

(4) 문화와 다양성

[10통사1-04-01] 자연환경과 인문환경의 영향을 받아 형성된 다양한 문화권의 특징과 삶의 방식을 탐구한다.
[10통사1-04-02] 문화 변동의 다양한 양상을 이해하고, 현대 사회에서 전통문화가 지니는 의의를 탐색한다.
[10통사1-04-03] 문화적 차이에 대한 상대주의적 태도의 필요성을 이해하고, 보편 윤리의 차원에서 자문화와 타문화를 평가한다.
[10통사1-04-04] 다문화 사회의 현황을 조사하고, 문화적 다양성을 존중하는 태도를 바탕으로 갈등 해결 방안을 모색한다.

(5) 생활공간과 사회

[10통사1-05-01] 산업화, 도시화로 인해 나타난 생활공간과 생활양식의 변화 양상을 조사하고, 이에 따른 문제점의 해결 방안을 제안한다.
[10통사1-05-02] 교통·통신 및 과학기술의 발달과 함께 나타난 생활공간과 생활양식의 변화 양상을 조사하고, 이에 따른 문제점의 해결 방안을 제안한다.
[10통사1-05-03] 자신이 거주하는 지역을 사례로 공간 변화가 초래한 양상 및 문제점을 탐구하고, 공동체의 구성원으로서 지역 사회의 변화를 위한 방안을 모색하고 이를 실천한다.

[공통 과목] 통합사회 2		
핵심 아이디어		• 근대 시민 혁명 이후 확립된 인권은 오늘날 사회 제도적 장치의 마련과 시민의 노력으로 확장되고 있다. • 정의의 의미와 기준을 이해하고, 이에 대한 실천 방안을 모색함으로써 사회 불평등 문제 해결에 기여할 수 있다. • 경제 주체들은 효율성을 기준으로 경제활동에 참여하며, 이 과정에서 나타난 문제 해결을 위해 지속가능발전을 추구한다. • 국제사회의 협력과 세계시민 의식의 함양을 통해 세계화의 과정에서 나타나는 여러 문제와 국제 분쟁을 평화적으로 해결할 수 있다. • 지속가능한 발전의 추구를 통해 인류가 당면한 지구촌 문제 해결과 바람직한 미래 변화를 꾀할 수 있다.
범주		내용 요소
지식·이해	인권보장과 헌법	• 시민혁명 • 인권 • 헌법 • 시민참여
	사회정의와 불평등	• 정의의 실질적 기준 • 정의관 • 사회 불평등 • 공간 불평등
	시장경제와 지속가능발전	• 시장경제와 합리적 선택 • 경제 주체의 역할 • 국제 분업과 무역 • 금융 생활

범주		내용 요소
	세계화와 평화	• 세계화 • 국제 분쟁 • 평화 • 세계시민
	미래와 지속가능한 삶	• 인구 문제 • 자원 위기 • 미래 삶의 방향 • 지속가능발전
과정 · 기능		• 탐구 주제를 나-지역-국가-세계의 관계 속에서 파악하기 • 탐구 주제의 역사적 배경 조사하기 • 주제와 관련된 다양한 가치를 통합적 관점에서 이해하고 가치 간의 관계 탐구하기 • 갈등 상황에서 가치를 선택하고 그 결과를 예측 및 평가하기 • 탐구 주제를 그림이나 지도, 도식 등을 활용하여 분석하고 표현하기 • 탐구 대상에 대한 현장조사 수행하기 • 탐구 주제에 적합한 자료를 수집 및 분석하기 • 의견 및 주장을 자료 및 매체를 활용하여 효과적으로 전달하기 • 통합적 관점에서 해결 방안을 도출하고 타당성 평가하기 • 민주적 절차와 방법을 활용하여 합의 도출하기
가치 · 태도		• 시간적, 공간적, 사회적, 윤리적 차원의 다양한 쟁점에 관한 관심 • 갈등 해결을 위한 타인과의 소통과 협력 • 타인의 감정 이해 및 타인의 가치와 태도 존중 • 다양한 생활방식과 문화에 대한 이해와 존중 • 민주적 절차를 존중하는 과정에서 사회적 소수자 배려 • 공동체 문제 해결을 위한 적극적 참여와 공동선의 실천 • 생태 · 평화적 관점에서 공존과 지속가능한 발전을 지향하는 태도 • 지역적, 국가적, 세계적 수준의 다양한 쟁점에 관한 관심 • 지구촌 공동체의 문제 및 위기 해결 과정에 대한 적극적 참여

(1) 인권보장과 헌법

[10통사2-01-01] 근대 시민 혁명 등을 통해 확립되어 온 인권의 의미와 변화 양상을 이해하고, 현대 사회에서 주거, 안전, 환경, 문화 등 다양한 영역으로 인권이 확장되고 있는 사례를 조사한다.
[10통사2-01-02] 인간 존엄성 실현과 인권보장을 위한 헌법의 역할을 파악하고, 시민의 권익을 보호하기 위한 다양한 시민참여의 방안을 탐구하고 이를 실천한다.
[10통사2-01-03] 사회적 소수자 차별, 청소년의 노동권 등 국내 인권 문제와 인권지수를 통해 확인할 수 있는 세계 인권 문제의 양상을 조사하고, 이에 대한 해결 방안을 모색한다.

(2) 사회정의와 불평등

[10통사2-02-01] 정의의 의미와 정의가 요구되는 이유를 파악하고, 다양한 사례를 통해 정의의 실질적 기준을 탐구한다.
[10통사2-02-02] 개인과 공동체의 관계를 기준으로 다양한 정의관을 비교하고, 이를 구체적인 사례에 적용하여 설명한다.
[10통사2-02-03] 사회 및 공간 불평등 현상의 사례를 조사하고, 정의로운 사회를 만들기 위한 다양한 제도와 시민으로서의 실천 방안을 제안한다.

(3) 시장경제와 지속가능발전

[10통사2-03-01] 자본주의의 역사적 전개 과정과 그 특징을 조사하고, 시장과 정부의 관계를 중심으로 다양한 삶의 방식을 비교 평가한다.
[10통사2-03-02] 합리적 선택의 의미와 그 한계를 파악하고, 지속가능발전을 위해 요청되는 정부, 기업가, 노동자, 소비자의 바람직한 역할과 책임에 관해 탐구한다.
[10통사2-03-03] 금융 자산의 특징과 자산관리의 원칙을 토대로 금융 생활을 설계하고, 경제적, 사회적 환경의 변화가 금융과 관련한 의사결정에 미치는 영향을 탐구한다.
[10통사2-03-04] 자원, 노동, 자본의 지역 분포에 따른 국제 분업과 무역의 필요성을 이해하고, 지속가능발전에 기여하는 국제무역의 방안을 탐색한다.

(4) 세계화와 평화

[10통사2-04-01] 세계화의 다양한 양상을 살펴보고, 세계화 시대의 문제점과 그에 대한 해결 방안을 제안한다.
[10통사2-04-02] 평화의 관점에서 국제사회의 갈등과 협력의 사례를 조사하고, 세계 평화를 위한 행위 주체의 바람직한 역할을 탐색한다.
[10통사2-04-03] 남북 분단과 동아시아의 역사 갈등 상황을 분석하고, 이를 토대로 우리나라가 세계 평화에 기여할 방안을 제안한다.

(5) 미래와 지속가능한 삶

[10통사2-05-01] 세계의 인구 분포와 구조 등에 대한 이해를 토대로 현재와 미래의 인구 문제 양상을 파악하고, 그 해결 방안을 제안한다.
[10통사2-05-02] 지구적 차원에서 에너지 자원의 분포와 소비 실태를 파악하고, 기후 변화에 대한 대응과 지속가능한 발전을 위한 제도적 방안과 개인적 노력을 탐구한다.
[10통사2-05-03] 미래 사회의 모습을 다양한 측면에서 예측하고, 이를 바탕으로 세계시민으로서 자신의 미래 삶의 방향을 설정한다.

2. 2022 개정 교육과정 통합과학 내용 체계 및 성취기준

[공통 과목] 통합과학 1	
핵심 아이디어	• 자연 세계는 시간과 공간을 배경으로 몇 가지 기본량으로 기술할 수 있으며, 양을 측정할 때 사용하는 표준과 단위는 일상생활과 산업기술에서 중요하다. • 우주 초기 원소 형성, 태양계의 형성과 진화, 별의 진화 등 모든 천문 현상은 천체에서 방출되는 빛의 분석을 통해 이루어진다. • 자연계에 존재하는 원소에는 규칙성이 있으며, 원소의 결합으로 지각과 생명체를 구성하는 물질들이 구성된다. • 자연계에서 물체의 운동 변화는 역학적 상호작용으로 설명하며, 일상생활에서 안전하고 편리한 삶에 활용된다. • 지구계는 기권, 수권, 지권, 생물권 등 여러 하위 권역들로 구성되며, 지구계 구성 권역들이 물질과 에너지를 교환하는 과정에서 다

범주		내용 요소
		양한 자연 현상들이 발생한다. • 생명체는 생명 시스템의 기본 단위인 세포로 구성되어 있으며, 세포에서 일어나는 다양한 반응을 통해 생명 현상이 유지된다.
범주		**내용 요소**
지식 · 이해	과학의 기초	• 기본량과 단위 • 측정과 어림 • 정보와 신호
	물질과 규칙성	• 원소 형성 • 별의 진화 • 원소의 주기성 • 이온 결합 • 공유 결합 • 지각과 생명체 구성 물질의 규칙성 • 물질의 전기적 성질
	시스템과 상호작용	• 지구시스템의 구성과 상호작용 • 판 구조론과 지각 변동 • 중력장 내의 운동 • 충격량과 운동량 • 생명 시스템의 기본 단위 • 물질대사 • 유전자와 단백질
과정 · 기능		• 자연 현상에서 문제를 인식하고 가설을 설정하기 • 변인을 조작적으로 정의하여 탐구 설계하기 • 다양한 도구를 수학적 사고를 활용하여 정보를 조사 · 수집 · 해석하기 • 수학적 사고와 모형을 활용하여 통합 및 융합 과학 관련 현상 설명하기 • 증거에 기반한 과학적 사고를 통해 자료를 과학적으로 분석 · 평가 · 추론하기 • 결론을 도출하고 자연 현상 및 융복합 문제 상황에 적용 · 설명하기 • 과학적 주장을 다양한 방법으로 소통하고, 의사결정을 위해 과학적 지식 활용하기
가치 · 태도		• 역사에 성찰적으로 접근하는 태도 • 타인의 역사적 해석을 존중하는 태도 • 한국 사회 발전에 참여하는 자질과 태도 • 한국 사회 당면 문제의 해결 방안을 모색하는 자질과 태도

(1) 과학의 기초

[10통과1-01-01] 자연을 시간과 공간에서 기술할 수 있음을 알고, 길이와 시간 측정의 현대적 방법과 다양한 규모의 측정 사례를 조사할 수 있다.
[10통과1-01-02] 과학 탐구에서 중요한 기본량의 의미를 알고, 자연 현상을 기술하는 데 단위가 가지는 의미와 적용사례를 설명할 수 있다.
[10통과1-01-03] 과학 탐구에서 측정과 어림의 의미를 알고, 일상생활의 여러 가지 상황에서 측정 표준의 유용성과 필요성을 논증할 수 있다.
[10통과1-01-04] 자연에서 일어나는 다양한 변화를 측정 · 분석하여 정보를 산출함을 알고, 이러한 정보를 디지털로 변환하는 기술을 정보 통신에 활용하여 현대 문명에 미친 영향을 인식한다.

(2) 물질과 규칙성

[10통과1-02-01] 천체에서 방출되는 빛의 스펙트럼을 분석하여 우주 초기에 형성된 원소와 천체의 구성 물질을 추론할 수 있다.
[10통과1-02-02] 우주 초기의 원소들로부터 태양계의 재료이면서 생명체를 구성하는 원소들이 형성되는 과정을 통해 지구와 생명의 역사가 우주 역사의 일부분임을 해석할 수 있다.
[10통과1-02-03] 세상을 구성하는 원소들의 성질이 주기성을 나타내는 현상을 통해 자연의 규칙성을 도출하고, 지구와 생명체를 구성하는 주요 원소들이 결합을 형성하는 이유를 해석할 수 있다.
[10통과1-02-04] 인류의 생존에 필수적인 물, 산소, 소금 등이 만들어지는 결합의 차이를 이해하고, 각 물질의 성질과 관련지어 설명할 수 있다.
[10통과1-02-05] 지각과 생명체를 구성하는 물질들이 기본 단위체의 결합을 통해서 형성된다는 것을 규산염 광물, 단백질과 핵산의 예를 통해 설명할 수 있다.
[10통과1-02-06] 지구를 구성하는 물질을 전기적 성질에 따라 구분할 수 있고, 물질의 전기적 성질을 응용하여 일상생활과 첨단기술에서 다양한 소재로 활용됨을 인식한다.

(3) 시스템과 상호작용

[10통과1-03-01] 지구시스템은 태양계라는 시스템의 구성요소임을 알고, 지구시스템을 구성하는 권역 간의 물질 순환과 에너지 흐름의 결과로 나타나는 현상을 논증할 수 있다.
[10통과1-03-02] 지권의 변화를 판 구조론 관점에서 해석하고, 에너지 흐름의 결과로 발생하는 지권의 변화가 지구시스템에 미치는 영향을 추론할 수 있다.
[10통과1-03-03] 중력의 작용으로 인한 지구 표면과 지구 주위의 다양한 운동을 설명할 수 있다.
[10통과1-03-04] 상호작용이 없을 때 물체가 가속되지 않음을 알고, 충격량과 운동량의 관계를 충돌 관련 안전장치와 스포츠에 적용할 수 있다.
[10통과1-03-05] 생명 시스템을 유지하기 위해서 다양한 화학반응과 물질 출입이 필요함을 이해하고, 일상생활에서 활용되는 화학반응 사례를 조사하여 발표할 수 있다.
[10통과1-03-06] 생명 시스템의 유지에 필요한 세포 내 정보의 흐름을 유전자로부터 단백질이 만들어지는 과정을 중심으로 설명할 수 있다.

[공통 과목] 통합과학 2	
핵심 아이디어	• 지구와 생명의 역사에 포함된 화학반응에는 산화·환원 반응, 산·염기 반응이 있으며, 화학 변화에는 에너지가 출입한다. • 지질시대를 통해 지질 구조를 포함한 환경과 생명체는 끊임없이 변천해 왔으며, 변이의 발생과 자연선택의 과정을 통해 생명체가 진화하고 생물 다양성이 형성된다. • 생태계 구성요소 사이의 균형적인 상호관계가 생태계 평형 유지를 위해 중요함을 인식하고, 환경보전을 위한 노력을 실천한다. • 지구의 기후시스템은 태양복사와 지구복사의 영향을 받으며, 인간 활동에 의한 대기 중의 이산화탄소 농도 증가가 기후에 영향을 미친다. • 에너지는 여러 형태로 존재하면서 끊임없이 형태를 전환하는데, 이를 활용하여 전기 에너지를 얻을 수 있으며, 에너지의 지속 가능하고 효율적인 활용이 중요하다. • 인공지능과 로봇이 미래 사회에서 인간의 삶과 문명에 막대한 영향을 준다는 것과 과학기술 발전의 양면성을 인식하고, 건전한 가치 판단에 따라 책임 있게 과학기술을 사회에 적용하고 활용한다.

범주		내용 요소	
지식 · 이해	변화와 다양성	• 지질시대의 생물과 화석 • 자연선택 • 산화와 환원 • 중화 반응	• 지질시대 환경 변화와 대멸종 • 생물다양성 • 산성과 염기성 • 물질 변화에서 에너지 출입
	환경과 에너지	• 생태계 구성요소 • 대기와 해양의 상호작용 • 핵융합 • 에너지 전환과 효율	• 생태계 평형 • 온실기체와 지구온난화 • 발전
	과학과 미래 사회	• 감염병과 병원체 • 로봇	• 인공지능과 과학 탐구 • 과학기술과 윤리
과정 · 기능		• 자연 현상에서 문제를 인식하고 가설을 설정하기 • 변인을 조작적으로 정의하여 탐구 설계하기 • 다양한 도구를 활용하여 정보를 조사 · 수집 · 해석하기 • 수학적 사고와 모형을 활용하여 통합 및 융합 과학 관련 현상 설명하기 • 증거에 기반한 과학적 사고를 통해 자료를 과학적으로 분석 · 평가 · 추론하기 • 결론을 도출하고 자연 현상 및 융복합 문제 상황에 적용 · 설명하기 • 과학적 주장을 다양한 방법으로 소통하고, 의사결정을 위해 과학적 지식 활용하기	
가치 · 태도		• 과학의 심미적 가치 • 과학 유용성 • 자연과 과학에 대한 감수성 • 과학 창의성 • 과학 활동의 윤리성 • 과학 문제 해결에 대한 개방성 • 안전 · 지속 가능 사회에 기여 • 과학 문화 향유	

(1) 변화와 다양성

[10통과2-01-01] 지질시대를 통해 지구 환경이 끊임없이 변화해 왔으며 이러한 환경 변화가 생물 다양성에 미치는 영향을 추론할 수 있다.
[10통과2-01-02] 변이의 발생과 자연선택 과정을 통해 생물의 진화가 일어나고, 진화의 과정을 통해 생물 다양성이 형성되었음을 추론할 수 있다.
[10통과2-01-03] 자연과 인류의 역사에 큰 변화를 가져온 광합성, 화석연료 사용, 철의 제련 등에서 공통점을 찾아 산화와 환원을 이해하고, 생활 주변의 다양한 변화를 산화와 환원의 특징과 규칙성으로 분석할 수 있다.
[10통과2-01-04] 대표적인 산·염기 물질의 특징을 알고, 산과 염기를 혼합할 때 나타나는 중화 반응을 생활 속에서 이용할 수 있다.
[10통과2-01-05] 생활 주변에서 에너지를 흡수하거나 방출하는 현상을 찾아 에너지의 흡수 방출이 우리 생활에 어떻게 이용되는지 토의할 수 있다.

(2) 환경과 에너지

[10통과2-02-01] 생태계 구성요소를 이해하고 생물과 환경 사이의 상호관계를 설명할 수 있다.
[10통과2-02-02] 먹이 관계와 생태 피라미드를 중심으로 생태계 평형이 유지되는 과정을 이해하고, 환경의 변화가 생태계에 미칠 수 있는 영향에 대해 협력적으로 소통할 수 있다.
[10통과2-02-03] 온실효과 강화로 인한 지구온난화의 메커니즘을 이해하고, 엘니뇨, 사막화 등과 같은 현상이 지구 환경과 인간 생활에 미치는 영향과 대처 방안을 분석할 수 있다.
[10통과2-02-04] 태양에서 수소 핵융합 반응을 통해 질량 일부가 에너지로 바뀌고, 그중 일부가 지구에서 에너지 흐름을 일으키며 다양한 에너지로 전환되는 과정을 추론할 수 있다.
[10통과2-02-05] 발전기에서 운동 에너지가 전기 에너지로 전환되는 과정을 이해하고, 열원으로서 화석연료, 핵에너지를 이용하는 발전소가 인간 생활에 미치는 영향을 조사·발표할 수 있다.
[10통과2-02-06] 에너지 효율의 의미와 중요성을 이해하고, 지속가능한 발전과 지구 환경 문제 해결에 신재생 에너지 기술을 활용하는 방안을 탐색할 수 있다.

(3) 과학과 미래 사회

[10통과2-03-01] 감염병의 진단, 추적 등을 사례로 과학의 유용성을 설명하고, 미래 사회 문제 해결에서 과학의 필요성에 대해 논증할 수 있다.
[10통과2-03-02] 빅데이터를 과학기술사회에서 사용하고 있는 사례를 조사하고, 빅데이터 활용의 장점과 문제점을 추론할 수 있다.
[10통과2-03-03] 인공지능 로봇, 사물인터넷 등과 같이 과학기술의 발전을 인간 삶과 환경 개선에 활용하는 사례를 찾고, 이러한 과학기술의 발전이 미래 사회에 미치는 유용성과 한계를 예측할 수 있다.
[10통과2-03-04] 과학기술의 발전 과정에서 발생할 수 있는 과학 관련 사회적 쟁점(SSI)과 과학기술 이용에서 과학 윤리의 중요성에 대해 논증할 수 있다.

제 6 장 'K-SDGs' 목표와 교과 연계 주제탐구

[출처: 지속가능발전포털]

□(G1) 빈곤층 감소와 사회안전망 강화

"모든 곳에서 모든 형태의 빈곤 종식"

[K-SDGs 세부목표 1-1] 남녀노소, 장애 여부 등과 관계없이 빈곤인구 비율을 OECD 평균 이하 수준으로 줄인다.
통합사회 연계

[10통사1-02-02] 행복한 삶을 실현하기 위한 조건으로 질 높은 정주 환경의 조성, 경제적 안정, 민주주의 발전 및 도덕적 실천의 필요성에 관해 탐구한다.
탐구주제: 우리나라와 OECD 국가의 빈곤율 비교 분석 및 경제적 안정이 행복에 미치는 영향 탐구
탐구활동 예시: OECD 통계자료를 활용하여 국가별 빈곤율 비교, 설문 조사를 통해 경제적 안정과 행복도의 상관관계 분석, 경제적 어려움 속에서도 행복하게 살아가는 사람들의 사례 연구

[10통사2-01-03] 사회적 소수자 차별, 청소년의 노동권 등 국내 인권 문제와 인권지수를 통해 확인할 수 있는 세계 인권 문제의 양상을 조사하고, 이에 대한 해결 방안을 모색한다.
탐구주제 1: 사회적 소수자의 빈곤 경험과 사회안전망의 역할 탐구
탐구활동 예시: 장애인, 여성, 노인, 이주민 등 사회적 소수자의 빈곤 경험 사례 조사 (인터뷰, 다큐멘터리 시청 등), 이들의 빈곤 문제 해결을 위한 사회안전망 (기초생활 보장제도, 장애인 연금 등)의 역할과 한계점 분석, 사회적 소수자의 경제적 자립을 위한 정책 제안
탐구주제 2: 청소년 빈곤 문제의 현황과 해결 방안 모색
탐구활동 예시: 가정 형편으로 인해 학업을 중단하거나 노동시장에 조기 진입하는 청소년의 실태 조사, 청소년 노동권 침해 사례 조사 및 문제점 분석, 청소년 빈곤 문제 해결을 위한 교

육 지원 정책, 직업훈련 프로그램, 사회적 인식 개선 방안 등 아이디어 제시

[10통사2-03-01] 자본주의의 역사적 전개 과정과 그 특징을 조사하고, 시장과 정부의 관계를 중심으로 다양한 삶의 방식을 비교 평가한다.
탐구주제: 자본주의 발달 과정과 빈곤 문제 발생의 연관성 분석 및 공공부조 제도의 역할 한계 탐구
탐구활동 예시: 국가별 자본주의 발전 모델과 빈곤율 변화 추이 비교, 우리나라 공공부조 제도의 현황과 문제점 분석, 공공부조 수혜자 인터뷰 또는 사례 연구

[10통사2-03-02] 합리적 선택의 의미와 그 한계를 파악하고, 지속가능발전을 위해 요청되는 정부, 기업가, 노동자, 소비자의 바람직한 역할과 책임에 관해 탐구한다.
탐구주제: 노후소득 보장체계의 중요성 및 지속 가능한 노후소득 보장 방안 탐색
탐구활동 예시: 국민연금, 퇴직연금 등 다양한 노후소득 보장제도의 장단점 비교 분석, 고령화 사회의 노인 빈곤 문제 심층 조사, 해외의 성공적인 노후소득 보장 사례 연구

통합과학 연계

[10통과2-03-03] 인공지능 로봇, 사물인터넷 등과 같이 과학기술의 발전을 인간 삶과 환경 개선에 활용하는 사례를 찾고, 이러한 과학기술의 발전이 미래 사회에 미치는 유용성과 한계를 예측할 수 있다.
탐구주제: 4차 산업혁명 시대의 기술 변화가 노동시장 및 소득 분배에 미치는 영향 분석 및 새로운 형태의 빈곤 문제 발생 가능성 탐색
탐구활동 예시: 자동화 기술 도입으로 인한 일자리 변화 예측, 기술 발전으로 인한 소득 격차 심화 사례 조사, 미래 사회의 새로운 사회안전망 구축 방안 아이디어 제시

[10통과2-03-01] 감염병의 진단, 추적 등을 사례로 과학의 유용성을 설명하고, 미래 사회 문제 해결에서 과학의 필요성에 대해 논증할 수 있다.
탐구주제: 감염병 확산과 빈곤의 상호 영향 분석 및 과학기술의 역할 탐구
탐구활동 예시: 과거 및 현재 감염병 유행 사례 조사, 감염병이 빈곤층의 건강과 경제활동에 미치는 영향 분석, 감염병 예방 및 치료를 위한 과학기술 (백신 개발, 진단 키트 개발, 방역 시스템 구축 등)의 활용 사례 조사, 공공 보건 시스템 강화의 중요성 인식

[10통과2-03-03] 인공지능 로봇, 사물인터넷 등과 같이 과학기술의 발전을 인간 삶과 환경 개선에 활용하는 사례를 찾고, 이러한 과학기술의 발전이 미래 사회에 미치는 유용성과 한계를 예측할 수 있다.
탐구주제: 4차 산업혁명 기술 발전이 고용 불안정과 빈곤에 미치는 영향 분석 및 대응 방안 모색
탐구활동 예시: 인공지능, 로봇 기술 발전으로 인한 일자리 감소 가능성 및 새로운 직업 창출 가능성 탐색, 기술 변화에 따른 노동시장 양극화 심화 가능성 분석, 직업교육 훈련 강화, 사회안전망 확대 등 고용 불안정 및 빈곤 문제 완화를 위한 정책 아이디어 제시

[K-SDGs 세부목표 1-2] 사회보장제도의 사각지대를 최소화하고, 빈곤층과 취약계층에 대한 실질적 보장을 달성한다.

통합사회 연계

[10통사2-01-03] 사회적 소수자 차별, 청소년의 노동권 등 국내 인권 문제와 인권지수를 통해 확인할 수 있는 세계 인권 문제의 양상을 조사하고, 이에 대한 해결 방안을 모색한다.
탐구주제: 사회적 소수자 (장애인, 이주민, 여성 등)의 빈곤 실태 조사 및 사회보장 사각지대 해소 방안 탐색
탐구활동 예시: 사회적 소수자 관련 통계자료 분석, 소수자 단체 인터뷰 또는 봉사활동 참여, 사회보장 관련 법률 및 정책 분석

[10통사2-02-03] 사회 및 공간 불평등 현상의 사례를 조사하고, 정의로운 사회를 만들기 위한 다양한 제도와 시민으로서의 실천 방안을 제안한다.
탐구주제: 의료, 고용, 노후보장 등 사회서비스 접근 불평등 사례 조사 및 공정한 사회서비스 제공 방안 모색
탐구활동 예시: 지역별 의료 서비스 접근성 비교, 고용보험 및 산재보험 적용 현황 분석, 취약계층 노후보장 정책 개선 아이디어 제시

[10통사2-02-03] 사회 및 공간 불평등 현상의 사례를 조사하고, 정의로운 사회를 만들기 위한 다양한 제도와 시민으로서의 실천 방안을 제안한다.
탐구주제 1: 소득 불평등 심화와 사회보장 강화의 필요성
탐구활동 예시: 국내 소득 불평등 지수 (지니 계수, 소득 5분위 배율 등) 변화 추이 조사, 소득 불평등이 사회통합 및 개인의 삶에 미치는 영향 분석, 소득 재분배 효과를 높이는 사회보장 정책 (누진세 강화, 공공 임대 주택 확대 등) 제안
탐구주제 2: 지역 간 사회보장 서비스 격차 해소 방안 연구
탐구활동 예시: 지역별 사회복지 시설 분포, 공공 의료 서비스 접근성, 사회복지 예산 규모 등 사회보장 서비스 격차 현황 조사, 지역 간 격차 발생 원인 분석 (재정 자립도 차이, 인프라 부족 등), 지역 사회보장 서비스 균형 발전을 위한 정책 아이디어 제시

[10통사2-03-01] 자본주의의 역사적 전개 과정과 그 특징을 조사하고, 시장과 정부의 관계를 중심으로 다양한 삶의 방식을 비교 평가한다.
탐구주제 1: 자본주의 발전 과정과 사회보장 제도 변화의 관계 분석
탐구활동 예시: 자본주의 초기 및 수정 자본주의 시대의 사회보장 제도 특징 비교, 복지 국가 모델의 등장 배경 및 유형 조사, 자본주의의 변화에 따른 사회보장 제도의 역할 변화 전망
탐구주제 2: 복지병 논란과 지속 가능한 사회보장 체계 구축 방안 모색
탐구활동 예시: 복지 확대에 따른 재정 부담 증가, 도덕적 해이 등 복지병 논란 사례 조사 및 찬반 의견 분석, 사회보험료 부과 방식 개선, 복지 전달 체계 효율화 등 지속 가능한 사회보장 체계 구축 방안 아이디어 제시

통합과학 연계

[10통과2-03-01] 감염병의 진단, 추적 등을 사례로 과학의 유용성을 설명하고, 미래 사회 문제 해결에서 과학의 필요성에 대해 논증할 수 있다.
탐구주제: 취약계층의 건강 불평등 문제와 과학기술을 활용한 해결 방안 탐색 (원격 의료, 건강관리 앱 등)
탐구활동 예시: 취약계층의 건강 상태 및 의료 접근성 관련 자료 분석, 과학기술 기반의 건강관리 서비스 사례 조사, 미래형 의료시스템 아이디어 구상

[10통과2-03-02] 빅데이터를 과학기술사회에서 사용하고 있는 사례를 조사하고, 빅데이터 활용의 장점과 문제점을 추론할 수 있다.
탐구주제: 사회보장 정책 효과 분석 및 개선을 위한 데이터 활용 방안 연구
탐구활동 예시: 다양한 사회보장 정책 (현금 급여, 바우처, 서비스 제공 등)의 효과를 측정하고 분석하는 방법 조사, 정책 시행 결과 데이터를 활용하여 정책의 사각지대를 파악하고 개선하는 방안 탐색, 데이터 기반 정책 결정의 장점과 한계점 분석

[K-SDGs 세부목표 1-3] 빈곤층과 취약계층에 사회서비스 제공을 강화한다.

통합사회 연계

[10통사1-05-03] 자신이 거주하는 지역을 사례로 공간 변화가 초래한 양상 및 문제점을 탐구하고, 공동체의 구성원으로서 지역 사회의 변화를 위한 방안을 모색하고 이를 실천한다.
탐구주제: 지역 사회의 사회서비스 현황 조사 및 빈곤층과 취약계층을 위한 맞춤형 사회서비스 확충 방안 연구
탐구활동 예시: 지역 복지관, 사회복지시설 방문 및 인터뷰, 지역 사회 문제 해결을 위한 프로젝트 기획 및 실행

[10통사2-01-01] 근대 시민 혁명 등을 통해 확립되어 온 인권의 의미와 변화 양상을 이해하고, 현대 사회에서 주거, 안전, 환경, 문화 등 다양한 영역으로 인권이 확장되고 있는 사례를 조사한다.
탐구주제 1: 사회서비스 접근성 강화를 위한 보편적 서비스 개념 탐구 및 적용
탐구활동 예시: 보편적 서비스의 개념과 필요성, 역사적 배경 조사, 교육, 의료, 교통, 통신 등 다양한 영역에서의 보편적 서비스 제공 사례 조사, 사회서비스 영역에서 보편적 서비스 확대 적용 방안 아이디어 제시 (예: 모든 국민 대상 심리 상담 서비스, 장애인 이동권 보장을 위한 교통 서비스 등).
탐구주제 2: 문화 향유권 보장을 위한 사회서비스 제공 사례 연구 및 개선 방안 모색
탐구활동 예시: 취약계층의 문화 예술 활동 참여 현황 및 어려움 조사, 문화 바우처 제도, 공공 도서관 프로그램, 지역 문화 예술 단체 지원 사업 등 문화 향유권 보장 사회서비스 사례 조사, 취약계층의 문화적 소외 해소를 위한 사회서비스 확대 및 질적 향상 방안 제안

[10통사2-01-02] 인간 존엄성 실현과 인권보장을 위한 헌법의 역할을 파악하고, 시민의 권익을 보호하기 위한 다양한 시민참여의 방안을 탐구하고 이를 실천한다.

탐구주제: 생애주기별 사회서비스의 필요성 및 시민참여를 통한 사회서비스 개선 방안 탐색
탐구활동 예시: 생애주기별 사회서비스 요구 조사, 사회서비스 관련 시민단체 활동 참여, 사회서비스 개선을 위한 정책 제안

통합과학 연계

[10통과2-03-01] 감염병의 진단, 추적 등을 사례로 과학의 유용성을 설명하고, 미래 사회 문제 해결에서 과학의 필요성에 대해 논증할 수 있다.
탐구주제: 취약계층의 건강 증진을 위한 비대면 건강관리 서비스 모델 연구
탐구활동 예시: 만성질환 관리, 정신건강 상담 등 비대면 건강관리 서비스의 필요성 및 효과 조사, 웨어러블 기기, 모바일 앱 등을 활용한 건강 모니터링 및 맞춤형 건강 정보제공 시스템 아이디어 구상, 의료 접근성이 낮은 지역 및 계층을 위한 비대면 의료 서비스 확대 방안 제시

[10통과2-03-02] 빅데이터를 과학기술사회에서 사용하고 있는 사례를 조사하고, 빅데이터 활용의 장점과 문제점을 추론할 수 있다.
탐구주제: 빅데이터 기반 사회서비스 수요 예측 및 맞춤형 서비스 제공 방안 연구
탐구활동 예시: 빅데이터를 활용한 사회서비스 분석 사례 조사, 가상 시나리오 기반의 사회서비스 제공 모델 설계, 빅데이터 활용의 윤리적 문제점 토론

[10통과2-03-03] 인공지능 로봇, 사물인터넷 등과 같이 과학기술의 발전을 인간 삶과 환경 개선에 활용하는 사례를 찾고, 이러한 과학기술의 발전이 미래 사회에 미치는 유용성과 한계를 예측할 수 있다.
탐구주제: 돌봄 로봇 및 스마트 보조 기기를 활용한 취약계층 지원 방안 탐색
탐구활동 예시: 고령자, 장애인 등 돌봄이 필요한 취약계층의 일상생활 지원을 위한 로봇 기술 및 스마트 기기 활용 사례 조사, 돌봄 로봇 및 스마트 보조 기기의 기능 및 효과 분석, 기술 개발 및 보급 과정에서의 윤리적 문제 및 해결 방안 논의

[K-SDGs 세부목표 1-4] 빈곤층과 취약계층의 경제 · 사회 · 환경적 충격 및 재난에 대한 노출을 감소하고, 회복력을 강화한다.

통합사회 연계

[10통사1-03-01] 자연환경이 인간의 생활에 미치는 영향에 관한 과거와 현재의 사례를 조사하여 분석하고, 안전하고 쾌적한 환경에서 살아가는 것이 시민의 권리임을 주장한다.
탐구주제: 도시 개발 및 환경 변화가 지역 내 빈곤층 및 취약계층의 안전과 건강에 미치는 영향 분석
탐구활동 예시: 과거와 현재의 도시 계획 변화와 특정 지역의 빈곤층과 취약계층 거주지 변화 비교 분석, 공원, 녹지, 하천 등 환경 시설 접근성이 빈곤층 및 취약계층의 건강과 삶의 질에 미치는 영향 조사, 미세먼지, 소음, 쓰레기 문제 등 환경오염이 빈곤층과 취약계층 거주 지역에 더 심각하게 나타나는 원인 분석, 모든 시민이 안전하고 쾌적한 환경에서 살 권리를 보장하기 위한 정책 제안 및 시민운동 방안 모색

[10통사1-03-03] 환경문제 해결을 위한 정부, 시민사회, 기업 등의 다양한 노력을 조사하고, 생태 시민으로서 실천 방안을 모색한다.
탐구주제: 기후변화, 환경오염 등 환경적 요인이 빈곤층과 취약계층에 미치는 영향 조사와 대응 방안 모색
탐구활동 예시: 지역 환경문제 조사 및 빈곤층과의 연관성 분석, 환경 재난 발생 시 취약계층 지원 방안 연구, 친환경적인 생활 습관 실천 캠페인 기획

[10통사2-02-03] 사회 및 공간 불평등 현상의 사례를 조사하고, 정의로운 사회를 만들기 위한 다양한 제도와 시민으로서의 실천 방안을 제안한다.
탐구주제: 사회적 불평등 심화가 재난 및 위기 상황에서 빈곤층과 취약계층의 회복력에 미치는 영향 분석
탐구활동 예시: 소득 불평등, 자산 불평등, 교육 불평등 등 사회적 불평등 지표와 빈곤층 및 취약계층의 재난 피해 경험 간의 상관관계 분석, 재난 지원 과정에서의 정보 접근성 격차, 지원 규모의 불균형 등 불평등 사례 조사, 지역 사회의 사회적 자본(신뢰, 네트워크 등) 수준이 빈곤층과 취약계층의 재난 회복력에 미치는 영향 연구, 사회적 불평등 완화 및 빈곤층, 취약계층의 회복력 강화를 위한 사회 정책 제안 및 시민 연대 방안 모색

[10통사2-03-02] 합리적 선택의 의미와 그 한계를 파악하고, 지속가능발전을 위해 요청되는 정부, 기업가, 노동자, 소비자의 바람직한 역할과 책임에 관해 탐구한다.
탐구주제: 경제적 위기가 빈곤층의 삶에 미치는 영향과 회복을 위한 다양한 주체의 역할
탐구활동 예시: 경제 불황, 실업률 증가, 물가 상승 등 경제적 충격이 빈곤층의 생계, 건강, 교육 등에 미치는 영향 조사, 코로나19 팬데믹과 같은 경제 위기 상황에서 빈곤층이 겪는 어려움과 정부 지원 정책의 효과 분석, 기업의 사회적 책임(고용 유지, 취약계층 지원 등)이 빈곤층의 경제적 회복에 미치는 영향 연구, 노동시장의 불안정성이 빈곤층 증가에 미치는 영향 분석 및 지속 가능한 일자리 창출 방안 모색

[10통사2-04-01] 세계화의 다양한 양상을 살펴보고, 세계화 시대의 문제점과 그에 대한 해결 방안을 제안한다.
탐구주제: 세계화로 인한 경제 위기 및 사회적 재난이 빈곤층에 미치는 영향 분석 및 국제협력 방안 모색
탐구활동 예시: 국제 금융 위기, 팬데믹 등 사례 연구, 국제기구의 빈곤 퇴치 노력 조사, 개발도상국 빈곤 문제 해결을 위한 아이디어 제시

통합과학 연계

[10통과1-03-01] 지구시스템은 태양계라는 시스템의 구성요소임을 알고, 지구시스템을 구성하는 권역 간의 물질 순환과 에너지 흐름의 결과로 나타나는 현상을 논증할 수 있다.
탐구주제: 자연재해(홍수, 가뭄, 지진 등) 발생 메커니즘 이해와 빈곤층 및 취약계층의 피해 사례 분석
탐구활동 예시: 지구시스템의 상호작용 관점에서 자연재해 발생 원인과 과정 과학적으로 설명, 특정 자연재해 발생 지역의 사회경제적 특성 분석 및 빈곤층, 취약계층의 피해 규모 비교, 재난 예측 시스템과 조기 경보 시스템의 작동 원리 이해 및 취약계층에게 정보 전달의 어

려움 조사, 자연재해 발생 시 빈곤층과 취약계층의 안전 확보를 위한 과학 기술적 해결 방안 모색 (재해 방지 시설, 대피 시스템 구축 등)

[10통과1-03-02] 지권의 변화를 판구조론 관점에서 해석하고, 에너지 흐름의 결과로 발생하는 지권의 변화가 지구시스템에 미치는 영향을 추론할 수 있다.
탐구주제: 지진, 홍수 등 자연재해가 빈곤층과 취약계층에 미치는 영향 분석 및 재난 안전 시스템 강화 방안 탐색
탐구활동 예시: 국내외 자연재해 발생 사례 조사, 재난 발생 시 취약계층의 피해 규모 분석, 재난 예방 및 대응 기술 연구

[10통과2-02-03] 온실효과 강화로 인한 지구온난화의 메커니즘을 이해하고, 엘니뇨, 사막화 등과 같은 현상이 지구 환경과 인간 생활에 미치는 영향과 대처 방안을 분석할 수 있다.
탐구주제: 기후변화가 빈곤 국가 및 취약 지역 주민의 삶에 미치는 불평등한 영향 분석
탐구활동 예시: 지구온난화로 인한 해수면 상승, 극심한 기온 변화, 가뭄, 홍수 등의 현상이 빈곤 국가 및 취약 지역에 더 큰 피해를 주는 사례 조사, 기후변화로 인한 농업 생산량 감소가 빈곤층의 식량 안보에 미치는 영향 분석, 기후 난민 발생 현황 조사 및 국제사회의 책임과 지원 방안 모색, 기후변화에 취약한 지역 사회의 적응력 향상을 위한 과학기술 및 사회 정책 제안

[10통과2-03-04] 과학기술의 발전 과정에서 발생할 수 있는 과학 관련 사회적 쟁점 (SSI)과 과학기술 이용에서 과학 윤리의 중요성에 대해 논증할 수 있다.
탐구주제: 재난 상황에서의 긴급 복지 지원시스템 개선을 위한 과학기술 활용 방안 연구 및 윤리적 문제점 탐구
탐구활동 예시: ICT 기술을 활용한 재난 알림 및 지원 시스템 설계, 재난 상황에서의 개인정보보호 문제 논의, 과학기술 기반 복지 시스템의 공정성 및 형평성 문제 분석

[출처: 지속가능발전포털]

□(G2) 식량 안보 및 지속가능한 농업 강화

"기아 종식, 식량 안보와 개선된 영양상태의 달성, 지속 가능한 농업 강화"

[K-SDGs 세부목표 2-1] 취약계층에 대한 식량 접근성을 안정적으로 보장한다.

통합사회 연계

[10통사2-01-01] 근대 시민 혁명 등을 통해 확립되어 온 인권의 의미와 변화 양상을 이해하고, 현대 사회에서 주거, 안전, 환경, 문화 등 다양한 영역으로 인권이 확장되고 있는 사례를 조사한다.
탐구주제: 식량 접근권의 개념과 중요성 탐구: 식량 부족이 개인의 존엄성과 권리에 미치는 영향 분석
탐구활동 예시: 식량 접근권 관련 국제 인권 규약 및 국내 사례 조사, 식량 부족으로 어려움을 겪는 사람들의 인터뷰 또는 사례 연구

[10통사2-02-03] 사회 및 공간 불평등 현상의 사례를 조사하고, 정의로운 사회를 만들기 위한 다양한 제도와 시민으로서의 실천 방안을 제안한다.
탐구주제: 취약계층의 식량 접근 불평등 현황 및 원인 분석: 복지용 쌀 할인공급 정책의 효과 및 개선 방안 탐색
탐구활동 예시: 지역별 소득수준과 식료품 가격 비교 분석, 푸드뱅크 등 식량 지원 단체 방문 및 활동 참여, 취약계층 대상 식료품 지원 정책 제안

[10통사2-05-01] 세계의 인구 분포와 구조 등에 대한 이해를 토대로 현재와 미래의 인구 문제 양상을 파악하고, 그 해결 방안을 제안한다.
탐구주제: 미래 세대의 식량 안보 문제와 맞춤형 식품 지원의 필요성 탐구: 학교 급식 개선 방안 및 영양 교육 프로그램 제안
탐구활동 예시: 미래 식량 생산 및 소비 트렌드 조사, 청소년의 식습관 및 영양 상태 설문 조사, 건강한 식생활을 위한 교육 프로그램 기획

통합과학 연계

[10통과1-03-05] 생명 시스템을 유지하기 위해서 다양한 화학반응과 물질 출입이 필요함을 이해하고, 일상생활에서 활용되는 화학반응 사례를 조사하여 발표할 수 있다.
탐구주제: 균형 잡힌 식단의 중요성: 필수 영양소의 기능과 결핍 시 건강 문제 탐구

탐구활동 예시: 다양한 식품의 영양 성분 분석, 영양결핍으로 인한 질병 사례 조사, 개인별 맞춤형 식단 설계

[10통과2-02-01] 생태계 구성요소를 이해하고 생물과 환경 사이의 상호관계를 설명할 수 있다.
탐구주제: 지속 가능한 식량 생산과 건강한 식생활의 연관성 탐구: 친환경 농산물의 영양학적 가치 분석
탐구활동 예시: 일반 농산물과 친환경 농산물의 영양 성분 비교 실험, 친환경 농업 방식이 토양 및 생태계에 미치는 영향 조사

[K-SDGs 세부목표 2-2] 농가 소득원을 다각화하고, 경영 안전망을 확충하여 농가 소득증대를 도모한다.

통합사회 연계

[10통사2-03-01] 자본주의의 역사적 전개 과정과 그 특징을 조사하고, 시장과 정부의 관계를 중심으로 다양한 삶의 방식을 비교 평가한다.
탐구주제: 농업소득 증대를 위한 시장 경쟁력 강화 방안 탐색: 농산물 직거래, 로컬 푸드 시스템의 효과 분석
탐구활동 예시: 지역 농산물 직거래 장터 방문 및 인터뷰, 로컬 푸드 시스템 운영 사례 조사, 농산물 유통과정 개선 아이디어 제시

[10통사2-03-02] 합리적 선택의 의미와 그 한계를 파악하고, 지속가능발전을 위해 요청되는 정부, 기업가, 노동자, 소비자의 바람직한 역할과 책임에 관해 탐구한다.
탐구주제: 농촌 융복합사업의 성공 사례 분석 및 농외소득 증대 방안 연구: 농업과 관광, 가공 산업 연계 방안 탐색
탐구활동 예시: 성공적인 농촌 융복합사업 사례 조사, 농촌 지역의 관광 자원 및 특산물 조사, 새로운 농외소득 창출 아이디어 제안

[10통사2-03-03] 금융 자산의 특징과 자산관리의 원칙을 토대로 금융 생활을 설계하고, 경제적, 사회적 환경의 변화가 금융과 관련한 의사결정에 미치는 영향을 탐구한다.
탐구주제: 농가 경영 안전망 구축의 중요성 및 공익직불제의 효과 분석: 농업 재해 보험의 필요성 및 개선 방안 탐색
탐구활동 예시: 농업 재해 발생 사례 및 피해 규모 조사, 공익직불제 관련 정책 분석, 농업 금융 상품 비교 분석

통합과학 연계

[10통과2-01-02] 변이의 발생과 자연선택 과정을 통해 생물의 진화가 일어나고, 진화의 과정을 통해 생물 다양성이 형성되었음을 추론할 수 있다.
탐구주제: 스마트 농업 기술 도입이 농업 생산성 향상 및 농가 소득증대에 미치는 영향 분석: 정밀 농업 기술 사례 연구
탐구활동 예시: 스마트 농업 기술 (드론, 센서 등) 활용 사례 조사, 농업 빅데이터 분석 및

활용 방안 연구

[10통과2-03-03] 인공지능 로봇, 사물인터넷 등과 같이 과학기술의 발전을 인간 삶과 환경 개선에 활용하는 사례를 찾고, 이러한 과학기술의 발전이 미래 사회에 미치는 유용성과 한계를 예측할 수 있다.
탐구주제: 농작업 자동화 기술 개발 및 농촌 인력 부족 문제 해결 방안 탐색: 농업 로봇의 활용 사례 및 미래 전망 분석
탐구활동 예시: 농업 로봇 개발 현황 및 기술 동향 조사, 농작업 자동화 시스템 설계 아이디어 제시

[K-SDGs 세부목표 2-3] 지속가능한 식량 생산체계를 구축한다.

통합사회 연계

[10통사1-03-02] 자연에 대한 인간의 다양한 관점을 사례를 통해 비교하고, 인간과 자연의 바람직한 관계를 제안한다.
탐구주제: 지속 가능한 농업의 필요성 및 가치 탐색: 환경보전과 식량 생산의 조화 방안 모색
탐구활동 예시: 전통 농업 방식과 현대 농업 방식의 장단점 비교, 생태 농업 실천 사례 조사, 지속 가능한 농업 발전을 위한 시민 아이디어 공모

[10통사1-03-03] 환경문제 해결을 위한 정부, 시민사회, 기업 등의 다양한 노력을 조사하고, 생태 시민으로서 실천 방안을 모색한다.
탐구주제: 친환경 농업 확산의 중요성 및 정책 지원 방안 연구: 유기농업, 무농약 농업의 효과 및 과제 분석
탐구활동 예시: 친환경 농업 관련 정책 조사 및 평가, 지역 친환경 농가 방문 및 인터뷰, 친환경 농산물 소비촉진 캠페인 기획

[10통사2-05-02] 지구적 차원에서 에너지 자원의 분포와 소비 실태를 파악하고, 기후변화에 대한 대응과 지속가능한 발전을 위한 제도적 방안과 개인적 노력을 탐구한다.
탐구주제: 기후변화와 농업의 관계 분석 및 탄소 중립 농업 실천 방안 탐색
탐구활동 예시: 기후변화가 농작물 생산에 미치는 영향 조사, 탄소 배출량을 줄이는 농업 기술 연구, 저탄소 농산물 소비 캠페인 기획

통합과학 연계

[10통과2-02-02] 먹이 관계와 생태 피라미드를 중심으로 생태계 평형이 유지되는 과정을 이해하고, 환경의 변화가 생태계에 미칠 수 있는 영향에 대해 협력적으로 소통할 수 있다.
탐구주제: 단일 경작의 문제점과 생물 다양성 농업의 가치 탐구: 혼합 농업, 윤작 등의 효과 분석
탐구활동 예시: 단일 경작지와 혼합 경작지의 토양 및 생물 다양성 비교 실험, 전통적인 농업 방식의 생태학적 의미 탐구

[10통과2-02-03] 온실효과 강화로 인한 지구온난화의 메커니즘을 이해하고, 엘니뇨, 사막화 등과 같은 현상이 지구 환경과 인간 생활에 미치는 영향과 대처 방안을 분석할 수 있다.
탐구주제: 지구온난화가 농작물 생육에 미치는 영향 및 적응 전략 연구: 기후 스마트 농업 기술 사례 조사
탐구활동 예시: 기온 변화에 따른 작물 생장 변화 관찰 실험, 가뭄 및 홍수에 강한 품종 개발 사례 조사

[K-SDGs 세부목표 2-4] 종자, 작물, 가축의 유전적 다양성을 유지하고 신품종을 개발한다.

통합사회 연계

[10통사1-04-02] 문화 변동의 다양한 양상을 이해하고, 현대 사회에서 전통문화가 지니는 의의를 탐색한다.
탐구주제: 토종 종자의 가치와 보존의 필요성 탐구: 지역별 토종 작물 및 가축의 특징과 활용 방안 조사
탐구활동 예시: 지역 농업 기술 센터 방문 및 인터뷰, 토종 종자 보존 단체 활동 참여, 토종 농산물 활용 요리법 개발

[10통사2-03-04] 자원, 노동, 자본의 지역 분포에 따른 국제 분업과 무역의 필요성을 이해하고, 지속가능발전에 기여하는 국제무역의 방안을 탐색한다.
탐구주제: 종자 산업의 중요성 및 해외 의존도 문제점 분석: 국제 종자 시장 현황 및 국내 육종 기술 발전 방안 모색
탐구활동 예시: 국내외 종자 기업 현황 조사, 종자 산업 관련 법률 및 정책 분석, 식물 신품종 개발 사례 조사

통합과학 연계

[10통과1-03-06] 생명 시스템의 유지에 필요한 세포 내 정보의 흐름을 유전자로부터 단백질이 만들어지는 과정을 중심으로 설명할 수 있다.
탐구주제: 신품종 개발 과정 탐구: 교배, 육종 기술 및 유전자 분석 기술의 활용
탐구활동 예시: 식물 교배 실험 설계 및 수행, 육종 기술 관련 자료 조사, 유전자 분석 기술이 품종 개발에 기여하는 과정 연구

[10통과2-01-02] 변이의 발생과 자연선택 과정을 통해 생물의 진화가 일어나고, 진화의 과정을 통해 생물 다양성이 형성되었음을 추론할 수 있다.
탐구주제: 유전자 다양성이 식량 안보에 미치는 영향 분석: 병충해 및 기후변화에 강한 품종 개발의 중요성 탐구
탐구활동 예시: 다양한 품종의 유전적 특성 비교 분석, 유전자 편집 기술을 이용한 품종 개량 사례 조사

[K-SDGs 세부목표 2-5] 식량 작물의 가격 변동성을 줄여 식량 접근성을 보장한다.
통합사회 연계
[10통사2-03-01] 자본주의의 역사적 전개 과정과 그 특징을 조사하고, 시장과 정부의 관계를 중심으로 다양한 삶의 방식을 비교 평가한다. **탐구주제**: 식량 가격 변동의 원인 분석 및 시장 안정화 정책의 필요성 탐구: 정부의 쌀 수매 제도 및 비축 정책 효과 분석 **탐구활동 예시**: 쌀 가격 변동 추이 분석 및 영향 요인 조사, 정부의 쌀 시장 정책 변화 과정 연구, 농산물 가격 안정화 정책 제안 **[10통사2-03-04]** 자원, 노동, 자본의 지역 분포에 따른 국제 분업과 무역의 필요성을 이해하고, 지속가능발전에 기여하는 국제무역의 방안을 탐색한다. **탐구주제**: 국제 곡물 가격 변동이 국내 식량 가격에 미치는 영향 분석 및 대응 방안 모색: 곡물 수입 다변화 및 비축 시스템 강화 방안 탐색 **탐구활동 예시**: 국제 곡물 시장 동향 분석, 곡물 수입 구조 및 의존도 조사, 식량 안보를 위한 국제협력 방안 연구
통합과학 연계
[10통과1-01-04] 자연에서 일어나는 다양한 변화를 측정·분석하여 정보를 산출함을 알고, 이러한 정보를 디지털로 변환하는 기술을 정보 통신에 활용하여 현대 문명에 미친 영향을 인식한다. **탐구주제**: 빅데이터를 활용한 농작물 생산량 예측 및 수급 조절 시스템 구축 방안 탐색 **탐구활동 예시**: 농업 빅데이터 수집 및 분석 방법 조사, 농작물 생산량 예측 모델 연구, 빅데이터 기반의 스마트 농업 시스템 설계 **[10통과2-02-03]** 온실효과 강화로 인한 지구온난화의 메커니즘을 이해하고, 엘니뇨, 사막화 등과 같은 현상이 지구 환경과 인간 생활에 미치는 영향과 대처 방안을 분석할 수 있다. **탐구주제**: 기후변화로 인한 농작물 생산량 변동 예측 및 식량 가격 안정화 방안 연구 **탐구활동 예시**: 기후변화 시나리오에 따른 작물 생산량 변화 예측 모델 연구, 이상 기후에 대비한 농업 기술 개발 사례 조사

[출처: 지속가능발전포털]

□(G3) 건강하고 행복한 삶 보장

"모든 연령층을 위한 건강한 삶 보장과 복지 증진"

[K-SDGs 세부목표 3-1] 만성질환의 위험요인 관리와 건강보장을 확대한다.
통합사회 연계
[10통사1-02-02] 행복한 삶을 실현하기 위한 조건으로 질 높은 정주 환경의 조성, 경제적 안정, 민주주의 발전 및 도덕적 실천의 필요성에 관해 탐구한다. **탐구주제** 1: 생활환경 요인이 만성질환 발병에 미치는 영향 분석: 지역별 환경 질과 만성질환 발병률 비교 연구 **탐구활동 예시**: 지역별 대기 질, 녹지공간, 소음 수준 등 환경 지표 조사, 지역 주민의 건강 상태 설문 조사 및 분석, 환경 개선을 통한 만성질환 예방 방안 제시 **탐구주제** 2: 우리 지역 사회의 건강 환경 분석 및 만성질환 예방을 위한 개선 방안 모색 **탐구활동 예시**: 지역 내 공원, 체육 시설, 녹지공간 등 건강 증진 시설 현황 조사 및 접근성 평가, 주민들의 식생활 습관 및 운동 습관 설문 조사, 지역 내 식품 판매점의 건강식품 접근성 및 가격 조사, 지역 사회의 만성질환 예방을 위한 프로그램 및 정책 조사, 건강한 지역 사회 환경 조성을 위한 아이디어 제안 및 정책 건의 **[10통사2-01-01]** 근대 시민 혁명 등을 통해 확립되어 온 인권의 의미와 변화 양상을 이해하고, 현대 사회에서 주거, 안전, 환경, 문화 등 다양한 영역으로 인권이 확장되고 있는 사례를 조사한다. **탐구주제** 1: 건강권의 개념과 중요성 탐구: 건강한 삶을 위한 개인과 사회의 책임 논의, 의료 서비스 접근의 공공성 강화 방안 모색 **탐구활동 예시**: 건강권 관련 국제 규약 및 국내 법규 조사, 의료 취약계층의 건강권 침해 사례 조사, 보건소 등 공공 의료 기관의 역할 강화 방안 제시 **탐구주제** 2: 건강권 보장의 중요성과 만성질환 관리에서의 공공 의료시스템 역할 탐구 **탐구활동 예시**: 건강권의 의미와 중요성에 대한 다양한 관점 조사, 우리나라의 의료시스템 현황 및 문제점 분석 (의료 접근성, 의료비 부담 등), 만성질환 관리 지원을 위한 정부 정책 및 공공 의료시스템 역할 조사, 해외의 공공 의료시스템 사례 조사 및 시사점 도출 **[10통사2-01-03]** 사회적 소수자 차별, 청소년의 노동권 등 국내 인권 문제와 인권지수를 통해 확인할 수 있는 세계 인권 문제의 양상을 조사하고, 이에 대한 해결 방안을 모색한다.

탐구주제: 사회경제적 불평등이 만성질환 발생 및 관리 격차에 미치는 영향 분석
탐구활동 예시: 소득수준, 교육 수준, 직업 등이 만성질환 발생률에 미치는 영향 통계자료 분석, 의료 서비스 접근성이 낮은 취약계층의 만성질환 관리 어려움 사례 조사, 건강 불평등 해소를 위한 사회 정책 및 지원 방안 모색, 건강 형평성 확보를 위한 시민사회의 역할 강조

[10통사2-02-03] 사회 및 공간 불평등 현상의 사례를 조사하고, 정의로운 사회를 만들기 위한 다양한 제도와 시민으로서의 실천 방안을 제안한다.
탐구주제: 사회경제적 지위가 건강 불평등에 미치는 영향 분석: 소득수준별 만성질환 발병률 및 의료 접근성 비교 연구
탐구활동 예시: 소득수준별 건강검진 수검률, 의료비 지출 현황 등 자료 분석, 저소득층의 의료 접근성 제한 사례 조사, 건강 불평등 해소를 위한 정책 제안

통합과학 연계

[10통과1-03-05] 생명 시스템을 유지하기 위해서 다양한 화학반응과 물질 출입이 필요함을 이해하고, 일상생활에서 활용되는 화학반응 사례를 조사하여 발표할 수 있다.
탐구주제 1: 식습관과 만성질환의 관계 탐구: 고혈압, 당뇨병 등 생활 습관병 예방을 위한 식단 분석 및 건강한 식습관 제안
탐구활동 예시: 식품별 영양 성분 및 기능 조사, 만성질환 예방에 도움이 되는 식단 설계, 건강한 식생활 캠페인 기획
탐구주제 2: 만성질환의 주요 원인: 식습관과 영양 불균형이 인체에 미치는 영향
탐구활동 예시: 3대 영양소, 비타민, 무기질 등 필수 영양소의 기능과 부족 시 나타나는 질병 조사, 가공식품, 패스트푸드 섭취가 인체에 미치는 부정적 영향 분석(비만, 당뇨병, 고혈압 등), 균형 잡힌 식단 구성의 중요성 및 실천 방법 탐구, 개인별 식습관 분석 및 건강 식단 설계

[10통과1-03-06] 생명 시스템의 유지에 필요한 세포 내 정보의 흐름을 유전자로부터 단백질이 만들어지는 과정을 중심으로 설명할 수 있다.
탐구주제: 만성질환의 유전적 요인과 생활 습관의 상호작용 연구
탐구활동 예시: 주요 만성질환(심혈관 질환, 당뇨병, 암 등)의 유전적 요인 조사, 가족력 조사를 통한 만성질환 발생 위험도 예측, 유전적 위험요인을 가진 사람들의 생활 습관 관리가 질병 예방에 미치는 영향 분석, 개인 맞춤형 건강관리의 중요성 강조

[10통과2-01-03] 자연과 인류의 역사에 큰 변화를 가져온 광합성, 화석연료 사용, 철의 제련 등에서 공통점을 찾아 산화와 환원을 이해하고, 생활 주변의 다양한 변화를 산화와 환원의 특징과 규칙성으로 분석할 수 있다.
탐구주제 1: 만성질환의 주요 원인: 활성산소와 항산화 작용의 이해
탐구활동 예시: 활성산소의 생성 과정과 인체에 미치는 부정적 영향 조사(세포 손상, 노화 촉진 등), 항산화 물질의 종류와 기능 탐구(비타민 C, 비타민 E, 폴리페놀 등), 항산화 작용을 높이는 식품과 조리 방법 조사, 생활 속에서 활성산소 생성을 줄이는 방법 연구
탐구주제 2: 흡연의 과학적 폐해 분석: 담배 연기 속 유해 물질과 인체에 미치는 영향 탐구, 금연 성공 전략 연구

탐구활동 예시: 담배 연기 성분 분석 및 인체 유해성 조사, 흡연으로 인한 질병 발생 메커니즘 연구, 금연 보조제 및 금연 프로그램 효과 분석

[K-SDGs 세부목표 3-2] 정신건강을 증진하고 약물 오남용을 예방한다.

통합사회 연계

[10통사1-02-01] 시대와 지역에 따라 다르게 나타나는 행복의 기준을 사례를 통해 비교하여 평가하고, 삶의 목적으로서 행복의 의미를 성찰한다.
탐구주제: 현대 사회의 정신건강 문제 심각성 인식: 스트레스, 우울증 등 정신질환 발생 원인 및 사회적 영향 분석
탐구활동 예시: 청소년 스트레스 요인 및 해소 방안 설문 조사, 정신질환 관련 다큐멘터리 시청 및 토론, 정신건강 증진을 위한 사회적 노력 제안

[10통사1-05-02] 교통・통신 및 과학기술의 발달과 함께 나타난 생활공간과 생활양식의 변화 양상을 조사하고, 이에 따른 문제점의 해결 방안을 제안한다.
탐구주제: 사이버 폭력 및 온라인 중독이 청소년 정신건강에 미치는 영향 분석: 예방 교육 및 상담 시스템 강화 방안 모색
탐구활동 예시: 청소년 사이버 폭력 및 온라인 중독 실태 조사, 온라인 정신건강 상담 서비스 현황 조사, 건전한 사이버 문화 조성 방안 제시

[10통사2-01-03] 사회적 소수자 차별, 청소년의 노동권 등 국내 인권 문제와 인권지수를 통해 확인할 수 있는 세계 인권 문제의 양상을 조사하고, 이에 대한 해결 방안을 모색한다.
탐구주제: 정신질환에 대한 사회적 편견과 차별 문제 탐구: 정신 질환자의 인권 보호 방안 모색, 정신질환에 대한 인식 개선 캠페인 기획
탐구활동 예시: 정신질환 관련 뉴스 및 사회적 이슈 분석, 정신 질환자 지원 단체 인터뷰, 정신질환에 대한 오해와 진실 바로 알기 교육 프로그램 개발

통합과학 연계

[10통과1-03-06] 생명 시스템의 유지에 필요한 세포 내 정보의 흐름을 유전자로부터 단백질이 만들어지는 과정을 중심으로 설명할 수 있다.
탐구주제: 약물 오남용의 과학적 기전 탐구: 뇌 기능에 미치는 영향 및 중독 메커니즘 분석, 약물 오남용 예방 교육 자료 제작
탐구활동 예시: 약물 작용 원리 및 뇌 신경계에 미치는 영향 조사, 약물 오남용으로 인한 건강 문제 사례 연구, 청소년 대상 약물 오남용 예방 교육 콘텐츠 개발

[10통과2-02-03] 온실효과 강화로 인한 지구온난화의 메커니즘을 이해하고, 엘니뇨, 사막화 등과 같은 현상이 지구 환경과 인간 생활에 미치는 영향과 대처 방안을 분석할 수 있다.
탐구주제 1: 환경오염이 만성질환 발생에 미치는 영향 연구
탐구활동 예시: 미세먼지, 대기 오염 물질이 호흡기 질환 및 심혈관 질환에 미치는 영향 조사, 수질오염, 토양오염이 인체에 미치는 영향 분석, 환경오염 저감을 위한 개인적, 사회적

노력의 필요성 강조, 건강한 환경이 만성질환 예방에 미치는 중요성 인식
탐구주제 2: 사회적 취약계층의 안전 취약성 분석 및 지원 방안 연구
탐구활동 예시: 노인, 어린이, 장애인 등 교통약자의 교통사고 발생 현황 및 특징 조사, 저소득층 거주 지역의 안전시설 부족 문제 사례 조사, 사회적 취약계층을 위한 안전 교육 프로그램과 시설 개선 아이디어 제시, 안전 불평등 해소를 위한 사회적 지원 정책 제안

[10통과2-03-01] 감염병의 진단, 추적 등을 사례로 과학의 유용성을 설명하고, 미래 사회 문제 해결에서 과학의 필요성에 대해 논증할 수 있다.
탐구주제 1: 코로나19 등 재난 상황이 국민정신 건강에 미치는 영향 분석: 심리 방역 및 정신건강 지원시스템의 중요성 인식
탐구활동 예시: 재난 상황에서의 심리 변화 및 정신건강 문제 사례 조사, 정신건강 상담 전화 및 온라인 상담 서비스 활용 방안 안내
탐구주제 2: 만성질환의 예방, 진단 및 치료를 위한 과학기술 발전의 기여
탐구활동 예시: 유전체 분석, 바이오마커 등 첨단 진단 기술이 만성질환 조기 진단에 미치는 영향 조사, 인공지능 기반의 건강관리 서비스 및 맞춤형 치료 기술 조사, 만성질환 예방 및 관리를 위한 웨어러블 기기 및 디지털 헬스케어 활용 사례 연구, 미래 사회 만성질환 관리 방향 전망

[10통사2-03-02] 합리적 선택의 의미와 그 한계를 파악하고, 지속가능발전을 위해 요청되는 정부, 기업가, 노동자, 소비자의 바람직한 역할과 책임에 관해 탐구한다.
탐구주제: 안전한 제품 생산 및 소비를 위한 기업과 소비자의 역할 탐구
탐구활동 예시: 제품 안전 관련 법규 및 인증제도 조사, 기업의 안전 경영 사례 및 소비자 안전 교육 사례 조사, 제품 결함으로 인한 사고 사례 조사와 소비자 보호 방안 모색, 안전한 제품 선택 및 사용을 위한 소비자 캠페인 기획

[K-SDGs 세부목표 3-3] 교통사고 등 각종 인명사고로 인한 사망과 신체 손상을 예방한다.

통합사회 연계

[10통사1-02-02] 행복한 삶을 실현하기 위한 조건으로 질 높은 정주 환경의 조성, 경제적 안정, 민주주의 발전 및 도덕적 실천의 필요성에 관해 탐구한다.
탐구주제: 안전한 통학로 조성을 위한 사회적 노력과 학생 참여 방안 연구
탐구활동 예시: 학교 주변 통학로의 보행 환경 위험 요소 조사(횡단보도, 신호등, 인도, 교통량 등), 통학 안전 관련 법규 및 정책 조사(어린이 보호 구역, 보행자 우선 정책 등), 학생, 학부모, 교사, 지역 주민 인터뷰를 통해 통학 안전 문제점 파악, 안전한 통학로 디자인 아이디어 제시 및 캠페인 활동 기획

[10통사1-05-01] 산업화, 도시화로 인해 나타난 생활공간과 생활양식의 변화 양상을 조사하고, 이에 따른 문제점의 해결 방안을 제안한다.
탐구주제: 도시화 및 교통량 증가와 교통사고 발생의 상관관계 분석: 안전한 보행 환경 조성 및 교통시스템 개선 방안 모색

탐구활동 예시: 지역별 교통사고 발생 현황 및 유형 분석, 교통약자를 위한 안전시설 현황 조사, 교통사고 감소를 위한 시민참여 방안 제시

[10통사1-05-02] 교통・통신 및 과학기술의 발달과 함께 나타난 생활공간과 생활양식의 변화 양상을 조사하고, 이에 따른 문제점의 해결 방안을 제안한다.
탐구주제: 스마트 모빌리티 시대, 새로운 교통안전 문제와 해결 방안 모색
탐구활동 예시: 전동 킥보드, 자율주행차 등 스마트 모빌리티 이용 실태 및 사고 발생 현황 조사, 스마트 모빌리티 관련 법규 및 안전 수칙 조사, 스마트 모빌리티 안전 이용을 위한 교육 프로그램 아이디어 제시, 스마트 기술을 활용한 교통안전 시스템 (예: 보행자 감지 시스템) 조사

[10통사2-01-02] 인간 존엄성 실현과 인권보장을 위한 헌법의 역할을 파악하고, 시민의 권익을 보호하기 위한 다양한 시민참여의 방안을 탐구하고 이를 실천한다.
탐구주제: 교통안전 관련 법규 및 정책 분석: 교통사고 예방을 위한 법적 제도적 장치 이해, 교통안전 문화 정착을 위한 시민의식 함양 방안 모색
탐구활동 예시: 도로교통법 주요 내용 조사, 교통안전 관련 시민단체 활동 조사, 교통안전 캠페인 기획 및 실행

통합과학 연계

[10통과1-03-03] 중력의 작용으로 인한 지구 표면과 지구 주위의 다양한 운동을 설명할 수 있다.
탐구주제: 빗길, 빙판길 등 도로 환경 변화가 교통사고에 미치는 영향 분석: 미끄럼 방지 기술 및 안전 운전 요령 탐구
탐구활동 예시: 마찰력 변화에 따른 물체 운동 변화 실험, 겨울철 교통사고 발생 원인 분석, 안전 운전 교육 자료 제작

[10통과1-03-04] 상호작용이 없을 때 물체가 가속되지 않음을 알고, 충격량과 운동량의 관계를 충돌 관련 안전장치와 스포츠에 적용할 수 있다.
탐구주제: 교통사고 발생 시 충격량과 안전장치의 역할 분석: 에어백, 안전벨트 등 안전장치의 과학적 원리 이해 및 효과 탐구
탐구활동 예시: 충돌 실험 시뮬레이션, 자동차 안전 기술 관련 자료 조사, 교통사고 발생 시 충격량 감소 방안 연구

[K-SDGs 세부목표 3-4] 감염병의 예방과 관리를 위해 노력한다.

통합사회 연계

[10통사1-01-01] 인간, 사회, 환경을 바라보는 시간적, 공간적, 사회적, 윤리적 관점의 의미와 특징을 사례를 통해 파악한다.
탐구주제: 시대별, 지역별 감염병 발생 양상 비교 분석 및 사회적 영향 탐구
탐구활동 예시: 과거 주요 감염병 (흑사병, 콜레라, 스페인 독감 등) 발생 시기와 사회적 변화 조사, 현재 전 세계적으로 발생하는 감염병 현황과 지역별 특징 비교 분석 (WHO 자료 활용), 특정 감염병 발생 사례를 선정하여 사회적, 경제적, 문화적 측면에서의 영향 분석, 감염병 발생에 대한 역사적 교훈과 현대 사회의 과제 도출

[10통사1-03-03] 환경문제 해결을 위한 정부, 시민사회, 기업 등의 다양한 노력을 조사하고, 생태 시민으로서 실천 방안을 모색한다.
탐구주제: 환경 변화 및 기후변화가 감염병 발생에 미치는 영향 분석: 지속 가능한 환경 관리의 중요성 인식
탐구활동 예시: 기후변화와 감염병 발생 연관성 연구 자료 조사, 환경오염이 인체 면역력에 미치는 영향 분석, 감염병 예방을 위한 개인 및 사회적 노력 제시

[10통사1-05-02] 교통・통신 및 과학기술의 발달과 함께 나타난 생활공간과 생활양식의 변화 양상을 조사하고, 이에 따른 문제점의 해결 방안을 제안한다.
탐구주제: 글로벌 시대, 감염병 확산의 특징과 예방을 위한 국제협력의 중요성
탐구활동 예시: 항공, 해상 운송 발달이 감염병 확산 속도와 범위에 미치는 영향 분석, 신종 감염병 발생 시 국제적인 공조 시스템 (WHO, 각국 정부, 연구기관 등) 조사, 감염병 정보 공유 및 방역 협력 사례 연구 (COVID-19 팬데믹 사례 중심), 감염병 확산 방지를 위한 개인적, 사회적, 국제적 노력의 필요성 강조

[10통사2-01-01] 근대 시민 혁명 등을 통해 확립되어 온 인권의 의미와 변화 양상을 이해하고, 현대 사회에서 주거, 안전, 환경, 문화 등 다양한 영역으로 인권이 확장되고 있는 사례를 조사한다.
탐구주제: 감염병 상황에서 개인의 자유와 공공의 안전 사이의 균형점 모색
탐구활동 예시: 감염병 예방을 위한 정부의 방역 정책 (마스크 착용 의무화, 이동 제한 등) 사례 조사, 개인의 자유 침해 논란 사례 분석 및 윤리적 쟁점 토론, 감염병 확산 방지와 인권 보호를 위한 사회적 합의 필요성 강조, 감염병 취약계층의 건강권 보장 방안 탐색

[10통사2-01-03] 사회적 소수자 차별, 청소년의 노동권 등 국내 인권 문제와 인권지수를 통해 확인할 수 있는 세계 인권 문제의 양상을 조사하고, 이에 대한 해결 방안을 모색한다.
탐구주제: 사회경제적 불평등이 감염병 확산과 건강 불평등에 미치는 영향 분석
탐구활동 예시: 감염병 발생률 및 사망률과 사회경제적 지표 (소득수준, 직업, 주거환경 등)의 상관관계 분석, 의료 접근성이 낮은 지역이나 계층의 감염병 피해 사례 조사, 감염병 예방 및 치료 과정에서의 차별 사례 연구, 사회적 불평등 해소를 통한 감염병 예방 및 관리 강화 방안 제시

[10통사2-04-01] 세계화의 다양한 양상을 살펴보고, 세계화 시대의 문제점과 그에 대한 해결 방안을 제안한다.
탐구주제: 세계화 시대의 감염병 확산 양상 분석: 국제적인 협력을 통한 감염병 대응 시스템 구축의 필요성 인식
탐구활동 예시: 과거 팬데믹 사례 조사 및 국제사회의 대응 방식 비교 분석, WHO 등 국제기구의 감염병 관리 활동 조사, 국제 공조를 통한 감염병 예방 및 관리 방안 제시

통합과학 연계

[10통과1-03-05] 생명 시스템을 유지하기 위해서 다양한 화학반응과 물질 출입이 필요함을 이해하고, 일상생활에서 활용되는 화학반응 사례를 조사하여 발표할 수 있다.
탐구주제: 개인위생 습관 형성을 위한 과학적 근거 탐구 (소독제, 손 세정제 등)
탐구활동 예시: 손 씻기의 효과 및 올바른 손 씻기 방법 실험 설계 및 수행, 다양한 소독제의 성분 및 살균 원리 조사, 손 세정제의 종류 및 사용 시 주의사항 탐구, 개인위생 용품 사용의 중요성 및 감염병 예방 효과 분석

[10통과2-01-02] 변이의 발생과 자연선택 과정을 통해 생물의 진화가 일어나고, 진화의 과정을 통해 생물 다양성이 형성되었음을 추론할 수 있다.
탐구주제 1: 감염병 원인균의 변이와 진화 과정 이해: 항생제 내성균 출현 및 대응 방안 연구
탐구활동 예시: 바이러스와 세균의 변이 과정 조사, 항생제 내성균 문제의 심각성 인식, 올바른 항생제 사용법 교육 자료 제작
탐구주제 2: 감염병 원인체의 변이 발생과 백신 및 치료제 개발의 어려움
탐구활동 예시: 바이러스의 변이 과정 및 특징 조사 (돌연변이, 유전자 재조합 등), 변이 바이러스 출현이 감염력 및 병원성에 미치는 영향 분석, 백신 및 치료제 개발 과정에서 변이 바이러스 대응 전략 연구, 항생제 내성균 출현 원인 및 문제점 탐구

[10통과2-03-01] 감염병의 진단, 추적 등을 사례로 과학의 유용성을 설명하고, 미래 사회 문제 해결에서 과학의 필요성에 대해 논증할 수 있다.
탐구주제: 감염병 예방 및 치료를 위한 과학기술의 활용 사례 탐구: 백신 개발, 진단 키트 개발, 방역 기술 등
탐구활동 예시: 백신 개발 과정 및 원리 조사, 다양한 감염병 진단 기술 비교 분석, 미래 감염병 대응을 위한 과학기술 발전 방향 제시

[10통과2-03-02] 빅데이터를 과학기술사회에서 사용하고 있는 사례를 조사하고, 빅데이터 활용의 장점과 문제점을 추론할 수 있다.
탐구주제: 감염병 확산 경로 추적 및 예측에 활용되는 빅데이터 분석의 유용성과 윤리적 문제점 탐색
탐구활동 예시: 역학 조사 과정에서 활용되는 데이터 종류 및 분석 방법 조사, GPS 정보, 통신 기록 등을 이용한 확진자 동선 추적 사례 연구, 빅데이터 분석 기반 감염병 확산 예측 모델 조사 및 정확도 평가, 개인정보 침해 가능성 등 빅데이터 활용의 윤리적 쟁점 토론

[10통과2-03-03] 인공지능 로봇, 사물인터넷 등과 같이 과학기술의 발전을 인간 삶과 환경 개선에 활용하는 사례를 찾고, 이러한 과학기술의 발전이 미래 사회에 미치는 유용성과 한계를 예측할 수 있다.
탐구주제: 감염병 예방 및 관리에 활용되는 첨단 과학기술 사례 연구
탐구활동 예시: 비대면 체온 측정, 자외선 소독 로봇, 방역 드론 등 개발 및 활용 사례 조사, 스마트폰 앱을 이용한 자가 격리 관리 시스템 분석, 인공지능 기반 백신 및 치료제 개발 연구 동향 조사, 미래 감염병 대응 시스템 구축을 위한 과학기술의 역할 전망

[K-SDGs 세부목표 3-5] 모성의 건강을 보호하고 증진한다.

통합사회 연계

[10통사1-02-02] 행복한 삶을 실현하기 위한 조건으로 질 높은 정주 환경의 조성, 경제적 안정, 민주주의 발전 및 도덕적 실천의 필요성에 관해 탐구한다.
탐구주제: 임산부와 영유아의 건강한 삶을 위한 지역 사회 환경 조성 방안 탐색
탐구활동 예시: 우리 지역의 공원, 녹지, 산책로 등 환경 시설의 현황과 이용 만족도 조사, 임산부와 영유아가 이용하기 편리한 시설 (수유실, 기저귀 교환대, 유모차 접근성 등) 현황 조사 및 개선 아이디어 제시, 임산부와 영유아의 건강 증진을 위한 지역 사회 프로그램 조사 및 활성화 방안 모색, 설문 조사, 인터뷰 등을 통해 임산부들이 겪는 환경적 어려움 파악 및 해결 방안 제시

[10통사1-04-04] 다문화 사회의 현황을 조사하고, 문화적 다양성을 존중하는 태도를 바탕으로 갈등 해결 방안을 모색한다.
탐구주제: 다문화 가정 임산부의 건강관리 실태 및 지원 방안 연구: 문화적 차이를 고려한 맞춤형 의료 서비스 제공 방안 모색
탐구활동 예시: 다문화 가정 임산부의 의료 이용 경험 조사, 언어 장벽 및 문화적 차이로 인한 어려움 사례 조사, 다문화 가정 임산부를 위한 정보제공 및 소통 지원 방안 제시

[10통사2-01-01] 근대 시민 혁명 등을 통해 확립되어 온 인권의 의미와 변화 양상을 이해하고, 현대 사회에서 주거, 안전, 환경, 문화 등 다양한 영역으로 인권이 확장되고 있는 사례를 조사한다.
탐구주제: 모성 건강 권리의 역사적 변천과 현대적 의미 탐구
탐구활동 예시: 과거 시대의 출산 문화와 여성의 건강권 관련 자료 조사, 국제사회의 모성 건강 권리 관련 협약 및 법률 조사 (세계보건기구 (WHO) 등 국제기구 자료 활용), 우리나라의 모자보건법 등 관련 법규 변화 과정 조사 및 내용 분석, 모성 건강 권리 보장을 위한 사회 운동 사례 조사 및 평가

[10통사2-01-03] 사회적 소수자 차별, 청소년의 노동권 등 국내 인권 문제와 인권지수를 통해 확인할 수 있는 세계 인권 문제의 양상을 조사하고, 이에 대한 해결 방안을 모색한다.
탐구주제 1: 임산부의 건강권 보호 및 사회적 지원 방안 탐색: 직장 내 임산부 차별 문제 및 모성 보호 제도 개선 방안 연구

탐구활동 예시: 임산부 고용 관련 법규 조사, 직장 내 임산부 차별 사례 조사 및 인터뷰, 출산 휴가 및 육아 휴직 제도 개선 아이디어 제시
탐구주제 2: 사회경제적 지위가 낮은 여성의 임신 및 출산 과정의 어려움과 사회적 지원 방안 연구
탐구활동 예시: 저소득층, 미혼모, 이주 여성 등 취약계층 임산부의 건강 실태 및 의료 접근성 관련 통계자료 분석, 취약계층 임산부를 위한 정부 및 사회단체의 지원 정책 조사 및 효과 분석, 관련 기관 방문 인터뷰 또는 봉사활동을 통해 현실적인 어려움 파악 및 정책 제안, 해외의 유사 사례 조사 및 비교 분석

[10통사2-02-03] 사회 및 공간 불평등 현상의 사례를 조사하고, 정의로운 사회를 만들기 위한 다양한 제도와 시민으로서의 실천 방안을 제안한다.
탐구주제: 지역별 의료 인프라 불균형이 임산부 건강에 미치는 영향 분석 및 해소 방안 모색
탐구활동 예시: 전국 시도별 분만 가능 의료기관 및 산부인과 전문의 수 통계자료 분석, 의료 취약 지역 임산부들의 의료 서비스 접근성 문제 사례 조사, 원격 의료, 찾아가는 산부인과 등 의료 불균형 해소 정책 사례 조사 및 평가, 지역 주민 인터뷰, 전문가 자문 등을 통해 실질적인 개선 방안 제시

[10통사2-05-01] 세계의 인구 분포와 구조 등에 대한 이해를 토대로 현재와 미래의 인구 문제 양상을 파악하고, 그 해결 방안을 제안한다.
탐구주제: 저출산 시대의 모성 건강 증진 정책의 중요성과 방향 탐색
탐구활동 예시: 우리나라의 출산율 변화 추이와 사회적 배경 분석, 저출산 문제 해결을 위한 정부의 다양한 정책(출산장려금, 육아 지원 등) 효과 분석, 프랑스, 스웨덴 등 출산율 회복에 성공한 국가의 모성 건강 지원 정책 사례 조사, 미래 사회 변화 전망을 고려한 지속 가능한 모성 건강 증진 정책 아이디어 제시

통합과학 연계

[10통과1-03-05] 생명 시스템을 유지하기 위해서 다양한 화학반응과 물질 출입이 필요함을 이해하고, 일상생활에서 활용되는 화학반응 사례를 조사하여 발표할 수 있다.
탐구주제 1: 임신 기간 중 영양 섭취의 중요성 탐구: 태아 발달에 필수적인 영양소 및 임산부 건강관리 방안 연구
탐구활동 예시: 임신 주차별 필요한 영양소 조사, 임산부에게 필요한 영양제 및 건강기능식품 정보 조사, 임산부 건강 식단 및 운동 프로그램 제안
탐구주제 2: 임신과 출산 과정에서 일어나는 호르몬 변화와 여성 건강과의 관계
탐구활동 예시: 임신 유지 및 출산에 관여하는 주요 호르몬(에스트로겐, 프로게스테론, 옥시토신 등)의 역할 조사, 임신 기간의 호르몬 변화가 여성의 신체적, 정서적 변화에 미치는 영향 분석, 출산 후 호르몬 불균형으로 인해 나타날 수 있는 건강 문제(산후 우울증 등) 조사, 건강한 임신과 출산을 위한 식습관 및 생활 습관 탐구(호르몬 균형 유지 측면에서)

[10통과1-03-06] 생명 시스템의 유지에 필요한 세포 내 정보의 흐름을 유전자로부터 단백질이 만들어지는 과정을 중심으로 설명할 수 있다.

탐구주제: 임신과 관련된 유전 질환 및 유전 상담의 필요성 연구
탐구활동 예시: 임신 중 태아에게 영향을 미칠 수 있는 유전 질환(다운 증후군, 에드워드 증후군 등) 조사, 유전 질환 검사 방법(융모막 융모 생체검사, 양수 검사 등) 및 윤리적 문제점 탐색, 유전 상담의 목적과 과정, 사회적 지원시스템 조사, 가족력 조사를 통한 유전 질환 발생 가능성 예측 및 예방 방안 모색

[10통과2-01-01] 지질시대를 통해 지구 환경이 끊임없이 변화해 왔으며 이러한 환경 변화가 생물 다양성에 미치는 영향을 추론할 수 있다.
탐구주제: 환경오염 물질이 임산부와 태아 건강에 미치는 영향 분석
탐구활동 예시: 미세먼지, 중금속, 화학물질 등 환경오염 물질의 종류와 인체 유해성 조사, 임산부가 특정 환경오염 물질에 노출되었을 경우 태아에게 나타날 수 있는 건강 문제 연구(기형, 발달 장애 등), 환경오염 저감을 위한 사회적 노력과 개인적 실천 방안 모색 관련 논문 및 연구 자료 분석

[10통과2-03-01] 감염병의 진단, 추적 등을 사례로 과학의 유용성을 설명하고, 미래 사회 문제 해결에서 과학의 필요성에 대해 논증할 수 있다.
탐구주제: 임산부 감염병 예방 및 관리의 중요성과 과학기술의 활용
탐구활동 예시: 임신 중 감염에 취약한 질병(풍진, 톡소플라스마증, 지카 바이러스 감염증 등)의 원인, 증상, 예방 방법 조사, 임산부 예방 접종의 필요성 및 종류, 시기 등 정보 조사, 감염병 확산 방지를 위한 과학기술(백신 개발, 진단 키트 개발 등) 사례 연구, 미래 팬데믹 상황에 대비한 임산부 건강 보호 방안 아이디어 제시

[K-SDGs 세부목표 3-6] 아동의 건강을 보호하고 증진한다.

통합사회 연계

[10통사1-02-02] 행복한 삶을 실현하기 위한 조건으로 질 높은 정주 환경의 조성, 경제적 안정, 민주주의 발전 및 도덕적 실천의 필요성에 관해 탐구한다.
탐구주제: 우리 지역 아동의 행복과 건강 증진을 위한 정주 환경 분석 및 개선 방안 제안
탐구활동 예시: 학교 주변 및 거주지 주변의 공원, 놀이터, 도서관 등 아동 친화 시설 현황 조사 및 만족도 설문, 지역 아동들의 주거환경(미세먼지 노출, 소음, 안전 문제 등) 실태 조사 및 건강 영향 분석, 아동의 신체적, 정신적 건강에 긍정적 영향을 미치는 정주 환경 요소 탐색 및 사례 조사, 지역 사회 구성원으로서 아동의 행복 증진을 위한 환경 개선 아이디어 제시 및 정책 제안

[10통사1-03-01] 자연환경이 인간의 생활에 미치는 영향에 관한 과거와 현재의 사례를 조사하여 분석하고, 안전하고 쾌적한 환경에서 살아가는 것이 시민의 권리임을 주장한다.
탐구주제: 미세먼지 등 환경오염이 아동 건강에 미치는 영향 분석 및 시민의 역할 모색
탐구활동 예시: 우리 지역의 미세먼지 농도 변화 추이 및 발생 원인 조사, 미세먼지가 아동의 호흡기 질환, 알레르기 질환 등에 미치는 영향에 대한 연구 자료 분석, 학교 및 가정에서 미세먼지로부터 아동을 보호하기 위한 실천 방안 조사 및 효과 분석, 미세먼지 문제 해결을 위

한 시민 캠페인 아이디어 구상 및 실천

[10통사1-05-01] 산업화, 도시화로 인해 나타난 생활공간과 생활양식의 변화 양상을 조사하고, 이에 따른 문제점의 해결 방안을 제안한다.
탐구주제: 스마트폰 과의존 등 디지털 환경이 아동의 신체적・정신적 건강에 미치는 영향 분석 및 예방 방안 모색
탐구활동 예시: 주변 친구들과 학교 구성원의 스마트폰 사용 시간 및 이용 행태 설문 조사, 스마트폰 과의존이 아동의 수면 부족, 시력 저하, 자세 불량, 사회성 부족 등에 미치는 영향 조사, 스마트폰 과의존 예방을 위한 학교 및 가정에서의 지도 방안 사례 조사 및 효과 분석, 건강한 디지털 미디어 활용을 위한 캠페인 아이디어 제시 및 실천

[10통사1-05-03] 자신이 거주하는 지역을 사례로 공간 변화가 초래한 양상 및 문제점을 탐구하고, 공동체의 구성원으로서 지역 사회의 변화를 위한 방안을 모색하고 이를 실천한다.
탐구주제: 안전하고 건강한 아동 성장 환경 조성 방안 연구: 학교 주변 유해 환경 정비, 놀이 공간 확보 등
탐구활동 예시: 학교 주변 안전 및 유해 환경 실태 조사, 지역 주민 의견 수렴을 통한 아동 친화적인 공간 조성 아이디어 제시

[10통사2-01-01] 근대 시민 혁명 등을 통해 확립되어 온 인권의 의미와 변화 양상을 이해하고, 현대 사회에서 주거, 안전, 환경, 문화 등 다양한 영역으로 인권이 확장되고 있는 사례를 조사한다.
탐구주제: 아동 건강권의 의미와 중요성 인식 및 학교와 사회의 노력 탐색
탐구활동 예시: UN 아동 권리 협약 등 국제 규범에서 보장하는 아동의 건강권 내용 조사, 학교 급식, 보건 교육, 안전 교육 등 학교에서의 아동 건강 증진 노력 사례 조사, 지역 사회의 아동 의료 지원시스템 및 건강 관련 프로그램 현황 조사, 아동의 건강권 보장을 위한 정책 제안 및 시민참여 방안 모색

[10통사2-01-03] 사회적 소수자 차별, 청소년의 노동권 등 국내 인권 문제와 인권지수를 통해 확인할 수 있는 세계 인권 문제의 양상을 조사하고, 이에 대한 해결 방안을 모색한다.
탐구주제: 아동의 건강권 보장 및 의료 사각지대 해소 방안 탐색: 저소득층 아동, 장애 아동 등에 대한 의료 지원 강화 방안 연구
탐구활동 예시: 아동 의료비 지원 정책 현황 조사, 지역아동센터 등 아동 복지 시설 방문 및 인터뷰, 소외계층 아동의 건강 증진을 위한 정책 제안

통합과학 연계

[10통과1-03-06] 생명 시스템의 유지에 필요한 세포 내 정보의 흐름을 유전자로부터 단백질이 만들어지는 과정을 중심으로 설명할 수 있다.
탐구주제: 영유아 예방 접종의 중요성 및 효과 분석: 감염병 예방 원리 및 백신 개발 과정 탐구
탐구활동 예시: 주요 감염병의 특징 및 예방 접종 시기 조사, 백신의 종류 및 작용 원리 조사, 예방 접종률 향상을 위한 캠페인 기획

[10통과2-01-04] 대표적인 산・염기 물질의 특징을 알고, 산과 염기를 혼합할 때 나타나는 중화 반응을 생활 속에서 이용할 수 있다.
탐구주제: 안전한 식품 섭취 및 위생 관리의 중요성 탐구: 식중독 예방을 위한 올바른 손 씻기 및 식품 보관 방법 교육 자료 제작
탐구활동 예시: 식중독 발생 원인균 및 증상 조사, 식품별 올바른 보관 방법 실험, 위생적인 식생활 실천을 위한 교육 자료 제작

[10통과2-02-01] 생태계 구성요소를 이해하고 생물과 환경 사이의 상호관계를 설명할 수 있다.
탐구주제: 학교 주변 환경 요인이 학생 건강에 미치는 영향 조사 및 개선 방안 모색
탐구활동 예시: 학교 주변의 녹지 면적, 공기 질, 소음 수준 등을 측정하고 학생들의 건강(집중력, 스트레스 지수 등)과의 상관관계 분석, 학교 내 유해 물질(미세먼지, 라돈 등) 농도 측정 및 노출 저감 방안 연구, 친환경적인 학교 환경 조성 사례 조사와 학교 환경 개선 아이디어 제시, 학교 숲 조성, 옥상 정원 가꾸기 등 학생 참여형 환경 개선 활동 기획

[10통과2-03-01] 감염병의 진단, 추적 등을 사례로 과학의 유용성을 설명하고, 미래 사회 문제 해결에서 과학의 필요성에 대해 논증할 수 있다.
탐구주제: 아동에게 흔히 발생하는 감염병의 예방과 관리 방법 탐구
탐구활동 예시: 학교 및 지역 사회에서 유행하는 감염병(감기, 독감, 수족구병 등)의 원인균 및 감염 경로 조사, 감염병 예방을 위한 개인위생 수칙(손 씻기, 마스크 착용 등)의 효과 과학적으로 분석, 백신 접종의 원리 이해 및 감염병 예방 효과 조사, 학교 내 감염병 확산 방지를 위한 시스템과 학생들의 역할 모색

[10통과2-03-03] 인공지능 로봇, 사물인터넷 등과 같이 과학기술의 발전을 인간 삶과 환경 개선에 활용하는 사례를 찾고, 이러한 과학기술의 발전이 미래 사회에 미치는 유용성과 한계를 예측할 수 있다.
탐구주제: 미래 사회의 과학기술 발전이 아동 건강관리에 미치는 영향 및 윤리적 문제 탐색
탐구활동 예시: 웨어러블 기기를 활용한 아동 건강 자료수집 및 분석 사례 조사, AI 기반의 맞춤형 건강관리 서비스가 아동 건강 증진에 기여할 방안 탐색, 원격 의료 시스템이 도서 산간 지역 아동의 의료 접근성 향상에 미치는 영향 분석, 첨단기술을 활용한 아동 건강 정보수집 및 활용 과정에서 발생할 수 있는 개인정보 침해 문제 및 해결 방안 논의

[K-SDGs 세부목표 3-7] 유해 화학물질, 대기, 물, 토양오염으로 인한 사망과 질병을 줄인다.
통합사회 연계

[10통사1-01-02] 인간, 사회, 환경의 탐구에 통합적 관점이 요청되는 이유를 도출하고 이를 탐구에 적용한다.
탐구주제: 미세먼지 문제의 사회적, 경제적, 환경적 영향 분석 및 통합적 해결 방안 모색
탐구활동 예시: 미세먼지 발생 원인 (국내 및 국외 요인) 및 이동 경로 조사, 미세먼지가 국민 건강 (호흡기 질환, 심혈관 질환 등)에 미치는 영향 통계자료 분석, 미세먼지 농도에 따른 사회경제적 비용 (의료비 증가, 생산성 감소 등) 분석, 정부, 기업, 시민사회의 미세먼지 저감 노력 사례 조사 및 효과 평가, 미세먼지 문제 해결을 위한 정책 제안 및 시민참여 방안 아이디어 제시

[10통사1-03-01] 자연환경이 인간의 생활에 미치는 영향에 관한 과거와 현재의 사례를 조사하여 분석하고, 안전하고 쾌적한 환경에서 살아가는 것이 시민의 권리임을 주장한다.
탐구주제: 산업화와 환경오염의 관계 분석: 미세먼지, 화학물질 유출 등 환경오염 사례와 건강 영향 조사
탐구활동 예시: 지역별 대기 질 및 수질 데이터 비교 분석, 환경오염으로 인한 질병 발생 사례 조사, 환경오염 피해 지역 주민 인터뷰, 과거 산업 단지 주변 지역의 토양 및 수질오염 사례 조사 (예: 구로공단, 온산 국가산업단지), 환경오염으로 인한 주민들의 건강 피해 (질병 발생, 사망 등) 사례 조사 및 역학 조사 분석, 환경오염 피해 지역 주민들의 환경권 침해 사례 및 사회적 갈등 사례 조사, 환경 정의 실현을 위한 법적 제도적 개선 방안 및 시민사회 역할 모색

[10통사1-03-03] 환경문제 해결을 위한 정부, 시민사회, 기업 등의 다양한 노력을 조사하고, 생태 시민으로서 실천 방안을 모색한다.
탐구주제: 환경 규제 정책의 효과 분석 및 개선 방안 모색: 대기 오염총량제, 화학물질 관리법 등 환경 관련 법규 조사 및 평가
탐구활동 예시: 환경 관련 시민단체 활동 조사, 기업의 환경 책임 경영 사례 분석, 미세먼지 저감 및 화학물질 안전관리 방안 제시

[10통사1-05-01] 산업화, 도시화로 인해 나타난 생활공간과 생활양식의 변화 양상을 조사하고, 이에 따른 문제점의 해결 방안을 제안한다.
탐구주제: 도시화로 인한 대기 및 소음 공해 문제와 주민 건강 영향 분석 및 개선 방안 모색
탐구활동 예시: 도시 지역과 농촌 지역의 대기 질 및 소음 수준 비교 분석, 교통량 증가, 산업 시설 밀집 등 도시화 요인이 대기 및 소음 공해에 미치는 영향 분석, 대기 및 소음 공해가 주민 건강 (수면 장애, 스트레스, 호흡기 질환 등)에 미치는 영향 조사, 도시 계획 단계에서 환경친화적인 요소 (녹지공간 확보, 대중교통 활성화 등) 반영 방안 제시

[10통사2-01-01] 근대 시민 혁명 등을 통해 확립되어 온 인권의 의미와 변화 양상을 이해하고, 현대 사회에서 주거, 안전, 환경, 문화 등 다양한 영역으로 인권이 확장되고 있는 사례를 조사한다.

탐구주제: 깨끗한 환경에서 살 권리 (환경권)의 의미와 중요성 및 실현 방안 탐색
탐구활동 예시: 헌법 및 관련 법률에서 보장하는 환경권의 내용과 범위 조사, 미세먼지, 생활 폐기물, 화학물질 누출 사고 등 환경문제로 인한 환경권 침해 사례 조사, 환경 소송 사례 분석을 통해 환경권 보호를 위한 법적 노력의 중요성 인식, 시민들의 환경 감시 활동 및 환경 단체 활동 참여를 통한 환경권 실현 방안 모색

[10통사2-02-03] 사회 및 공간 불평등 현상의 사례를 조사하고, 정의로운 사회를 만들기 위한 다양한 제도와 시민으로서의 실천 방안을 제안한다.
탐구주제: 환경오염 물질 배출 시설 주변 지역 주민들의 건강 불평등 문제 분석 및 해결 방안 모색
탐구활동 예시: 산업 단지, 폐기물 처리 시설 등 환경오염 유발 시설 주변 지역의 사회경제적 특성 조사, 해당 지역 주민들의 질병 발생률 및 사망률 등 건강 지표 분석, 환경오염으로 인한 건강 불평등 사례 및 사회적 낙인 효과 조사, 환경 규제 강화 및 피해 주민 지원 정책 강화 등 환경 정의 실현 방안 제시

[10통사2-03-02] 합리적 선택의 의미와 그 한계를 파악하고, 지속가능발전을 위해 요청되는 정부, 기업가, 노동자, 소비자의 바람직한 역할과 책임에 관해 탐구한다.
탐구주제: 지속 가능한 소비와 생산을 위한 시민들의 역할 및 기업의 사회적 책임 강조
탐구활동 예시: 친환경 제품 구매 및 소비 운동 사례 조사 및 참여 독려 방안 모색, 일회용품 사용 줄이기 및 재활용률을 높이기 위한 실천 방안 연구, 기업의 환경경영 (ESG 경영) 사례 조사와 소비자 감시 활동 방안 제시, 생산 과정에서의 환경오염 최소화 및 유해 물질 사용 저감 노력 촉구

[10통사2-05-02] 지구적 차원에서 에너지 자원의 분포와 소비 실태를 파악하고, 기후변화에 대한 대응과 지속가능한 발전을 위한 제도적 방안과 개인적 노력을 탐구한다.
탐구주제: 기후변화와 환경오염의 연관성 분석: 온열 질환 발생 증가 추세 및 예방 대책 연구
탐구활동 예시: 기온 변화와 온열 질환 발생률 상관관계 분석, 온열 질환 예방을 위한 행동 요령 교육 자료 제작, 지속 가능한 에너지 사용 및 소비 습관 실천 방안 제시

통합과학 연계

[10통과1-02-04] 인류의 생존에 필수적인 물, 산소, 소금 등이 만들어지는 결합의 차이를 이해하고, 각 물질의 성질과 관련지어 설명할 수 있다.
탐구주제: 인체 내 유해 화학물질 축적 경로 및 영향 분석: 환경 호르몬, 중금속 등의 인체 축적 과정과 건강 영향 조사
탐구활동 예시: 체내 유해 물질 농도 측정 방법 조사, 환경 호르몬의 종류 및 인체 영향 분석, 생활 속 유해 화학물질 노출 줄이기 실천 방안 제시

[10통과2-01-04] 대표적인 산・염기 물질의 특징을 알고, 산과 염기를 혼합할 때 나타나는 중화 반응을 생활 속에서 이용할 수 있다.
탐구주제: 수질 및 토양오염의 원인 물질 및 영향 분석: 중금속, 농약 등 유해 화학물질의 토양 및 수질오염 유발 과정과 생태계 영향 조사

탐구활동 예시: 토양 및 수질오염 측정 실험, 오염된 토양 및 수질 정화 기술 조사, 생활 속 화학물질 안전 사용 캠페인 기획

[10통과2-02-05] 발전기에서 운동 에너지가 전기 에너지로 전환되는 과정을 이해하고, 열원으로서 화석연료, 핵에너지를 이용하는 발전소가 인간 생활에 미치는 영향을 조사·발표할 수 있다.
탐구주제: 발전소 주변 지역의 환경오염 및 주민 건강 영향 조사 및 친환경 에너지 발전의 필요성 강조
탐구활동 예시: 화력 발전소, 핵발전소 등 에너지 발전 시설 주변 지역의 대기 및 수질오염 실태 조사, 발전소에서 발생하는 온배수 및 방사성 물질 누출 사고 사례 조사 및 영향 분석, 태양광, 풍력 등 신재생 에너지 발전 시설의 환경적 이점 및 경제적 효과 분석, 지역 사회와 함께하는 친환경 에너지 발전소 건설 아이디어 제시

[10통과2-03-01] 감염병의 진단, 추적 등을 사례로 과학의 유용성을 설명하고, 미래 사회 문제 해결에서 과학의 필요성에 대해 논증할 수 있다.
탐구주제: 환경오염으로 인한 새로운 질병 발생 가능성 예측 및 예방 방안 연구
탐구활동 예시: 최근 발생한 환경성 질환 (가습기 살균제 피해, 미세먼지 질환 등) 사례 조사와 원인 분석, 기후변화 및 환경오염으로 인한 감염병 발생 및 확산 가능성 예측, 환경오염 물질 노출에 따른 인체 영향 연구 동향 조사, 환경 보건 정책의 중요성 강조 및 미래 사회의 건강 증진을 위한 과학기술 역할 제시

[K-SDGs 세부목표 3-8] 대한민국의 저출산 극복과 인구 고령화를 대비한다.

통합사회 연계

[10통사1-02-02] 행복한 삶을 실현하기 위한 조건으로 질 높은 정주 환경의 조성, 경제적 안정, 민주주의 발전 및 도덕적 실천의 필요성에 관해 탐구한다.
탐구주제: 청년 세대의 주거 불안정이 결혼 및 출산에 미치는 영향 분석 및 해결 방안 모색
탐구활동 예시: 청년 세대의 주거 현황 (주거 형태, 주거 비용 부담 등) 및 주거 만족도 조사, 주거 불안정이 청년 세대의 결혼 및 출산 의지에 미치는 영향 설문 조사 및 분석, 청년 주거 문제 해결을 위한 정부 정책 (주택공급 확대, 주거비 지원 등) 평가 및 개선 방안 제안, 해외 청년 주거 지원 정책 사례 조사 및 국내 적용 가능성 검토

[10통사2-01-03] 사회적 소수자 차별, 청소년의 노동권 등 국내 인권 문제와 인권지수를 통해 확인할 수 있는 세계 인권 문제의 양상을 조사하고, 이에 대한 해결 방안을 모색한다.
탐구주제: 일·가정 양립 어려움에 따른 여성의 경력 단절 문제와 해결 방안 탐색
탐구활동 예시: 여성의 경력 단절 현황 및 원인 (출산 및 육아 부담, 직장 내 여성 지원 부족 등) 조사, 여성의 경제활동 참여 증진을 위한 정책 (유연 근무제 확대, 공공 보육 시설 확충 등) 효과 분석 및 개선 방안 제안, 남성의 육아 참여 활성화를 위한 사회적 인식 개선 방안 및 제도적 지원 방안 모색, 해외의 일·가정 양립 지원 정책 사례 조사 및 시사점 도출

[10통사2-02-03] 사회 및 공간 불평등 현상의 사례를 조사하고, 정의로운 사회를 만들기 위한 다양한 제도와 시민으로서의 실천 방안을 제안한다.
탐구주제: 고령화 사회 대비 돌봄 체계 구축의 필요성 및 과제 분석: 노인 의료 및 복지 서비스 현황 조사, 지역 사회 기반 돌봄 시스템 구축 방안 모색
탐구활동 예시: 노인 복지 시설 방문 및 인터뷰, 고령 친화 도시 조성 사례 조사, 세대 통합 프로그램 아이디어 제시

[10통사2-03-02] 합리적 선택의 의미와 그 한계를 파악하고, 지속가능발전을 위해 요청되는 정부, 기업가, 노동자, 소비자의 바람직한 역할과 책임에 관해 탐구한다.
탐구주제: 저출산 문제 해결을 위한 정부 정책 및 사회적 노력 분석: 출산 및 육아 지원 정책 효과 평가 및 개선 방안 모색
탐구활동 예시: 출산 장려 정책 사례 조사 및 효과 분석, 일-가정 양립 지원 제도 현황 조사, 저출산 극복을 위한 사회 구성원의 역할 제시

[10통사2-05-01] 세계의 인구 분포와 구조 등에 대한 이해를 토대로 현재와 미래의 인구 문제 양상을 파악하고, 그 해결 방안을 제안한다.
탐구주제 1: 저출산 및 고령화 사회의 현황과 문제점 분석: 인구 구조 변화가 사회 경제에 미치는 영향 조사
탐구활동 예시: 국내 인구 변화 추이 및 전망 분석, 저출산 및 고령화 관련 통계자료 조사, 인구 구조 변화에 따른 사회 문제 심층 탐구
탐구주제 2: 우리나라 출산율 변화 추이와 사회·경제적 요인 분석 및 미래 전망
탐구활동 예시: 통계청 자료를 활용하여 과거부터 현재까지의 출산율 변화 추이 그래프 작성 및 분석, 출산율 변화에 영향을 미치는 사회적 요인(여성의 경제활동 증가, 양육비 부담, 교육열 등) 및 경제적 요인(경제 성장률, 고용 불안정 등) 조사, 전문가 인터뷰 또는 설문 조사를 통해 미래 출산율 전망 예측 및 사회에 미치는 영향 분석, 저출산 문제 해결을 위한 정부 정책(출산장려금, 보육 지원 등) 평가 및 개선 방안 제안
탐구주제 3: 고령화 사회의 현황과 사회적 영향 분석 및 세대 공존 방안 모색
탐구활동 예시: 우리나라 인구 구조 변화(고령 인구 증가 추이, 생산 가능 인구 감소 등) 분석, 고령화 사회가 경제(노동력 부족, 소비 위축 등), 사회(의료비 증가, 복지 부담 증가 등), 문화(세대 갈등 심화 등)에 미치는 영향 조사, 고령층의 사회참여 확대 방안(노인 일자리 창출, 평생교육 프로그램 개발 등) 탐색, 세대 간 소통 및 협력 증진을 위한 프로그램 아이디어 기획 및 제안

통합과학 연계

[10통과1-03-05] 생명 시스템을 유지하기 위해서 다양한 화학반응과 물질 출입이 필요함을 이해하고, 일상생활에서 활용되는 화학반응 사례를 조사하여 발표할 수 있다. (간접적 연계)
탐구주제 1: 임신과 출산 과정에 대한 과학적 이해 및 건강한 임신·출산을 위한 조건 탐구
탐구활동 예시: 인간의 생식 과정(생식 세포 형성, 수정, 착상, 임신 유지 등) 및 관련된 호르몬 변화 조사, 임신 중 건강관리의 중요성(영양 섭취, 운동, 스트레스 관리 등) 및 태아 발달에 미치는 영향 연구, 산전 검사의 종류와 목적, 중요성에 대한 정보 조사 및 발표, 난임의 원

인과 치료 방법 등 관련 과학기술 발전 현황 조사
탐구주제 2: 고령화에 따른 신체 기능 변화 및 건강관리 방안 연구: 노화 과정과 관련된 질병 예방 및 관리법 탐구
탐구활동 예시: 노화와 관련된 신체 변화 조사, 노인 질환의 종류 및 예방 방법 연구, 건강한 노년 생활을 위한 운동 및 식단 제시

[10통과2-03-01] 감염병의 진단, 추적 등을 사례로 과학의 유용성을 설명하고, 미래 사회 문제 해결에서 과학의 필요성에 대해 논증할 수 있다.
탐구주제: 만혼 및 고령 출산 증가에 따른 위험요인과 건강한 출산을 위한 노력
탐구활동 예시: 만혼 및 고령 출산의 의학적 위험성 (다운 증후군, 임신성 당뇨 등) 조사 및 분석, 건강한 임신과 출산을 위한 산전 관리 및 의료 기술 (체외 수정, 양수 검사 등) 정보 조사, 고령 임산부의 건강관리 중요성 및 사회적 지원 방안 모색, 신생아 건강관리 및 영유아 건강검진의 중요성 탐구

[10통과2-03-03] 인공지능 로봇, 사물인터넷 등과 같이 과학기술의 발전을 인간 삶과 환경 개선에 활용하는 사례를 찾고, 이러한 과학기술의 발전이 미래 사회에 미치는 유용성과 한계를 예측할 수 있다. (간접적 연계)
탐구주제: 고령 친화형 스마트 기술 개발 및 활용 방안 연구: 노인 돌봄 로봇, 건강관리 웨어러블 기기 등 고령자 삶의 질 향상 기술 탐색
탐구활동 예시: 고령 친화형 기술 제품 조사 및 분석, 스마트 기술 기반의 노인 돌봄 서비스 아이디어 제시, 기술 활용의 윤리적 문제점 논의

[K-SDGs 세부목표 3-9] 공공보건의료서비스를 확대하여 보편적 의료보장을 달성한다.

통합사회 연계

[10통사1-05-03] 자신이 거주하는 지역을 사례로 공간 변화가 초래한 양상 및 문제점을 탐구하고, 공동체의 구성원으로서 지역 사회의 변화를 위한 방안을 모색하고 이를 실천한다.
탐구주제: 우리 지역의 공공 보건 의료 서비스 이용 현황과 개선 방안
탐구활동 예시: 지역 보건소, 보건 지소 등 공공 의료 기관의 위치, 제공 서비스, 이용 시간 등 정보 조사, 지역 주민들의 공공 의료 서비스 이용 경험 및 만족도 인터뷰 또는 설문 조사, 지역 사회의 건강 문제 (만성질환, 감염병 등) 현황 파악 및 공공 의료의 역할 모색, 지역 특성에 맞는 공공 보건 의료 서비스 개선 아이디어 제안 및 실천

[10통사2-01-01] 근대 시민 혁명 등을 통해 확립되어 온 인권의 의미와 변화 양상을 이해하고, 현대 사회에서 주거, 안전, 환경, 문화 등 다양한 영역으로 인권이 확장되고 있는 사례를 조사한다.
탐구주제: 건강권의 의미와 보편적 의료보장의 필요성에 대한 시민 인식 조사
탐구활동 예시: 건강권의 개념과 중요성, 관련 국제 규약 (세계인권선언 등) 조사, 보편적 의료보장에 대한 시민들의 인식 및 요구 설문 조사, 건강보험 제도의 현황과 문제점 분석, 건강

권 보장을 위한 시민사회 운동 사례 조사 및 참여 방안 모색
[10통사2-01-02] 인간 존엄성 실현과 인권보장을 위한 헌법의 역할을 파악하고, 시민의 권익을 보호하기 위한 다양한 시민참여의 방안을 탐구하고 이를 실천한다.
탐구주제: 보건 의료 정책 결정 과정에 시민참여 확대 방안 모색: 지역 보건소 운영 개선을 위한 주민 의견 수렴 방안 제시
탐구활동 예시: 보건 의료 관련 시민단체 활동 조사, 지역 보건소 운영 현황 및 문제점 분석, 시민 참여형 보건 의료 정책 제안

[10통사2-02-01] 정의의 의미와 정의가 요구되는 이유를 파악하고, 다양한 사례를 통해 정의의 실질적 기준을 탐구한다.
탐구주제: 보편적 의료보장의 필요성 및 사회정의 실현과의 연관성 탐구: 의료 접근성 불평등 문제 해결 방안 모색
탐구활동 예시: 의료 서비스 이용 격차 사례 조사, 건강보험 제도의 문제점 및 개선 방향 논의, 의료의 공공성 강화 방안 제시

[10통사2-02-03] 사회 및 공간 불평등 현상의 사례를 조사하고, 정의로운 사회를 만들기 위한 다양한 제도와 시민으로서의 실천 방안을 제안한다.
탐구주제: 우리나라 의료 서비스 접근성의 지역별 불평등 현황과 해소 방안
탐구활동 예시: 지역별 인구당 의료기관 수, 의료 인력 분포 현황 조사 및 비교 분석, 의료 취약 지역 주민들의 의료 서비스 이용 경험 인터뷰 또는 설문 조사, 공공 의료 기관(보건소, 공공 병원 등)의 역할과 기능 조사, 의료 서비스 접근성 불평등 해소를 위한 정책(공공 의료 투자 확대, 원격 의료 도입 등) 제안

[10통사2-03-01] 자본주의의 역사적 전개 과정과 그 특징을 조사하고, 시장과 정부의 관계를 중심으로 다양한 삶의 방식을 비교 평가한다.
탐구주제 1: 공공 보건 의료 서비스 확대의 필요성 및 정부 역할의 중요성 강조: 지역별 공공 의료 기관 현황 조사 및 기능 강화 방안 연구
탐구활동 예시: 지역별 의료 서비스 공급 불균형 실태 조사, 공공 의료 기관의 역할 및 기능 분석, 의료 민영화 논쟁 분석
탐구주제 2: 영리 병원 도입 논쟁과 공공 의료의 역할 강화 방안
탐구활동 예시: 영리 병원과 비영리 병원의 특징 및 장단점 비교 분석, 영리 병원 도입이 의료 서비스의 질과 접근성에 미치는 영향에 대한 찬반 의견 조사 및 토론, OECD 국가들의 의료시스템 비교 분석(공공 의료 중심 vs. 시장 중심), 공공 의료시스템 강화(공공 병원 확대, 의료 인력 양성 등)를 위한 구체적인 정책 방안 제시

통합과학 연계

[10통과1-03-05] 생명 시스템을 유지하기 위해서 다양한 화학반응과 물질 출입이 필요함을 이해하고, 일상생활에서 활용되는 화학반응 사례를 조사하여 발표할 수 있다.
탐구주제: 만성질환 예방 및 관리를 위한 공공 보건 캠페인의 과학적 근거 탐색
탐구활동 예시: 대표적인 만성질환(고혈압, 당뇨병, 심혈관 질환 등)의 발병 원인 및 예방

방법 조사, 건강한 식습관, 규칙적인 운동 등 건강 증진 활동의 과학적 효과 분석, 공공 보건 캠페인(금연, 절주, 건강 식단 등)의 내용 및 효과 분석, 개인 및 지역 사회의 만성질환 예방을 위한 실천 방안 아이디어 제시

[10통과2-03-01] 감염병의 진단, 추적 등을 사례로 과학의 유용성을 설명하고, 미래 사회 문제 해결에서 과학의 필요성에 대해 논증할 수 있다.
탐구주제 1: 공공 보건 의료 서비스 효율성 증진을 위한 과학기술 활용 방안 연구: 원격 의료, 빅데이터 기반 건강관리 시스템 등
탐구활동 예시: 원격 의료 시스템 도입 사례 조사 및 효과 분석, 빅데이터를 활용한 질병 예측 및 관리 시스템 연구, 공공 의료 정보 시스템 구축 방안 제시
탐구주제 2: 감염병 확산 방지를 위한 공공보건의료 시스템의 역할과 과학기술의 활용
탐구활동 예시: 과거 및 현재 감염병 유행 사례 조사 및 공공 보건 시스템의 대응 과정 분석, 감염병 진단 기술(PCR 검사, 신속 항원 검사 등) 및 백신 개발 과정 조사, 역학 조사, 빅데이터 분석 등 감염병 확산 경로 추적 기술 연구, 미래 감염병 발생 예측 및 대비를 위한 공공 보건 시스템 강화 방안 제안

[10통과2-03-02] 빅데이터를 과학기술사회에서 사용하고 있는 사례를 조사하고, 빅데이터 활용의 장점과 문제점을 추론할 수 있다.
탐구주제 1: 지역별 건강 불균형 해소를 위한 빅데이터 활용 방안 탐색: 지역별 질병 발생 패턴 분석 및 맞춤형 공공 의료 서비스 제공 방안 연구
탐구활동 예시: 지역별 건강 통계 데이터 분석, 빅데이터 기반의 질병 예측 모델 연구, 개인정보보호와 빅데이터 활용의 균형점 모색
탐구주제 2: 공공 의료 빅데이터 활용 사례 분석 및 윤리적 문제점 탐구
탐구활동 예시: 국민건강보험공단, 질병관리청 등 공공기관의 의료 빅데이터 활용 사례 조사(질병 예측, 의료 정책 수립 등), 의료 빅데이터 분석 기술 및 플랫폼 종류 조사, 의료 정보 보안 및 개인정보 보호의 중요성 인식, 의료 빅데이터 활용 과정에서 발생할 수 있는 윤리적 문제점(정보 불평등, 사생활 침해 등) 논의 및 해결 방안 모색

[출처: 지속가능발전포털]

□(G4) 모두를 위한 양질의 교육

"모두를 위한 포용적이고 공평한 양질의 교육 보장 및 평생학습 기회 증진"

[K-SDGs 세부목표 4-1] 모든 아동이 성별과 장애 유무와 관계없이 적절하고 효과적인 학습 성과를 거둘 수 있도록 양질의 무상 초등·중등 교육의 평등한 이수를 보장한다.
통합사회 연계

[10통사1-01-01] 인간, 사회, 환경을 바라보는 시간적, 공간적, 사회적, 윤리적 관점의 의미와 특징을 사례를 통해 파악한다.
탐구주제: 우리나라 초・중등 교육의 공공성 강화 방안 탐색: 교육 불평등 해소를 위한 정책 제언
탐구활동 예시: 지역별, 소득수준별 학생들의 학업 성취도 및 교육 환경 조사, 교육 불평등 사례 분석 및 원인 진단, 교육 전문가 인터뷰를 통한 정책 제언 마련

[10통사1-04-04] 다문화 사회의 현황을 조사하고, 문화적 다양성을 존중하는 태도를 바탕으로 갈등 해결 방안을 모색한다.
탐구주제: 다문화 학생의 학교생활 적응 실태 조사 및 문화 다양성을 존중하는 교육 환경 조성 방안 연구
탐구활동 예시: 우리나라 다문화 학생 현황 및 학교생활 적응의 어려움(언어 장벽, 문화 차이, 차별 경험 등) 조사, 다문화 학생과 일반 학생의 학교생활 만족도 비교 및 분석, 다문화 이해 교육 프로그램 사례 조사 및 효과 분석, 학교 내 문화 다양성 존중 분위기 조성을 위한 실천 방안 제안(다문화 축제 개최, 상호 문화이해 프로그램 운영 등)

[10통사2-01-02] 인간 존엄성 실현과 인권보장을 위한 헌법의 역할을 파악하고, 시민의 권익을 보호하기 위한 다양한 시민참여의 방안을 탐구하고 이를 실천한다.
탐구주제: 교육받을 권리의 의미와 중요성 탐구 및 모든 학생의 학습권 보장을 위한 노력
탐구활동 예시: 헌법 및 국제 인권 규약에 명시된 교육받을 권리의 내용과 의미 조사, 과거 교육 환경과 현재 교육 환경 비교를 통해 교육받을 권리의 중요성 인식, 학교 부적응 학생, 학업 중단 학생 등 학습 취약계층의 학습권 침해 사례 조사 및 지원 방안 모색, 학생 스스로의 학습권 보호를 위한 학교 규칙 제정 참여 및 건의 활동

[10통사2-01-03] 사회적 소수자 차별, 청소년의 노동권 등 국내 인권 문제와 인권지수를 통해

확인할 수 있는 세계 인권 문제의 양상을 조사하고, 이에 대한 해결 방안을 모색한다.
탐구주제: 우리나라 교육 현장에서의 차별 사례 조사 및 개선 방안 연구: 성별, 장애, 사회경제적 배경 등을 중심으로
탐구활동 예시: 학교 내 성차별 (교과서 내용, 교사의 언행 등), 장애 학생 차별 (시설 부족, 학습 지원 미흡 등), 저소득층 학생 차별 (학습 자료 부족, 방과 후 활동 참여 어려움 등) 사례 조사, 학생, 교사, 학부모 인터뷰를 통해 교육 현장에서의 차별 경험 및 인식 조사, 차별 해소를 위한 국내외 정책 사례 (장애 학생 통합 교육, 저소득층 학생 지원 프로그램 등) 비교 분석, 학교 공동체 구성원으로서 차별 없는 교육 환경 조성을 위한 실천 방안 제안 (학생 주도의 캠페인, 교사연수 프로그램 개발 등)

[10**통사**2-02-03] 사회 및 공간 불평등 현상의 사례를 조사하고, 정의로운 사회를 만들기 위한 다양한 제도와 시민으로서의 실천 방안을 제안한다.
탐구주제 1: 교육 격차 해소를 위한 사회적 노력: 교육 불평등 사례 분석 및 해결 방안 모색
탐구활동 예시: 교육 격차 관련 통계자료 분석 (가정 환경, 지역, 학교 유형 등), 교육 복지 정책 사례 조사 및 효과 분석, 교육 봉사활동 참여 후 소감문 작성 및 개선 방안 제안
탐구주제 2: 교육 격차 발생의 원인 분석 및 교육 불평등 해소를 위한 정책 제안
탐구활동 예시: 지역별 학업 성취도 격차, 고등학교 유형별 진학률 격차 등 교육 격차 현황 통계자료 분석, 교육 격차 발생의 사회적 (가정 환경, 지역 사회 환경 등), 경제적 (소득수준, 교육 투자 격차 등) 원인 심층 분석, 교육 불평등 해소를 위한 정부 정책 (고교 무상 교육, 교육과정 다양화, 교육 복지 사업 확대 등) 평가 및 개선 방안 제안, 교육 기회균등 실현을 위한 시민사회의 역할 및 참여 방안 모색

통합과학 연계

[10**통과**1-01-03] 과학 탐구에서 측정과 어림의 의미를 알고, 일상생활의 여러 가지 상황에서 측정 표준의 유용성과 필요성을 논증할 수 있다.
탐구주제: 학교 과학 교육 환경의 실태 분석 및 개선 방안 연구: 과학실험 시설 및 기자재의 확보와 활용의 형평성
탐구활동 예시: 학교별 과학실험실 환경 및 기자재 보유 현황 조사 및 비교 분석, 학생들의 과학실험 참여 기회 및 만족도 설문 조사, 과학교사 인터뷰를 통한 개선 방안 모색

[10**통과**1-03-04] 상호작용이 없을 때 물체가 가속되지 않음을 알고, 충격량과 운동량의 관계를 충돌 관련 안전장치와 스포츠에 적용할 수 있다.
탐구주제: 학교시설의 안전 점검 및 개선 방안 연구: 장애 학생의 이동권 보장을 중심으로
탐구활동 예시: 학교 건물 내외의 이동 통로, 계단, 엘리베이터 등 시설 안전 점검 및 장애물 파악, 휠체어 접근 가능 경사로 설치, 점자 블록 설치 등 장애 학생의 이동권 보장을 위한 시설 개선 아이디어 제시, 안전한 학교 환경 조성을 위한 학생, 교사, 학부모의 역할 논의, 장애 학생의 학교생활 만족도 향상을 위한 다양한 지원 방안 모색

[10**통과**1-03-06] 생명 시스템의 유지에 필요한 세포 내 정보의 흐름을 유전자로부터 단백질이 만들어지는 과정을 중심으로 설명할 수 있다.
탐구주제: 개인의 학습 능력 및 특성에 영향을 미치는 유전적 요인과 환경적 요인 탐색

탐구활동 예시: 다양한 학습 능력 (언어 능력, 수리 능력, 공간 지각 능력 등)과 관련된 유전자 연구 동향 조사, 가정 환경, 학교 환경, 사회 환경 등 학습에 영향을 미치는 환경적 요인 분석, 개인의 유전적 특성과 환경적 요인 간의 상호작용이 학습에 미치는 영향에 대한 연구 사례 조사, 개인의 잠재력을 최대한 발휘할 수 있도록 맞춤형 교육의 필요성 논의

[10통과2-03-03] 인공지능 로봇, 사물인터넷 등과 같이 과학기술의 발전을 인간 삶과 환경 개선에 활용하는 사례를 찾고, 이러한 과학기술의 발전이 미래 사회에 미치는 유용성과 한계를 예측할 수 있다.
탐구주제: 보조 공학 기술 활용 사례 조사와 장애 학생의 학습 지원 방안 연구
탐구활동 예시: 시각 장애 학생을 위한 음성 지원 소프트웨어, 청각 장애 학생을 위한 문자 통역 서비스 등 보조 공학 기술 종류 및 기능 조사, 보조 공학 기술이 장애 학생의 학습 참여도 및 성취도 향상에 미치는 영향 분석, 학교 현장에서의 보조 공학 기술 활용 실태 및 개선점 파악, 장애 학생의 특성에 맞는 맞춤형 보조 공학 기술 지원시스템 구축 방안 제안

[K-SDGs 세부목표 4-2] 모든 아동에게 양질의 영유아 보육 및 교육서비스의 이용기회를 보장하여 초등 교육에 대비한다.

통합사회 연계

[10통사1-02-02] 행복한 삶을 실현하기 위한 조건으로 질 높은 정주 환경의 조성, 경제적 안정, 민주주의 발전 및 도덕적 실천의 필요성에 관해 탐구한다.
탐구주제: 안전하고 건강한 영유아 성장 환경 조성을 위한 지역 사회의 역할 탐색
탐구활동 예시: 지역 내 영유아 관련 시설 (어린이집, 놀이터, 공원 등)의 안전관리 실태 조사, 미세먼지, 교통사고 등 영유아 건강을 위협하는 요소 조사 및 예방 방안 모색, 지역 사회 자원을 활용한 영유아 대상 프로그램 (도서관, 박물관 연계 활동 등) 사례 조사 및 활성화 방안 제안, 영유아의 행복 증진을 위한 지역 사회 공동체의 노력 방안 아이디어 제시

[10통사1-05-03] 자신이 거주하는 지역을 사례로 공간 변화가 초래한 양상 및 문제점을 탐구하고, 공동체의 구성원으로서 지역 사회의 변화를 위한 방안을 모색하고 이를 실천한다.
탐구주제: 우리 지역 영유아 교육 시설 현황 분석 및 개선 방안 제시: 지역 사회 공동체와 함께 만들어가는 행복한 성장
탐구활동 예시: 지역 내 국공립 및 사립 유치원, 어린이집 현황 조사 및 비교 분석, 학부모 인터뷰를 통한 영유아 교육서비스 만족도 및 요구 조사, 지역 사회 대상 영유아 교육 시설 확충 및 질 개선을 위한 캠페인 기획

[10통사2-01-03] 사회적 소수자 차별, 청소년의 노동권 등 국내 인권 문제와 인권지수를 통해 확인할 수 있는 세계 인권 문제의 양상을 조사하고, 이에 대한 해결 방안을 모색한다.
탐구주제: 다문화 가정 및 장애 아동을 위한 영유아 교육 및 보육 지원 실태 분석 및 개선 방안 모색
탐구활동 예시: 다문화 가정 영유아의 언어 발달 및 문화적응 지원 프로그램 현황 조사, 장애

영유아의 통합 교육 환경 조성 실태 및 특수 교육 지원 현황 조사, 다문화 가정 및 장애 아동 학부모, 보육 교사 인터뷰를 통해 현장의 어려움 및 요구사항 파악, 다문화 및 장애 아동을 위한 맞춤형 교육 및 보육 프로그램 개발 아이디어 제시

[10통사2-02-03] 사회 및 공간 불평등 현상의 사례를 조사하고, 정의로운 사회를 만들기 위한 다양한 제도와 시민으로서의 실천 방안을 제안한다.
탐구주제: 영유아 교육 및 보육 서비스 접근성의 지역별 불균형 현황과 해소 방안 연구
탐구활동 예시: 지역별 국공립 어린이집, 사립 어린이집, 가정 어린이집 등 보육 시설 현황 조사 및 비교 분석, 저소득층 밀집 지역, 농어촌 지역 등 보육 취약 지역의 서비스 부족 실태 조사. 영유아 학부모 인터뷰를 통해 보육 서비스 이용의 어려움 및 요구사항 파악, 보육 서비스 접근성 불균형 해소를 위한 정책 제안 (국공립 시설 확충, 바우처 제도 개선, 이동식 보육 서비스 도입 등)

[10통사2-03-01] 자본주의의 역사적 전개 과정과 그 특징을 조사하고, 시장과 정부의 관계를 중심으로 다양한 삶의 방식을 비교 평가한다.
탐구주제: 영유아 교육 및 보육의 공공성 강화 방안 연구: 민간 시설과의 협력 및 지원 정책을 중심으로
탐구활동 예시: 국공립 어린이집과 민간 어린이집의 운영 방식, 교육 내용, 비용 등 비교 분석, 영유아 교육 및 보육의 공공성 확보를 위한 정부 재정 지원 현황 및 효과 분석, 프랑스, 스웨덴 등 영유아 교육 및 보육의 공공성이 높은 국가의 정책 사례 조사 및 시사점 도출, 민간 시설의 질 향상 및 공공성 강화를 위한 정부와 민간의 협력 방안 제안

통합과학 연계

[10통과1-03-04] 상호작용이 없을 때 물체가 가속되지 않음을 알고, 충격량과 운동량의 관계를 충돌 관련 안전장치와 스포츠에 적용할 수 있다.
탐구주제: 영유아 안전사고 발생 유형 분석 및 예방을 위한 과학적 지식 활용 방안 모색
탐구활동 예시: 영유아 안전사고 발생 통계자료 분석 및 주요 사고 유형 파악 (낙상, 화상, 질식 등), 어린이집 및 가정 내 안전 점검 체크리스트 제작 및 위험 요소 개선 아이디어 제시, 안전한 놀이 기구 사용법 및 안전 교육 프로그램 개발, 응급 상황 발생 시 대처 요령 (심폐소생술 등) 학습 및 실습

[10통과1-03-05] 생명 시스템을 유지하기 위해서 다양한 화학반응과 물질 출입이 필요함을 이해하고, 일상생활에서 활용되는 화학반응 사례를 조사하여 발표할 수 있다.
탐구주제 1: 영유아의 건강한 성장 발달을 위한 과학적 탐구: 필수 영양소와 안전한 먹거리
탐구활동 예시: 영유아 발달 단계별 필수 영양소 조사 및 균형 잡힌 식단 구성 연구, 영유아 식품의 안전성 문제 (식품 첨가물, 알레르기 유발 물질 등) 조사 및 분석, 건강한 간식 만들기 활동 및 레시피 공유
탐구주제 2: 영유아의 성장 발달 단계에 따른 영양 섭취의 중요성 및 균형 잡힌 식단 탐구
탐구활동 예시: 영유아 성장 발달 단계별 필요한 영양소 조사 및 각 영양소의 역할 이해, 영유아에게 필요한 에너지 섭취량 계산 및 건강한 간식 선택 기준 연구, 편식 예방 및 올바른 식습관 형성을 위한 실천 방안 조사, 어린이집 급식 식단 분석 및 영양 불균형 문제점 파악 및

개선 방안 제시

[10통과1-03-06] 생명 시스템의 유지에 필요한 세포 내 정보의 흐름을 유전자로부터 단백질이 만들어지는 과정을 중심으로 설명할 수 있다.
탐구주제: 영유아의 발달 특성 이해 및 두뇌 발달을 돕는 환경 요인 탐색
탐구활동 예시: 영유아의 신체, 인지, 언어, 사회성, 정서 발달 단계별 특징 조사, 영유아 두뇌 발달에 영향을 미치는 유전적 요인과 환경적 요인(애착 관계, 놀이 활동, 상호작용 등) 연구, 긍정적인 양육 환경 및 교육적 자극 제공의 중요성 인식, 영유아 발달 단계에 적합한 놀이 활동 및 교육 프로그램 개발 아이디어 제시

[10통과2-03-01] 감염병의 진단, 추적 등을 사례로 과학의 유용성을 설명하고, 미래 사회 문제 해결에서 과학의 필요성에 대해 논증할 수 있다.
탐구주제: 영유아 감염병 예방 및 관리의 중요성과 과학기술 활용 사례 조사
탐구활동 예시: 영유아에게 자주 발생하는 감염병 종류, 감염 경로, 증상 및 예방 방법 조사, 어린이집 내 감염병 확산 방지를 위한 위생 관리(손 씻기, 소독 등) 방법 탐구, 백신 접종의 원리 및 영유아 필수 예방 접종 종류와 시기 조사, 어린이집 감염병 발생 시 대처 요령 및 관련 정보 시스템 활용 방안 연구

[K-SDGs 세부목표 4-3] 모든 학습자에게 성별과 장애 유무와 관계없이 적정 비용으로 가능한 양질의 기술교육, 직업교육 및 대학교육을 포함한 고등교육에 대한 평등한 접근을 보장한다.

통합사회 연계

[10통사1-02-02] 행복한 삶을 실현하기 위한 조건으로 질 높은 정주 환경의 조성, 경제적 안정, 민주주의 발전 및 도덕적 실천의 필요성에 관해 탐구한다.
탐구주제: 고등교육 비용 부담이 청년층의 삶의 만족도 및 사회경제적 안정에 미치는 영향 분석
탐구활동 예시: 한국의 대학 등록금 변화 추이 및 OECD 국가와의 비교 분석, 학자금 대출 현황 및 졸업생의 상환 부담 실태 조사, 고등교육 비용이 청년층의 소비, 저축, 결혼, 출산 등에 미치는 영향 설문 조사 및 분석, 고등교육 비용 완화를 위한 정책 제안(예: 등록금 상한제, 무상 교육 확대 등)

[10통사2-01-03] 사회적 소수자 차별, 청소년의 노동권 등 국내 인권 문제와 인권지수를 통해 확인할 수 있는 세계 인권 문제의 양상을 조사하고, 이에 대한 해결 방안을 모색한다.
탐구주제: 장애 학생의 고등교육 접근성 현황과 개선 방안 연구
탐구활동 예시: 장애 학생 고등교육 진학률 및 중도 탈락률 통계 분석, 대학 내 장애 학생 지원시스템 현황 조사(예: 보조 공학 기기 지원, 학습 지원 인력 등), 장애 학생의 대학 생활 경험 인터뷰 및 어려움 파악, 장애 학생의 고등교육 접근성 향상을 위한 대학 및 정부 정책 제안

[10통사2-02-03] 사회 및 공간 불평등 현상의 사례를 조사하고, 정의로운 사회를 만들기 위한

다양한 제도와 시민으로서의 실천 방안을 제안한다.
탐구주제 1: 고등교육 기회 불평등 해소를 위한 정책 분석 및 대안 제시: 공정한 교육 사다리 구축을 위한 노력
탐구활동 예시: 고등교육 진학률 및 장학금 수혜 현황 분석 (소득 분위별, 지역별 등), 대학 입학 전형의 공정성 문제점 조사 및 개선 방안 토론, 고등교육 관련 시민단체 활동 조사 및 인터뷰
탐구주제 2: 지역별 고등교육 기회 불균형 실태와 해소 방안 탐색
탐구활동 예시: 수도권과 비수도권 대학 진학률 및 경쟁률 비교 분석, 지역 균형 선발 제도 현황 및 효과 분석, 지방 대학의 경쟁력 강화 방안 아이디어 제시, 교육 격차 해소를 위한 시민사회의 역할 모색

[10통사2-03-01] 자본주의의 역사적 전개 과정과 그 특징을 조사하고, 시장과 정부의 관계를 중심으로 다양한 삶의 방식을 비교 평가한다.
탐구주제 1: 능력주의 사회와 고등교육의 역할에 대한 비판적 고찰: 모두를 위한 고등교육 시스템 구상
탐구활동 예시: 능력주의 사회의 장단점 토론, 고등교육의 사회적 이동성 기능 약화 사례 조사, 고등교육 무상화 정책의 찬반 논쟁 분석 및 자신의 견해 정립
탐구주제 2: 고등교육 시장화 논란과 교육의 공공성 확보 방안 연구
탐구활동 예시: 사립대학의 등록금 책정 방식 및 재정 운영 실태 조사, 대학 평가 및 서열화가 고등교육에 미치는 영향 분석, 고등교육의 공공성 강화를 위한 국내외 사례 비교 연구, 고등교육 정책 결정 과정에 대한 학생 참여 방안 제시

[10통사2-03-02] 합리적 선택의 의미와 그 한계를 파악하고, 지속가능발전을 위해 요청되는 정부, 기업가, 노동자, 소비자의 바람직한 역할과 책임에 관해 탐구한다.
탐구주제: 미래 사회 변화에 따른 직업교육의 중요성 증대 및 발전 방향 모색
탐구활동 예시: 4차 산업혁명 시대 유망 직업 및 요구 역량 조사, 특성화 고등학교와 마이스터고등학교의 교육과정 분석 및 개선점 제안, 기업의 직업교육 훈련 프로그램 참여 현황 및 효과 분석, 학생들의 진로 탐색 및 직업교육 참여 활성화 방안 아이디어 제시

통합과학 연계

[10통과2-03-03] 인공지능 로봇, 사물인터넷 등과 같이 과학기술의 발전을 인간 삶과 환경 개선에 활용하는 사례를 찾고, 이러한 과학기술의 발전이 미래 사회에 미치는 유용성과 한계를 예측할 수 있다.
탐구주제 1: 미래 사회 변화와 고등교육의 혁신: 4차 산업혁명 시대에 필요한 융합적 사고력 함양 방안
탐구활동 예시: 미래 유망 직업 변화 예측 및 필요한 핵심역량 조사, 대학 교육과정의 혁신 사례 조사 (온라인 교육 플랫폼 활용, flipped learning 등), 미래 사회에 필요한 과학기술 융합형 인재상 제시
탐구주제 2: 보조 공학 기술 활용 사례 조사와 장애 학생의 교육 환경 개선 방안 연구
탐구활동 예시: 다양한 보조 공학 기기 (예: 화면 읽기 프로그램, 음성 인식 소프트웨어, 특수 입력 장치) 조사 및 기능 분석, 학교 현장에서 보조 공학 기기 활용 사례 및 효과 연구, 보

조 공학 기술 개발 동향 및 미래 전망 조사, 장애 학생 맞춤형 보조 공학 기술 지원 확대 방안 제안

[10통과2-03-04] 과학기술의 발전 과정에서 발생할 수 있는 과학 관련 사회적 쟁점 (SSI)과 과학기술 이용에서 과학 윤리의 중요성에 대해 논증할 수 있다.
탐구주제: 미래 유망 기술 분야의 직업윤리 및 사회적 책임 탐구: 기술교육의 방향성 모색
탐구활동 예시: 인공지능, 빅데이터, 바이오 기술 등 미래 유망 기술 분야의 윤리적 쟁점 조사 및 토론, 해당 분야 전문가 인터뷰를 통해 직업윤리의 중요성 인식, 미래 사회에 필요한 기술교육의 내용 및 방향에 대한 아이디어 제시, 기술 발전에 따른 사회적 불평등 심화 가능성에 대한 비판적 고찰 및 해결 방안 모색

[K-SDGs 세부목표 4-4] 취업, 양질의 일자리, 창업 활동에 필요한 전문기술 및 직업기술 등 적절한 기술을 가진 청소년과 성인의 수를 실질적으로 증대한다.

통합사회 연계

[10통사1-05-01] 산업화, 도시화로 인해 나타난 생활공간과 생활양식의 변화 양상을 조사하고, 이에 따른 문제점의 해결 방안을 제안한다.
탐구주제: 지역 산업 구조 변화에 따른 일자리 변동 분석 및 청소년의 미래 직업 전망 탐색
탐구활동 예시: 지역별 산업 특성 및 고용 현황 통계 조사 (과거-현재 비교), 지역 주력 산업의 변화와 그에 따른 일자리 증감 추이 분석, 미래 유망 직업 분야 및 필요한 기술 조사, 지역 청소년들의 선호 직업 및 진로 희망 조사, 지역 산업 맞춤형 직업교육 프로그램 아이디어 제안

[10통사1-05-02] 교통・통신 및 과학기술의 발달과 함께 나타난 생활공간과 생활양식의 변화 양상을 조사하고, 이에 따른 문제점의 해결 방안을 제안한다.
탐구주제: 디지털 전환 시대의 새로운 직업 등장과 청소년의 디지털 역량 강화 방안 연구
탐구활동 예시: 인공지능, 빅데이터, 메타버스 등 신기술 관련 직업 종류 및 요구 능력 조사, 청소년들의 디지털 기기 활용 실태 및 디지털 리터러시 수준 평가, 학교 교육 과정 및 사회 교육 프로그램의 디지털 역량 강화 방안 제안, 디지털 격차 해소를 위한 정책 아이디어 제시

[10통사2-03-01] 자본주의의 역사적 전개 과정과 그 특징을 조사하고, 시장과 정부의 관계를 중심으로 다양한 삶의 방식을 비교 평가한다.
탐구주제 1: 직업교육 훈련의 중요성 인식 및 혁신 방안 탐색: 미래 사회에 필요한 핵심역량 강화를 중심으로
탐구활동 예시: 국내외 직업교육 훈련 시스템 비교 분석, 4차 산업혁명 관련 새로운 직업 및 필요 역량 조사, 직업교육 훈련 프로그램 개발 아이디어 제시
탐구주제 2: 창업 생태계 활성화를 위한 정부 지원 정책 분석 및 청소년 창업 아이디어 발굴
탐구활동 예시: 국내외 창업 지원 정책 (자금 지원, 컨설팅, 공간 제공 등) 비교 분석, 성공적인 청년 창업 사례 및 실패 사례 조사, 학교 또는 지역 사회 기반 창업 아이디어 공모전 개최

및 사업 계획서 작성, 창업 관련 법규 및 제도 이해 (예: 사업자 등록, 지식재산권 등)

[10통사2-03-02] 합리적 선택의 의미와 그 한계를 파악하고, 지속가능발전을 위해 요청되는 정부, 기업가, 노동자, 소비자의 바람직한 역할과 책임에 관해 탐구한다.
탐구주제 1: 청소년 진로 설계를 위한 사회적 지원시스템 강화 방안 연구: 학교-지역 사회 연계 맞춤형 진로 교육 모델 개발
탐구활동 예시: 청소년 진로 관련 정부 정책 및 프로그램 조사, 지역 사회의 직업 체험 및 멘토링 프로그램 현황 분석, 자신의 흥미와 적성에 맞는 진로 탐색 활동 및 발표
탐구주제 2: 사회적 가치를 창출하는 지속가능한 기업 사례 연구 및 청소년의 사회적 기업가 정신 함양 방안 모색
탐구활동 예시: 환경문제 해결, 사회적 약자 지원 등 사회적 가치를 추구하는 기업 사례 조사, 사회적 기업의 운영 방식 및 수익 구조 분석, 사회적 기업가와의 인터뷰 또는 강연회 개최, 청소년들이 참여할 수 있는 사회적 기업 아이디어 발굴 및 프로젝트 기획

통합과학 연계

[10통과2-02-06] 에너지 효율의 의미와 중요성을 이해하고, 지속가능한 발전과 지구 환경 문제 해결에 신재생 에너지 기술을 활용하는 방안을 탐색할 수 있다.
탐구주제: 신재생 에너지 기술 분야의 미래 전망과 청소년의 관련 직업 탐색
탐구활동 예시: 태양광, 풍력, 수소 에너지 등 신재생 에너지 기술의 원리 및 활용 사례 조사, 신재생 에너지 관련 기업 방문 또는 전문가 인터뷰, 신재생 에너지 기술 개발 및 보급 정책 분석, 신재생 에너지 관련 창업 아이템 발굴 및 사업 계획 구상

[10통과2-03-01] 감염병의 진단, 추적 등을 사례로 과학의 유용성을 설명하고, 미래 사회 문제 해결에서 과학의 필요성에 대해 논증할 수 있다.
탐구주제: 미래 유망 과학기술 분야 탐색 및 관련 직업 전망 분석: 과학기술 인재 양성의 중요성
탐구활동 예시: 미래 과학기술 트렌드 (인공지능, 빅데이터, 바이오 기술 등) 조사, 과학기술 분야 전문가 인터뷰, 과학기술 관련 창업 아이디어 발상 및 사업 계획 구상

[10통과2-03-03] 인공지능 로봇, 사물인터넷 등과 같이 과학기술의 발전을 인간 삶과 환경 개선에 활용하는 사례를 찾고, 이러한 과학기술의 발전이 미래 사회에 미치는 유용성과 한계를 예측할 수 있다.
탐구주제: 미래 기술 변화에 따른 직업의 자동화 및 새로운 직업 기회 창출 가능성 탐색
탐구활동 예시: 인공지능 및 로봇 기술이 적용된 산업 현장 사례 조사, 직업 자동화로 인해 사라질 가능성이 큰 직업 및 새롭게 등장할 직업 예측, 미래 사회에 필요한 창의적 문제 해결 능력 및 융합적 사고 능력 함양 방안 모색, 기술 변화에 따른 고용 불안정 문제 및 사회적 안전망 구축 방안 논의

[10통과2-03-04] 과학기술의 발전 과정에서 발생할 수 있는 과학 관련 사회적 쟁점 (SSI)과 과학기술 이용에서 과학 윤리의 중요성에 대해 논증할 수 있다.
탐구주제: 첨단기술 분야의 직업윤리 및 사회적 책임 탐구: 청소년의 건전한 직업관 형성

탐구활동 예시: 인공지능 개발자의 윤리적 딜레마 사례 연구 및 토론, 생명 과학 기술 발전에 따른 윤리적 문제점 논의, 과학기술 관련 직업인의 역할과 책임에 대한 모둠 발표, 바람직한 과학기술 발전 방향 및 청소년의 역할 모색

[K-SDGs 세부목표 4-5] 교육에서의 성 불평등을 해소하고, 장애인, 이주민, 취약 상황에 처한 아동 등 취약계층이 모든 수준의 교육과 직업훈련에 평등하게 접근할 수 있도록 한다.

통합사회 연계

[10통사1-04-04] 다문화 사회의 현황을 조사하고, 문화적 다양성을 존중하는 태도를 바탕으로 갈등 해결 방안을 모색한다.
탐구주제: 다문화 사회의 교육적 과제와 해결 방안 모색: 문화적 다양성을 존중하는 교육 시스템 구축
탐구활동 예시: 다문화 가정 학생의 학교생활 적응 어려움 조사 및 지원 방안 모색, 다문화 이해 교육 프로그램 개발 및 적용, 다문화 관련 사회적 편견 해소를 위한 홍보 활동 기획

[10통사2-01-03] 사회적 소수자 차별, 청소년의 노동권 등 국내 인권 문제와 인권지수를 통해 확인할 수 있는 세계 인권 문제의 양상을 조사하고, 이에 대한 해결 방안을 모색한다.
탐구주제: 교육 현장 속 차별 사례 분석 및 개선 방안 연구: 모두를 위한 포용적 교육 환경 조성
탐구활동 예시: 학교 내 성차별, 장애인 차별, 다문화 가정 학생 차별 사례 조사 및 인터뷰, 차별 금지 관련 법률 및 정책 조사, 차별 없는 학교 문화 조성을 위한 캠페인 기획

[10통사2-02-03] 사회 및 공간 불평등 현상의 사례를 조사하고, 정의로운 사회를 만들기 위한 다양한 제도와 시민으로서의 실천 방안을 제안한다.
탐구주제: 지역별 교육 여건 불평등 실태 조사 및 해소 방안 모색
탐구활동 예시: 도시와 농촌 지역 학교의 교육 시설, 교사 수, 교육 프로그램 비교 분석, 교육특구와 일반 지역의 학생 학업 성취도 비교, 교육 불평등 해소를 위한 교육재정 투자 방향 제안, 지역 간 교육 격차 해소를 위한 시민사회의 역할 탐색, 교육 기회균등을 위한 정책 아이디어 제시

통합과학 연계

[10통과1-01-03] 과학 탐구에서 측정과 어림의 의미를 알고, 일상생활의 여러 가지 상황에서 측정 표준의 유용성과 필요성을 논증할 수 있다.
탐구주제: 장애 학생의 과학 학습 참여를 위한 교육 환경 개선 방안 연구: 보조 공학 기술 활용 및 맞춤형 교육 자료 개발
탐구활동 예시: 장애 유형별 과학 학습 어려움 조사, 과학 학습 보조기구 및 기술 조사와 활용 방안 모색, 장애 학생과 비장애 학생이 함께 참여하는 과학실험 설계 및 적용

[10통과2-03-03] 인공지능 로봇, 사물인터넷 등과 같이 과학기술의 발전을 인간 삶과 환경 개선에 활용하는 사례를 찾고, 이러한 과학기술의 발전이 미래 사회에 미치는 유용성과 한계

를 예측할 수 있다.
탐구주제: AI 기반 교육 플랫폼 및 학습 도구의 활용이 교육 격차 해소에 미치는 영향 탐색
탐구활동 예시: 다양한 AI 기반 교육 플랫폼 (예: 맞춤형 학습 콘텐츠 제공, 학습 분석, 튜터링 기능 등) 조사 및 비교 분석, AI 기반 교육 플랫폼 활용 사례 연구 및 학습 효과 분석, AI 기반 교육 플랫폼이 특정 학생 집단 (예: 학습 부진 학생, 장애 학생)에 미치는 영향 분석, AI 기술의 윤리적 문제점 및 교육적 활용 시 주의사항 논의

[10통과2-03-04] 과학기술의 발전 과정에서 발생할 수 있는 과학 관련 사회적 쟁점 (SSI)과 과학기술 이용에서 과학 윤리의 중요성에 대해 논증할 수 있다.
탐구주제: 과학기술 발전과 젠더 격차 문제: 과학기술 분야 여성 진출 확대를 위한 방안 모색
탐구활동 예시: 과학기술 분야 여성 연구자와 기술자 현황 조사 및 성별 불균형 원인 분석, 과학기술 분야에서 여성들이 겪는 어려움 및 차별 사례 조사, 과학기술 분야 여성 롤모델 인터뷰 또는 강연회 개최, 과학기술 분야 여성 인재 양성을 위한 교육 프로그램 아이디어 제시, 과학기술 관련 직업에 대한 성별 고정관념 해소를 위한 캠페인 기획

[K-SDGs 세부목표 4-6] 모든 청소년과 다수의 성인이 문해 및 산술능력을 갖추도록 한다.

통합사회 연계

[10통사1-01-02] 인간, 사회, 환경의 탐구에 통합적 관점이 요청되는 이유를 도출하고 이를 탐구에 적용한다.
탐구주제: 미디어 리터러시 교육의 중요성 인식 및 교육 방안 탐색: 가짜 뉴스 판별 및 비판적 정보 해독 능력 함양
탐구활동 예시: 다양한 미디어 콘텐츠 분석 및 정보의 신뢰성 평가, 가짜 뉴스 제작 및 유포 사례 조사, 미디어 리터러시 교육 프로그램 개발 아이디어 제시

[10통사1-02-02] 행복한 삶을 실현하기 위한 조건으로 질 높은 정주 환경의 조성, 경제적 안정, 민주주의 발전 및 도덕적 실천의 필요성에 관해 탐구한다.
탐구주제: 생활 속 문해력 및 산술능력의 중요성 인식 및 향상 방안 탐색
탐구활동 예시: 일상생활에서 필요한 정보 (뉴스 기사, 안내문, 계약서 등) 읽고 이해하기 활동, 가계부 작성, 예산 계획 세우기 등 경제활동에 필요한 산술능력 활용 실습, 지역 사회 시설 이용 안내 자료를 분석하여 정보 접근성 평가 및 개선 방안 제시, 허위 정보 판별 능력 향상을 위한 팩트 체크 활동 및 정보 비판적 수용 능력 기르기

[10통사2-01-03] 사회적 소수자 차별, 청소년의 노동권 등 국내 인권 문제와 인권지수를 통해 확인할 수 있는 세계 인권 문제의 양상을 조사하고, 이에 대한 해결 방안을 모색한다.
탐구주제: 성인의 낮은 문해력 실태 조사 및 사회적 지원 방안 탐색
탐구활동 예시: 국내 성인 문해 교육 현황 및 참여율 조사, 성인 비문해자의 사회생활 어려움 사례 조사 및 인터뷰, 성인 문해 교육 프로그램의 필요성 및 개선 방향 제시, 지역 사회 문해 교육 기관 방문 및 봉사활동 참여

[10통사2-03-03] 금융 자산의 특징과 자산관리의 원칙을 토대로 금융 생활을 설계하고, 경제적, 사회적 환경의 변화가 금융과 관련한 의사결정에 미치는 영향을 탐구한다.
탐구주제: 금융 문해력의 중요성 인식 및 합리적인 금융 생활 설계 방안 연구
탐구활동 예시: 금융 상품 (예금, 적금, 투자 상품 등) 정보 비교 분석 및 이해, 금융 사기 피해 사례 조사 및 예방 방법 학습, 청소년 대상 금융 교육 프로그램 조사 및 평가, 자신의 소비 습관 분석 및 합리적인 소비 계획 수립

[10통사2-05-03] 미래 사회의 모습을 다양한 측면에서 예측하고, 이를 바탕으로 세계시민으로서 자신의 미래 삶의 방향을 설정한다.
탐구주제: 미래 사회 변화에 따른 필수적인 문해 및 산술능력의 변화 예측 및 대비
탐구활동 예시: 4차 산업혁명 시대에 요구되는 새로운 문해력 (데이터 리터러시, AI 리터러시 등) 조사, 미래 직업 변화 전망 분석 및 필요한 기초 능력 예측, 평생학습의 중요성 인식 및 자기 주도 학습 계획 설계, 미래 사회 시민으로서 갖춰야 할 기본적인 소양 탐색

통합과학 연계

[10통과1-01-02] 과학 탐구에서 중요한 기본량의 의미를 알고, 자연 현상을 기술하는 데 단위가 가지는 의미와 적용사례를 설명할 수 있다.
탐구주제: 과학적 문해력의 중요성 인식 및 과학 뉴스/기사 비판적으로 읽기
탐구활동 예시: 과학 관련 용어 및 개념 이해도 자가 진단 및 학습, 과학 뉴스 기사 분석 및 정보의 신뢰성 평가, 과학적 주장의 근거 분석 및 논리적 오류 찾기, 과학기술 관련 사회적 이슈에 대한 찬반 토론 참여

[10통과1-01-03] 과학 탐구에서 측정과 어림의 의미를 알고, 일상생활의 여러 가지 상황에서 측정 표준의 유용성과 필요성을 논증할 수 있다.
탐구주제: 일상생활 속에서 활용되는 수학적 사고 능력 탐구 및 문제 해결
탐구활동 예시: 요리 레시피의 비율 계산, 재료 양 조절하기, 여행 계획 세우기, 이동 거리 및 시간 계산하기, 실생활 문제 해결을 위한 수학적 모델링 활동 (예: 최적 경로 찾기, 효율적인 자원 배분 등), 통계자료 분석 및 그래프 해석 능력 기르기

[10통과2-03-01] 감염병의 진단, 추적 등을 사례로 과학의 유용성을 설명하고, 미래 사회 문제 해결에서 과학의 필요성에 대해 논증할 수 있다.
탐구주제: 공공 보건 정보 이해 및 활용능력 함양: 감염병 예방을 위한 정보 해독
탐구활동 예시: 질병관리청 등 공공기관의 보건 정보 자료 분석 및 이해, 감염병 관련 통계자료 해석 및 위험도 평가, 백신 접종, 마스크 착용 등 과학적 근거에 기반한 건강관리 실천, 가짜 건강 정보 판별 및 비판적 수용 능력 기르기

[10통과2-03-02] 빅데이터를 과학기술사회에서 사용하고 있는 사례를 조사하고, 빅데이터 활용의 장점과 문제점을 추론할 수 있다.
탐구주제: 데이터 리터러시 능력 함양: 빅데이터 시대의 정보 이해 및 활용
탐구활동 예시: 공공 데이터 포털 활용 및 관심 분야 데이터 분석, 뉴스 기사, 통계자료 등에서 제시된 데이터의 의미 해석, 데이터 시각화 도구 활용 및 정보 전달 능력 향상, 데이터 기반 의사결정의 장단점 분석 및 윤리적 문제점 논의

[K-SDGs 세부목표 4-7] 지속가능발전, 인권, 성평등, 평화와 비폭력문화 확산, 세계시민의식, 문화 다양성 존중과 지속가능발전을 위한 문화의 기여 등에 대한 교육을 통해 모든 학습자가 지속가능발전을 증진하기 위한 지식과 기술을 습득할 수 있게 한다.

통합사회 연계

[10통사1-01-04] 다문화 사회의 현황을 조사하고, 문화적 다양성을 존중하는 태도를 바탕으로 갈등 해결 방안을 모색한다.
탐구주제: 우리 사회의 문화 다양성 현황과 긍정적・부정적 측면 분석 및 문화 공존을 위한 방안 탐색
탐구활동 예시: 우리 지역의 외국인 주민 현황 및 출신 국가, 거주 기간 등 조사, 다양한 문화적 배경을 가진 사람들의 인터뷰를 통해 겪는 어려움이나 차별 경험 공유, 문화 다양성이 사회에 미치는 긍정적 영향 (ex: 음식 문화, 예술, 경제적 활력 등) 조사, 문화적 차이로 인한 갈등 사례 조사 및 해결 방안 (ex: 상호 문화이해 교육 프로그램 개발, 문화 교류 행사 기획 등) 제시

[10통사1-03-03] 환경문제 해결을 위한 정부, 시민사회, 기업 등의 다양한 노력을 조사하고, 생태 시민으로서 실천 방안을 모색한다.
탐구주제 1: 학교에서의 지속가능발전 교육 실천 방안 연구: 생태 시민 양성을 위한 교육 프로그램 개발
탐구활동 예시: 학교 내 에너지 절약 및 자원 재활용 실천 활동 기획, 지속가능한 소비 생활 실천 방안 조사 및 발표, 지역 사회 환경문제 해결을 위한 학생 참여 프로젝트 기획
탐구주제 2: 기후변화 문제 해결을 위한 국제적 노력과 우리나라의 현황 분석 및 생태 시민으로서의 역할 모색
탐구활동 예시: IPCC 보고서 등 기후변화 관련 국제기구의 활동 조사, 우리나라의 탄소 중립 정책 및 관련 법규 조사, 기업들의 ESG 경영 사례 조사 및 환경 보호 노력 평가, 학교, 가정, 지역 사회에서 실천할 수 있는 기후변화 대응 방안 아이디어 제시 및 실천 (ex: 에너지 절약 캠페인, 플로깅 활동, 친환경 제품 사용 등)

[10통사2-01-03] 사회적 소수자 차별, 청소년의 노동권 등 국내 인권 문제와 인권지수를 통해 확인할 수 있는 세계 인권 문제의 양상을 조사하고, 이에 대한 해결 방안을 모색한다.
탐구주제: 우리 사회의 성차별 문제 현황과 원인 분석 및 성평등 사회를 위한 노력 탐색
탐구활동 예시: 성별 임금 격차, 유리 천장 현상 등 통계자료 분석, 미디어 속 성차별적 묘사 사례 조사 및 문제점 분석, 성평등 관련 법률 및 정책 조사, 학교, 가정, 사회에서 성평등 문화 조성을 위한 아이디어 제시 및 캠페인 활동

[10통사2-04-02] 평화의 관점에서 국제사회의 갈등과 협력의 사례를 조사하고, 세계 평화를 위한 행위 주체의 바람직한 역할을 탐색한다.
탐구주제: 세계시민 교육을 통한 평화로운 공존 모색: 다양성을 존중하고 함께 살아가는 지혜
탐구활동 예시: 국제 분쟁 사례 조사와 원인 분석, 국제협력 사례 조사 및 세계 평화 기여 방안 모색, 학교 내 평화로운 공동체 문화 조성을 위한 실천 방안 제시, 국제 개발 협력의 필요성과 다양한 분야 (교육, 보건, 환경 등)에서의 활동 사례 조사, 우리나라의 ODA (공적 개발

원조) 현황 및 특징 분석, 국제 개발 협력 활동에 참여하고 있는 개인과 단체의 사례 연구, 세계시민 교육의 중요성 인식 및 학교 교육과정과 연계한 실천 방안 모색

통합과학 연계

[10통과1-02-02] 우주 초기의 원소들로부터 태양계의 재료이면서 생명체를 구성하는 원소들이 형성되는 과정을 통해 지구와 생명의 역사가 우주 역사의 일부분임을 해석할 수 있다.
탐구주제: 지구를 구성하는 물질의 순환과 지속가능성 - 탄소 순환을 중심으로
탐구활동 예시: 탄소의 다양한 형태와 탄소 순환 과정 조사, 화석연료 사용으로 인한 탄소 순환의 불균형과 지구온난화의 연관성 분석, 탄소 저감 기술 (탄소 포집 및 활용 기술 등) 사례 조사, 지속 가능한 탄소 순환 시스템 구축을 위한 아이디어 제시 (ex: 바이오매스 에너지 활용, 산림 보존 등)

[10통과2-02-03] 온실효과 강화로 인한 지구온난화의 메커니즘을 이해하고, 엘니뇨, 사막화 등과 같은 현상이 지구 환경과 인간 생활에 미치는 영향과 대처 방안을 분석할 수 있다.
탐구주제: 지구온난화 문제 해결을 위한 과학적 탐구: 탄소 중립 사회 실현을 위한 노력
탐구활동 예시: 탄소 배출량 줄이기 위한 개인적 및 사회적 실천 방안 조사, 신재생 에너지 기술의 현황과 미래 전망 탐구, 기후변화 관련 과학적 자료 분석 및 토론

[K-SDGs 세부목표 4-8] 아동, 장애인, 성별을 고려한 교육 시설을 건립 · 개선하고, 안전하고 비폭력적이며, 포용적이고 효과적인 학습 환경을 제공한다.

통합사회 연계

[10통사1-03-01] 자연환경이 인간의 생활에 미치는 영향에 관한 과거와 현재의 사례를 조사하여 분석하고, 안전하고 쾌적한 환경에서 살아가는 것이 시민의 권리임을 주장한다.
탐구주제: 우리 학교의 실내외 환경이 학생들의 건강과 학습에 미치는 영향 분석 및 개선 방안 제안
탐구활동 예시: 학교 건물 내외부의 공기 질 측정 및 분석 (미세먼지, 이산화탄소 농도 등), 학교 조명 환경 (밝기, 색온도 등)이 학생들의 집중력과 피로도에 미치는 영향 조사, 학교 소음 수준 측정 및 소음 발생 원인 분석, 해결 방안 모색, 학교 내 녹지공간의 효과 및 부족한 부분 파악, 녹색 공간 확충 아이디어 제시

[10통사1-05-01] 산업화, 도시화로 인해 나타난 생활공간과 생활양식의 변화 양상을 조사하고, 이에 따른 문제점의 해결 방안을 제안한다.
탐구주제: 학교 공간의 변화와 학생들의 학습 및 활동 방식의 관계 분석 및 미래지향적인 학교 공간 디자인 제안
탐구활동 예시: 과거 학교 건물과 시설의 사진 자료 조사 및 현재 학교 공간과 비교 분석, 학생들의 선호하는 학습 공간 유형 및 활동 방식 설문 조사, 미래 사회 변화 (기술 발전, 학습 방식 변화 등)를 고려한 학교 공간의 필요 요소 탐색, 창의적이고 유연한 학습 활동을 지원하는 학교 공간 디자인 아이디어 제시 (ex: 가변형 교실, 메이커 스페이스, 휴식 공간 등)

[10통사1-05-03] 자신이 거주하는 지역을 사례로 공간 변화가 초래한 양상 및 문제점을 탐구하고, 공동체의 구성원으로서 지역 사회의 변화를 위한 방안을 모색하고 이를 실천한다.
탐구주제: 학생 중심의 안전하고 쾌적한 학교 공간 조성 방안 연구: 사용자 참여 설계를 통한 공간 혁신
탐구활동 예시: 학교 공간 이용 실태 조사 및 문제점 분석, 학생들의 의견을 반영한 학교 공간 재구성 아이디어 제시, 학교시설 개선을 위한 예산 확보 방안 모색

[10통사2-01-01] 근대 시민 혁명 등을 통해 확립되어 온 인권의 의미와 변화 양상을 이해하고, 현대 사회에서 주거, 안전, 환경, 문화 등 다양한 영역으로 인권이 확장되고 있는 사례를 조사한다.
탐구주제: 학교시설의 접근성 현황 조사와 장애 학생을 위한 포용적인 학습 환경 조성 방안 연구
탐구활동 예시: 학교 건물 내외부의 장애인 편의 시설 설치 현황 조사 (경사로, 엘리베이터, 점자 블록, 장애인 화장실 등) 및 개선 필요 부분 파악, 장애 학생 및 관련 교사의 인터뷰를 통해 학교시설 이용의 어려움 및 요구사항 청취, 국내외 학교의 장애 학생 지원 시설과 프로그램 사례 조사, 모든 학생이 차별 없이 교육받을 수 있는 학교 환경 조성 방안 제시 (ex: 유니버설 디자인 적용, 보조 공학 기기 지원 등)

[10통사2-01-02] 인간 존엄성 실현과 인권보장을 위한 헌법의 역할을 파악하고, 시민의 권익을 보호하기 위한 다양한 시민참여의 방안을 탐구하고 이를 실천한다.
탐구주제: 학교폭력 예방 및 대처 방안 연구: 학생, 교사, 학부모가 함께 만들어가는 안전한 학교
탐구활동 예시: 학교폭력 발생 현황 및 유형 분석, 학교폭력 예방 프로그램 조사 및 효과 분석, 학교폭력 발생 시 대처 방법 및 피해 학생 지원 방안 모색

[10통사2-01-03] 사회적 소수자 차별, 청소년의 노동권 등 국내 인권 문제와 인권지수를 통해 확인할 수 있는 세계 인권 문제의 양상을 조사하고, 이에 대한 해결 방안을 모색한다.
탐구주제: 학교 내 성별 고정관념 및 차별 문제 인식 개선을 위한 교육 환경 조성 방안 탐색
탐구활동 예시: 학교 내 성별 분리 공간 (화장실, 탈의실 등) 이용에 대한 학생들의 의견 조사, 학교 행사 및 활동에서의 성별 역할 고정관념 사례 조사 및 문제점 분석, 성평등 교육 관련 자료 및 프로그램 조사, 학교 교육에 적용 가능한 아이디어 제시, 학생들이 주도하는 성평등 캠페인 기획 및 실행

[10통사2-02-03] 사회 및 공간 불평등 현상의 사례를 조사하고, 정의로운 사회를 만들기 위한 다양한 제도와 시민으로서의 실천 방안을 제안한다.
탐구주제: 학교폭력 발생 현황 및 공간적 특성 분석을 통한 안전한 학교 문화 조성 방안 연구
탐구활동 예시: 학교폭력 발생 건수, 유형, 장소 등에 대한 통계자료 분석, 학생들이 느끼는 학교 내 불안전한 공간 및 학교폭력 발생 우려 장소 조사, 학교폭력 예방 및 대응 관련 정책 및 프로그램 조사, 학생, 교사, 학부모가 함께 참여하는 학교폭력 예방 활동 아이디어 제시 (ex: 또래 상담 프로그램 운영, 안전 지도 제작, 학교폭력 예방 디자인 적용 등)

통합과학 연계

[10통과1-03-04] 상호작용이 없을 때 물체가 가속되지 않음을 알고, 충격량과 운동량의 관계를 충돌 관련 안전장치와 스포츠에 적용할 수 있다.
탐구주제: 학교 안전사고 예방을 위한 과학적 원리 탐구: 실험실, 체육 시설 등에서의 안전 확보 방안
탐구활동 예시: 학교 내 발생 가능한 안전사고 유형 분석 및 예방 대책 수립, 안전 관련 시설과 장비의 작동 원리 조사, 안전 교육 프로그램 개발 및 시뮬레이션

[10통과2-01-05] 생활 주변에서 에너지를 흡수하거나 방출하는 현상을 찾아 에너지의 흡수 방출이 우리 생활에 어떻게 이용되는지 토의할 수 있다.
탐구주제: 학교 건물의 에너지 효율 분석 및 친환경적인 학교 건축 디자인 요소 탐구
탐구활동 예시: 학교 건물의 단열 상태 및 냉난방 시스템 효율 분석, 친환경 건축 인증 제도(LEED 등) 조사와 학교 건물에 적용 가능한 요소 탐색, 학교 건물 내 자연 채광 및 환기 시스템 효율성 평가, 태양광 발전, 빗물 재활용 등 친환경 에너지 생산 및 활용 시설 도입 방안 제시

[10통과2-03-01] 감염병의 진단, 추적 등을 사례로 과학의 유용성을 설명하고, 미래 사회 문제 해결에서 과학의 필요성에 대해 논증할 수 있다.
탐구주제: 감염병 예방을 위한 학교시설 개선 및 위생 관리 방안 연구
탐구활동 예시: 학교 내 감염병 발생 현황 및 전파 경로 분석, 학교 급식 시설의 위생 관리 실태 조사 및 개선 방안 제시, 학교 내 손 소독 시설 설치 현황 및 효과적인 배치 방안 연구, 과학기술을 활용한 학교 방역 시스템 구축 아이디어 제시 (ex: 공기 살균 시스템, 비접촉식 체온 측정 시스템 등)

[10통과2-03-03] 인공지능 로봇, 사물인터넷 등과 같이 과학기술의 발전을 인간 삶과 환경 개선에 활용하는 사례를 찾고, 이러한 과학기술의 발전이 미래 사회에 미치는 유용성과 한계를 예측할 수 있다.
탐구주제: 보조 공학 기술을 활용한 장애 학생의 학습 지원 및 학교생활 적응방안 연구
탐구활동 예시: 다양한 보조공학기기 (확대 독서기, 음성 변환 장치, 높이 조절 책상 등) 조사 및 기능 분석, 장애 학생의 학습 특성 및 요구에 맞는 보조공학기기 활용 사례 연구, 학교 내 보조공학기기 지원 현황 및 개선 방안 모색, 인공지능 기반의 맞춤형 학습 지원시스템 도입 가능성 탐색

[K-SDGs 세부목표 4-9] 포용적이고 양질의 교육을 위해 모든 교육단계에서의 충분한 교육재정을 확보한다.

통합사회 연계

[10통사1-02-02] 행복한 삶을 실현하기 위한 조건으로 질 높은 정주 환경의 조성, 경제적 안정, 민주주의 발전 및 도덕적 실천의 필요성에 관해 탐구한다.
탐구주제: 교육재정 투자가 지역별 교육 격차 해소 및 균등한 교육기회 보장에 미치는 영향 분석
탐구활동 예시: 지역별 교육재정 투자 현황 (학교시설, 교원 수, 교육 프로그램 예산 등) 비교 분석, 지역별 학업 성취도 및 교육 만족도 비교 분석, 교육 격차 발생 원인 (경제적 수준, 사회적 환경 등)과 교육재정 투자의 연관성 탐색, 교육 격차 해소를 위한 교육재정 투자 방향 및 정책 제안

[10통사2-02-03] 사회 및 공간 불평등 현상의 사례를 조사하고, 정의로운 사회를 만들기 위한 다양한 제도와 시민으로서의 실천 방안을 제안한다.
탐구주제: 특수 교육 대상 학생 지원을 위한 교육재정 확보 및 효율적 배분 방안 연구
탐구활동 예시: 특수 교육 대상 학생 현황 및 교육 요구 조사, 특수 교육 관련 예산 편성 기준 및 집행 현황 분석, 특수 교육 지원을 위한 추가적인 재정 확보 방안 (ex: 특별 교부금 확대, 기업 후원 유치 등) 모색, 특수 교육 지원시스템 개선을 위한 아이디어 제시 (ex: 통합 교육 환경 조성, 전문 인력 확충 등)

[10통사2-03-01] 자본주의의 역사적 전개 과정과 그 특징을 조사하고, 시장과 정부의 관계를 중심으로 다양한 삶의 방식을 비교 평가한다.
탐구주제 1: 교육재정 확보의 중요성 및 효율적 배분 방안 연구: 미래 교육 투자를 위한 사회적 합의
탐구활동 예시: 국가 교육 재정 현황 및 OECD 국가 비교 분석, 교육 투자 효과 분석 및 우선 투자 분야 선정, 교육재정 확보를 위한 시민참여 방안 모색
탐구주제 2: 무상 교육 확대 정책의 경제적 효과 및 사회적 형평성 증진 기여도 분석
탐구활동 예시: 무상 교육 정책의 역사적 변천 과정 및 주요 내용 조사, 무상 교육 시행에 따른 가계 교육비 감소 효과 분석, 무상 교육이 저소득층 학생의 교육 접근성 및 학업 성취도 향상에 미치는 영향 분석, 무상 교육 확대를 위한 재정 확보 방안 및 예상되는 문제점과 해결 방안 논의

[10통사2-03-02] 합리적 선택의 의미와 그 한계를 파악하고, 지속가능발전을 위해 요청되는 정부, 기업가, 노동자, 소비자의 바람직한 역할과 책임에 관해 탐구한다.
탐구주제: 미래 사회 변화에 대비한 교육 투자의 중요성 및 투자 분야 우선순위 탐색
탐구활동 예시: 4차 산업혁명 시대의 핵심역량 및 미래 인재 양성에 필요한 교육 분야 조사, 미래 교육 시스템 구축을 위한 재정 투자 방향 설정 (ex: 디지털 교육 환경 구축, AI 활용 교육 시스템 개발, 창의융합 교육 강화 등), 교육 투자 결정 과정에서의 다양한 이해관계자 (학생, 학부모, 교사, 정부 등)의 의견 수렴 및 반영 방안 모색, 지속 가능한 교육 시스템 구축을 위한 장기적인 재정 투자 계획 수립의 필요성 강조

[10통사2-04-01] 세계화의 다양한 양상을 살펴보고, 세계화 시대의 문제점과 그에 대한 해결 방안을 제안한다.
탐구주제: 국제 비교를 통한 우리나라 교육재정 투자 수준 평가 및 개선 방향 모색
탐구활동 예시: OECD 국가 등 교육 선진국의 GDP 대비 교육재정 투자 비율 비교 분석, 각 국가의 교육 시스템 및 교육 정책 비교 분석, 우리나라 교육재정 투자의 강점과 약점 분석, 국제적 수준의 교육 경쟁력 확보를 위한 교육재정 투자 확대 방안 제시

통합과학 연계

[10통과2-03-01] 감염병의 진단, 추적 등을 사례로 과학의 유용성을 설명하고, 미래 사회 문제 해결에서 과학의 필요성에 대해 논증할 수 있다.
탐구주제: 과학기술 인재 양성을 위한 교육재정 투자 확대의 필요성 탐구
탐구활동 예시: 과학기술 분야의 중요성 및 사회적 기여 사례 조사, 이공계 대학 및 연구기관의 연구개발 투자 현황 분석, 미래 사회에 필요한 과학기술 인재 양성을 위한 교육과정 및 프로그램 개발 아이디어 제시, 과학 영재 교육 및 과학 교육 활성화를 위한 재정 지원 방안 모색

[10통과2-03-03] 인공지능 로봇, 사물인터넷 등과 같이 과학기술의 발전을 인간 삶과 환경 개선에 활용하는 사례를 찾고, 이러한 과학기술의 발전이 미래 사회에 미치는 유용성과 한계를 예측할 수 있다.
탐구주제: 미래 교육 환경 구축을 위한 스마트 교육 기술 도입 및 활용에 필요한 재정 확보 방안 연구
탐구활동 예시: 스마트 교육 환경 (디지털 기기, 소프트웨어, 온라인 학습 플랫폼 등) 구축 현황 조사, 스마트 교육 기술 활용의 교육적 효과 및 한계 분석, 스마트 교육 기술 도입 및 운영에 필요한 예산 항목 분석 및 확보 방안 제시, 교사의 디지털 역량 강화 연수 및 지원을 위한 재정 투자 필요성 강조

[10통과2-03-04] 과학기술의 발전 과정에서 발생할 수 있는 과학 관련 사회적 쟁점 (SSI)과 과학기술 이용에서 과학 윤리의 중요성에 대해 논증할 수 있다.
탐구주제: 미래 사회 대비 과학기술 교육 투자 확대 방안 연구: 첨단 과학 인재 양성을 위한 재정 확보 전략
탐구활동 예시: 미래 사회 유망 과학기술 분야 조사 및 투자 필요성 분석, 과학기술 교육 관련 예산 확보 사례 조사, 과학기술 교육 투자 확대에 대한 사회적 공감대 형성 방안 모색

[K-SDGs 세부목표 4-10] 모든 교육단계에서 양질의 교육을 제공하기 위한 교사를 충분히 확보한다.

통합사회 연계

[10통사1-01-02] 인간, 사회, 환경의 탐구에 통합적 관점이 요청되는 이유를 도출하고 이를 탐구에 적용한다.
탐구주제 1: 미래 사회 교사의 역할 변화 예측 및 교원 전문성 강화 방안 탐색: 혁신적인 교육을 위한 교사의 역량 개발
탐구활동 예시: 미래 사회 변화에 따른 교사의 새로운 역할 (촉진자, 학습 설계자 등) 조사, 교사 학습 공동체 운영 사례 조사 및 효과 분석, 교사 전문성 개발을 위한 정책 제안
탐구주제 2: 지역별 교사 수급 불균형 문제의 원인과 영향 분석 및 해소 방안 모색
탐구활동 예시: 도시와 농어촌 지역의 교사 1인당 학생 수 비교 분석, 교사 수급 불균형이 학생들의 학습권 및 교육의 질에 미치는 영향 조사, 교사들이 근무를 꺼리는 지역의 특징 및 근무 환경 조사, 교사 수급 불균형 해소를 위한 정부 정책 및 지원 방안 평가, 개선 아이디어 제시

[10통사2-01-03] 사회적 소수자 차별, 청소년의 노동권 등 국내 인권 문제와 인권지수를 통해 확인할 수 있는 세계 인권 문제의 양상을 조사하고, 이에 대한 해결 방안을 모색한다.
탐구주제: 특수 교육 분야 교사 부족 문제의 심각성 인지 및 해결 방안 탐색
탐구활동 예시: 특수 교육 대상 학생 수 증가 추이 및 특수 교사 확보 현황 조사, 특수 교사들이 겪는 어려움 및 요구사항 인터뷰, 특수 교사 양성 과정 및 임용 제도 개선 방안 아이디어 제시, 특수 교육 지원을 위한 사회적 인식 개선 캠페인 기획

[10통사2-02-03] 사회 및 공간 불평등 현상의 사례를 조사하고, 정의로운 사회를 만들기 위한 다양한 제도와 시민으로서의 실천 방안을 제안한다.
탐구주제: 기간제 교사 증가 현황과 교육의 질에 미치는 영향 분석 및 개선 방안 연구
탐구활동 예시: 학교 현장의 기간제 교사 비율 변화 추이 조사, 기간제 교사의 고용 불안정 및 처우 실태 조사, 기간제 교사가 학생 지도와 학교 운영에 참여하는 과정에서의 어려움 인터뷰, 안정적인 교원 수급 시스템 구축을 위한 정책 제안

[10통사2-03-01] 자본주의의 역사적 전개 과정과 그 특징을 조사하고, 시장과 정부의 관계를 중심으로 다양한 삶의 방식을 비교 평가한다.
탐구주제: 교사의 사회적 지위 변화와 교직 만족도 간의 관계 분석 및 교사 존중 문화 조성 방안 모색
탐구활동 예시: 시대별 교사의 역할 변화 및 사회적 인식 변화 조사, 현재 교사들이 느끼는 어려움 및 교직 만족도 설문 조사, 교사의 전문성 신장 및 자긍심 고취를 위한 지원 정책 아이디어 제시, 교사와 학생, 학부모 간의 건강한 관계 형성을 위한 방안 탐색

[10통사2-05-03] 미래 사회의 모습을 다양한 측면에서 예측하고, 이를 바탕으로 세계시민으로서 자신의 미래 삶의 방향을 설정한다.
탐구주제: 미래 사회 변화에 따른 교사의 역할 변화 예측 및 미래 교사 양성 방향 탐색

탐구활동 예시: 인공지능, 에듀테크 등 미래 교육 환경 변화 전망 조사, 미래 사회에 필요한 교사의 역량 및 자질 탐색, 미래 교사 양성 기관의 교육과정 혁신 방향 아이디어 제시, 학생 스스로 미래 교사의 역할을 디자인하고 필요한 역량을 키우기 위한 학습 계획 수립

통합과학 연계

[10통과2-03-01] 감염병의 진단, 추적 등을 사례로 과학의 유용성을 설명하고, 미래 사회 문제 해결에서 과학의 필요성에 대해 논증할 수 있다.
탐구주제 1: 미래 사회에 필요한 과학교사의 역량 연구: 융합적 사고력과 창의적 문제해결력 함양 지도
탐구활동 예시: 미래 사회의 과학기술 변화와 교육 내용 연계 방안 연구, 창의적 과학 수업 모델 개발 및 적용, 과학교사 양성 과정 개선을 위한 아이디어 제시
탐구주제 2: 미래 사회의 과학기술 변화에 발맞춘 과학교사 전문성 강화 방안 탐색
탐구활동 예시: 미래 유망 과학기술 분야 및 사회적 요구 조사, 과학교사의 전문성 개발을 위한 연수 프로그램 내용 및 방식 개선 아이디어 제시, 대학의 과학교사 양성 과정 혁신 방안 모색, 과학교사의 연구 활동 지원 및 네트워크 구축 방안 제시

[10통과2-03-03] 인공지능 로봇, 사물인터넷 등과 같이 과학기술의 발전을 인간 삶과 환경 개선에 활용하는 사례를 찾고, 이러한 과학기술의 발전이 미래 사회에 미치는 유용성과 한계를 예측할 수 있다.
탐구주제: 인공지능 시대의 교사의 역할 변화 및 필요한 역량 탐색
탐구활동 예시: 인공지능 튜터, 학습 분석 시스템 등 교육 분야 인공지능 기술 활용 사례 조사, 인공지능 기술 도입에 따른 교사의 역할 변화 (학습 설계자, 촉진자, 상담자 등) 예측, 인공지능 시대에 필요한 교사의 핵심역량 (공감 능력, 창의성, 비판적 사고 능력 등) 분석, 교사의 인공지능 활용능력 함양을 위한 교육 프로그램 개발 아이디어 제시

[출처: 지속가능발전포털]

□(G5) 성평등 보장

"성평등 달성과 모든 여성 및 여아의 권익 신장"

[K-SDGs 세부목표 5-1] 여성과 소녀를 대상으로 하는 모든 형태의 차별을 철폐한다.
통합사회 연계
[10통사1-01-01] 인간, 사회, 환경을 바라보는 시간적, 공간적, 사회적, 윤리적 관점의 의미와 특징을 사례를 통해 파악한다. **탐구주제**: 사회적 관점에서 본 성차별의 다양한 양상 분석: 일상생활 속 성차별 경험 사례 수집 및 유형화 **탐구활동 예시**: 학교, 가정, 직장 등에서 발생하는 성차별 경험 설문 조사 및 통계 분석, 미디어 콘텐츠 속 성차별적 표현 사례 분석, 성차별 용어 및 표현 순화 캠페인 기획 **[10통사1-04-02]** 문화 변동의 다양한 양상을 이해하고, 현대 사회에서 전통문화가 지니는 의의를 탐색한다. **탐구주제**: 전통문화 속 성차별적 요소와 현대적 재해석 노력 탐구: 시대 변화에 따른 성 역할 변화 분석 **탐구활동 예시**: 전래 동화, 속담, 관습 등에서 나타나는 성차별적 내용 분석 및 비판적 평가, 성 평등 관점에서 전통문화 재해석 사례 조사, 성 평등 문화 확산을 위한 창작 활동(이야기, 그림, 영상 등) **[10통사1-04-04]** 다문화 사회의 현황을 조사하고, 문화적 다양성을 존중하는 태도를 바탕으로 갈등 해결 방안을 모색한다. **탐구 주제**: 다문화 가정 청소년의 학교생활 경험과 성차별 인식 분석 및 개선 방안 연구 **탐구활동 예시**: 다문화 가정 청소년의 학교생활 적응, 교우 관계, 학습 환경 등에 대한 설문 조사 및 인터뷰 진행, 학교 내 성차별적 관행이나 인식 사례 조사(예: 특정 성별에 유리한 역할 분담, 고정적인 성 역할 강조 등), 다문화 가정 청소년 대상 성평등 교육 프로그램 개발 및 효과 분석, 학교 문화 다양성 존중 및 성평등 가치 확산을 위한 캠페인 기획 및 실행 **[10통사2-01-01]** 근대 시민 혁명 등을 통해 확립되어 온 인권의 의미와 변화 양상을 이해하고, 현대 사회에서 주거, 안전, 환경, 문화 등 다양한 영역으로 인권이 확장되고 있는 사례를 조사한다.

탐구 주제: 온라인 플랫폼(SNS, 게임 등)에서의 여성 혐오 표현 실태와 규제 방안 연구
탐구활동 예시: 온라인 플랫폼에서 나타나는 여성 혐오 표현 유형 및 사례 수집 및 분석, 여성 혐오 표현이 개인의 정신건강 및 사회생활에 미치는 영향 조사(설문, 인터뷰 등), 국내외 온라인 혐오 표현 규제 정책 및 법률 비교 분석, 온라인 플랫폼 기업의 혐오 표현 대응 방식 평가 및 개선 방안 제안, 건전한 온라인 소통 문화 조성을 위한 캠페인 기획 및 실행

[10통사2-01-03] 사회적 소수자 차별, 청소년의 노동권 등 국내 인권 문제와 인권지수를 통해 확인할 수 있는 세계 인권 문제의 양상을 조사하고, 이에 대한 해결 방안을 모색한다.
탐구 주제: 직장 내 성별 임금 격차 실태와 해소 방안 연구
탐구활동 예시: 국내 성별 임금 격차 현황 및 추이 관련 통계자료 분석, 동일 노동 가치 평가에 대한 다양한 관점 조사 및 분석, 기업의 채용, 승진 등 인사 과정에서의 성차별 사례 조사 및 분석, 성별 임금 격차 해소를 위한 국내외 정책 사례 조사 및 비교 분석, 공정한 보상 체계 마련을 위한 기업과 정부의 역할 제시

[10통사2-02-03] 사회 및 공간 불평등 현상의 사례를 조사하고, 정의로운 사회를 만들기 위한 다양한 제도와 시민으로서의 실천 방안을 제안한다.
탐구 주제: 젠더 기반 폭력(데이트 폭력, 스토킹 등) 발생 원인과 피해 실태 분석 및 예방 방안 연구
탐구활동 예시: 젠더 기반 폭력 관련 통계자료 및 뉴스 보도 분석, 피해자 지원시스템 현황 및 문제점 조사, 젠더 기반 폭력 가해자 특징 및 심리 분석, 젠더 기반 폭력 예방 교육 프로그램 사례 조사 및 효과 분석, 안전한 사회 환경 조성을 위한 정책 제안 및 시민참여 방안 모색

[10통사2-04-01] 세계화의 다양한 양상을 살펴보고, 세계화 시대의 문제점과 그에 대한 해결 방안을 제안한다.
탐구 주제: 개발도상국 여성의 교육 불평등 실태와 해결을 위한 국제협력 방안 연구
탐구활동 예시: 개발도상국의 여성 교육 현황 및 문제점 관련 자료 조사(유네스코, UN 등 국제기구 보고서 활용), 여성 교육 불평등의 사회경제적 영향 분석, 개발도상국 여성 교육 지원을 위한 국제협력 사례 조사(ODA 사업, NGO 활동 등), 효과적인 여성 교육 지원 방안 및 국제사회의 역할 제시

통합과학 연계

[10통과1-03-06] 생명 시스템의 유지에 필요한 세포 내 정보의 흐름을 유전자로부터 단백질이 만들어지는 과정을 중심으로 설명할 수 있다.
탐구주제: 생물학적 성별과 사회적 성별의 차이점 탐구: 젠더 고정관념의 과학적 근거 희박성 비판
탐구활동 예시: 인간의 성 결정 과정 및 성염색체 연구, 남녀의 신체적 특징과 능력 차이에 관한 과학적 연구 분석, 과학적 근거 없는 성별 고정관념 사례 조사와 비판

[10통과2-03-04] 과학기술의 발전 과정에서 발생할 수 있는 과학 관련 사회적 쟁점(SSI)과 과학기술 이용에서 과학 윤리의 중요성에 대해 논증할 수 있다.
탐구 주제: 인공지능 기술 발전과 젠더 편향 문제 분석 및 윤리적 해결 방안 모색

탐구활동 예시: AI 스피커, 이미지 생성 AI 등 인공지능 기술의 젠더 편향 사례 조사 및 분석, AI 학습 데이터의 편향성이 결과에 미치는 영향 탐구, AI 개발 및 활용 과정에서의 성차별 문제 발생 가능성 예측 및 윤리적 쟁점 분석, AI 젠더 편향 문제 해결을 위한 기술적, 제도적 개선 방안 제시, AI 개발자와 사용자의 윤리적 책임 강조

[K-SDGs 세부목표 5-2] 모든 여성과 소녀에 대해 모든 영역에서의 인신매매, 성적 착취 등의 폭력을 철폐한다.

통합사회 연계

[10통사2-01-01] 근대 시민 혁명 등을 통해 확립되어 온 인권의 의미와 변화 양상을 이해하고, 현대 사회에서 주거, 안전, 환경, 문화 등 다양한 영역으로 인권이 확장되고 있는 사례를 조사한다.
탐구 주제: 디지털 환경에서의 여성 대상 성적 폭력 실태와 인권 침해 문제 분석 및 해결 방안 모색
탐구활동 예시: 온라인 플랫폼, 소셜 미디어 등에서 발생하는 여성 대상 디지털 성범죄 (불법 촬영물 유포, 사이버 성희롱, 몸캠 피싱 등) 사례 조사 및 유형 분석, 디지털 성범죄 피해자의 정신적, 사회적 피해 사례 조사 (인터뷰, 뉴스 보도 분석 등), 디지털 환경에서의 안전한 권리 보장을 위한 법적, 제도적 장치 현황 및 개선 방안 연구, 디지털 시민의식 함양을 위한 교육 프로그램 개발 및 제안

[10통사2-01-03] 사회적 소수자 차별, 청소년의 노동권 등 국내 인권 문제와 인권지수를 통해 확인할 수 있는 세계 인권 문제의 양상을 조사하고, 이에 대한 해결 방안을 모색한다.
탐구주제 1: 디지털 성범죄의 심각성 인지 및 예방 방안 연구: 온라인 플랫폼에서의 여성 대상 폭력 실태 조사
탐구활동 예시: 온라인 그루밍, 몸캠 피싱 등 디지털 성범죄 사례 조사 및 유형 분석, 디지털 성폭력 피해자 지원시스템 및 법률 조사, 건전한 사이버 문화 조성 캠페인 기획
탐구 주제 2: 개발도상국 여성과 소녀 대상 인신매매 및 성 착취 실태 조사 및 국제사회의 역할 연구
탐구활동 예시: 국제기구 (UN, UNICEF 등) 및 NGO 보고서를 활용하여 개발도상국 여성과 소녀 대상 인신매매 및 성 착취 현황, 발생 원인, 피해 규모 등 조사, 인신매매 피해 여성과 소녀의 인권 보호를 위한 국제 협약 및 노력 사례 분석, 개발도상국 현지 지원 활동을 펼치는 단체 인터뷰 또는 서면 조사, 인신매매 근절 및 피해자 지원을 위한 국제사회의 역할 및 협력 방안 제안

[10통사2-04-01] 세계화의 다양한 양상을 살펴보고, 세계화 시대의 문제점과 그에 대한 해결 방안을 제안한다.
탐구주제: 국제 인신매매 문제의 실태와 해결 노력 탐색: 여성과 소녀 대상 인신매매 근절을 위한 국제협력 방안 모색
탐구활동 예시: 국제 인신매매 조직의 활동 방식 및 피해 사례 조사, 국제기구 및 NGO의 인

신매매 방지 노력 조사, 인신매매 피해자 보호 및 사회 복귀 지원 방안 제시

통합과학 연계

[10통과2-03-04] 과학기술의 발전 과정에서 발생할 수 있는 과학 관련 사회적 쟁점 (SSI)과 과학기술 이용에서 과학 윤리의 중요성에 대해 논증할 수 있다.
탐구 주제: AI 기술을 이용한 딥페이크 여성 및 소녀 성범죄의 위험성 분석 및 기술적・윤리적 대응 방안 연구
탐구활동 예시: 딥페이크 기술의 작동 원리 및 딥페이크 성범죄 사례 조사, 딥페이크 성범죄 피해의 심각성 및 사회적 영향 분석, 딥페이크 영상물 탐지 및 차단 기술 현황 조사 및 한계점 분석, 딥페이크 성범죄 예방 및 처벌을 위한 법적, 윤리적 규제 방안 제안, 디지털 시민 윤리 교육의 필요성 강조

[10통과2-03-02] 빅데이터를 과학기술사회에서 사용하고 있는 사례를 조사하고, 빅데이터 활용의 장점과 문제점을 추론할 수 있다.
탐구 주제: 빅데이터 분석을 활용한 성범죄 발생 예측 및 예방 시스템 구축 가능성 탐색
탐구활동 예시: 성범죄 발생 장소, 시간, 피해자-가해자 특성 등 관련 빅데이터 수집 및 분석, 빅데이터 분석을 통한 성범죄 발생 위험 지역 예측 모델 연구, 예측 시스템의 효과 및 윤리적 문제점 (개인정보 침해 가능성 등) 분석, 빅데이터 기반 성범죄 예방 시스템 구축 시 고려해야 할 사항 제시

[10통과2-03-03] 인공지능 로봇, 사물인터넷 등과 같이 과학기술의 발전을 인간 삶과 환경 개선에 활용하는 사례를 찾고, 이러한 과학기술의 발전이 미래 사회에 미치는 유용성과 한계를 예측할 수 있다.
탐구 주제: 웨어러블 기기 및 IoT 기술을 활용한 여성 대상 폭력 예방 및 긴급 구조 시스템 개발 아이디어 구상
탐구활동 예시: 웨어러블 기기 및 IoT 기술의 작동 원리 및 활용 사례 조사, 긴급 상황 발생 시 여성의 안전 확보를 위한 기술적 요구사항 분석, 새로운 기술을 활용한 폭력 감지 및 자동 신고 시스템, 위치 추적 기능 등 아이디어 제시, 기술 개발 과정에서 발생할 수 있는 윤리적 문제 (프라이버시 침해 등) 및 해결 방안 모색

[K-SDGs 세부목표 5-3] 무보수 돌봄과 가사노동에 대해 인정하고 가치를 부여한다.

통합사회 연계

[10통사1-01-01] 인간, 사회, 환경을 바라보는 시간적, 공간적, 사회적, 윤리적 관점의 의미와 특징을 사례를 통해 파악한다.
탐구 주제: 시대 변화에 따른 가족 내 가사노동 분담 방식 변화와 그 의미 분석
탐구활동 예시: 과거 드라마, 영화, 문학 작품 등을 통해 시대별 가족 구성원의 가사노동 분담 방식 조사, 통계자료를 활용하여 맞벌이 부부, 한부모 가정 등 다양한 가족 형태별 가사노동 시간 및 분담 비율 분석, 가사노동 분담에 대한 사회적 인식 변화 (설문 조사, 인터뷰 등), 가사노동의 가치에 대한 윤리적 성찰 및 미래 사회의 바람직한 가사노동 분담 방식 논의

[10통사1-04-02] 문화 변동의 다양한 양상을 이해하고, 현대 사회에서 전통문화가 지니는 의의를 탐색한다.
탐구 주제: 전통적인 성 역할 문화가 무보수 가사노동에 미치는 영향 분석 및 문화 개선 방안 모색
탐구활동 예시: 전통 사회에서의 성별 분업 및 가사노동 역할에 대한 문헌 조사 및 사례 분석, 현대 사회에서 남아 있는 전통적 성 역할 고정관념이 가사노동 분담에 미치는 영향 조사 (설문, 인터뷰 등), 가사노동에 대한 사회적 인식 개선을 위한 문화 콘텐츠 (영상, 웹툰, 캠페인 등) 제작 및 홍보, 가족 내 성평등 문화 조성을 위한 실천 방안 제시

[10통사2-02-01] 정의의 의미와 정의가 요구되는 이유를 파악하고, 다양한 사례를 통해 정의의 실질적 기준을 탐구한다.
탐구 주제: 무보수 가사노동의 경제적 가치 평가 방법 탐색 및 사회적 인정 방안 연구
탐구활동 예시: 무보수 가사노동의 경제적 가치를 평가하는 다양한 방법론 조사 (대체 비용법, 기회 비용법 등), 실제 가계 사례를 바탕으로 무보수 가사노동의 경제적 가치 시뮬레이션, 무보수 가사노동을 GDP에 포함하는 것에 대한 찬반 논쟁 분석, 무보수 가사노동의 사회적 인정을 위한 정책 제안 (돌봄 수당 지급, 사회서비스 확대 등)

[10통사2-03-01] 자본주의의 역사적 전개 과정과 그 특징을 조사하고, 시장과 정부의 관계를 중심으로 다양한 삶의 방식을 비교 평가한다.
탐구주제: 가사노동의 경제적 가치 평가 및 사회적 인정 필요성 연구: GDP에 반영되지 않는 노동의 중요성 인식
탐구활동 예시: 가사 노동 시간 및 종류별 가치 평가 방법 조사, 가사노동 시장화의 장단점 분석, 가사노동의 사회적 가치 인정 캠페인 기획

[10통사2-03-02] 합리적 선택의 의미와 그 한계를 파악하고, 지속가능발전을 위해 요청되는 정부, 기업가, 노동자, 소비자의 바람직한 역할과 책임에 관해 탐구한다.
탐구주제 1: 일과 가정 양립을 위한 사회 제도 개선 방안 연구: 성적으로 평등한 Parental Leave 제도 및 유연 근무제 확산 방안 모색
탐구활동 예시: 국가별 Parental Leave 제도 비교 분석, 기업의 유연 근무제 도입 사례 조사 및 효과 분석, 일・생활 균형 지원 정책 제안

탐구 주제 2: 가사노동의 사회화 (공동체 돌봄, 가사 서비스 이용 등) 현황과 과제 분석 및 지속가능한 발전 방향 모색

탐구활동 예시: 지역 사회 기반의 공동체 돌봄 시설 및 서비스 이용 현황 조사, 가사 서비스 시장의 성장과 문제점 분석 (노동 환경, 서비스 품질, 비용 등), 가사노동 사회화가 여성의 경제활동 참여 및 삶의 질에 미치는 영향 분석, 지속가능한 가사노동 사회화를 위한 정부, 기업, 개인의 역할과 책임 제시

[10통사2-05-01] 세계의 인구 분포와 구조 등에 대한 이해를 토대로 현재와 미래의 인구 문제 양상을 파악하고, 그 해결 방안을 제안한다.

탐구 주제: 저출산 고령화 사회에서 무보수 돌봄 노동의 중요성 증대와 사회적 지원 방안 연구

탐구활동 예시: 저출산 고령화 사회의 심각성과 무보수 돌봄 노동의 필요성 연관성 분석, 노인 돌봄, 아동 돌봄 등 다양한 형태의 무보수 돌봄 노동 실태 조사, 가족 구성원의 돌봄 부담 경감을 위한 사회서비스 (공공 보육 시설 확대, 노인 장기 요양 보험 등) 현황 및 개선 방안 연구, 돌봄 친화적인 사회 환경 조성을 위한 정책 제안 및 시민참여 방안 모색

통합과학 연계

[10통과1-03-04] 상호작용이 없을 때 물체가 가속되지 않음을 알고, 충격량과 운동량의 관계를 충돌 관련 안전장치와 스포츠에 적용할 수 있다.

탐구주제 1: 가사노동의 효율성을 높이는 과학기술 탐구: 스마트 가전제품 및 노동력 절감 기술 분석

탐구활동 예시: 다양한 스마트 가전제품의 작동 원리 및 에너지 효율 비교 분석, 로봇 기술을 활용한 가사노동 자동화 사례 조사, 가사노동 부담 경감을 위한 미래 기술 아이디어 제시

탐구 주제 2: 가사노동 동작 분석을 통한 신체 부담 감소 방안 연구 (인체 공학적 접근)

탐구활동 예시: 다양한 가사노동 동작 (청소, 빨래, 요리 등)시 신체 각 부위에 가해지는 부담 측정 및 분석, 인체 공학적 원리를 적용하여 가사노동 시 자세 개선 및 도구 활용 방안 연구, 가사노동으로 인한 근골격계 질환 예방을 위한 스트레칭 및 운동 방법 탐구, 실생활에 적용 가능한 가사 노동 환경 개선 아이디어 제시

[10통과2-01-05] 생활 주변에서 에너지를 흡수하거나 방출하는 현상을 찾아 에너지의 흡수 방출이 우리 생활에 어떻게 이용되는지 토의할 수 있다.

탐구 주제: 가사노동 효율성을 높이는 에너지 절약형 과학기술 제품 분석 및 활용 방안 연구

탐구활동 예시: 에너지 효율 등급이 높은 가전제품 (세탁기, 냉장고, 청소기 등)의 작동 원리 및 에너지 절감 효과 분석, 스마트 홈 기술을 활용한 가사노동 자동화 시스템 조사 및 효율성 평가, 친환경적인 가사노동 방법 및 제품 (천연 세제, 재활용 용품 등) 활용 사례 연구, 가정 내 에너지 소비 패턴 분석 및 에너지 절약을 위한 실천 방안 제시

[10통과2-03-03] 인공지능 로봇, 사물인터넷 등과 같이 과학기술의 발전을 인간 삶과 환경 개선에 활용하는 사례를 찾고, 이러한 과학기술의 발전이 미래 사회에 미치는 유용성과 한계를 예측할 수 있다.

탐구 주제: AI 기반 가사 로봇 개발 동향 및 윤리적 쟁점 분석

탐구활동 예시: 현재 개발 중이거나 상용화된 가사 로봇의 기능 및 기술 수준 조사, AI 가사 로봇 도입이 가사 노동 시간 감소 및 삶의 질 향상에 미치는 영향 예측, AI 가사 로봇의 일자리 대체 가능성 및 사회적 불평등 심화 가능성 등 윤리적 쟁점 분석, 미래 사회의 바람직한 가사 로봇 개발 방향 및 활용 방안 논의

[K-SDGs 세부목표 5-4] 정치 · 경제 · 공적 생활의 모든 의사결정 수준에서 여성의 완전하고 효과적인 참여와 리더십을 위해 평등한 기회를 보장한다.

통합사회 연계

[10통사2-01-01] 근대 시민 혁명 등을 통해 확립되어 온 인권의 의미와 변화 양상을 이해하고, 현대 사회에서 주거, 안전, 환경, 문화 등 다양한 영역으로 인권이 확장되고 있는 사례를 조사한다.
탐구 주제: 우리나라 여성 정치 참여의 역사와 현황 분석 및 확대 방안 연구
탐구활동 예시: 초대 국회부터 현재까지 여성 국회의원 비율 변화 추이 조사 및 분석, 여성 정치 지도자 (대통령, 장관, 시장 등) 등장 배경 및 활동 사례 연구, 여성 정치 참여를 가로막는 사회적, 문화적 장벽 조사 (예: 유리 천장, 성차별적 인식 등), 여성 정치 참여 확대를 위한 제도적 개선 방안 제안 (예: 여성 할당제, 공천 제도 개선 등)

[10통사2-01-02] 인간 존엄성 실현과 인권보장을 위한 헌법의 역할을 파악하고, 시민의 권익을 보호하기 위한 다양한 시민참여의 방안을 탐구하고 이를 실천한다.
탐구주제 1: 여성의 정치 참여 확대를 위한 방안 연구: 할당제 도입 및 여성 정치 신인 육성 방안 모색
탐구활동 예시: 국가별 여성 국회의원 비율 및 할당제 현황 비교 분석, 여성 정치인의 활동 사례 조사 및 리더십 분석, 모의국회 또는 모의 선거 활동을 통한 여성 참여 독려
탐구 주제 2: 학교 의사결정과정에서의 학생과 교사의 성별 균형 현황 분석 및 개선 방안 모색
탐구활동 예시: 학교 운영위원회, 학생회 등 학교 의사결정 기구의 성별 구성 비율 조사, 학교 행사, 규칙 제정 등 의사결정과정에서 나타나는 성별 의견 반영 정도 분석, 학생회, 학부모회 등에서 여성 리더십 발휘 사례 및 어려움 조사 (인터뷰, 설문 등), 학교 의사결정과정의 성별 균형을 위한 학생과 교사의 역할 제시

[10통사2-03-01] 자본주의의 역사적 전개 과정과 그 특징을 조사하고, 시장과 정부의 관계를 중심으로 다양한 삶의 방식을 비교 평가한다.
탐구주제: 기업 내 여성 리더십 향상을 위한 조직 문화 개선 방안 연구: 유리 천장 현상 타파를 위한 노력
탐구활동 예시: 기업 내 성별 임금 격차 및 고위직 여성 비율 조사, 여성 리더의 성공 사례 분석 및 리더십 특징 연구, 성 평등 조직 문화 조성을 위한 기업 사례 연구 및 벤치마킹

통합과학 연계

[10통과2-03-02] 빅데이터를 과학기술사회에서 사용하고 있는 사례를 조사하고, 빅데이터 활용의 장점과 문제점을 추론할 수 있다.

탐구주제 1: 빅데이터 분석을 통한 사회 각 분야 여성 대표성 현황 분석: 데이터 기반 정책 결정의 중요성 인식
탐구활동 예시: 공공기관과 기업의 성별 데이터 분석(의사결정 직책, 임원 비율 등), 빅데이터 분석 결과를 활용한 여성 대표성 제고 방안 제시, 데이터 편향성 문제 인식 및 해결 방안 모색
탐구 주제 2: 빅데이터 분석을 통한 여성 관리자와 임원 승진 저해 요인 분석
탐구활동 예시: 기업 인사 데이터(성별, 직급, 근속 연수, 평가 등) 기반 빅데이터 분석을 통한 여성 승진 패턴 분석, 여성 승진에 영향을 미치는 요소(육아 휴직, 경력 단절, 성별 고정관념 등) 분석, 빅데이터 분석 결과를 바탕으로 여성 리더십 개발 및 육성을 위한 맞춤형 전략 제안, 데이터 활용 과정에서의 개인정보보호 및 윤리적 문제점 고려

[10통과2-03-3] 인공지능 로봇, 사물인터넷 등과 같이 과학기술의 발전을 인간 삶과 환경 개선에 활용하는 사례를 찾고, 이러한 과학기술의 발전이 미래 사회에 미치는 유용성과 한계를 예측할 수 있다.
탐구 주제: AI 기반 채용 시스템의 성별 편향성 문제점 분석 및 개선 방안 연구
탐구활동 예시: AI 채용 시스템의 작동 방식 및 평가 기준 조사, AI 학습 데이터에 내재된 성별 편향성이 채용 결과에 미치는 영향 분석, AI 채용 시스템의 공정성 확보를 위한 기술적, 제도적 개선 방안 제시, 미래 사회에서 AI 기술이 여성의 경제활동 참여에 미치는 영향 예측

[K-SDGs 세부목표 5-5] (보완) 성·재생산 건강과 관리에 대해서 보편적으로 접근을 보장한다.

통합사회 연계

[10통사2-01-01] 근대 시민 혁명 등을 통해 확립되어 온 인권의 의미와 변화 양상을 이해하고, 현대 사회에서 주거, 안전, 환경, 문화 등 다양한 영역으로 인권이 확장되고 있는 사례를 조사한다.
탐구주제: 여성의 건강 권리 보장과 사회적 책임 탐구: 안전하고 건강한 임신과 출산을 위한 사회적 지원 방안 모색
탐구활동 예시: 국가별 출산 정책 및 지원 제도 비교 분석, 미혼모 및 한부모 가정을 위한 사회적 지원 현황 조사, 성 평등 관점에서 임신·출산 관련 정책 개선 방안 제시

통합과학 연계

[10통과1-03-06] 생명 시스템의 유지에 필요한 세포 내 정보의 흐름을 유전자로부터 단백질이 만들어지는 과정을 중심으로 설명할 수 있다.
탐구주제: 여성의 생애주기별 건강 문제와 과학기술의 역할 탐구: 여성 질환 예방 및 치료 기술 개발 현황 조사
탐구활동 예시: 여성 호르몬 변화와 건강의 관계 연구, 여성 질환(자궁경부암, 유방암 등)의 예방 및 조기 진단 기술 조사, 생식 보조 기술의 윤리적 문제점 및 사회적 영향 논의

[K-SDGs 세부목표 5-6] (보완) 여성 권한 강화를 위해 핵심기술, 특히 정보통신기술에 대한 접근을 확대하고 여성 인력을 양성한다.

통합사회 연계

[10통사1-05-02] 교통・통신 및 과학기술의 발달과 함께 나타난 생활공간과 생활양식의 변화 양상을 조사하고, 이에 따른 문제점의 해결 방안을 제안한다.
탐구주제: 디지털 성별 격차 해소를 위한 방안 연구: 여성의 ICT 활용능력 향상 및 관련 분야 진출 지원
탐구활동 예시: 여성의 디지털 기기 활용능력 및 정보 접근성 실태 조사, ICT 분야 여성 롤모델 인터뷰, 여성 대상 디지털 역량 강화 교육 프로그램 기획

[10통사2-01-01] 근대 시민 혁명 등을 통해 확립되어 온 인권의 의미와 변화 양상을 이해하고, 현대 사회에서 주거, 안전, 환경, 문화 등 다양한 영역으로 인권이 확장되고 있는 사례를 조사한다.
탐구 주제: 디지털 기술 발전이 여성의 사회참여 및 경제적 역량 강화에 미치는 영향 분석 (최근 트렌드: 여성 창업, 디지털 노마드)
탐구활동 예시: 디지털 기술을 활용한 여성 창업 성공 사례 조사, 온라인 플랫폼 기반의 여성 경제활동 모델 분석 (예: 전자상거래, 콘텐츠 크리에이터), 디지털 노마드 등 새로운 여성 직업군 등장 및 영향력 조사, 디지털 기술 기반의 여성 경제적 역량 강화 방안 연구

[10통사2-01-03] 사회적 소수자 차별, 청소년의 노동권 등 국내 인권 문제와 인권지수를 통해 확인할 수 있는 세계 인권 문제의 양상을 조사하고, 이에 대한 해결 방안을 모색한다.
탐구 주제: 여성의 정보통신기술 접근성 불평등 해소 방안 연구 (최근 트렌드: 디지털 성별 격차, 기술 리터러시 교육)
탐구활동 예시: 디지털 기기 및 인터넷 접근성에 있어서 여성과 남성 간의 차이 조사, 여성의 디지털 기술 활용능력 및 교육 현황 분석, 여성의 디지털 역량 강화를 위한 맞춤형 교육 프로그램 개발, 디지털 성별 격차 해소를 위한 정책 제안

[10통사2-02-03] 사회 및 공간 불평등 현상의 사례를 조사하고, 정의로운 사회를 만들기 위한 다양한 제도와 시민으로서의 실천 방안을 제안한다.
탐구 주제: 여성 IT 인력 양성 및 여성의 기술 분야 진출 활성화 방안 연구 (최근 트렌드: STEM 분야 여성 진출, 여성 멘토링)
탐구활동 예시: STEM 분야 여성 인력 현황 및 문제점 조사, 여성 IT 인력 양성을 위한 교육 프로그램 및 정책 사례 분석, 여성 기술 전문가의 역할 모델 제시 및 멘토링 프로그램 기획, 여성의 과학기술 분야 진출을 위한 사회적 인식 개선 캠페인

[10통사2-03-02] 합리적 선택의 의미와 그 한계를 파악하고, 지속가능발전을 위해 요청되는 정부, 기업가, 노동자, 소비자의 바람직한 역할과 책임에 관해 탐구한다.
탐구 주제: IT 기업의 성 평등 문화 조성 및 여성 리더십 강화 방안 연구 (최근 트렌드: 다양성 및 포용성 경영, 여성 임원 할당제)
탐구활동 예시: IT 기업 내 성별 임금 격차 및 유리 천장 현상 조사, 성 평등 문화 조성 및 여

성 리더십 강화 정책 분석, IT 기업 내 다양성 및 포용성 경영 실천 사례 연구, IT 기업의 성 평등 문화 조성 캠페인 기획

통합과학 연계

[10통과2-03-02] 빅데이터를 과학기술사회에서 사용하고 있는 사례를 조사하고, 빅데이터 활용의 장점과 문제점을 추론할 수 있다.
탐구 주제: 빅데이터 분석을 활용한 여성 문제 해결 및 정책 설계 연구 (최근 트렌드: 성인지 데이터, AI 편향)
탐구활동 예시: 빅데이터를 활용한 여성 정책 및 서비스 효과 분석 사례 조사, 빅데이터 분석 과정에서 발생하는 성별 편향 문제 분석, 성인지 관점에서 데이터 수집 및 분석 방법 연구, **빅데이터 기반의 여성 맞춤형 정책 제안**

[10통과2-03-03] 인공지능 로봇, 사물인터넷 등과 같이 과학기술의 발전을 인간 삶과 환경 개선에 활용하는 사례를 찾고, 이러한 과학기술의 발전이 미래 사회에 미치는 유용성과 한계를 예측할 수 있다.
탐구주제: 미래 유망 과학기술 분야에서 여성의 역할 확대 방안 탐색: STEM 분야 여성 인재 양성을 위한 교육 프로그램 개발
탐구활동 예시: 미래 사회 유망 과학기술 분야 조사와 여성 진출 현황 분석, 과학기술 분야 여성 멘토링 프로그램 참여 후 보고서 작성, 여학생들의 과학기술 분야 흥미 유발을 위한 교육 콘텐츠 개발

[K-SDGs 세부목표 5-7] 모든 수준에서 성평등 및 모든 여성과 소녀의 권한 강화를 위한 견실한 정책과 법을 채택하고 증진한다.

통합사회 연계

[10통사2-01-01] 근대 시민 혁명 등을 통해 확립되어 온 인권의 의미와 변화 양상을 이해하고, 현대 사회에서 주거, 안전, 환경, 문화 등 다양한 영역으로 인권이 확장되고 있는 사례를 조사한다.
탐구주제 1: 디지털 성범죄 피해 실태와 예방을 위한 법적·정책적 개선 방안 연구
탐구활동 예시: 디지털 성범죄 관련 뉴스 및 통계자료 분석, 관련 법률 및 정책 변화 과정 조사, 해외 디지털 성범죄 대응 사례 연구, 익명 설문 조사를 통한 청소년 디지털 성범죄 인식 및 경험 조사, 디지털 성범죄 예방 캠페인 기획
탐구 주제 2: 성평등 실현을 위한 국내외 법률 및 정책 분석 (최근 트렌드: 포괄적 차별금지법, 양성평등 추진 예산)
탐구활동 예시: 국내외 성차별 금지 법률 및 정책 비교 분석, 포괄적 차별금지법 제정 논의 과정 및 찬반 의견 분석, 양성평등 추진 예산 제도 도입 및 효과 분석, 성평등 정책 관련 모의 법안 제정 및 발표

[10통사2-01-02] 인간 존엄성 실현과 인권보장을 위한 헌법의 역할을 파악하고, 시민의 권익을 보호하기 위한 다양한 시민참여의 방안을 탐구하고 이를 실천한다.

탐구주제: 성 평등 관련 법률 및 정책의 효과성 분석 및 개선 방안 연구: 실질적인 성 평등 사회 실현을 위한 과제
탐구활동 예시: 남녀 고용 평등법, 성폭력방지 특별법 등 관련 법률 내용 분석, 성 평등 정책 시행 사례 조사 및 효과 평가, 성 평등 사회 실현을 위한 법률 개정 아이디어 제시

[10통사2-01-03] 사회적 소수자 차별, 청소년의 노동권 등 국내 인권 문제와 인권지수를 통해 확인할 수 있는 세계 인권 문제의 양상을 조사하고, 이에 대한 해결 방안을 모색한다.
탐구주제 1: 직장 내 성차별 현황과 성평등 조직 문화 조성을 위한 정책 제안
탐구활동 예시: 직장인 대상 설문 조사 또는 인터뷰를 통해 직장 내 성차별 경험 및 인식 조사, 국내 기업의 성평등 관련 제도 운용 현황 분석, 해외 기업의 성평등 문화 우수 사례 조사, 성평등 조직 문화 조성을 위한 정책 아이디어 공모전 개최
탐구 주제 2: 사회적 소수 여성의 다중 차별 문제 해결을 위한 정책 연구 (최근 트렌드: 교차성 이론, 페미니즘)
탐구활동 예시: 장애 여성, 이주 여성, 성 소수자 여성 등 다중 차별 사례 조사, 교차성 이론을 통해 다중 차별 문제 분석, 다중 차별 해소를 위한 맞춤형 정책 및 지원 방안 연구, 사회적 소수 여성의 권익 옹호 캠페인 제작

[10통사2-02-03] 사회 및 공간 불평등 현상의 사례를 조사하고, 정의로운 사회를 만들기 위한 다양한 제도와 시민으로서의 실천 방안을 제안한다.
탐구주제: 돌봄 노동의 가치 재조명 및 성적으로 평등한 돌봄 시스템 구축 방안 연구
탐구활동 예시: 가정 내 돌봄 노동 시간 및 분담 실태 조사, 돌봄 서비스 제공 현황 및 정책 분석, 해외 돌봄 정책 우수 사례 조사, 돌봄 노동의 사회적 가치 홍보 캠페인 기획, 남성의 육아 참여 확대를 위한 아이디어 제안

[10통사2-03-02] 합리적 선택의 의미와 그 한계를 파악하고, 지속가능발전을 위해 요청되는 정부, 기업가, 노동자, 소비자의 바람직한 역할과 책임에 관해 탐구한다.
탐구주제: 젠더 뉴트럴 제품 및 서비스 확산을 위한 기업의 역할과 소비자의 인식 변화 방안 연구
탐구활동 예시: 시중 젠더 뉴트럴 제품 및 서비스 현황 조사, 소비자 대상 설문 조사를 통해 젠더 뉴트럴 제품에 대한 인식 및 구매 의향 조사, 젠더 뉴트럴 마케팅 성공 사례 및 실패 사례 분석, 기업의 젠더 뉴트럴 경영 도입을 위한 아이디어 제시

통합과학 연계

[10통과1-03-05] 생명 시스템을 유지하기 위해서 다양한 화학반응과 물질 출입이 필요함을 이해하고, 일상생활에서 활용되는 화학반응 사례를 조사하여 발표할 수 있다.
탐구주제: 생리컵, 탐폰 등 여성 위생용품의 화학 성분 및 안전성에 대한 탐구와 친환경적인 대안 탐색
탐구활동 예시: 다양한 여성 위생용품의 성분 조사 및 인체 유해성 연구, 친환경적인 여성 위생용품 (생리컵, 면 생리대 등)의 장단점 비교 분석, 여성 건강권 증진을 위한 정책 제안, 안전한 여성 위생용품 사용을 위한 교육 자료 제작

[10통과2-03-04] 과학기술의 발전 과정에서 발생할 수 있는 과학 관련 사회적 쟁점 (SSI)과 과학기술 이용에서 과학 윤리의 중요성에 대해 논증할 수 있다.
탐구주제 1: 과학기술 발전과 젠더 관점: 과학기술 정책 결정 과정에서의 여성 참여의 중요성 인식
탐구활동 예시: 과학기술 정책 결정 과정에서의 여성 참여 현황 조사, 젠더 관점을 반영한 과학기술 정책 사례 분석, 과학기술 발전에 따른 젠더 불평등 심화 문제점 지적 및 해결 방안 모색
탐구주제 2: 인공지능 기술 발전과 젠더 편향 문제 분석 및 해결 방안 모색
탐구활동 예시: 인공지능 스피커, 챗봇 등의 젠더 편향 사례 조사, 인공지능 개발 과정에서의 데이터 편향 문제 분석, 인공지능 윤리 관련 국내외 규정 및 정책 비교 분석, 인공지능의 젠더 편향 해소를 위한 기술적, 정책적 아이디어 제시

[출처: 지속가능발전포털]

□(G6) 물과 위생의 보장 및 지속가능한 관리 보장

"인류 건강을 위해 깨끗하고 이용 가능한 물 이용"

[K-SDGs 세부목표 6-1] 모두를 위한 안전한 식수를 공평하게 공급한다.

통합사회 연계

[10통사1-03-01] 자연환경이 인간의 생활에 미치는 영향에 관한 과거와 현재의 사례를 조사하여 분석하고, 안전하고 쾌적한 환경에서 살아가는 것이 시민의 권리임을 주장한다.
탐구주제 1: 지역별 수돗물 음용률 비교 분석 및 안전한 식수 확보를 위한 노력 탐색
탐구활동 예시: 지역별 수돗물 수질 검사 결과 비교 분석, 수돗물 불신 원인 설문 조사 및 인터뷰, 정수 시설 견학 및 전문가 인터뷰, 안전한 식수 확보 캠페인 기획
탐구 주제 2: 기후변화로 인한 물 부족 문제 심화와 안전한 식수 확보 방안 연구 (최근 트렌드: 기후변화 적응, 스마트 물관리)
탐구활동 예시: 기후변화로 인한 가뭄, 홍수 등 물 재해 발생 사례 분석, 기후변화 시나리오에 따른 미래 물 부족 예측 및 대응 전략 연구, 스마트 물관리 기술 (예: 누수 감지, 원격 제어) 적용사례 조사, 물 절약 및 물 효율 증진을 위한 시민 캠페인 기획

[10통사2-01-01] 근대 시민 혁명 등을 통해 확립되어 온 인권의 의미와 변화 양상을 이해하고, 현대 사회에서 주거, 안전, 환경, 문화 등 다양한 영역으로 인권이 확장되고 있는 사례를 조사한다.
탐구주제 1: 물 부족 국가의 식수 문제 사례 조사 및 물 분배의 정의로운 기준 탐색
탐구활동 예시: 국제기구의 물 부족 문제 해결 노력 조사, 물 부족 국가 주민들의 생활 모습 영상 시청 및 토론, 식수 불평등 문제 해결을 위한 윤리적 책임 탐구, 가상 물 발자국 계산 및 생활 속 절수 실천 방안 모색
탐구 주제 2: 물 접근성 불평등 문제와 물 권리 보장을 위한 정책 연구 (최근 트렌드: 물 민영화, 물 안보)
탐구활동 예시: 소득, 지역, 사회적 계층에 따른 물 접근성 불평등 사례 분석, 물 민영화의 문제점 및 공공재로서 물의 중요성 조사, 안전한 식수 공급을 위한 정부 정책 및 법률 검토, 물 권리 보장을 위한 국제 협약 및 시민운동 연구

[10통사2-02-03] 사회 및 공간 불평등 현상의 사례를 조사하고, 정의로운 사회를 만들기 위한 다양한 제도와 시민으로서의 실천 방안을 제안한다.

탐구 주제: 농촌 지역의 안전한 식수 접근성 향상 및 지역 간 불균형 해소 방안 연구 (최근 트렌드: 스마트 농업, 지역 상생)
탐구활동 예시: 농촌 지역의 식수 시설 현황 및 문제점 조사, 스마트 농업 기술을 활용한 물 관리 및 효율성 증대 방안 연구, 지역 간 물 자원 불균형 해소를 위한 상생 협력 모델 연구, 농촌 지역 식수 접근성 향상을 위한 시민 모금 캠페인

[10통사2-03-02] 합리적 선택의 의미와 그 한계를 파악하고, 지속가능발전을 위해 요청되는 정부, 기업가, 노동자, 소비자의 바람직한 역할과 책임에 관해 탐구한다.
탐구 주제: 기업의 책임 있는 물 사용 및 지속가능한 수자원 관리 사례 연구 (최근 트렌드: ESG 경영, 물 발자국)
탐구활동 예시: 기업의 물 사용 실태 및 환경 영향 평가, ESG 경영 관점에서 기업의 물관리 정책 분석, 물 발자국을 줄이기 위한 기업과 소비자 노력 조사, 지속가능한 수자원 관리를 위한 기업의 역할 토론

통합과학 연계

[10통과1-02-04] 인류의 생존에 필수적인 물, 산소, 소금 등이 만들어지는 결합의 차이를 이해하고, 각 물질의 성질과 관련지어 설명할 수 있다.
탐구주제 1: 다양한 식수의 종류별 특징 비교 분석 및 안전한 식수 선택 기준 탐구
탐구활동 예시: 수돗물, 생수, 정수기 물 등의 미네랄 함량 및 pH 농도 비교 실험, 각 식수의 살균 처리 방식 조사, 안전한 식수 보관 및 섭취 방법 연구 발표, 식수 선택에 영향을 미치는 요인 설문 조사
탐구 주제 2: 수질오염 문제의 원인 분석 및 정수 기술 연구 (최근 트렌드: 미세 플라스틱, 신종 오염물질)
탐구활동 예시: 미세 플라스틱, 신종 오염물질 등 수질오염 원인 및 영향 분석, 최신 정수 기술 및 수질 개선 방법 조사 (예: 막 여과, 활성탄 흡착), 간이 정수 장치 설계 및 제작, 수질오염 예방을 위한 생활 습관 개선 캠페인

[10통과1-03-01] 지구시스템은 태양계라는 시스템의 구성요소임을 알고, 지구시스템을 구성하는 권역 간의 물질 순환과 에너지 흐름의 결과로 나타나는 현상을 논증할 수 있다.
탐구 주제: 물순환 과정에서의 인위적 간섭 및 생태계 영향 분석 (최근 트렌드: 댐 건설, 지하수 고갈)
탐구활동 예시: 댐 건설 및 하천 개발이 물순환에 미치는 영향 분석, 지하수 고갈의 원인 및 생태계 영향 조사, 지속가능한 물순환 관리를 위한 대안 연구, 물순환 교육 자료 및 캠페인 제작

[10통과2-01-04] 대표적인 산·염기 물질의 특징을 알고, 산과 염기를 혼합할 때 나타나는 중화 반응을 생활 속에서 이용할 수 있다.
탐구주제: 수돗물 정수 과정 탐구 및 가정에서 간이 정수 장치 만들기
탐구활동 예시: 수돗물 정수장의 정수 과정 조사 및 발표, 활성탄, 모래 등을 이용한 간이 정수 장치 제작 및 정수 효과 실험, 수질오염 물질 제거를 위한 다양한 정수 방법 연구, 정수 과정에서 사용되는 화학물질의 안전성 토론

[10통과2-02-01] 생태계 구성요소를 이해하고 생물과 환경 사이의 상호관계를 설명할 수 있다.
탐구 주제: 물 생태계 변화에 따른 생물 다양성 감소 및 복원 방안 연구 (최근 트렌드: 생태 복원 기술, 하천 정화)
탐구활동 예시: 수질오염 및 서식지 파괴가 물 생태계에 미치는 영향 조사, 하천 정화 기술 및 생태 복원사업 사례 분석, 지역 하천 생태계 조사 및 수질 분석, 물 생태계 보호를 위한 시민참여 활동 기획

[10통과2-02-06] 에너지 효율의 의미와 중요성을 이해하고, 지속가능한 발전과 지구 환경 문제 해결에 신재생 에너지 기술을 활용하는 방안을 탐색할 수 있다.
탐구 주제: 물 에너지 융합 기술 개발 및 활용 사례 연구 (최근 트렌드: 수력 발전, 해수 담수화)
탐구활동 예시: 소수력 발전, 해수 담수화 기술 등 물 에너지 기술의 원리 및 장단점 분석, 친환경적 물 에너지 기술 적용사례 조사, 물 에너지 기술이 지역 사회 발전에 미치는 영향 연구, 미래 에너지 기술 개발에 대한 아이디어 발표

[K-SDGs 세부목표 6-2] (보완) 모두에게 편리한 하수도 서비스를 제공한다.

통합사회 연계

[10통사1-05-01] 산업화, 도시화로 인해 나타난 생활공간과 생활양식의 변화 양상을 조사하고, 이에 따른 문제점의 해결 방안을 제안한다.
탐구주제: 우리 동네 하수도 시설 현황 조사 및 개선 방향 탐색
탐구활동 예시: 지역 하수 처리장 방문 및 전문가 인터뷰, 하수도 시설 노후화 문제점 조사, 하수도 악취 및 역류 발생 원인 분석, 주민 의견 수렴을 통한 하수도 시설 개선 아이디어 제시

[10통사2-02-03] 사회 및 공간 불평등 현상의 사례를 조사하고, 정의로운 사회를 만들기 위한 다양한 제도와 시민으로서의 실천 방안을 제안한다.
탐구주제: 개발도상국 하수 처리 시설 부족 문제와 위생 불평등 사례 조사
탐구활동 예시: 하수 처리 시설 부족으로 인한 질병 발생 사례 조사, 개발도상국의 하수 처리 기술 지원 방안 연구, 위생시설 개선을 위한 국제협력 활동 조사, 위생 불평등 해소를 위한 모금 활동 기획

통합과학 연계

[10통과1-03-05] 생명 시스템을 유지하기 위해서 다양한 화학반응과 물질 출입이 필요함을 이해하고, 일상생활에서 활용되는 화학반응 사례를 조사하여 발표할 수 있다.
탐구주제: 하수 처리 과정에서 일어나는 다양한 화학반응 탐구
탐구활동 예시: 하수 처리 단계별 화학반응 조사 및 발표, 응집, 침전, 소독 과정 실험 시연, 하수 처리 효율을 높이는 방법 연구, 미생물을 이용한 하수 처리 기술 탐구

[10통과2-02-01] 생태계 구성요소를 이해하고 생물과 환경 사이의 상호관계를 설명할 수 있다.
탐구주제: 하수 처리 시설이 주변 생태계에 미치는 영향 조사
탐구활동 예시: 하수 처리장 주변 토양 및 수질 분석, 생태 지도 제작 및 생물종 다양성 조사, 하수 방류수가 수생태계에 미치는 영향 연구, 친환경적인 하수 처리 방법 탐색

[K-SDGs 세부목표 6-3] (보완) 수질오염 물질의 수계 유입을 최소화하여 수질 개선을 담보한다.
통합사회 연계
[10통사1-03-03] 환경문제 해결을 위한 정부, 시민사회, 기업 등의 다양한 노력을 조사하고, 생태 시민으로서 실천 방안을 모색한다. **탐구주제**: 우리 지역 하천의 수질오염 현황 조사 및 개선을 위한 노력 탐색 **탐구활동 예시**: 지역 하천 수질 측정 및 오염 원인 분석, 수질 정화 활동 참여 및 효과 측정, 수질오염 방지를 위한 시민참여 방안 아이디어 제시, 수질오염 감시 시민 네트워크 활동 조사 **[10통사2-03-02]** 합리적 선택의 의미와 그 한계를 파악하고, 지속가능발전을 위해 요청되는 정부, 기업가, 노동자, 소비자의 바람직한 역할과 책임에 관해 탐구한다. **탐구주제**: 산업 폐수 및 생활 하수로 인한 수질오염 문제와 기업 및 개인의 책임 탐구 **탐구활동 예시**: 산업 단지 주변 하천 수질오염 사례 조사, 친환경적인 생산 공정 도입 기업 사례 연구, 생활 하수 발생 줄이기 캠페인 기획, 수질오염 유발 기업 불매 운동 참여
통합과학 연계
[10통과2-01-03] 자연과 인류의 역사에 큰 변화를 가져온 광합성, 화석연료 사용, 철의 제련 등에서 공통점을 찾아 산화와 환원을 이해하고, 생활 주변의 다양한 변화를 산화와 환원의 특징과 규칙성으로 분석할 수 있다. **탐구주제**: 수질오염 물질의 종류별 특징과 정화 원리 탐구 (중금속, 유기물 등) **탐구활동 예시**: 다양한 수질오염 물질의 특성 조사 및 발표, 오염물질 제거를 위한 화학적 처리 방법 (산화, 환원) 실험, 정수 필터 제작 및 정화 효과 비교, 수질오염 지표 생물 관찰 **[10통과2-02-02]** 먹이 관계와 생태 피라미드를 중심으로 생태계 평형이 유지되는 과정을 이해하고, 환경의 변화가 생태계에 미칠 수 있는 영향에 대해 협력적으로 소통할 수 있다. **탐구주제**: 수질오염이 수생태계에 미치는 영향 조사 및 복원 방안 모색 **탐구활동 예시**: 오염된 하천의 생태계 변화 조사, 수생 생물 관찰 및 수질오염과의 연관성 분석, 수생태계 복원 사례 연구 및 아이디어 제시, 생태 하천 조성 활동 참여

[K-SDGs 세부목표 6-4] (보완) 물 공급 안정성 도모를 위해 수자원을 효율적으로 사용한다.

통합사회 연계

[10통사1-03-02] 자연에 대한 인간의 다양한 관점을 사례를 통해 비교하고, 인간과 자연의 바람직한 관계를 제안한다.
탐구주제: 과거와 현재의 물 이용 방식 비교 분석 및 지속가능한 물 이용 방안 모색
탐구활동 예시: 농업, 공업, 생활용수 등 물 사용량 변화 추이 조사, 빗물 재활용 시스템 사례 연구, 절수형 제품 사용 효과 분석, 물 부족 문제 해결을 위한 사회적 합의 방안 토론

[10통사2-05-02] 지구적 차원에서 에너지 자원의 분포와 소비 실태를 파악하고, 기후변화에 대한 대응과 지속가능한 발전을 위한 제도적 방안과 개인적 노력을 탐구한다.
탐구주제: 기후변화로 인한 물 부족 문제의 심각성 인식 및 대응 방안 연구
탐구활동 예시: 기후변화 시나리오별 물 부족 영향 예측, 가뭄 발생 현황 및 피해 사례 조사, 해수 담수화 기술의 장단점 분석, 물 절약 실천 서약 및 캠페인 활동

통합과학 연계

[10통과1-03-01] 지구시스템은 태양계라는 시스템의 구성요소임을 알고, 지구시스템을 구성하는 권역 간의 물질 순환과 에너지 흐름의 결과로 나타나는 현상을 논증할 수 있다.
탐구주제: 지구의 물순환 과정 이해 및 물 부족 문제 발생 원인 분석
탐구활동 예시: 물순환 모형 제작 및 시뮬레이션, 강수량 변화와 물 부족의 상관관계 분석, 지하수 고갈 문제의 심각성 조사, 토양의 물 저장 능력 시험

[10통과1-03-03] 중력의 작용으로 인한 지구 표면과 지구 주위의 다양한 운동을 설명할 수 있다.
탐구주제: 댐 건설의 과학적 원리 이해 및 수자원 확보 효과 분석
탐구활동 예시: 댐의 구조와 기능 조사, 댐 건설이 주변 환경에 미치는 영향 분석, 다양한 종류의 댐 건설 사례 연구, 지속가능한 댐 관리 방안 토론

[K-SDGs 세부목표 6-5] (보완) 수생태계의 건강성을 회복하고 다양성을 확대한다.
통합사회 연계
[10통사1-03-03] 환경문제 해결을 위한 정부, 시민사회, 기업 등의 다양한 노력을 조사하고, 생태 시민으로서 실천 방안을 모색한다. **탐구주제**: 훼손된 수생태계 복원 사례 조사와 시민참여 방안 연구 **탐구활동 예시**: 하천 정화 활동 참여 및 효과 분석, 생태 통로 설치 사례 조사, 외래종 퇴치 활동 참여, 수생태계 보호를 위한 정책 제안 **[10통사1-03-02]** 자연에 대한 인간의 다양한 관점을 사례를 통해 비교하고, 인간과 자연의 바람직한 관계를 제안한다. **탐구주제**: 수생태계 보호의 중요성에 대한 다양한 관점 비교 및 공존 방안 모색 **탐구활동 예시**: 수생태계 파괴의 윤리적 문제 토론, 수생 생물 보호 캠페인 기획, 생태 관광의 긍정적 및 부정적 영향 분석, 인간과 수생 생물의 조화로운 공존을 위한 아이디어 제시
통합과학 연계
[10통과2-01-02] 변이의 발생과 자연선택 과정을 통해 생물의 진화가 일어나고, 진화의 과정을 통해 생물 다양성이 형성되었음을 추론할 수 있다. **탐구주제**: 우리 지역 하천의 생물 다양성 조사 및 보전 방안 연구 **탐구활동 예시**: 하천 생물종 목록 작성 및 특징 조사, 멸종 위기 수생 생물 보호 활동 참여, 서식지 파괴 실태 조사 및 복원 아이디어 제시, 생물 다양성 보전을 위한 시민 과학 프로젝트 참여 **[10통과2-02-01]** 생태계 구성요소를 이해하고 생물과 환경 사이의 상호관계를 설명할 수 있다. **탐구주제**: 수생태계 먹이 그물 및 에너지 흐름 분석 및 환경 변화에 따른 영향 예측 **탐구활동 예시**: 수생태계 먹이 그물 구성 및 에너지 피라미드 작성, 외래종 유입이 수생태계에 미치는 영향 분석, 기후변화가 수생 생물 서식지에 미치는 영향 예측, 건강한 수생태계 유지를 위한 노력 발표

[K-SDGs 세부목표 6-6] (보완) 건강하고 안전한 물관리를 위해 지역공동체 참여를 지원하고 강화한다.

통합사회 연계

[10통사1-03-03] 환경문제 해결을 위한 정부, 시민사회, 기업 등의 다양한 노력을 조사하고, 생태 시민으로서 실천 방안을 모색한다.
탐구주제: 지역 사회의 물관리 참여 활동 사례 조사 및 활성화 방안 연구
탐구활동 예시: 지역 환경 단체의 물관리 활동 참여 및 인터뷰, 주민 주도형 물관리 우수 사례 조사, 물관리 교육 프로그램 개발 및 운영, 지역 사회 물 문제 해결을 위한 아이디어 공모전 기획

[10통사2-01-02] 인간 존엄성 실현과 인권보장을 위한 헌법의 역할을 파악하고, 시민의 권익을 보호하기 위한 다양한 시민참여의 방안을 탐구하고 이를 실천한다.
탐구주제: 물 관련 시민참여 정책 제안 및 정책 결정 과정 참여 방안 탐색
탐구활동 예시: 물 관련 조례 및 정책 분석, 주민 참여 예산 제도를 활용한 물관리 사업 제안, 물 관련 정책 토론회 참여 및 의견 제시, 물관리 정책 결정 과정에 대한 시민 감시 활동 연구

통합과학 연계

[10통과1-01-03] 과학 탐구에서 측정과 어림의 의미를 알고, 일상생활의 여러 가지 상황에서 측정 표준의 유용성과 필요성을 논증할 수 있다.
탐구주제: 시민 과학 기반의 수질 모니터링 방법 개발 및 활용 방안 연구
탐구활동 예시: 간이 수질 측정 도구 활용법 교육 및 실습, 수질 측정 자료수집 및 분석 방법 연구, 시민 과학 프로젝트 참여 및 데이터 공유, 수질오염 지도 제작 및 지역 사회 공유

[10통과2-03-01] 감염병의 진단, 추적 등을 사례로 과학의 유용성을 설명하고, 미래 사회 문제 해결에서 과학의 필요성에 대해 논증할 수 있다.
탐구주제: 과학기술을 활용한 스마트 물관리 시스템 아이디어 구상 및 지역 사회 적용 가능성 탐색
탐구활동 예시: IoT 기반 수질 감시 시스템 조사, AI 기반 누수 감지 기술 연구, 빅데이터를 활용한 물 사용 패턴 분석 및 예측, 스마트 물관리 시스템 도입에 따른 기대 효과 및 문제점 분석

[출처: 지속가능발전포털]

□(G7) 에너지의 친환경적 생산과 소비

"적정한 가격에 신뢰할 수 있고 지속가능한 현대적인 에너지에 대한 접근 보장"

[K-SDGs 세부목표 7-1] 에너지 서비스에 대해 안정적이고 적정한 접근을 보장한다.
통합사회 연계

[10통사1-02-02] 행복한 삶을 실현하기 위한 조건으로 질 높은 정주 환경의 조성, 경제적 안정, 민주주의 발전 및 도덕적 실천의 필요성에 관해 탐구한다.
탐구주제: 에너지 빈곤층의 생활 실태와 에너지 접근성 향상을 위한 정책 방안 연구
탐구활동 예시: 에너지 빈곤 관련 통계자료 및 뉴스 기사 분석, 저소득층 에너지 효율 개선 사업 사례 조사, 에너지 바우처 제도 현황 및 개선 방안 연구, 에너지 복지 관련 시민단체 활동 조사 및 인터뷰

[10통사1-03-01] 자연환경이 인간의 생활에 미치는 영향에 관한 과거와 현재의 사례를 조사하여 분석하고, 안전하고 쾌적한 환경에서 살아가는 것이 시민의 권리임을 주장한다.
탐구주제: 지역별 에너지 접근성 차이 분석 및 에너지 불평등 해소 방안 모색
탐구활동 예시: 도시와 농촌 지역의 에너지 인프라 구축 현황 비교 조사, 취약 지역의 에너지 자립 마을 조성 사례 연구, 재생 에너지 보급에 따른 지역별 에너지 접근성 변화 분석, 에너지 민주주의 실현을 위한 시민참여 방안 아이디어 제시

[10통사2-01-03] 사회적 소수자 차별, 청소년의 노동권 등 국내 인권 문제와 인권지수를 통해 확인할 수 있는 세계 인권 문제의 양상을 조사하고, 이에 대한 해결 방안을 모색한다.
탐구주제: 에너지 빈곤층의 현황과 에너지 접근성 불평등 문제 분석: 국내외 사례 비교 연구
탐구활동 예시: 에너지 빈곤 관련 통계자료 및 정책 자료 분석, 에너지 복지 관련 시민단체 인터뷰, 에너지 바우처 제도 및 유사 정책 사례 조사, 에너지 접근성 향상을 위한 정책 제안

[10통사2-02-01] 정의의 의미와 정의가 요구되는 이유를 파악하고, 다양한 사례를 통해 정의의 실질적 기준을 탐구한다.
탐구주제: 에너지 정의 관점에서 본 에너지 요금 체계의 적절성 평가: 취약계층 지원 방안 모색
탐구활동 예시: 다양한 에너지 요금 체계 비교 분석 (누진세, 정액 요금 등), 저소득층 에너지 비용 부담 실태 조사, 해외 에너지 요금 지원 정책 사례 연구, 공정한 에너지 요금 체계 설

계를 위한 토론

[10통사2-03-04] 자원, 노동, 자본의 지역 분포에 따른 국제 분업과 무역의 필요성을 이해하고, 지속가능발전에 기여하는 국제무역의 방안을 탐색한다.
탐구주제: 국제 에너지 자원 불균형과 에너지 빈곤 문제 분석 및 해결 방안 모색
탐구활동 예시: 국가별 에너지 자원 보유 현황 및 수입 의존도 조사, 개발도상국의 에너지 접근성 현황 및 문제점 분석, 국제 에너지 협력기구의 활동 사례 조사, 에너지 기술 지원 및 공적 개발 원조(ODA)를 통한 에너지 격차 해소 방안 연구

[10통사2-05-02] 지구적 차원에서 에너지 자원의 분포와 소비 실태를 파악하고, 기후변화에 대한 대응과 지속가능한 발전을 위한 제도적 방안과 개인적 노력을 탐구한다.
탐구주제: 탄소 중립 사회 전환 과정에서 발생할 수 있는 에너지 접근성 문제와 해결 방안 연구
탐구활동 예시: 탄소 중립 시나리오별 에너지 수요 변화 예측, 취약계층의 에너지 비용 부담 증가 가능성 분석, 정의로운 에너지 전환을 위한 정책과제 발굴, 친환경 에너지 보급 확대를 통한 에너지 접근성 향상 방안 연구

통합과학 연계

[10통과2-02-04] 태양에서 수소 핵융합 반응을 통해 질량 일부가 에너지로 바뀌고, 그중 일부가 지구에서 에너지 흐름을 일으키며 다양한 에너지로 전환되는 과정을 추론할 수 있다.
탐구주제: 우리 주변에서 활용 가능한 신재생 에너지 자원 탐색 및 에너지 생산 가능성 분석
탐구활동 예시: 학교 또는 지역 사회의 태양광 발전, 풍력발전 잠재량 평가, 지열, 수력 등 다양한 신재생 에너지 기술의 적용 가능성 조사, 에너지 자립 학교/마을 설계 아이디어 구상

[10통과2-02-05] 발전기에서 운동 에너지가 전기 에너지로 전환되는 과정을 이해하고, 열원으로서 화석연료, 핵에너지를 이용하는 발전소가 인간 생활에 미치는 영향을 조사·발표할 수 있다.
탐구주제: 지역별 에너지원별 발전 시설 현황과 에너지 접근성 비교 분석
탐구활동 예시: 우리나라 지역별 발전소 분포 현황 조사 및 에너지 생산량 비교, 발전 방식에 따른 환경 영향 및 사회적 비용 분석, 분산형 에너지시스템 구축의 필요성 및 효과 분석, 지역 주민의 에너지 시설 수용성 확보 방안 연구

[10통과2-02-06] 에너지 효율의 의미와 중요성을 이해하고, 지속가능한 발전과 지구 환경 문제 해결에 신재생 에너지 기술을 활용하는 방안을 탐색할 수 있다.
탐구주제 1: 에너지 자립 마을 사례 분석 및 에너지 접근성 향상 효과 탐구: 지역 에너지시스템 구축 방안 모색
탐구활동 예시: 에너지 자립 마을 성공 사례 조사 및 방문, 지역 특성에 맞는 재생에너지원 탐색, 에너지 저장 시스템의 필요성 및 기술 조사, 에너지 자립 마을 확산을 위한 정책 제안
탐구주제 2: 가정 및 학교에서의 에너지 효율 향상 방안 탐색 및 실천
탐구활동 예시: 가정 내 에너지 소비 실태 조사 및 에너지 절약 방법 연구, 학교 건물에너지 효율 분석 및 개선 아이디어 제시, 에너지 관리 시스템(EMS) 도입 효과 분석, 에너지 효

율 등급 표시제도 활용 방안 연구

[10통과2-03-03] 인공지능 로봇, 사물인터넷 등과 같이 과학기술의 발전을 인간 삶과 환경 개선에 활용하는 사례를 찾고, 이러한 과학기술의 발전이 미래 사회에 미치는 유용성과 한계를 예측할 수 있다.
탐구주제: 스마트 그리드 기술 도입에 따른 에너지 접근성 및 효율성 변화 분석
탐구활동 예시: 스마트 그리드 기술의 개념 및 작동 원리 조사, 스마트 미터 보급 현황 및 효과 분석, 에너지 저장 시스템 (ESS) 연계 효과 연구, 취약계층의 스마트 에너지 서비스 접근성 향상 방안 연구

[K-SDGs 세부목표 7-2] (보완) 국가 에너지원에서 청정에너지 공급을 증대한다.

통합사회 연계

[10통사1-03-03] 환경문제 해결을 위한 정부, 시민사회, 기업 등의 다양한 노력을 조사하고, 생태 시민으로서 실천 방안을 모색한다.
탐구주제: 국내 재생 에너지 발전 현황 분석 및 확대 방안 연구: 기술적, 경제적, 사회적 측면 고려
탐구활동 예시: 국내 재생 에너지 발전 설비 현황 및 발전량 통계 분석, 각 재생에너지원의 장단점 비교 분석, 재생 에너지 확대 정책의 효과 및 과제 분석, 지역 주민 참여형 재생 에너지 사업 모델 제안

[10통사2-02-01] 정의의 의미와 정의가 요구되는 이유를 파악하고, 다양한 사례를 통해 정의의 실질적 기준을 탐구한다.
탐구주제: 친환경 에너지 시설 입지 갈등 사례 분석 및 사회적 합의 방안 모색
탐구활동 예시: 특정 친환경 에너지 시설 (예: 풍력 발전 단지, 태양광 발전소) 건설 과정에서의 갈등 사례 조사, 갈등 당사자들의 입장 및 요구 분석, 해외 친환경 에너지 시설 입지 갈등 해결 사례 연구, 공정한 에너지 전환을 위한 절차적 정의 및 분배적 정의 관점에서 해결 방안 제시

[10통사2-03-01] 자본주의의 역사적 전개 과정과 그 특징을 조사하고, 시장과 정부의 관계를 중심으로 다양한 삶의 방식을 비교 평가한다.
탐구주제: 친환경 에너지 산업 육성을 위한 정부 지원 정책의 경제적 효과 분석
탐구활동 예시: 친환경 에너지 산업 투자 및 일자리 창출 효과 분석, 친환경 에너지 기술 개발 및 상용화 사례 조사, 친환경 에너지 관련 기업의 성장 과정 및 사회적 기여 분석, 정부 지원 정책 변화에 따른 친환경 에너지 산업의 영향 분석

[10통사2-03-02] 합리적 선택의 의미와 그 한계를 파악하고, 지속가능발전을 위해 요청되는 정부, 기업가, 노동자, 소비자의 바람직한 역할과 책임에 관해 탐구한다.
탐구주제: 탈 탄소 사회로의 전환 과정에서 예상되는 사회경제적 영향 분석 및 공정한 전환

방안 모색
탐구활동 예시: 화석연료 산업 종사자 인터뷰 및 고용 불안 문제 조사, 정의로운 전환을 위한 해외 정책 사례 연구, 지역 경제 활성화와 연계한 재생 에너지 산업 육성 방안 탐색, 탄소 중립 사회 시민 실천 방안 제시

[10통사2-05-02] 지구적 차원에서 에너지 자원의 분포와 소비 실태를 파악하고, 기후변화에 대한 대응과 지속가능한 발전을 위한 제도적 방안과 개인적 노력을 탐구한다.
탐구주제: 우리나라 에너지 믹스에서 친환경 에너지 비중 확대의 필요성과 과제
탐구활동 예시: 우리나라 에너지 소비 구조 및 온실가스 배출량 분석, 친환경 에너지 전환 시나리오별 사회경제적 영향 예측, 화석연료 발전의 환경 비용과 친환경 에너지 발전의 편익 비교 분석, 국제사회의 친환경 에너지 전환 노력 및 협력 방안 조사

통합과학 연계

[10통사1-02-02] 행복한 삶을 실현하기 위한 조건으로 질 높은 정주 환경의 조성, 경제적 안정, 민주주의 발전 및 도덕적 실천의 필요성에 관해 탐구한다.
탐구주제: 에너지 절약 실천이 개인의 삶의 만족도 및 행복에 미치는 영향 분석
탐구활동 예시: 에너지 절약 실천 정도와 삶의 만족도 설문 조사, 에너지 절약으로 인한 경제적 이익 및 시간 절약 효과 분석, 에너지 절약 실천 경험 공유 인터뷰, 에너지 절약 관련 사회적 인식 변화 추이 조사

[10통사1-03-03] 환경문제 해결을 위한 정부, 시민사회, 기업 등의 다양한 노력을 조사하고, 생태 시민으로서 실천 방안을 모색한다.
탐구주제: 우리나라 에너지 소비 실태 분석 및 에너지 절약을 위한 정책 제안
탐구활동 예시: 가정, 학교, 산업 부문의 에너지 소비량 통계 분석, 에너지 절약 관련 정부 정책 (탄소포인트제, 에너지 효율 등급 표시제 등) 효과 분석, 해외 에너지 절약 정책 우수 사례 조사, 에너지 절약을 위한 시민 캠페인 기획 및 실행

[10통사1-05-01] 산업화, 도시화로 인해 나타난 생활공간과 생활양식의 변화 양상을 조사하고, 이에 따른 문제점의 해결 방안을 제안한다.
탐구주제: 도시 구조 변화와 에너지 소비 패턴의 상관관계 분석 및 에너지 효율적인 도시설계 방안 연구
탐구활동 예시: 도시의 밀도, 교통시스템, 건물 구조 등 도시 계획 요소와 에너지 소비량 간의 관계 분석, 에너지 자립형 도시 (스마트 시티) 사례 조사, 학교 주변 또는 거주 지역의 에너지 효율 개선을 위한 공간 재구성 아이디어 제시

[10통과2-02-04] 태양에서 수소 핵융합 반응을 통해 질량 일부가 에너지로 바뀌고, 그중 일부가 지구에서 에너지 흐름을 일으키며 다양한 에너지로 전환되는 과정을 추론할 수 있다.
탐구주제: 다양한 재생 에너지 발전 원리 및 기술 비교 분석: 태양광, 풍력, 수력, 지열 에너지 등
탐구활동 예시: 각 재생 에너지 발전소 방문 또는 자료 조사, 발전 효율 및 환경 영향 비교 분석, 미래 재생 에너지 기술 동향 조사 (해상풍력, 수소 에너지 등), 간이 태양광 발전 장치 또

는 풍력 발전기 제작 실험

[10통과2-02-05] 발전기에서 운동 에너지가 전기 에너지로 전환되는 과정을 이해하고, 열원으로서 화석연료, 핵에너지를 이용하는 발전소가 인간 생활에 미치는 영향을 조사・발표할 수 있다.
탐구주제: 화석연료 발전의 환경문제와 재생 에너지의 친환경성 비교 분석: 탄소 배출량, 미세먼지 등
탐구활동 예시: 화석연료 발전소 주변 환경오염 사례 조사, 재생 에너지 발전 시설의 환경 영향 평가 자료 분석, 탄소 배출량 계산기를 활용한 에너지원별 환경 영향 비교, 친환경 에너지 선택의 중요성 홍보 캠페인 기획

[10통과2-02-06] 에너지 효율의 의미와 중요성을 이해하고, 지속가능한 발전과 지구 환경 문제 해결에 신재생 에너지 기술을 활용하는 방안을 탐색할 수 있다.
탐구주제: 우리 학교 또는 지역 사회의 친환경 에너지 자원 활용 방안 탐색 및 적용 가능성 평가
탐구활동 예시: 학교 건물 옥상 또는 유휴 부지에 태양광 발전 시설 설치 가능성 조사, 지역 내 풍력, 지열 등 친환경 에너지 자원 분포 현황 조사, 친환경 에너지 기반 스마트 스쿨/시티 구축 아이디어 제시, 에너지 저장 시스템 (ESS) 연계 활용 방안 연구

[10통사2-03-02] 합리적 선택의 의미와 그 한계를 파악하고, 지속가능발전을 위해 요청되는 정부, 기업가, 노동자, 소비자의 바람직한 역할과 책임에 관해 탐구한다.
탐구주제: 에너지 효율 제품 소비 활성화를 위한 소비자 행동 분석 및 마케팅 전략 제안
탐구활동 예시: 에너지 효율 등급에 따른 제품 가격 및 성능 비교 분석, 소비자들의 에너지 효율 제품 구매 결정 요인 설문 조사, 에너지 효율 제품 구매를 유도하는 효과적인 광고 및 홍보 방안 아이디어 제시, 에너지 효율 제품 생산 기업의 사회적 책임 강조

[10통과2-03-04] 과학기술의 발전 과정에서 발생할 수 있는 과학 관련 사회적 쟁점 (SSI)과 과학기술 이용에서 과학 윤리의 중요성에 대해 논증할 수 있다.
탐구주제: 미래 친환경 에너지 기술 개발의 윤리적 쟁점 및 사회적 책임 탐구
탐구활동 예시: 차세대 태양광 기술, 해상 풍력 발전 기술 등 미래 친환경 에너지 기술의 개발 동향 조사, 새로운 에너지 기술 개발 및 적용 과정에서 발생할 수 있는 환경 및 사회적 윤리 문제 (자원 고갈, 환경 파괴, 안전 문제 등) 논의, 지속가능한 친환경 에너지 기술 개발을 위한 과학자의 역할과 책임 강조

[K-SDGs 세부목표 7-3] 에너지를 절약하고 에너지 효율을 향상시킨다.

통합사회 연계

[10통사1-05-02] 교통・통신 및 과학기술의 발달과 함께 나타난 생활공간과 생활양식의 변화 양상을 조사하고, 이에 따른 문제점의 해결 방안을 제안한다.
탐구주제: 스마트 에너지 관리 시스템 도입 효과 분석 및 에너지 절약 실천 방안 확산 전략 연구
탐구활동 예시: 스마트 홈 에너지 관리 시스템 체험 및 효과 분석, 학교 에너지 사용량 데이터 분석 및 절감 방안 제시, 에너지 절약 앱 및 웹사이트 활용 사례 조사, 에너지 절약 습관 형성을 위한 캠페인 기획

[10통사2-03-02] 합리적 선택의 의미와 그 한계를 파악하고, 지속가능발전을 위해 요청되는 정부, 기업가, 노동자, 소비자의 바람직한 역할과 책임에 관해 탐구한다.
탐구주제: 에너지 효율 향상을 위한 정책 및 기술 개발 동향 조사: 건물, 산업, 수송 부문 에너지 효율 개선 사례 분석
탐구활동 예시: 제로 에너지 건축물 사례 조사 및 에너지 절감 효과 분석, 고효율 에너지 기자재 사용 효과 분석, 산업 현장 에너지 효율 개선 사례 연구, 에너지 효율 등급 표시제도 개선 아이디어 제시

통합과학 연계

[10통과1-03-01] 지구시스템은 태양계라는 시스템의 구성요소임을 알고, 지구시스템을 구성하는 권역 간의 물질 순환과 에너지 흐름의 결과로 나타나는 현상을 논증할 수 있다.
탐구주제: 건물의 단열 방식에 따른 에너지 효율 비교 실험
탐구활동 예시: 다양한 단열재 (스티로폼, 유리솜 등)를 사용하여 제작한 모형 집의 온도 변화 측정, 단열 방식에 따른 냉난방 에너지 소비량 비교 분석, 학교 건물 또는 가정집의 단열 상태 진단 및 개선 방안 제시

[10통과2-01-05] 생활 주변에서 에너지를 흡수하거나 방출하는 현상을 찾아 에너지의 흡수 방출이 우리 생활에 어떻게 이용되는지 토의할 수 있다.
탐구주제: 단열재의 종류별 단열 효과 비교 실험 및 건물에너지 효율 향상 방안 연구
탐구활동 예시: 다양한 단열재의 열전도율 측정 실험, 건물 냉난방 에너지 절약 설계 아이디어 구상, 창호의 단열 성능 비교 분석, 친환경 단열재 개발 사례 조사

[10통과2-02-06] 에너지 효율의 의미와 중요성을 이해하고, 지속가능한 발전과 지구 환경 문제 해결에 신재생 에너지 기술을 활용하는 방안을 탐색할 수 있다.
탐구주제 1: 대기전력 차단 장치 및 에너지 효율 향상 제품의 작동 원리 및 에너지 절감 효과 분석
탐구활동 예시: 대기전력 측정 및 차단 효과 실험, 고효율 가전제품의 에너지 소비량 비교 분석, 에너지 효율 향상 기술의 경제적 효과 분석, 가정 및 학교에서의 에너지 절약 실천 방법 공유
탐구주제 2: 학교 또는 가정에서 에너지 효율을 높이는 스마트 기술 활용 사례 연구

탐구활동 예시: 스마트 조명, 스마트 온도 조절 장치, 에너지 관리 시스템 (EMS) 등 스마트 기술의 작동 원리 및 에너지 절감 효과 조사, IoT 기술을 활용한 에너지 효율 관리 시스템 설계 아이디어 제시, 에너지 효율 향상을 위한 빅데이터 분석 활용 방안 연구

[K-SDGs 세부목표 7-4] 운송 분야의 에너지 소비로 인한 대기 오염을 최소화한다.
통합사회 연계

[10통사1-03-01] 자연환경이 인간의 생활에 미치는 영향에 관한 과거와 현재의 사례를 조사하여 분석하고, 안전하고 쾌적한 환경에서 살아가는 것이 시민의 권리임을 주장한다.
탐구주제: 우리 지역의 교통량 변화와 대기 질 변화의 상관관계 분석 및 개선 방안 모색
탐구활동 예시: 과거 및 현재의 교통량 데이터 (교통량 조사 자료, 통계자료 등) 수집 및 분석, 우리 지역 대기 질 측정 데이터 (미세먼지, 초미세먼지, 이산화질소 등) 수집 및 분석, 교통량 변화와 대기 질 변화 간의 상관관계 분석 (통계적 분석 포함), 대기 질 개선을 위한 교통 정책 아이디어 제안 (대중교통 활성화 방안, 친환경 교통 인프라 구축 방안 등), 쾌적한 환경에서 살아갈 권리 주장 캠페인 기획 및 실행

[10통사1-05-02] 교통・통신 및 과학기술의 발달과 함께 나타난 생활공간과 생활양식의 변화 양상을 조사하고, 이에 따른 문제점의 해결 방안을 제안한다.
탐구주제 1: 친환경 교통 정책 (대중교통 활성화, 카셰어링, 자전거 이용 장려 등) 효과 분석 및 개선 방안 연구
탐구활동 예시: 지역별 대중교통 이용률 변화 추이 분석, 친환경 교통 정책 만족도 설문 조사, 성공적인 해외 친환경 교통 정책 사례 연구, 친환경 교통 이용 활성화 캠페인 기획
탐구주제 2: 자율주행 기술 도입이 운송 분야 에너지 소비 및 대기 오염에 미치는 영향 분석 및 긍정적 활용 방안 탐색
탐구활동 예시: 자율주행 기술의 원리 및 개발 현황 조사, 자율주행차 도입으로 인한 교통 체계 변화 예측 및 분석, 자율주행차의 에너지 효율성 및 친환경성 평가 (기존 차량과의 비교 분석), 자율주행 기술 발달이 가져올 수 있는 대기 오염 감소 효과 및 문제점 분석, 자율주행 기술의 긍정적 활용 방안 제안 (카셰어링 활성화, 대중교통 연계 강화 등)

[10통사2-03-02] 합리적 선택의 의미와 그 한계를 파악하고, 지속가능발전을 위해 요청되는 정부, 기업가, 노동자, 소비자의 바람직한 역할과 책임에 관해 탐구한다.
탐구주제 1: 친환경 차량 보급 확대 정책의 효과 및 과제 분석: 구매 보조금, 세금 감면, 충전 인프라 구축 등
탐구활동 예시: 친환경 차량 등록 대수 변화 추이 분석, 친환경 차량 구매자 인터뷰 및 만족도 조사, 친환경 차량 충전 인프라 현황 조사 및 개선 방안 제시, 친환경 차량 이용 문화 조성을 위한 아이디어 제안
탐구주제 2: 친환경 교통수단 이용 활성화를 위한 정부 정책 분석 및 소비자 행동 변화 유도 방안 연구
탐구활동 예시: 정부의 친환경 교통 정책 (보조금 지급, 세제 혜택, 인프라 구축 등) 조사 및

효과 분석, 시민들의 친환경 교통수단 이용 현황 및 인식 조사 (설문 조사, 인터뷰 등), 친환경 교통수단 이용을 저해하는 요인 분석 (가격, 편의성, 접근성 등), 소비자들의 친환경적인 교통 소비 행동 변화를 위한 마케팅 전략 및 캠페인 아이디어 제시, 정부, 기업, 시민의 역할 분담 및 협력 방안 모색

[10통사2-05-02] 지구적 차원에서 에너지 자원의 분포와 소비 실태를 파악하고, 기후변화에 대한 대응과 지속가능한 발전을 위한 제도적 방안과 개인적 노력을 탐구한다.
탐구주제: 수소 에너지 기반 교통시스템 구축의 가능성과 과제 탐색
탐구활동 예시: 수소 에너지 생산 방식 및 기술 조사 (그린 수소, 블루 수소 등), 수소 연료전지차의 작동 원리 및 장단점 분석 (기존 내연기관차, 전기차와 비교), 국내외 수소 에너지 기반 교통시스템 구축 사례 조사, 수소 에너지 생산 및 활용 과정에서의 환경 영향 평가, 지속가능한 수소 에너지 기반 교통시스템 구축을 위한 정책 제안 및 시민참여 방안 모색

통합과학 연계

[10통과2-01-03] 자연과 인류의 역사에 큰 변화를 가져온 광합성, 화석연료 사용, 철의 제련 등에서 공통점을 찾아 산화와 환원을 이해하고, 생활 주변의 다양한 변화를 산화와 환원의 특징과 규칙성으로 분석할 수 있다.
탐구주제: 내연기관 자동차와 친환경 자동차의 에너지 효율 및 대기 오염 물질 배출량 비교 분석
탐구활동 예시: 자동차 연비 및 배기가스 관련 자료 분석, 친환경 자동차 (전기차, 수소차) 작동 원리 조사, 미세먼지 발생 원인과 자동차 배기가스의 영향 조사, 친환경 연료 개발 동향 조사

[10통과2-02-05] 발전기에서 운동 에너지가 전기 에너지로 전환되는 과정을 이해하고, 열원으로서 화석연료, 핵에너지를 이용하는 발전소가 인간 생활에 미치는 영향을 조사・발표할 수 있다.
탐구주제 1: 전기 자동차 배터리의 종류별 특징 및 친환경성 비교 분석: 충전 시간, 주행 거리, 재활용 문제 등
탐구활동 예시: 다양한 전기차 배터리 기술 조사, 전기차 충전 방식 및 인프라 현황 조사, 폐배터리 재활용 기술 및 환경 영향 분석, 미래형 친환경 자동차 기술 (자율주행, 플라잉카 등) 조사
탐구주제 2: 전기 자동차의 에너지 효율성 분석 및 충전 인프라 확충 방안 연구
탐구활동 예시: 전기 자동차의 작동 원리 및 에너지 흐름도 분석, 전기 자동차의 에너지 효율에 영향을 미치는 요인 조사 (배터리 성능, 주행 습관, 외부 온도 등), 내연기관 자동차와 전기 자동차의 에너지 소비량 및 탄소 배출량 비교 분석 (Life Cycle Assessment 활용), 전기 자동차 충전 방식 및 충전소 현황 조사, 전기 자동차 보급 확대를 위한 충전 인프라 구축 방안 제안 (기술 개발, 정책 지원 등)

[10통과2-02-06] 에너지 효율의 의미와 중요성을 이해하고, 지속가능한 발전과 지구 환경 문제 해결에 신재생 에너지 기술을 활용하는 방안을 탐색할 수 있다.
탐구주제: 태양광/풍력 에너지를 활용한 친환경 교통시스템 구축 사례 조사 및 실현 가능성

평가
탐구활동 예시: 태양광 발전 및 풍력 발전의 원리 및 기술 조사, 태양광 발전 설비 및 풍력 발전 설비의 효율성 및 설치 조건 분석, 태양광/풍력 발전으로 생산된 전력을 활용한 전기차 충전 시스템 연구, 태양광 패널을 부착한 버스 정류장, 풍력 발전으로 운영되는 선박 등 친환경 교통시스템 사례 조사, 우리 지역에 태양광/풍력 에너지를 활용한 친환경 교통시스템 구축 시 예상되는 효과 및 어려움 분석

[출처: 지속가능발전포털]

□(G8) 좋은 일자리 확대와 경제성장

"포용적이고 지속가능한 경제성장, 완전하고 생산적인 고용과 모두를 위한 양질의 일자리 증진"

[K-SDGs 세부목표 8-1] 모두가 행복해지는 경제성장을 한다.

통합사회 연계

[10통사1-02-01] 시대와 지역에 따라 다르게 나타나는 행복의 기준을 사례를 통해 비교하여 평가하고, 삶의 목적으로서 행복의 의미를 성찰한다.

탐구주제: 혁신성장이 가져온 사회 변화 사례 분석 및 행복의 관점에서 평가

탐구활동 예시: 스마트 기술 도입으로 변화된 사회서비스 사례 조사 (예: 원격 의료, 스마트 농업), 기술 발전이 가져온 편리함과 새로운 사회 문제점 토론, 경제성장 지표 외에 국민 행복도를 측정하는 다른 지표 조사 및 비교, 혁신성장이 소외시키는 계층에 대한 탐구 및 사회적 책임 논의

[10통사2-03-01] 자본주의의 역사적 전개 과정과 그 특징을 조사하고, 시장과 정부의 관계를 중심으로 다양한 삶의 방식을 비교 평가한다.

탐구주제: 포용적 성장을 위한 정부와 시장의 역할 비교 분석

탐구활동 예시: 사회적 기업, 공유 경제 플랫폼 등 포용적 경제 모델 사례 조사, 정부의 혁신성장 지원 정책과 사회적 불평등 완화 정책 비교 분석, 다양한 경제 주체 (기업가, 노동자, 소비자)의 포용 성장 노력 사례 조사, 포용적 성장을 위한 정책 아이디어 제안

통합과학 연계

[10통과2-03-03] 인공지능 로봇, 사물인터넷 등과 같이 과학기술의 발전을 인간 삶과 환경 개선에 활용하는 사례를 찾고, 이러한 과학기술의 발전이 미래 사회에 미치는 유용성과 한계를 예측할 수 있다.

탐구주제: 과학 기술 혁신이 가져올 미래 사회의 일자리 변화 예측 및 인간의 역할 재정립

탐구활동 예시: 인공지능, 로봇 기술 발전으로 대체될 가능성이 큰 직업과 새롭게 등장할 직업 예측, 미래 유망 직업 탐색 및 필요한 역량 조사, 과학기술 발전이 인간의 삶의 질에 미치는 영향 토론, 인간 고유의 역량이 필요한 분야 탐색 및 발전 방안 논의

[K-SDGs 세부목표 8-2] 좋은 일자리 창출을 위한 정책을 강화한다.
통합사회 연계

[10통사1-02-01] 시대와 지역에 따라 다르게 나타나는 행복의 기준을 사례를 통해 비교하여 평가하고, 삶의 목적으로서 행복의 의미를 성찰한다.
탐구주제: 경제성장과 행복의 관계에 대한 다양한 관점 비교 분석 및 우리 사회에 적용
탐구활동 예시: OECD Better Life Index 등 행복 지표 조사 및 국가별 비교 분석, 국내 총생산 (GDP) 성장과 국민 행복도 변화 추이 분석, 경제성장 중심 사회와 행복 중심 사회의 특징 비교, 소득수준, 사회적 관계, 건강 등 행복에 영향을 미치는 다양한 요인 조사, '모두가 행복해지는 경제성장'의 의미에 대한 토론 및 발표

[10통사2-01-03] 사회적 소수자 차별, 청소년의 노동권 등 국내 인권 문제와 인권지수를 통해 확인할 수 있는 세계 인권 문제의 양상을 조사하고, 이에 대한 해결 방안을 모색한다.
탐구주제: 청년 세대의 고용 불안정 실태와 해결 방안 모색
탐구활동 예시: 청년 실업률 및 고용 형태 변화 추이 분석, 청년 구직자들이 겪는 어려움 인터뷰 또는 설문 조사, 정부와 지자체의 청년 고용 지원 정책 조사 및 효과 분석, 해외 청년 고용 성공 사례 조사 및 국내 적용 가능성 논의

[10통사2-02-03] 사회 및 공간 불평등 현상의 사례를 조사하고, 정의로운 사회를 만들기 위한 다양한 제도와 시민으로서의 실천 방안을 제안한다.
탐구주제 1: 비정규직 문제의 현황과 차별 해소를 위한 정책 제안
탐구활동 예시: 비정규직 고용 현황 및 임금 격차 통계 분석, 비정규직 노동자들의 인터뷰를 통한 어려움 조사, 비정규직 차별 금지 관련 법률 및 정책 분석, 동일 노동 동일 임금 원칙의 실현 방안 토론
탐구주제 2: 경제성장 과정에서 발생하는 소득 불평등 문제의 원인 분석 및 해소 방안 탐색
탐구활동 예시: 우리나라 소득 불평등 지수 (지니 계수, 소득 5분위 배율 등) 변화 추이 조사, 소득 불평등의 사회적 영향 (교육 격차, 건강 불평등 등) 조사, 누진세, 사회보험, 최저임금제도 등 소득 재분배 정책 조사 및 효과 분석, 사회적 기업, 협동조합 등 사회적 경제 모델이 소득 불평등 해소에 기여하는 사례 연구, 소득 불평등 완화를 위한 시민사회 운동 사례 조사 및 참여 방안 모색

[10통사2-03-01] 자본주의의 역사적 전개 과정과 그 특징을 조사하고, 시장과 정부의 관계를 중심으로 다양한 삶의 방식을 비교 평가한다.
탐구주제: 지역 사회의 특성을 반영한 사회적 경제 모델 탐구 및 지역 경제 활성화 방안 모색
탐구활동 예시: 우리 지역의 사회적 기업, 협동조합, 마을 기업 등의 운영 현황 및 사회적 가치 창출 사례 조사, 사회적 경제 조직이 지역 주민의 삶의 질 향상에 기여하는 방식 분석, 사회적 경제 조직의 성공 요인 및 어려움 조사, 해외 사회적 경제 활성화 정책 사례 조사와 우리 지역에 적용 가능한 방안 아이디어 제시, 지역 주민 참여형 사회적 경제 모델 기획 및 발표

[10통사2-03-02] 합리적 선택의 의미와 그 한계를 파악하고, 지속가능발전을 위해 요청되는 정부, 기업가, 노동자, 소비자의 바람직한 역할과 책임에 관해 탐구한다.

탐구주제: 지속가능한 경제성장을 위한 기업의 사회적 책임 (CSR) 사례 분석 및 발전 방향 제시

탐구활동 예시: 국내외 기업들의 다양한 CSR 활동 사례 조사 (환경 보호, 사회 공헌, 윤리 경영 등), 기업의 CSR 활동이 기업 이미지 및 성과에 미치는 영향 분석, ESG 경영 (환경, 사회, 지배구조)의 개념 및 중요성 학습, 사회적 가치 창출을 위한 기업의 새로운 비즈니스 모델 탐색 (공유 가치 창출, B Corp 인증 등), 소비자의 윤리적 소비가 기업의 변화를 유도하는 사례 연구 및 실천 방안 모색

통합과학 연계

[10통과1-03-04] 상호작용이 없을 때 물체가 가속되지 않음을 알고, 충격량과 운동량의 관계를 충돌 관련 안전장치와 스포츠에 적용할 수 있다.

탐구주제: 산업 현장에서 발생할 수 있는 안전사고 유형 분석 및 예방 방안 탐색

탐구활동 예시: 산업 재해 사례 조사와 원인 분석 (물리적 충격, 낙하, 끼임 등), 안전 장비의 작동 원리 및 효과 탐구 (보호 헬멧, 안전벨트 등), 가상현실 (VR)을 이용한 산업 안전 교육 프로그램 체험 및 개선점 제안, 안전한 작업 환경 설계를 위한 아이디어 제시

[10통과2-02-06] 에너지 효율의 의미와 중요성을 이해하고, 지속가능한 발전과 지구 환경 문제 해결에 신재생 에너지 기술을 활용하는 방안을 탐색할 수 있다.

탐구주제: 친환경 에너지 산업 육성이 지역 경제 활성화 및 일자리 창출에 미치는 영향 분석

탐구활동 예시: 태양광, 풍력, 수소 에너지 등 신재생 에너지 기술의 원리 및 특징 조사, 신재생 에너지 발전소 건설 및 운영이 지역 경제에 미치는 영향 분석 (고용 창출 효과, 지역 주민 소득증대 효과 등), 국내외 친환경 에너지 산업 육성 정책 사례 조사, 지역 특성에 맞는 신재생 에너지 자원 발굴 및 활용 방안 아이디어 제시, 신재생 에너지 산업 발전에 필요한 기술 개발 분야 탐색 및 관련 직업 전망 조사

[10통과2-03-03] 인공지능 로봇, 사물인터넷 등과 같이 과학기술의 발전을 인간 삶과 환경 개선에 활용하는 사례를 찾고, 이러한 과학기술의 발전이 미래 사회에 미치는 유용성과 한계를 예측할 수 있다.

탐구주제: 4차 산업혁명 기술 발전이 노동시장 변화 및 양질의 일자리 창출에 미치는 영향 분석 및 대응 방안 연구

탐구활동 예시: 인공지능, 로봇 기술, 빅데이터 등이 산업 현장에 적용되는 사례 조사, 자동화, 스마트 팩토리 도입으로 인한 노동시장 변화 예측 (일자리 감소 분야, 새로운 직업 등장 분야), 4차 산업혁명 시대에 필요한 핵심 역량 분석 및 학습 방안 탐색, 새로운 기술 발전에 따른 윤리적 문제 및 사회적 책임 논의, 기술 발전의 긍정적인 측면을 활용하여 양질의 일자리를 창출할 수 있는 아이디어 제시

[K-SDGs 세부목표 8-3] (신설) 중소기업과 소상공인의 성장을 촉진한다.

통합사회 연계

[10통사1-05-03] 자신이 거주하는 지역을 사례로 공간 변화가 초래한 양상 및 문제점을 탐구하고, 공동체의 구성원으로서 지역 사회의 변화를 위한 방안을 모색하고 이를 실천한다.
탐구주제: 지역 소상공인의 코로나19 극복 사례 분석 및 지원 방안 모색
탐구활동 예시: 지역 소상공인 인터뷰를 통해 코로나19로 인한 어려움 조사, 정부와 지자체의 소상공인 지원 정책 활용 사례 분석, 지역 경제 활성화를 위한 소상공인 협력 방안 아이디어 제시, 지역 화폐 사용 활성화 방안 캠페인 기획

[10통사2-03-01] 자본주의의 역사적 전개 과정과 그 특징을 조사하고, 시장과 정부의 관계를 중심으로 다양한 삶의 방식을 비교 평가한다.
탐구주제 1: 중소기업과 소상공인의 디지털 전환 전략 및 성공 요인 분석
탐구활동 예시: 온라인 판매 플랫폼 활용 성공 사례 조사, 스마트 기술을 도입한 소상공인 인터뷰, 디지털 마케팅 전략 및 효과 분석, 전통 시장의 디지털 전환 가능성 및 지원 방안 탐색
탐구주제 2: 중소기업과 소상공인 지원 정책 효과 분석 및 개선 방안 제안
탐구활동 예시: 정부와 지방자치단체의 중소기업 · 소상공인 지원 정책 종류 및 내용 조사 (자금 지원, 컨설팅 지원, 기술 개발 지원 등), 지원 정책 수혜 기업과 소상공인 인터뷰를 통해 정책 효과 및 만족도 조사, 지원 정책의 사각지대 및 개선 필요 사항 분석, 해외 중소기업 · 소상공인 지원 우수 사례 조사 및 시사점 도출, 중소기업 · 소상공인의 지속 가능한 성장을 위한 정책 아이디어 제안

[10통사2-03-02] 합리적 선택의 의미와 그 한계를 파악하고, 지속가능발전을 위해 요청되는 정부, 기업가, 노동자, 소비자의 바람직한 역할과 책임에 관해 탐구한다.
탐구주제: 공정한 시장 경쟁 환경 조성을 위한 정부와 대기업의 역할 탐구 및 소비자 행동 변화 유도 방안 연구
탐구활동 예시: 대기업의 불공정 거래 행위 사례 조사 및 문제점 분석, 정부의 불공정 경쟁 방지 정책 및 규제 방안 조사, 중소기업 · 소상공인과 대기업의 상생 협력 모델 사례 연구, 소비자의 착한 소비가 중소기업 · 소상공인 성장에 미치는 영향 분석, 공정한 시장경제 질서 확립을 위한 시민 캠페인 아이디어 제시

[10통사2-03-04] 자원, 노동, 자본의 지역 분포에 따른 국제 분업과 무역의 필요성을 이해하고, 지속가능발전에 기여하는 국제무역의 방안을 탐색한다.
탐구주제: 지역 중소기업의 해외 시장 진출 전략 탐색 및 성공 가능성 분석
탐구활동 예시: 우리 지역 중소기업의 수출 현황 및 애로 사항 조사, FTA 등 국제무역 환경 변화가 지역 중소기업에 미치는 영향 분석, 해외 시장 조사 방법 및 수출 절차 학습, 지역 특화 상품을 활용한 해외 시장 진출 성공 사례 연구, 지역 중소기업의 성공적인 해외 시장 진출을 위한 지원 방안 아이디어 제시

통합과학 연계

[10통과2-03-02] 빅데이터를 과학기술사회에서 사용하고 있는 사례를 조사하고, 빅데이터 활용의 장점과 문제점을 추론할 수 있다.
탐구주제: 빅데이터 활용을 통한 중소기업과 소상공인 경쟁력 강화 방안 탐색
탐구활동 예시: 소비 트렌드 분석을 위한 빅데이터 활용 사례 조사, 빅데이터 기반 맞춤형 상품 개발 및 마케팅 전략 아이디어 구상, 지역 상권 분석 및 활성화를 위한 빅데이터 활용 방안 제시, 빅데이터 활용 과정에서 발생할 수 있는 개인정보보호 문제점 논의

[10통과2-03-03] 인공지능 로봇, 사물인터넷 등과 같이 과학기술의 발전을 인간 삶과 환경 개선에 활용하는 사례를 찾고, 이러한 과학기술의 발전이 미래 사회에 미치는 유용성과 한계를 예측할 수 있다.
탐구주제: 스마트 기술 기반 소상공인 운영 효율화 및 서비스 혁신 사례 연구
탐구활동 예시: 키오스크, 서빙 로봇, 스마트 주문 시스템 등 소상공인 업무 자동화 기술 사례 조사, 사물인터넷 (IoT) 기반 재고 관리 시스템, 에너지 관리 시스템 등 소상공인 운영 효율화 기술 사례 조사, 증강현실 (AR), 가상현실 (VR) 기술을 활용한 새로운 고객 경험 제공 사례 연구, 스마트 기술 도입이 소상공인의 생산성 향상 및 비용 절감에 미치는 영향 분석, 스마트 기술 도입 과정에서 발생할 수 있는 디지털 격차 문제 및 해결 방안 모색

[K-SDGs 세부목표 8-4] 동일한 가치노동에 대해 동일한 임금을 지급한다.

통합사회 연계

[10통사2-01-01] 근대 시민 혁명 등을 통해 확립되어 온 인권의 의미와 변화 양상을 이해하고, 현대 사회에서 주거, 안전, 환경, 문화 등 다양한 영역으로 인권이 확장되고 있는 사례를 조사한다.
탐구주제: 성별 임금 격차의 현황과 원인 분석 및 해결 방안 모색
탐구활동 예시: OECD, 통계청 등 관련 통계자료를 활용하여 우리나라 성별 임금 격차 현황 조사 및 국제 비교, 동일 직종/직무 내 성별 임금 격차 사례 조사 및 인터뷰 (가능하다면) 진행, 성별 직업 분리, 경력 단절, 유리 천장 등 성별 임금 격차의 사회적・구조적 원인 분석, 성별 임금 격차 해소를 위한 국내외 정책 사례 조사 및 효과 분석, 성별 임금 격차 해소를 위한 개인적・사회적 노력 방안 제시 및 실천 계획 수립

[10통사2-01-03] 사회적 소수자 차별, 청소년의 노동권 등 국내 인권 문제와 인권지수를 통해 확인할 수 있는 세계 인권 문제의 양상을 조사하고, 이에 대한 해결 방안을 모색한다.
탐구주제 1: 성별 임금 격차의 현황과 원인 분석 및 해결 방안 모색
탐구활동 예시: 국내 성별 임금 격차 통계자료 분석, 직종별 성별 임금 격차 사례 조사, 여성 경제활동 참여의 어려움 인터뷰, 해외 성별 임금 격차 해소 정책 사례 조사 및 국내 적용 가능성 논의
탐구주제 2: 다양한 사회적 소수자 (장애인, 이주민 등)의 임금 차별 실태 조사 및 개선 방안 연구
탐구활동 예시: 장애인, 이주민 등 사회적 소수자의 고용률 및 임금 수준 관련 통계자료 조

사, 사회적 소수자의 임금 차별 경험 사례 조사 및 인터뷰 (관련 단체 협조) 진행, 사회적 편견, 제도적 차별 등 사회적 소수자의 임금 차별 원인 분석, 사회적 소수자의 고용 환경 개선 및 임금 차별 해소를 위한 법률 및 정책 조사, 차별 없는 공정한 노동시장 조성을 위한 사회적 인식 개선 캠페인 기획

[10통사2-02-01] 정의의 의미와 정의가 요구되는 이유를 파악하고, 다양한 사례를 통해 정의의 실질적 기준을 탐구한다.
탐구주제: 동일 가치노동 동일 임금 원칙의 윤리적 의미와 실현 방안 탐색
탐구활동 예시: 동일 가치노동의 기준에 대한 다양한 의견 조사 및 토론, 직무 평가 시스템의 공정성 문제점 분석, 성차별 없는 채용 및 승진 제도 설계, 직장 내 성차별 사례 조사 및 해결 방안 제시, '동일 가치노동'의 개념과 판단 기준에 대한 다양한 견해 조사 및 비교 분석, 임금 정의, 분배 정의 등 정의론적 관점에서 동일 가치노동 동일 임금 원칙의 정당성 논의, 사회적 형평성 및 사회통합 관점에서 동일 가치노동 동일 임금 원칙의 중요성 분석, 임금 결정 과정의 투명성 및 공정성 확보 방안에 대한 토론, 정의로운 사회를 위한 노동시장의 역할에 대한 성찰

통합과학 연계

[10통과2-03-02] 빅데이터를 과학기술사회에서 사용하고 있는 사례를 조사하고, 빅데이터 활용의 장점과 문제점을 추론할 수 있다.
탐구주제 1: 빅데이터 기반 임금 격차 분석 및 예측 모델 연구
탐구활동 예시: 노동시장 관련 빅데이터 (직종별 임금 데이터, 성별/나이별 데이터, 학력/경력 데이터 등) 수집 및 분석 방법 학습, 빅데이터 분석 도구를 활용하여 특정 직종 또는 산업군의 임금 격차 패턴 분석, 임금 격차 발생 요인 (경력, 학력, 성별 등)과의 상관관계 분석, 인공지능 기반 임금 예측 모델의 활용 가능성 및 잠재적 편향성 문제점 논의, 빅데이터 분석 결과를 활용한 임금 격차 해소 정책 제안
탐구주제 2: 빅데이터 분석을 통한 직무 분석 및 평가 시스템의 과학적 원리 이해 및 임금 결정의 객관성 확보 방안 탐색
탐구활동 예시: 다양한 직무 분석 방법 (관찰법, 면접법, 설문 조사법 등)의 특징과 장단점 조사, 직무 평가 요소 (필요 지식, 기술, 책임, 노력 등) 및 평가 방법 학습, 직무 분석 및 평가 시스템이 임금 결정의 객관성 및 공정성 확보에 기여하는 방식 분석, 빅데이터 기반 직무 분석 및 임금 수준 예측 시스템의 활용 사례 및 윤리적 문제점 논의, 과학적 직무 분석 및 평가 시스템의 노동시장 적용 확대를 위한 아이디어 제시

[10통과2-03-03] 인공지능 로봇, 사물인터넷 등과 같이 과학기술의 발전을 인간 삶과 환경 개선에 활용하는 사례를 찾고, 이러한 과학기술의 발전이 미래 사회에 미치는 유용성과 한계를 예측할 수 있다.
탐구주제: 자동화 및 인공지능 기술 발전이 특정 직업군의 임금 수준 및 고용 안정성에 미치는 영향 분석
탐구활동 예시: 자동화 가능성이 큰 직업군과 낮은 직업군 비교 분석, 인공지능 기술 도입으로 인한 직무 변화 및 요구 역량 변화 예측, 기술 발전이 특정 성별 또는 연령대의 노동자에게 미치는 차별적 영향 분석, 기술 발전으로 인한 일자리 감소 문제에 대한 사회적 안전망 구축 방안 논의, 미래 노동시장 변화에 따른 공정한 임금 체계 구축 방안 모색

[K-SDGs 세부목표 8-5] (보완) 이주노동자 등 취약그룹 노동자들의 권리 보호를 확대한다.
통합사회 연계

[10통사1-04-04] 다문화 사회의 현황을 조사하고, 문화적 다양성을 존중하는 태도를 바탕으로 갈등 해결 방안을 모색한다.
탐구주제: 이주노동자의 노동 환경 실태 조사 및 인권 보호 방안 모색
탐구활동 예시: 지역 내 이주노동자 사업장 방문 및 인터뷰, 이주노동자들이 겪는 어려움 사례 조사 (임금 체납, 산업 재해, 차별 등), 이주노동자 지원 단체 활동 조사, 다문화 사회 구성원으로서 이주노동자 인권 보호를 위한 역할 논의

[10통사2-01-03] 사회적 소수자 차별, 청소년의 노동권 등 국내 인권 문제와 인권지수를 통해 확인할 수 있는 세계 인권 문제의 양상을 조사하고, 이에 대한 해결 방안을 모색한다.
탐구주제 1: 청소년 노동자의 노동권 침해 사례 조사 및 보호 방안 연구
탐구활동 예시: 청소년 아르바이트 경험 설문 조사 및 인터뷰, 청소년 노동 관련 법규 조사, 청소년 노동 권익 보호 단체 활동 조사, 건강한 청소년 노동 문화 조성을 위한 캠페인 기획
탐구주제 2: 이주노동자에 대한 사회적 차별 실태 및 원인 분석, 차별 해소를 위한 방안 연구
탐구활동 예시: 이주노동자에 대한 인식 설문 조사 시행 및 분석, 뉴스 및 미디어 자료 분석을 통한 차별 사례 조사, 국가인권위원회 등 관련 기관의 자료 조사, 차별 금지 법률 및 정책 비교 분석, 차별 해소를 위한 시민 캠페인 아이디어 기획

[10통사2-02-03] 사회 및 공간 불평등 현상의 사례를 조사하고, 정의로운 사회를 만들기 위한 다양한 제도와 시민으로서의 실천 방안을 제안한다.
탐구주제: 노동시장 내 이주노동자의 불평등 사례 분석 및 공정한 노동 환경 조성 방안 탐색
탐구활동 예시: 국내 노동시장 통계자료 분석 (임금, 고용 형태 등), 이주노동자와 내국인 노동자의 노동 조건 비교 분석, 최저임금 제도 및 적용 실태 조사, 노동조합의 역할 및 이주노동자 참여 현황 조사, 공정한 채용 및 노동 환경 조성을 위한 정책 제안

[10통사2-03-02] 합리적 선택의 의미와 그 한계를 파악하고, 지속가능발전을 위해 요청되는 정부, 기업가, 노동자, 소비자의 바람직한 역할과 책임에 관해 탐구한다.
탐구주제: 이주 노동력 활용과 기업의 사회적 책임 간의 관계 분석 및 균형 방안 모색
탐구활동 예시: 이주노동자를 고용하는 기업 사례 조사 (긍정적/부정적 사례), 기업의 인권 경영 및 노동 윤리 관련 정책 조사, 소비자의 윤리적 소비와 이주노동자 권리 보호의 연관성 탐구, 지속가능한 생산 및 소비 모델 연구, 기업, 정부, 시민사회의 협력 방안 아이디어 제시

[10통사2-04-01] 세계화의 다양한 양상을 살펴보고, 세계화 시대의 문제점과 그에 대한 해결 방안을 제안한다.
탐구주제: 세계화 시대 이주 노동의 증가 배경과 문제점, 국제적 협력 방안 모색
탐구활동 예시: 국제 이주 관련 통계 및 보고서 분석, 국제 노동 기구 (ILO) 등 국제기구의 활동 조사, 이주노동자 송출 국가와 수용 국가의 입장 비교 분석, 이주 노동 관련 국제 협약 및 법률 조사, 인권 중심의 국제 이주 정책 방향 제시

[10통사1-04-04] 다문화 사회의 현황을 조사하고, 문화적 다양성을 존중하는 태도를 바탕으로 갈등 해결 방안을 모색한다.
탐구주제: 다문화 사회 속 이주노동자의 문화적응 과정의 어려움과 사회통합 방안 연구
탐구활동 예시: 이주노동자의 출신 국가별 문화 비교, 이주노동자의 한국 사회 적응 사례 조사 (성공 및 실패 사례), 문화적 차이로 인한 갈등 사례 분석 및 해결 방안 모색, 이주노동자를 위한 문화 교육 프로그램 및 지원 정책 조사, 지역 사회의 다문화 이해 교육 필요성 및 방향 제시

통합과학 연계

[10통과1-03-05] 생명 시스템을 유지하기 위해서 다양한 화학반응과 물질 출입이 필요함을 이해하고, 일상생활에서 활용되는 화학반응 사례를 조사하여 발표할 수 있다.
탐구주제: 산업 현장에서 이주노동자들이 겪는 화학물질 노출 위험과 안전관리 방안 탐색
탐구활동 예시: 산업 현장에서 사용되는 유해 화학물질 정보 조사, 화학물질 노출로 인한 건강 문제 사례 조사, 산업 안전 보건 기준 및 관련 법규 조사, 보호 장비의 종류와 기능 조사, 안전한 작업 환경 설계를 위한 아이디어 제시

[10통과2-02-01] 생태계 구성요소를 이해하고 생물과 환경 사이의 상호관계를 설명할 수 있다.
탐구주제: 농업과 축산업 분야 이주노동자의 건강과 안전에 영향을 미치는 환경 요인 분석 및 개선 방안 연구
탐구활동 예시: 농업과 축산 환경의 특성 조사 (미세먼지, 유해균, 소음 등), 관련 환경 요인이 건강에 미치는 영향 조사, 보호 장비 및 위생 관리 방법 조사, 스마트 농업 기술 도입을 통한 노동 환경 개선 가능성 탐색, 친환경적인 농업 방식과 노동자 건강의 연관성 탐구

[10통과2-03-04] 과학기술의 발전 과정에서 발생할 수 있는 과학 관련 사회적 쟁점 (SSI)과 과학기술 이용에서 과학 윤리의 중요성에 대해 논증할 수 있다.
탐구주제: 자동화 및 인공지능 기술 도입이 이주노동자의 고용 환경에 미치는 영향과 윤리적 문제 탐색
탐구활동 예시: 각 산업 분야의 자동화 현황 및 전망 조사, 자동화 도입으로 인한 노동시장 변화 예측, 이주노동자의 일자리 감소 문제 및 대안 모색, 새로운 기술 도입 과정에서 발생할 수 있는 윤리적 딜레마 분석, 기술 발전과 인간 존엄성 유지의 조화 방안 논의

[K-SDGs 세부목표 8-6] 모든 근로자의 권리를 보호하고 안전하고 건강한 근로 환경을 조성한다.

통합사회 연계

[10통사2-01-02] 인간 존엄성 실현과 인권보장을 위한 헌법의 역할을 파악하고, 시민의 권익을 보호하기 위한 다양한 시민참여의 방안을 탐구하고 이를 실천한다.
탐구주제: 노동기본권의 의미와 중요성 및 실현 방안 탐구
탐구활동 예시: 헌법에 명시된 노동기본권 조항 조사, 노동조합의 역할과 기능 조사, 노동 관련 시민단체 활동 참여, 근로기준법 등 노동관계 법규 조사 및 개선점 제안, 학교 내 노동 인권 교육 필요성 및 개선 방안 논의

[10통사1-02-02] 행복한 삶을 실현하기 위한 조건으로 질 높은 정주 환경의 조성, 경제적 안정, 민주주의 발전 및 도덕적 실천의 필요성에 관해 탐구한다.
탐구주제: 직장인의 워라밸 (Work-Life Balance) 실태 조사 및 개선 방안 모색
탐구활동 예시: 주변 직장인들의 워라밸 만족도 설문 조사 및 인터뷰, 기업의 유연 근무제 및 휴가 제도 운용 사례 조사, 일과 삶의 균형을 위한 개인적 노력 및 사회적 지원 방안 아이디어 제시, 워라밸 관련 정책 제안

통합과학 연계

[10통과1-03-05] 생명 시스템을 유지하기 위해서 다양한 화학반응과 물질 출입이 필요함을 이해하고, 일상생활에서 활용되는 화학반응 사례를 조사하여 발표할 수 있다.
탐구주제: 직업병 발생 원인과 예방을 위한 과학적 접근
탐구활동 예시: 주요 직업병의 종류와 발생 원인 조사 (화학물질 노출, 소음, 진동, 전자파 등), 작업 환경 측정 도구 및 방법 조사, 직업병 예방을 위한 개인 보호 장비 및 작업 환경 개선 사례 연구, 건강한 작업 환경 설계를 위한 아이디어 제시

[출처: 지속가능발전포털]

□(G9) 산업의 성장과 혁신 활성화 및 사회기반시설 구축

"회복력 있는 사회기반시설 구축, 포용적이고 지속가능한 산업화 증진과 혁신 도모"

[K-SDGs 세부목표 9-1] (보완) 대다수 국민이 정보에 안정적으로 접근할 수 있도록 노력한다.

통합사회 연계

[10통사1-05-02] 교통・통신 및 과학기술의 발달과 함께 나타난 생활공간과 생활양식의 변화 양상을 조사하고, 이에 따른 문제점의 해결 방안을 제안한다.
탐구주제: 지역별 대중교통 이용 만족도 비교 분석 및 개선 방안 모색
탐구활동 예시: 지역별 대중교통 노선 및 배차 간격 조사, 대중교통 이용자 설문 조사 및 인터뷰 (만족도, 불편 사항 등), 교통약자를 위한 편의 시설 현황 조사, 해외 대중교통 우수 사례 조사 및 국내 적용 방안 제안

[10통사2-02-03] 사회 및 공간 불평등 현상의 사례를 조사하고, 정의로운 사회를 만들기 위한 다양한 제도와 시민으로서의 실천 방안을 제안한다.
탐구주제: 디지털 정보 격차의 현황과 해소 방안 탐색
탐구활동 예시: 계층별, 지역별 인터넷 이용률 및 디지털 기기 보유율 통계 분석, 디지털 소외계층 인터뷰 (어르신, 장애인, 저소득층 등), 디지털 리터러시 교육 프로그램 사례 조사 및 평가, 디지털 정보 격차 해소를 위한 정책 아이디어 제안

통합과학 연계

[10통과1-01-04] 자연에서 일어나는 다양한 변화를 측정・분석하여 정보를 산출함을 알고, 이러한 정보를 디지털로 변환하는 기술을 정보 통신에 활용하여 현대 문명에 미친 영향을 인식한다.
탐구주제: 스마트 교통시스템의 작동 원리 및 교통 효율 증대 효과 분석
탐구활동 예시: 실시간 교통 정보 시스템, 자율주행 시스템 등 스마트 교통 기술 조사, 교통량 변화 데이터 분석을 통한 스마트 교통시스템 효과 검증, 스마트 교통 기술이 교통 환경 및 에너지 소비에 미치는 영향 분석, 미래 스마트 교통 기술 전망 탐색

[K-SDGs 세부목표 9-2] 산업의 다양성을 추구하고 지속가능한 기업 활동의 기반 마련을 통해 산업 경쟁력을 확보한다.

통합사회 연계

[10통사2-03-01] 자본주의의 역사적 전개 과정과 그 특징을 조사하고, 시장과 정부의 관계를 중심으로 다양한 삶의 방식을 비교 평가한다.
탐구주제: 지역 경제 활성화를 위한 특화 산업 육성 방안 연구
탐구활동 예시: 지역별 산업 구조 분석 및 특화 산업 발굴, 성공적인 지역 특화 산업 육성 사례 조사, 지역 주민과 기업 인터뷰를 통한 의견 수렴, 지역 특화 산업 발전을 위한 정책 아이디어 제안

[10통사2-03-02] 합리적 선택의 의미와 그 한계를 파악하고, 지속가능발전을 위해 요청되는 정부, 기업가, 노동자, 소비자의 바람직한 역할과 책임에 관해 탐구한다.
탐구주제: 중소기업의 지속가능한 성장을 위한 ESG 경영 도입 사례 분석
탐구활동 예시: ESG 경영의 개념 및 중요성 조사, 중소기업의 ESG 경영 도입 사례 조사 및 성공 요인 분석, 소비자의 윤리적 소비가 기업 경영에 미치는 영향 분석, 중소기업 ESG 경영 확산을 위한 지원 정책 아이디어 제안

통합과학 연계

[10통과2-03-03] 인공지능 로봇, 사물인터넷 등과 같이 과학기술의 발전을 인간 삶과 환경 개선에 활용하는 사례를 찾고, 이러한 과학기술의 발전이 미래 사회에 미치는 유용성과 한계를 예측할 수 있다.
탐구주제: 스마트 팩토리 도입이 중소기업 생산성 향상 및 노동 환경 변화에 미치는 영향 분석
탐구활동 예시: 스마트 팩토리 기술 및 도입 사례 조사, 스마트 팩토리 도입 기업 인터뷰 (생산성 변화, 노동 환경 변화 등), 스마트 팩토리 관련 데이터 분석 및 시뮬레이션, 중소기업 스마트 팩토리 도입 지원 정책 아이디어 제안

[K-SDGs 세부목표 9-3] 기술 역량을 구축하고 고도화된 기술 상용화를 촉진하여 국제 경쟁력을 강화한다.

통합사회 연계

[10통사2-04-01] 세계화의 다양한 양상을 살펴보고, 세계화 시대의 문제점과 그에 대한 해결 방안을 제안한다.
탐구주제: 우리나라 주력 산업의 국제 경쟁력 분석 및 강화 방안 모색
탐구활동 예시: 우리나라 주요 수출 품목 및 경쟁국 분석, 주력 산업의 기술 경쟁력 현황 조사 (특허 출원, 기술 수준 비교 등), 세계 시장 변화에 따른 산업 구조 변화 예측, 미래 유망 산업 발굴 및 육성 전략 제안

[10통사2-03-02] 합리적 선택의 의미와 그 한계를 파악하고, 지속가능발전을 위해 요청되는

정부, 기업가, 노동자, 소비자의 바람직한 역할과 책임에 관해 탐구한다.
탐구주제: 기술 혁신이 가져올 사회 변화 예측 및 윤리적 문제점 논의
탐구활동 예시: 첨단기술 (AI, 바이오, 나노 기술 등) 발전 현황 조사, 기술 발전이 일자리, 의료, 환경 등에 미치는 영향 예측, 기술 발전 과정에서 발생할 수 있는 윤리적 딜레마 사례 조사, 바람직한 기술 발전 방향에 대한 토론

통합과학 연계

[10통과2-03-01] 감염병의 진단, 추적 등을 사례로 과학의 유용성을 설명하고, 미래 사회 문제 해결에서 과학의 필요성에 대해 논증할 수 있다.
탐구주제: 미래 사회를 선도할 핵심 과학기술 분야 탐색 및 발전 가능성 분석
탐구활동 예시: 미래 유망 과학기술 분야 (신재생 에너지, 우주 탐사, 인공지능 등) 조사, 분야별 기술 개발 동향 및 연구 현황 분석, 미래 기술이 가져올 사회 변화 및 경제적 효과 예측, 우리나라 과학기술 경쟁력 강화를 위한 투자 방향 제안

[K-SDGs 세부목표 9-4] 국가 연구 인력과 자본을 확충하고 적절한 연구의 기획과 실행을 통해 국가 경제성장에 기여한다.

통합사회 연계

[10통사2-03-02] 합리적 선택의 의미와 그 한계를 파악하고, 지속가능발전을 위해 요청되는 정부, 기업가, 노동자, 소비자의 바람직한 역할과 책임에 관해 탐구한다.
탐구주제: 정부 R&D 투자 효율성 분석 및 개선 방안 연구
탐구활동 예시: 정부 R&D 투자 규모 및 분야별 투자 현황 분석, R&D 투자 성공 사례 및 실패 사례 조사, R&D 투자 과정의 문제점 및 개선 방안에 대한 전문가 인터뷰, 국가 경쟁력 강화를 위한 R&D 투자 방향 제시

[10통사2-01-02] 인간 존엄성 실현과 인권보장을 위한 헌법의 역할을 파악하고, 시민의 권익을 보호하기 위한 다양한 시민참여의 방안을 탐구하고 이를 실천한다.
탐구주제: 과학기술 연구개발 과정에서의 연구 윤리 및 사회적 책임 강조
탐구활동 예시: 과학기술 연구 윤리 관련 사례 조사 (황우석 사태 등), 생명 윤리 및 인공지능 윤리 문제점 토론, 연구 부정행위 방지를 위한 제도적 방안 조사, 시민 참여형 과학기술 정책 결정 사례 연구

통합과학 연계

[10통과2-03-04] 과학기술의 발전 과정에서 발생할 수 있는 과학 관련 사회적 쟁점 (SSI)과 과학기술 이용에서 과학 윤리의 중요성에 대해 논증할 수 있다.
탐구주제: 과학기술 발전에 따른 미래 사회의 일자리 변화 예측 및 대응 방안 연구
탐구활동 예시: 과학기술 발전으로 인해 사라질 직업 및 새롭게 등장할 직업 예측, 미래 사회에 필요한 인재상 및 교육 방향 논의, 과학기술 기반 창업 아이템 발굴 및 사업 계획 구상, 과학기술 분야 여성 인력 양성 방안 탐색

[K-SDGs 세부목표 9-5] 환경 친화적인 산업 활동과 기술 혁신을 통해 자원 효율성이 높은 산업화를 추구한다.

통합사회 연계
[10통사1-03-03] 환경문제 해결을 위한 정부, 시민사회, 기업 등의 다양한 노력을 조사하고, 생태 시민으로서 실천 방안을 모색한다. **탐구주제**: 순환 경제 모델 도입을 통한 지속가능한 산업 시스템 구축 방안 연구 **탐구활동 예시**: 순환 경제의 개념 및 필요성 조사, 자원 재활용 및 업사이클링 사례 조사, 기업의 폐기물 감축 및 재활용 노력 사례 분석, 정부의 순환 경제 관련 정책 조사 및 평가, 개인의 자원 재활용 실천 방안 모색 [10통사2-05-02] 지구적 차원에서 에너지 자원의 분포와 소비 실태를 파악하고, 기후변화에 대한 대응과 지속가능한 발전을 위한 제도적 방안과 개인적 노력을 탐구한다. **탐구주제**: 친환경 에너지 산업 육성을 통한 지속가능한 발전 모색 **탐구활동 예시**: 신재생 에너지 기술 (태양광, 풍력, 수소 에너지 등) 조사, 친환경 에너지 산업 발전 현황 및 전망 분석, 화석연료 사용으로 인한 환경문제 심각성 조사, 에너지 전환 정책의 필요성 및 과제 논의, 생활 속 에너지 절약 실천 방안 탐구
통합과학 연계
[10통과2-02-06] 에너지 효율의 의미와 중요성을 이해하고, 지속가능한 발전과 지구 환경 문제 해결에 신재생 에너지 기술을 활용하는 방안을 탐색할 수 있다. **탐구주제**: 자원 재활용 기술의 원리 탐구 및 효율적인 재활용 방안 제시 **탐구활동 예시**: 플라스틱, 금속, 유리 등 주요 재활용 가능 자원의 분리수거 과정 및 재활용 기술 조사, 폐자원을 활용한 새로운 제품 제작 아이디어 구상, 재활용 과정에서의 에너지 소비 및 환경오염 문제점 분석, 재활용률 향상을 위한 시민참여 방안 연구 [10통과2-01-03] 자연과 인류의 역사에 큰 변화를 가져온 광합성, 화석연료 사용, 철의 제련 등에서 공통점을 찾아 산화와 환원을 이해하고, 생활 주변의 다양한 변화를 산화와 환원의 특징과 규칙성으로 분석할 수 있다. **탐구주제**: 친환경 산업 소재 개발 사례 조사 및 환경 영향 분석 **탐구활동 예시**: 생분해성 플라스틱, 친환경 건축 자재 등 친환경 소재 조사, 기존 산업 소재와 친환경 소재의 생산 과정 및 환경 영향 비교 분석 (탄소 발자국 등), 친환경 소재 개발을 위한 과학기술 연구 동향 조사, 생활 속 친환경 소재 사용 확대를 위한 아이디어 제안

[출처: 지속가능발전포털]

□(G10) 모든 종류의 불평등 해소

"국내 및 국가 간 불평등 감소"

[K-SDGs 세부목표 10-1] 하위 40% 인구의 가처분소득 증가율을 국가 평균보다 높은 수준으로 달성하고 유지한다.
통합사회 연계

[10통사2-02-03] 사회 및 공간 불평등 현상의 사례를 조사하고, 정의로운 사회를 만들기 위한 다양한 제도와 시민으로서의 실천 방안을 제안한다.
탐구주제: 우리나라 소득 불평등 현황 심층 분석 및 하위 40% 가구의 소득 증진 방안 탐색
탐구활동 예시: 국가 통계 포털 (KOSIS) 등의 자료를 활용하여 소득 5분위 배율, 지니 계수 등 소득 불평등 지표 변화 추이 분석, 하위 40% 가구의 소득 구성 및 지출 패턴 분석, 소득 불평등의 원인 (교육 격차, 고용 불안정 등) 조사, 하위 40% 가구의 소득 증진을 위한 정책 아이디어 제시 (최저임금 인상, 사회보험 확대, 공공일자리 창출 등)

[10통사2-03-01] 자본주의의 역사적 전개 과정과 그 특징을 조사하고, 시장과 정부의 관계를 중심으로 다양한 삶의 방식을 비교 평가한다.
탐구주제 1: 우리나라 소득 불평등의 현황과 사회보험 제도의 역할 분석
탐구활동 예시: 소득 5분위 배율, 지니 계수 등 소득 불평등 지표 변화 추이 조사, 사회보험(국민연금, 건강보험, 고용보험, 산재보험)의 가입률 및 수급 현황 분석, 저소득층의 사회보험 이용 경험 인터뷰, OECD 국가의 사회보험 제도와 우리나라 비교 분석, 소득 불평등 완화를 위한 사회보험 강화 방안 제안
탐구주제 2: 시장의 자유와 소득 재분배의 조화: 하위 40% 소득 증진을 위한 정부의 역할 탐구
탐구활동 예시: 자본주의 발전 과정에 따른 소득 불평등 변화 양상 조사, 신자유주의 정책과 소득 불평등 심화의 연관성 분석, 복지 국가 모델과 소득 분배 효과 비교 분석, 하위 40% 소득 증진을 위한 정부의 재정정책 (조세 제도, 사회복지 예산 등) 분석 및 평가, 시민사회의 역할 및 참여 방안 모색

[10통사2-03-02] 합리적 선택의 의미와 그 한계를 파악하고, 지속가능발전을 위해 요청되는 정부, 기업가, 노동자, 소비자의 바람직한 역할과 책임에 관해 탐구한다.
탐구주제 1: 자활 일자리 사업의 효과 분석 및 지속 가능한 발전 방안 모색

탐구활동 예시: 지역별 자활 일자리 사업 현황 및 참여자 규모 조사, 자활 일자리 참여자 인터뷰 (사업 참여 만족도, 소득 변화 등), 자활 기업의 운영 사례 및 성공 요인 분석, 자활 일자리의 사회적 가치 및 경제적 효과 분석, 자활 일자리 참여자의 역량 강화를 위한 교육 프로그램 아이디어 제안
탐구주제 2: 하위 40% 가구의 경제적 어려움 극복을 위한 사회 구성원의 역할과 책임 탐색
탐구활동 예시: 기업의 사회적 책임 (CSR) 활동이 하위 40% 소득 증진에 미치는 영향 조사, 노동시장의 양극화 해소를 위한 노동조합의 역할 탐구, 소비자의 윤리적 소비가 사회적 약자에게 미치는 영향 분석, 지역 사회 공동체의 역할 및 사회적 경제 모델 조사, 하위 40% 가구의 경제적 자립을 위한 지원 방안 아이디어 제시

[10통사2-05-01] 세계의 인구 분포와 구조 등에 대한 이해를 토대로 현재와 미래의 인구 문제 양상을 파악하고, 그 해결 방안을 제안한다.
탐구주제: 저출산・고령화 사회 심화와 하위 40% 가구 소득 감소의 연관성 분석 및 대응 방안 모색
탐구활동 예시: 저출산・고령화 추세 및 사회적 영향 조사, 고령층과 청년층의 경제적 어려움 실태 조사, 인구 구조 변화가 사회복지 시스템에 미치는 영향 분석, 하위 40% 가구의 경제적 부담 완화를 위한 정책 제안 (연금 제도 개혁, 아동 수당 확대 등)

통합과학 연계

[10통과2-03-02] 빅데이터를 과학기술사회에서 사용하고 있는 사례를 조사하고, 빅데이터 활용의 장점과 문제점을 추론할 수 있다.
탐구주제: 빅데이터 기반 맞춤형 사회복지 서비스 제공의 가능성과 윤리적 문제점 탐구
탐구활동 예시: 빅데이터를 활용한 복지 사각지대 발굴 사례 조사, 수급자 데이터 분석을 통한 맞춤형 지원 서비스 아이디어 구상, 개인정보보호 및 데이터 활용 윤리 관련 쟁점 조사, 빅데이터 기반 사회복지 서비스 설계 시 고려해야 할 사항 토론, 해외 빅데이터 활용 사회복지 정책 사례 조사

[10통과2-03-03] 인공지능 로봇, 사물인터넷 등과 같이 과학기술의 발전을 인간 삶과 환경 개선에 활용하는 사례를 찾고, 이러한 과학기술의 발전이 미래 사회에 미치는 유용성과 한계를 예측할 수 있다.
탐구주제: 4차 산업혁명 기술 발전이 노동시장 양극화에 미치는 영향 분석 및 하위 40% 고용 안정을 위한 방안 모색
탐구활동 예시: 인공지능 및 자동화 기술 도입으로 인한 일자리 변화 전망 조사, 새로운 기술에 필요한 직무 능력 분석, 하위 40%의 재취업 및 직업훈련 지원 정책 조사, 기술 변화에 따른 사회안전망 강화 방안 아이디어 제시

[K-SDGs 세부목표 10-2] 나이, 성별, 장애여부, 지위 등과 관계없이 모든 사람에 대한 사회 · 경제 · 정치적 포용성을 확대한다.

통합사회 연계

[10통사2-01-01] 근대 시민 혁명 등을 통해 확립되어 온 인권의 의미와 변화 양상을 이해하고, 현대 사회에서 주거, 안전, 환경, 문화 등 다양한 영역으로 인권이 확장되고 있는 사례를 조사한다.
탐구주제: 우리 사회의 나이 차별 실태 조사 및 개선 방안 모색: 청소년과 노인의 사회적 배제 경험 비교 분석
탐구활동 예시: 청소년과 노인 대상 설문 조사 및 인터뷰를 통해 사회참여, 문화생활, 공공시설 이용 등에 대한 경험 조사, 연령대별 차별 관련 법률 및 정책 분석, 세대 통합을 위한 사회적 프로그램 사례 조사 및 제안

[10통사2-01-03] 사회적 소수자 차별, 청소년의 노동권 등 국내 인권 문제와 인권지수를 통해 확인할 수 있는 세계 인권 문제의 양상을 조사하고, 이에 대한 해결 방안을 모색한다.
탐구주제 1: 우리 사회의 다중 차별 현황과 장애인의 권리 보장 방안 연구
탐구활동 예시: 장애인, 여성 장애인, 이주 여성 장애인 등 다중 차별 경험 사례 조사 및 분석, 장애인 차별금지법의 내용 및 효과 분석, 장애인 인권 단체의 활동 사례 조사, 국제 장애인 권리 협약 내용 및 국내 적용 현황 연구, 다중 차별 해소를 위한 사회적 인식 개선 캠페인 아이디어 구상
탐구주제 2: 성별에 따른 사회적 불평등 현황 분석 및 양성평등 사회 구현 방안 탐색: 교육, 직업, 가정 내 역할 중심으로
탐구활동 예시: 성별 임금 격차, 직업 선택의 성별 고정관념, 가사노동 분담 실태 등 관련 통계자료 분석, 미디어 속성 역할 묘사 분석, 양성평등 관련 법률 및 정책 비교 분석, 학교 및 지역 사회에서의 양성평등 교육 프로그램 제안

[10통사2-02-03] 사회 및 공간 불평등 현상의 사례를 조사하고, 정의로운 사회를 만들기 위한 다양한 제도와 시민으로서의 실천 방안을 제안한다.
탐구주제: 고령화 사회의 경제적 불평등 해소를 위한 다층적 노후소득 보장체계 분석
탐구활동 예시: 국민연금, 퇴직연금, 개인연금 등 다층적 노후소득 보장체계의 특징 및 문제점 비교 분석, 노인 빈곤율 및 노인 가구 소득 현황 조사, OECD 국가의 노후소득 보장제도 사례 연구, 안정적인 노후 생활을 위한 개인적 준비 방안 탐색, 공적연금 개혁 방안에 대한 다양한 의견 조사 및 분석

통합과학 연계

[10통과2-03-03] 인공지능 로봇, 사물인터넷 등과 같이 과학기술의 발전을 인간 삶과 환경 개선에 활용하는 사례를 찾고, 이러한 과학기술의 발전이 미래 사회에 미치는 유용성과 한계를 예측할 수 있다.
탐구주제: 고령층과 장애인의 삶의 질 향상을 위한 스마트 기술 활용 방안 탐색
탐구활동 예시: 스마트 헬스케어, 스마트 홈 기술 등 고령층과 장애인 지원 기술 사례 조사, 웨어러블 기기, 보조 로봇 등의 활용 효과 및 개선점 분석, 스마트 기술 접근성 향상을 위한

디자인 연구, 고령층과 장애인의 디지털 정보 격차 해소를 위한 기술교육 프로그램 아이디어 제안

[10통과2-03-04] 과학기술의 발전 과정에서 발생할 수 있는 과학 관련 사회적 쟁점 (SSI)과 과학기술 이용에서 과학 윤리의 중요성에 대해 논증할 수 있다.
탐구주제: 유전체 분석 기술의 발전과 사회적 불평등 심화 가능성에 대한 윤리적 탐구: 질병 예측 및 맞춤형 의료 서비스 접근성 중심으로
탐구활동 예시: 유전체 분석 기술의 원리 및 활용 분야 조사, 질병 예측 및 개인별 맞춤 의료 서비스 현황 조사, 유전 정보 불평등으로 인한 사회적 차별 발생 가능성 토론, 생명 윤리 및 사회정의 관점에서 유전체 분석 기술의 활용 방안 논의

[K-SDGs 세부목표 10-3] 나이, 성별, 장애여부에 따른 차별적 대우를 철폐하여 공정한 기회를 제공한다.

통합사회 연계

[10통사2-01-03] 사회적 소수자 차별, 청소년의 노동권 등 국내 인권 문제와 인권지수를 통해 확인할 수 있는 세계 인권 문제의 양상을 조사하고, 이에 대한 해결 방안을 모색한다.
탐구주제: 노동시장 내 나이, 성별, 장애에 따른 차별 실태 조사 및 개선 방안 연구
탐구활동 예시: 채용 공고, 면접 과정 등에서의 차별 사례 수집 및 분석, 균등한 기회 보장을 위한 법률 및 정책 (고용상 나이 차별금지법, 남녀고용평등법, 장애인고용촉진법 등) 조사, 기업의 다양성 및 포용성 (D&I) 정책 사례 분석, 차별 없는 채용 및 승진 문화 조성을 위한 아이디어 제안, 해외 노동시장 차별 해소 정책 사례 조사

[10통사2-02-02] 개인과 공동체의 관계를 기준으로 다양한 정의관을 비교하고, 이를 구체적인 사례에 적용하여 설명한다.
탐구주제: 교육기회 불평등 해소를 위한 긍정적 차별 정책 (장애 학생 특별전형, 여성 과학기술인 육성 정책 등) 에 대한 윤리적 논의
탐구활동 예시: 다양한 정의관 (롤스의 공정으로서의 정의, 분배적 정의 등) 학습 및 비교 분석, 긍정적 차별 정책의 찬반 논쟁 사례 조사, 교육 현장에서의 긍정적 차별 정책 시행 사례 및 효과 분석, 교육 불평등 해소를 위한 근본적인 해결 방안 모색, 공정한 교육기회 제공을 위한 학생들의 역할 토론

통합과학 연계

[10통과2-03-04] 과학기술의 발전 과정에서 발생할 수 있는 과학 관련 사회적 쟁점 (SSI)과 과학기술 이용에서 과학 윤리의 중요성에 대해 논증할 수 있다.
탐구주제: AI 기반 채용 시스템의 공정성 및 윤리적 문제점 분석
탐구활동 예시: AI 채용 시스템의 작동 원리 및 평가 기준 조사, AI 채용 과정에서의 편향성 발생 가능성 및 사례 연구, AI 채용 시스템 도입에 대한 다양한 이해관계자들의 입장 조사, AI 채용 과정의 투명성 및 설명 가능성 확보 방안 탐색, 공정한 AI 채용 시스템 설계를 위한 윤리적 가이드라인 제안

[K-SDGs 세부목표 10-4] 재정정책, 임금정책, 사회 보호 정책을 강화하여 더 높은 수준의 평등을 달성한다.
통합사회 연계
[10통사2-03-01] 자본주의의 역사적 전개 과정과 그 특징을 조사하고, 시장과 정부의 관계를 중심으로 다양한 삶의 방식을 비교 평가한다. 탐구주제: 우리나라 사회보장 제도의 현황과 과제: 근로 연령층 소득 보장을 중심으로 **탐구활동 예시**: 국민연금, 고용보험, 산재보험 등 사회보험 제도의 특징 및 운영 방식 조사, 근로장려금 (EITC) 등 사회수당 제도의 효과 분석, OECD 국가의 사회보장 제도 비교 연구, 사회보장 제도의 지속가능성 확보 방안 모색, 미래 사회 변화에 따른 새로운 사회보장 모델 구상 [10통사2-03-02] 합리적 선택의 의미와 그 한계를 파악하고, 지속가능발전을 위해 요청되는 정부, 기업가, 노동자, 소비자의 바람직한 역할과 책임에 관해 탐구한다. **탐구주제**: 고용 불안정 시대의 사회적 안전망 강화 방안 탐색: 고용보험 및 실업급여를 중심으로 **탐구활동 예시**: 특수고용 노동자, 플랫폼 노동자 등 고용보험 사각지대 현황 조사, 실업급여 지급 요건 및 급여 수준의 적절성 평가, 직업훈련 및 재취업 지원 프로그램의 효과 분석, 노동시장 변화에 따른 새로운 고용 형태에 대한 사회적 보호 방안 논의, 안정적인 고용 환경 조성을 위한 정부, 기업, 노동자의 역할 분담 방안 모색
통합과학 연계
[10통과2-03-03] 인공지능 로봇, 사물인터넷 등과 같이 과학기술의 발전을 인간 삶과 환경 개선에 활용하는 사례를 찾고, 이러한 과학기술의 발전이 미래 사회에 미치는 유용성과 한계를 예측할 수 있다. **탐구주제**: 4차 산업혁명 시대의 기술 변화가 임금 불평등에 미치는 영향 분석 및 대응 방안 모색 **탐구활동 예시**: 자동화, 인공지능 기술 도입으로 인한 노동시장 변화 예측, 고숙련/저숙련 노동시장의 임금 격차 심화 가능성 분석, 기술 변화에 따른 새로운 직업 및 교육 훈련 필요성 탐색, 기술 발전의 혜택을 사회 전체가 공유할 수 있는 정책 아이디어 구상 [10통과2-03-04] 과학기술의 발전 과정에서 발생할 수 있는 과학 관련 사회적 쟁점 (SSI)과 과학기술 이용에서 과학 윤리의 중요성에 대해 논증할 수 있다. **탐구주제**: 미래 사회의 불평등 해소를 위한 과학기술의 윤리적 활용 방안 탐색: 공정한 접근과 기회 보장을 중심으로 **탐구활동 예시**: 인공지능 기반 교육 시스템의 공정성 문제 논의, 디지털 접근성 격차 해소를 위한 기술 개발 방향 모색, 첨단 의료 기술의 비용 문제와 의료 불평등 심화 가능성 분석, 과학기술 발전의 혜택이 사회 전체에 공정하게 분배될 수 있도록 하는 방안 토론

[K-SDGs 세부목표 10-5] (보완) 내 · 외국인 권익을 균형적으로 보장하는 이민정책을 통한 상호 문화 이해 환경을 조성한다.

통합사회 연계

[10통사1-04-04] 다문화 사회의 현황을 조사하고, 문화적 다양성을 존중하는 태도를 바탕으로 갈등 해결 방안을 모색한다.
탐구주제: 우리 사회 다문화 현황과 이민자 사회통합을 위한 과제 탐색
탐구활동 예시: 국내 거주 외국인 현황 및 출신 국가별 분포 조사, 이민자 사회통합 정책 (한국어 교육, 직업훈련, 문화이해 교육 등) 사례 조사, 이민자들이 겪는 어려움 (언어 장벽, 문화 차이, 차별 등) 인터뷰 및 사례 분석, 다문화 사회의 긍정적 측면 및 발전 가능성 탐색, 학교 및 지역 사회에서의 다문화 이해 교육 프로그램 아이디어 제안

[10통사2-04-02] 평화의 관점에서 국제사회의 갈등과 협력의 사례를 조사하고, 세계 평화를 위한 행위 주체의 바람직한 역할을 탐색한다.
탐구주제: 이민자 인권 보호를 위한 국제협력 및 국내 법제 개선 방안 연구
탐구활동 예시: 국제 이주 기구 (IOM), 유엔난민기구 (UNHCR) 등 국제기구의 활동 조사, 이민자 인권 관련 국제법 및 협약 내용 학습, 국내 이민 관련 법률 (출입국관리법, 난민법 등) 현황 및 문제점 분석, 이민자 인권 침해 사례 조사 및 구제 방안 모색, 이민자에 대한 차별 및 혐오 표현 해소를 위한 시민의식 개선 방안 제시

통합과학 연계

[10통과2-03-01] 감염병의 진단, 추적 등을 사례로 과학의 유용성을 설명하고, 미래 사회 문제 해결에서 과학의 필요성에 대해 논증할 수 있다. (간접적 연계)
탐구주제: 이민 과정에서의 건강관리 및 감염병 예방을 위한 과학기술 활용 방안 탐색
탐구활동 예시: 해외 유입 감염병 발생 현황 및 관리 시스템 조사, 이민자 건강검진 및 예방접종 시스템 현황 분석, 언어 장벽 없이 의료 서비스를 이용할 수 있는 기술 (AI 번역 등) 조사, 문화적 배경을 고려한 건강 교육 프로그램 개발, 이민자의 정신건강 지원을 위한 사회적 연결망 구축 방안 모색

[출처: 지속가능발전포털]

□(G11) 지속가능한 도시와 주거지 조성

"포용적이고 안전하며 회복력 있고 지속가능한 도시와 주거지 조성"

[K-SDGs 세부목표 11-1] 적절하고 부담 가능한 가격의 주택과 기본서비스에 대한 접근을 보장하고, 노후 주거지의 환경을 개선한다.
통합사회 연계

[10통사1-02-02] 행복한 삶을 실현하기 위한 조건으로 질 높은 정주 환경의 조성, 경제적 안정, 민주주의 발전 및 도덕적 실천의 필요성에 관해 탐구한다.
탐구주제: 지역별 주거 환경 만족도 비교 분석 및 주거 질 향상 방안 모색
탐구활동 예시: 자신이 속한 지역 포함, 다양한 지역의 주거 형태 및 주거 환경 요소 (녹지 공간, 편의 시설, 안전 시설 등) 조사, 지역 주민 대상 주거 환경 만족도 설문 조사 및 인터뷰, 주거 만족도에 영향을 미치는 사회적・경제적 요인 분석, 주거 질 향상을 위한 정책 아이디어 제안 (예: 공유 주택 활성화, 주거 환경 개선 사업 등)

[10통사1-05-01] 산업화, 도시화로 인해 나타난 생활공간과 생활양식의 변화 양상을 조사하고, 이에 따른 문제점의 해결 방안을 제안한다.
탐구주제: 우리나라 도시화 과정에 따른 주거 형태 변화와 주거 문제 심화 과정 분석 및 해결 방안 탐색
탐구활동 예시: 과거부터 현재까지 우리나라 주택 보급률, 주택 유형 변화, 주거비 변동 추이 등 통계자료 분석, 도시 빈민 문제, 주택 가격 상승 문제, 주거 불평등 문제 등 도시화로 인한 주거 문제 사례 조사, 국내외 주거 문제 해결 정책 (공공 주택 공급, 주거비 지원 정책 등) 사례 비교 분석 및 정책 제안

[10통사1-05-03] 자신이 거주하는 지역을 사례로 공간 변화가 초래한 양상 및 문제점을 탐구하고, 공동체의 구성원으로서 지역사회의 변화를 위한 방안을 모색하고 이를 실천한다.
탐구주제: 우리 동네 노후 주거지 환경 실태 조사 및 개선을 위한 주민 참여 방안 연구
탐구활동 예시: 거주 지역 내 노후 주택 비율, 주거 시설 노후 정도, 기반 시설 현황 등 실태 조사, 노후 주거지 주민 인터뷰를 통해 주거 환경의 어려움과 개선 요구사항 파악, 주민 공동체 활동을 통한 노후 주거지 환경 개선 아이디어 발굴 및 실행 계획 수립 (예: 벽화 그리기, 골목길 정비, 공동 텃밭 조성 등)

[10통사2-01-01] 근대 시민 혁명 등을 통해 확립되어 온 인권의 의미와 변화 양상을 이해하고, 현대 사회에서 주거, 안전, 환경, 문화 등 다양한 영역으로 인권이 확장되고 있는 사례를 조사한다.
탐구주제: 주거권의 의미와 현실: 청년층 주거 불안정 사례 분석 및 해결 방안 모색
탐구활동 예시: 청년층의 주거 실태 (주거 형태, 주거 비용, 주거 만족도 등) 관련 통계자료 분석, 청년 주거 관련 정책 (주택공급 정책, 금융 지원 정책 등) 조사, 주거 불안정을 겪는 청년 인터뷰 및 사례 연구, 해외 청년 주거 지원 정책 사례 조사 및 국내 적용 방안 제안

[10통사2-02-03] 사회 및 공간 불평등 현상의 사례를 조사하고, 정의로운 사회를 만들기 위한 다양한 제도와 시민으로서의 실천 방안을 제안한다.
탐구주제: 지역별 주거환경 격차 실태 분석 및 주거 불평등 해소를 위한 사회적 노력 탐색
탐구활동 예시: 지역별 평균 주택 가격, 주거 만족도, 공공 서비스 접근성 등 비교 분석, 주거 복지 정책의 효과성 분석 및 개선 방안 제시, 주거 불평등 해소를 위한 시민단체 활동 사례 조사 및 참여 방안 모색

통합과학 연계

[10통과1-02-06] 지구를 구성하는 물질을 전기적 성질에 따라 구분할 수 있고, 물질의 전기적 성질을 응용하여 일상생활과 첨단기술에서 다양한 소재로 활용됨을 인식한다. (간접적 연계)
탐구주제: 친환경 건축 자재의 종류와 특성 조사 및 지속 가능한 주거 공간 설계
탐구활동 예시: 다양한 친환경 건축 자재 (목재, 황토, 재활용 소재 등)의 종류와 특징 조사, 친환경 건축 자재의 에너지 효율성 및 환경 영향 분석, 기존 건축 자재와 친환경 건축 자재의 장단점 비교, 친환경 건축 디자인 사례 조사 및 분석, 미래형 지속 가능한 주택 모델 설계

[10통과1-03-01] 지구시스템은 태양계라는 시스템의 구성요소임을 알고, 지구시스템을 구성하는 권역 간의 물질 순환과 에너지 흐름의 결과로 나타나는 현상을 논증할 수 있다.
탐구주제: 친환경 주택 건축 설계를 위한 자연 에너지 활용 방안 탐구 (태양열, 지열 등)
탐구활동 예시: 친환경 주택의 에너지 효율 분석 및 일반 주택과의 비교, 태양광 패널 설치 및 지열 냉난방 시스템 작동 원리 조사, 지역별 일사량, 지열 특성 등 환경 데이터를 활용한 최적의 에너지시스템 설계

[10통과2-02-03] 온실효과 강화로 인한 지구온난화의 메커니즘을 이해하고, 엘니뇨, 사막화 등과 같은 현상이 지구 환경과 인간 생활에 미치는 영향과 대처 방안을 분석할 수 있다.
탐구주제: 도시 열섬 현상의 원인 분석 및 주거환경 개선을 위한 과학적 해결 방안 모색
탐구활동 예시: 도시 지역과 비도시 지역의 온도 차이 측정 및 비교 분석, 도시 열섬 현상 완화를 위한 건물 옥상 녹화, 쿨루프 시공 등 효과 분석, 친환경 건축 자재 및 단열 기술이 주거환경에 미치는 영향 조사

[10통과2-02-06] 에너지 효율의 의미와 중요성을 이해하고, 지속가능한 발전과 지구 환경 문제 해결에 신재생 에너지 기술을 활용하는 방안을 탐색할 수 있다.
탐구주제: 노후 주택 에너지 효율 개선을 위한 과학기술 적용 방안 연구

탐구활동 예시: 노후 주택의 에너지 소비 실태 조사 (단열 상태, 난방 방식 등), 고효율 단열재, 창호, LED 조명 등 에너지 절약 기술의 효과 분석, 에너지 관리 시스(EMS)을 활용한 스마트 홈 구축 방안 탐색

[10통과2-03-03] 인공지능 로봇, 사물인터넷 등과 같이 과학기술의 발전을 인간 삶과 환경 개선에 활용하는 사례를 찾고, 이러한 과학기술의 발전이 미래 사회에 미치는 유용성과 한계를 예측할 수 있다.
탐구주제: 스마트 주거 시스템 개발 및 고령층, 장애인 등 주거 약자를 위한 활용 방안 연구
탐구활동 예시: 스마트 홈 기술 (음성 인식, 자동 제어 시스템 등)의 작동 원리 및 활용 사례 조사, 주거 약자를 위한 스마트 홈 서비스 아이디어 구상 (예: 낙상 감지 시스템, 응급 호출 시스템 등), 스마트 주거 시스템의 윤리적 문제점 및 개인정보보호 방안 논의

[K-SDGs 세부목표 11-2] 안전하고 부담 가능한 가격의 교통시스템을 제공하고 특히 여성, 아동, 장애인, 노인 등 취약계층을 고려한 대중교통을 확대한다.

통합사회 연계

[10통사1-05-02] 교통·통신 및 과학기술의 발달과 함께 나타난 생활공간과 생활양식의 변화 양상을 조사하고, 이에 따른 문제점의 해결 방안을 제안한다.
탐구주제: 우리 지역 대중교통 시스템의 문제점 분석 및 개선 방안 모색 (교통약자 이동권 보장 중심으로)
탐구활동 예시: 지역 대중교통 노선, 배차 간격, 요금 체계 등 현황 조사, 교통약자 (노인, 장애인, 임산부 등)의 대중교통 이용 실태 설문 조사 및 인터뷰, 교통약자를 위한 편의 시설 (저상버스, 엘리베이터 등) 설치 현황 및 이용 만족도 조사, 해외 교통약자 배려 시스템 우수 사례 조사 및 국내 적용 방안 제안

[10통사2-02-03] 사회 및 공간 불평등 현상의 사례를 조사하고, 정의로운 사회를 만들기 위한 다양한 제도와 시민으로서의 실천 방안을 제안한다.
탐구주제: 지역별 교통 서비스 격차 실태 분석 및 해소 방안 연구
탐구활동 예시: 도시와 농촌 지역의 대중교통 접근성 및 이용 편의성 비교 분석, 교통 소외 지역 주민들의 이동권 제한 사례 조사, 지역 간 교통 격차 해소를 위한 정부 정책 (BRT 구축, 벽지 노선 지원 등) 효과 분석, 공정한 교통 서비스 제공을 위한 시민참여 방안 모색

통합과학 연계

[10통과1-03-04] 상호작용이 없을 때 물체가 가속되지 않음을 알고, 충격량과 운동량의 관계를 충돌 관련 안전장치와 스포츠에 적용할 수 있다.
탐구주제: 대중교통 안전 시스템 분석 및 사고 예방 방안 연구
탐구활동 예시: 대중교통 (버스, 지하철 등) 안전 설비 (비상 브레이크, 안전벨트, 소화 장비 등) 작동 원리 및 효과 조사, 대중교통 사고 발생 통계 분석 및 사고 원인 규명, 첨단기술 (AI, IoT 등)을 활용한 대중교통 안전 시스템 개발 아이디어 제시, 대중교통 이용자 대상 안전 수칙 교육 프로그램 개발

[K-SDGs 세부목표 11-3] 도시의 포용성과 지속가능성을 제고하며, 주거지에 대한 참여적, 통합적 계획 및 관리 역량을 강화한다.

통합사회 연계

[10통사1-05-03] 자신이 거주하는 지역을 사례로 공간 변화가 초래한 양상 및 문제점을 탐구하고, 공동체의 구성원으로서 지역 사회의 변화를 위한 방안을 모색하고 이를 실천한다.
탐구주제: 우리 지역 도시 계획 수립 과정 분석 및 시민참여 활성화 방안 연구
탐구활동 예시: 지역 도시 기본계획 및 관련 자료 조사, 지역 주민, 전문가, 공무원 인터뷰를 통한 도시 계획 과정 분석, 도시 계획 관련 시민참여 사례 조사 및 효과 분석, 도시 계획 수립 과정에서의 민주적 의사결정과정 개선 방안 제시, 지역 주민 의견 수렴을 위한 다양한 방법(공청회, 온라인 플랫폼 등) 제안

[10통사2-01-02] 인간 존엄성 실현과 인권보장을 위한 헌법의 역할을 파악하고, 시민의 권익을 보호하기 위한 다양한 시민참여의 방안을 탐구하고 이를 실천한다.
탐구주제: 지속 가능한 도시 발전을 위한 시민 주도형 리빙랩 운영 사례 연구
탐구활동 예시: 국내외 리빙랩 운영 사례 조사 및 성공 요인 분석, 리빙랩을 통한 도시 문제 해결 과정 탐구, 지역 사회 문제 해결을 위한 리빙랩 프로젝트 기획 및 운영(예: 쓰레기 문제 해결, 교통 문제 개선 등), 리빙랩 운영 과정에서의 시민참여 확대 및 민주적 의사결정 방안 연구

통합과학 연계

[10통과2-03-02] 빅데이터를 과학기술사회에서 사용하고 있는 사례를 조사하고, 빅데이터 활용의 장점과 문제점을 추론할 수 있다.
탐구주제: 스마트 시티 구축을 위한 빅데이터 활용 방안 및 시민참여 플랫폼 설계
탐구활동 예시: 스마트 시티의 개념 및 구성요소 조사, 빅데이터 기반 도시 문제 해결 사례(교통 최적화, 에너지 관리 등) 조사, 시민들의 의견 수렴 및 정책 제안을 위한 온라인 플랫폼 디자인, 빅데이터 활용 과정에서의 개인정보보호 및 윤리적 문제점 분석, 시민 참여형 스마트 시티 운영 모델 제시

[K-SDGs 세부목표 11-4] 세계 유산을 보호하고 보존하기 위한 노력을 강화한다.

통합사회 연계

[10통사1-04-02] 문화 변동의 다양한 양상을 이해하고, 현대 사회에서 전통문화가 지니는 의의를 탐색한다.
탐구주제: 우리 지역 문화유산의 가치와 보존 노력: 지속 가능한 활용 방안 모색
탐구활동 예시: 지역 내 문화유산 현황 조사 및 역사적·문화적 가치 분석, 문화유산 보존을 위한 지역 사회와 정부의 노력 조사, 문화유산의 지속 가능한 활용 방안(관광 자원화, 교육 프로그램 개발 등) 아이디어 제시, 문화유산 보존과 개발 사이의 갈등 사례 분석 및 해결 방안 모색

[10통사2-04-01] 세계화의 다양한 양상을 살펴보고, 세계화 시대의 문제점과 그에 대한 해결 방안을 제안한다.
탐구주제: 세계 유산 등재의 사회・경제적 영향 분석 및 지속 가능한 관광 모델 연구
탐구활동 예시: 세계 유산 등재 절차 및 기준 조사, 세계 유산 등재가 지역 사회에 미치는 긍정적・부정적 영향 분석 (경제 활성화, 환경 파괴, 주민 생활 변화 등), 지속 가능한 세계 유산 관광 모델 사례 조사 (예: 지역 주민 참여형 관광, 환경친화적 관광), 세계 유산 보존과 관광 활성화의 균형점을 찾는 방안 토론

통합과학 연계

[10통과2-01-01] 지질시대를 통해 지구 환경이 끊임없이 변화해 왔으며 이러한 환경 변화가 생물 다양성에 미치는 영향을 추론할 수 있다. (간접적 연계)
탐구주제: 자연 유산의 보전 가치 및 기후변화로 인한 위협 요인 분석
탐구활동 예시: 국내 자연 유산 (국립공원, 천연기념물 등) 현황 조사 및 생태학적 가치 분석, 기후변화(해수면 상승, 온도 변화 등)가 자연 유산에 미치는 영향 예측, 자연 유산 보전을 위한 과학기술 활용 사례 조사 (예: 드론을 이용한 생태 모니터링, 빅데이터 기반 관리 시스템), 지속 가능한 자연 유산 관리와 활용 방안 제시

[K-SDGs 세부목표 11-5] 재난으로 인한 인명피해와 경제적 손실을 현저히 감소시키며, 통합적 도시재난 위기관리를 개발, 이행한다.

통합사회 연계

[10통사1-03-01] 자연환경이 인간의 생활에 미치는 영향에 관한 과거와 현재의 사례를 조사하여 분석하고, 안전하고 쾌적한 환경에서 살아가는 것이 시민의 권리임을 주장한다.
탐구주제: 우리 지역 재난 발생 현황 및 피해 사례 분석: 안전한 도시 만들기를 위한 과제
탐구활동 예시: 최근 10년간 지역별 자연재해 (홍수, 태풍, 지진 등) 및 사회재난 (화재, 감염병 등) 발생 통계 조사, 재난 발생 시 인명피해 및 경제적 손실 규모 분석, 재난 취약 지역 및 계층 파악, 재난 예방 및 대응을 위한 지역 사회의 노력 조사, 안전한 도시 환경 조성을 위한 시민 아이디어 공모

[10통사2-05-01] 세계의 인구 분포와 구조 등에 대한 이해를 토대로 현재와 미래의 인구 문제 양상을 파악하고, 그 해결 방안을 제안한다. (간접적 연계)
탐구주제: 도시 과밀화와 재난 위험 증가의 상관관계 분석 및 안전 도시설계 방안 연구
탐구활동 예시: 국내 주요 도시의 인구 밀도 변화 추이 조사, 도시 과밀화로 인한 재난 발생 위험 증가 사례 분석 (예: 대형 화재, 감염병 확산), 재난 발생 시 효과적인 대피 경로 및 시설 확보 방안 연구, 스마트 기술을 활용한 재난 예측 및 경보 시스템 아이디어 제시, 재난 발생 후 도시 기능 회복력 강화를 위한 방안 모색

통합과학 연계

[10통과1-03-02] 지권의 변화를 판 구조론 관점에서 해석하고, 에너지 흐름의 결과로 발생하는 지권의 변화가 지구시스템에 미치는 영향을 추론할 수 있다.

탐구주제: 지진 발생 원리 이해 및 도시 내진 설계의 중요성 탐구
탐구활동 예시: 판 구조론과 지진 발생 메커니즘 학습, 국내 지진 발생 빈도와 강도 변화 추이 분석, 도시 내진 설계 기준 및 적용사례 조사, 지진 발생 시 피해를 최소화하기 위한 건축 기술 및 도시 계획 연구, 지진 대비 국민 행동 요령 교육 자료 제작

[K-SDGs 세부목표 11-6] 대기 질 및 폐기물 관리 등 도시가 가지는 부정적인 환경 영향을 감소시킨다.

통합사회 연계

[10통사1-03-01] 자연환경이 인간의 생활에 미치는 영향에 관한 과거와 현재의 사례를 조사하여 분석하고, 안전하고 쾌적한 환경에서 살아가는 것이 시민의 권리임을 주장한다.
탐구주제: 우리 지역 대기 질 현황 분석 및 주민 건강에 미치는 영향 조사
탐구활동 예시: 에어코리아 등 공공 데이터 포털에서 우리 지역 대기 질 측정 자료 (미세먼지, 초미세먼지, 오존 등) 수집 및 분석, 과거 대기 질 자료와 비교하여 변화 추이 분석, 지역 주민 대상 설문 조사를 통해 대기 질 악화로 인한 건강 문제 (호흡기 질환, 알레르기 등) 경험 사례 조사, 대기 질 개선을 위한 시민의 권리와 책임 강조하는 캠페인 기획 및 실행

[10통사1-03-03] 환경문제 해결을 위한 정부, 시민사회, 기업 등의 다양한 노력을 조사하고, 생태 시민으로서 실천 방안을 모색한다.
탐구주제 1: 우리 지역 대기 질 현황 분석 및 미세먼지 저감 실천 방안 연구
탐구활동 예시: 지역별 미세먼지 농도 변화 추이 및 발생 원인 조사, 미세먼지가 건강에 미치는 영향 과학적 자료 분석, 미세먼지 저감을 위한 정부 정책 및 기업 노력 조사, 미세먼지 줄이기 위한 시민 캠페인 기획 및 실천, 미세먼지 마스크의 종류별 효과 비교 실험
탐구주제 2: 도시 폐기물 감량 및 재활용률 향상을 위한 정책 사례 분석 및 효과적인 시민참여 방안 연구
탐구활동 예시: 국내외 도시의 폐기물 감량 정책 (쓰레기 종량제, 재활용 분리수거 의무화 등) 및 재활용률 제고 정책 비교 분석, 우리 지역 폐기물 발생량 및 재활용률 현황 조사 및 문제점 분석, 폐기물 감량을 위한 시민 아이디어 공모전 개최 및 실천 방안 모색, 재활용률 향상을 위한 시민 교육 프로그램 개발 및 운영

[10통사2-05-02] 지구적 차원에서 에너지 자원의 분포와 소비 실태를 파악하고, 기후변화에 대한 대응과 지속가능한 발전을 위한 제도적 방안과 개인적 노력을 탐구한다.
탐구주제: 도시 폐기물 발생량 감축 및 재활용률 향상을 위한 방안 연구
탐구활동 예시: 지역별 폐기물 발생량 및 처리 현황 조사, 폐기물 재활용 과정 및 기술 조사, 쓰레기 분리수거 실태 조사 및 문제점 분석, 폐기물 감량을 위한 제로 웨이스트 운동 사례 연구, 폐기물 재활용률 향상을 위한 정책 아이디어 제안 (예: 재활용 보증금 제도 확대)

통합과학 연계

[10통과2-02-03] 온실효과 강화로 인한 지구온난화의 메커니즘을 이해하고, 엘니뇨, 사막화 등과 같은 현상이 지구 환경과 인간 생활에 미치는 영향과 대처 방안을 분석할 수 있다.

탐구주제: 도시 열섬 현상 완화 방안 연구: 과학적 원리 이해 및 적용
탐구활동 예시: 도시 열섬 현상의 원인 및 영향 조사, 도시 녹지공간의 온도 감소 효과 실험, 건물 옥상 녹화 및 쿨루프 기술 조사, 도시 바람길 조성 사례 연구, 열화상 카메라를 이용한 학교 주변 온도 측정 및 분석

[10통과2-02-06] 에너지 효율의 의미와 중요성을 이해하고, 지속가능한 발전과 지구 환경 문제 해결에 신재생 에너지 기술을 활용하는 방안을 탐색할 수 있다.
탐구주제: 친환경 에너지 생산 방식이 도시 대기 질 개선에 미치는 영향 분석
탐구활동 예시: 화력 발전, 태양광 발전, 풍력 발전 등 에너지 생산 방식별 대기 오염 물질 배출량 비교 분석, 수소 에너지, 연료 전지 등 친환경 에너지 기술이 도시 에너지시스템에 적용될 가능성 탐색, 건물 일체형 태양광 발전 (BIPV) 시스템 등 도시 환경 친화적인 신재생 에너지 기술 조사, 에너지 저장 시스템 (ESS) 구축을 통한 신재생 에너지 활용 효율 증대 방안 연구

[K-SDGs 세부목표 11-7] 여성, 아동, 장애인, 고령자를 포함한 모든 이에게 공공 녹지공간으로의 안전하고 용이한 접근을 보장한다.

통합사회 연계

[10통사1-02-02] 행복한 삶을 실현하기 위한 조건으로 질 높은 정주 환경의 조성, 경제적 안정, 민주주의 발전 및 도덕적 실천의 필요성에 관해 탐구한다.
탐구주제: 우리 지역 공원 및 녹지공간 현황 분석 및 이용 만족도 조사
탐구활동 예시: 지역 내 공원 및 녹지공간의 위치, 면적, 시설 현황 조사, 지역 주민 대상 공원 이용 만족도 설문 조사 및 인터뷰, 공원 이용 활성화를 위한 프로그램 아이디어 제시, 공원 관리 및 조성에 대한 시민 의견 수렴 방안 연구

[10통사2-02-03] 사회 및 공간 불평등 현상의 사례를 조사하고, 정의로운 사회를 만들기 위한 다양한 제도와 시민으로서의 실천 방안을 제안한다.
탐구주제: 공공 녹지공간 접근성에서의 사회적 불평등 해소 방안 연구
탐구활동 예시: 지역별 공원 면적 비율 및 인구당 공원 면적 비교 분석, 교통약자의 공원 접근성 실태 조사 (대중교통 연계성, 보행 환경 등), 녹지공간 부족 지역 주민들의 의견 수렴 및 요구사항 분석, 모두를 위한 유니버설 디자인 적용사례 조사 및 제안

통합과학 연계

[10통과2-02-01] 생태계 구성요소를 이해하고 생물과 환경 사이의 상호관계를 설명할 수 있다.
탐구주제: 도시 생태계 보전을 위한 학교 숲 조성 및 생물 다양성 증진 방안 연구
탐구활동 예시: 학교 주변 생태 환경 조사 및 생물종 다양성 평가, 학교 숲 조성 계획 수립 및 식물 식재, 학교 숲의 생태학적 기능 (탄소 흡수, 미세먼지 저감 등) 측정, 학교 숲을 활용한 생태 교육 프로그램 개발, 지역 사회와 연계한 도시 생태계 보전 활동 기획

[출처: 지속가능발전포털]

□(G12) 지속가능한 생산과 소비

"포용적이고 안전하며 회복력 있고 지속가능한 도시와 주거지 조성"

[K-SDGs 세부목표 12-1] 지속가능한 소비와 생산에 관한 통합적인 국가정책을 수립하고 이행한다.
통합사회 연계
[10통사1-03-03] 환경문제 해결을 위한 정부, 시민사회, 기업 등의 다양한 노력을 조사하고, 생태 시민으로서 실천 방안을 모색한다. **탐구주제**: 우리나라 지속가능한 소비·생산 관련 정책 분석 및 개선 방안 제안 **탐구활동 예시**: 정부의 '녹색 성장', '탄소 중립' 정책 등 지속 가능 소비·생산 관련 정책목표 및 추진 전략 조사, 생산자 책임 재활용 제도 (EPR), 탄소 발자국 제도 등 관련 법규 및 제도 분석, 국내외 지속 가능 소비·생산 정책 우수 사례 비교 분석 및 시사점 도출, 정책 개선을 위한 아이디어 제안 및 정책 제안서 작성 **[10통사2-03-02]** 합리적 선택의 의미와 그 한계를 파악하고, 지속가능발전을 위해 요청되는 정부, 기업가, 노동자, 소비자의 바람직한 역할과 책임에 관해 탐구한다. **탐구주제**: 지속가능한 소비와 생산을 위한 정부 정책 분석 및 효과 평가 **탐구활동 예시**: 국가 지속가능발전목표 (K-SDGs) 및 관련 정책 조사, 자원 재활용 정책 (예: 생산자 책임 재활용 제도, 폐기물 예치금 제도) 현황 및 효과 분석, 산업계 자원 생산성 향상을 위한 정부 지원 정책 사례 조사, 지속가능한 소비 생산 관련 해외 정책 사례 비교 분석, 정책의 실효성 제고를 위한 아이디어 제안
통합과학 연계
[10통과2-02-06] 에너지 효율의 의미와 중요성을 이해하고, 지속가능한 발전과 지구 환경 문제 해결에 신재생 에너지 기술을 활용하는 방안을 탐색할 수 있다. (간접적 연계) **탐구주제 1**: 산업계 자원 생산성 향상을 위한 과학기술의 역할 탐구 **탐구활동 예시**: 산업 현장에서의 에너지 효율 향상 기술 사례 조사, 폐기물 재활용 기술 및 공정 분석, 친환경 생산 기술 (예: 스마트 팩토리, 탄소 포집 기술) 조사, 자원 생산성 향상을 위한 과학기술 아이디어 제안 **탐구주제 2**: 지속가능한 소비를 위한 소비자의 역할과 책임 탐구 및 실천 방안 모색 **탐구활동 예시**: 윤리적 소비, 친환경 소비, 공정무역 제품 구매 등 지속가능한 소비의 개념과 가치 조사, 주변 사람들의 소비 행태 설문 조사 및 분석 (구매 기준, 재활용 습관 등), 지속가능한 소비를 위한 정보 습득 채널 및 제품 선택 기준 연구, 플로깅, 제로 웨이스트 챌린지 등 지속가능한 소비 실천 활동 참여 및 결과 공유

[K-SDGs 세부목표 12-2] 모든 자원을 지속 가능하게 관리하고 효율적으로 사용한다.
통합사회 연계

[10통사1-03-01] 자연환경이 인간의 생활에 미치는 영향에 관한 과거와 현재의 사례를 조사하여 분석하고, 안전하고 쾌적한 환경에서 살아가는 것이 시민의 권리임을 주장한다.
탐구주제: 우리 지역의 주요 자원 이용 실태와 환경 영향 분석
탐구활동 예시: 우리 지역에서 주로 이용되는 자원 (물, 에너지, 광물 등)의 종류와 사용량 조사, 과거와 현재의 자원 이용 방식 비교 분석 (예: 전통 농업 방식과 현대 농업 방식 비교), 자원 채취 및 사용 과정에서 발생하는 환경문제 (토양오염, 수질오염, 대기 오염 등) 사례 조사, 안전하고 쾌적한 환경에서 살아갈 권리와 지속가능한 자원관리의 필요성에 대한 토론 및 발표

[10통사1-03-03] 환경문제 해결을 위한 정부, 시민사회, 기업 등의 다양한 노력을 조사하고, 생태 시민으로서 실천 방안을 모색한다.
탐구주제: 우리 지역 재활용 시스템의 문제점 분석 및 개선 방안 제시
탐구활동 예시: 학교 또는 지역 사회의 재활용 분리수거 현황 조사 및 문제점 분석, 재활용률 향상을 위한 시민참여 방안 아이디어 구상, 재활용 선별 시설 방문 및 인터뷰, 해외 재활용 시스템 우수 사례 조사, 재활용 관련 정책 제안

[10통사1-05-01] 산업화, 도시화로 인해 나타난 생활공간과 생활양식의 변화 양상을 조사하고, 이에 따른 문제점의 해결 방안을 제안한다.
탐구주제: 도시화 과정에서의 자원 소비 증가와 지속가능한 도시 조성 방안 탐색
탐구활동 예시: 도시화 이전과 이후의 에너지 소비량, 쓰레기 배출량 변화 비교 분석, 도시 생활에서 발생하는 자원 낭비 사례 조사 (음식물 쓰레기, 과소비 등), 지속가능한 도시를 위한 아이디어 제시 (예: 스마트 그리드, 공유경제 시스템, 친환경 건축 등), 우리 지역의 도시 문제 해결을 위한 정책 제안

[10통사2-03-02] 합리적 선택의 의미와 그 한계를 파악하고, 지속가능발전을 위해 요청되는 정부, 기업가, 노동자, 소비자의 바람직한 역할과 책임에 관해 탐구한다.
탐구주제: 지속가능한 생산과 소비를 위한 경제 주체들의 역할 분석 및 실천 방안 모색
탐구활동 예시: 정부의 친환경 인증 제도, 생산자 책임 재활용 제도 등 조사 및 평가, 기업의 ESG 경영 실천 사례, 친환경 제품 개발 노력 등 조사, 노동자의 친환경 생산 과정 참여 사례, 윤리적 소비 운동 참여 사례 등 조사, 소비자로서 친환경 제품 선택, 재활용 참여 등 지속가능한 소비를 위한 실천 방안 제시

[10통사2-05-02] 지구적 차원에서 에너지 자원의 분포와 소비 실태를 파악하고, 기후변화에 대한 대응과 지속가능한 발전을 위한 제도적 방안과 개인적 노력을 탐구한다.
탐구주제: 에너지 자원의 효율적 사용과 신재생 에너지 전환의 필요성 탐구
탐구활동 예시: 세계 에너지 자원 분포 현황 및 소비 패턴 조사, 화석연료 사용으로 인한 환경문제 및 기후변화 영향 분석, 신재생 에너지 기술의 종류와 장단점 비교 분석, 에너지 절약을 위한 개인적 노력 및 사회적 시스템 구축 방안

통합과학 연계

[10통과1-03-01] 지구시스템은 태양계라는 시스템의 구성요소임을 알고, 지구시스템을 구성하는 권역 간의 물질 순환과 에너지 흐름의 결과로 나타나는 현상을 논증할 수 있다.
탐구주제: 지구시스템 내 자원의 순환 과정과 지속가능한 자원 이용의 중요성
탐구활동 예시: 물의 순환, 탄소 순환, 질소 순환 등 지구시스템 내 주요 물질 순환 과정 조사 및 발표, 자원 고갈 문제와 물질 순환의 중요성 연결하여 설명, 지속가능한 물관리, 탄소 배출 저감 방안 등 탐색

[10통과2-02-02] 먹이 관계와 생태 피라미드를 중심으로 생태계 평형이 유지되는 과정을 이해하고, 환경의 변화가 생태계에 미칠 수 있는 영향에 대해 협력적으로 소통할 수 있다.
탐구주제: 인간의 자원 소비 활동이 생태계에 미치는 영향 분석 및 생태계 보호 방안 연구
탐구활동 예시: 과도한 자원 채취 및 이용으로 인한 생태계 파괴 사례 조사 (산림파괴, 해양오염 등), 멸종 위기 동식물 발생 원인 분석 및 보전 방안 연구, 생태 발자국 계산을 통해 자신의 소비 습관이 환경에 미치는 영향 파악, 지속가능한 생태계 유지를 위한 개인적 및 사회적 노력 아이디어 제시

[10통과2-02-05] 발전기에서 운동 에너지가 전기 에너지로 전환되는 과정을 이해하고, 열원으로서 화석연료, 핵에너지를 이용하는 발전소가 인간 생활에 미치는 영향을 조사·발표할 수 있다.
탐구주제: 에너지 생산 방식에 따른 자원 소비 및 환경 영향 비교 분석
탐구활동 예시: 화력 발전, 핵발전, 수력 발전, 태양광 발전, 풍력 발전 등 발전 방식별 에너지 효율 및 자원 소비량 비교, 각 발전 방식이 환경에 미치는 영향 (대기 오염, 방사성 물질 누출, 생태계 파괴 등) 조사, 지속가능한 에너지 생산 및 소비 시스템 구축 방안 토론

[10통과2-02-06] 에너지 효율의 의미와 중요성을 이해하고, 지속가능한 발전과 지구 환경 문제 해결에 신재생 에너지 기술을 활용하는 방안을 탐색할 수 있다.
탐구주제: 신재생 에너지 기술의 현황과 미래 전망 및 실생활 적용 방안 연구
탐구활동 예시: 다양한 신재생 에너지 기술 (태양광, 풍력, 지열, 수소 에너지 등)의 원리 및 특징 조사, 신재생 에너지 기술의 개발 및 보급 현황 분석, 우리 지역에 적합한 신재생 에너지 기술 적용 방안 아이디어 제시, 에너지 효율을 높이는 생활 습관 및 기술 탐구

[K-SDGs 세부목표 12-3] 식품의 생산 · 유통과정에서 발생하는 식품 손실과 소비과정에서 발생하는 식품 폐기물을 감소시킨다.

통합사회 연계

[10통사1-05-01] 산업화, 도시화로 인해 나타난 생활공간과 생활양식의 변화 양상을 조사하고, 이에 따른 문제점의 해결 방안을 제안한다.
탐구주제: 가정 및 학교에서의 음식물 쓰레기 발생 원인 분석 및 감량화 방안 연구
탐구활동 예시: 학교 급식 남은 밥 발생량 조사 및 분석, 가정에서의 음식물 쓰레기 발생 실태 설문 조사, 음식물 쓰레기 감량을 위한 실천 아이디어 제안 (예: 냉장고 파먹기, 소량 조리), 음식물 쓰레기 처리 현황 및 문제점 조사

통합과학 연계

[10통과1-03-05] 생명 시스템을 유지하기 위해서 다양한 화학반응과 물질 출입이 필요함을 이해하고, 일상생활에서 활용되는 화학반응 사례를 조사하여 발표할 수 있다. (간접적 연계)
탐구주제: 음식물 쓰레기 처리 과정에서의 과학적 원리 탐구 및 자원화 방안 연구
탐구활동 예시: 음식물 쓰레기 발효 과정 관찰 및 부산물 분석, 음식물 쓰레기를 이용한 퇴비 제작 및 효과 실험, 음식물 쓰레기 에너지화 기술 (예: 바이오가스 생산) 조사, 음식물 쓰레기 자원순환 시스템 모델 설계

[K-SDGs 세부목표 12-4] 화학물질과 유해 폐기물의 친환경적 관리를 통해 인간의 건강을 보호하고 환경오염을 예방한다.

통합사회 연계

[10통사1-03-01] 자연환경이 인간의 생활에 미치는 영향에 관한 과거와 현재의 사례를 조사하여 분석하고, 안전하고 쾌적한 환경에서 살아가는 것이 시민의 권리임을 주장한다.
탐구주제: 우리 지역의 화학물질 및 유해 폐기물 발생 현황과 주민 건강 영향 분석
탐구활동 예시: 지역 내 산업 시설과 폐기물 처리 시설 현황 조사, 화학물질 배출량 및 유해 폐기물 발생량 관련 통계자료 분석, 과거 화학물질 누출 또는 유해 폐기물 불법 매립 사례 조사 및 환경/건강 영향 분석, 지역 주민 인터뷰를 통해 화학물질 및 유해 폐기물 관련 건강 문제 사례 조사, 안전하고 쾌적한 환경에서 살아갈 권리와 화학물질/유해 폐기물 관리의 중요성에 대한 발표

[10통사1-03-03] 환경문제 해결을 위한 정부, 시민사회, 기업 등의 다양한 노력을 조사하고, 생태 시민으로서 실천 방안을 모색한다.
탐구주제: 화학물질 및 유해 폐기물 관리를 위한 국내외 정책 및 시민운동 사례 분석
탐구활동 예시: 국내 화학물질 관리법 및 폐기물관리법 조사 및 내용 분석, 해외 선진국의 화학물질 및 유해 폐기물 관리 정책 사례 조사 (예: 유럽연합 REACH 규제), 시민단체의 화학물질 감시 활동, 유해 폐기물 처리 문제 해결 운동 사례 조사, 화학물질 안전 사용 및 유해 폐기물 감량을 위한 개인적/사회적 실천 방안 아이디어 제시 및 캠페인 기획

[10통사1-05-01] 산업화, 도시화로 인해 나타난 생활공간과 생활양식의 변화 양상을 조사하고, 이에 따른 문제점의 해결 방안을 제안한다.
탐구주제: 산업화 및 도시화 과정에서의 화학물질 사용 증가와 관리 문제점 분석
탐구활동 예시: 산업화 이전과 이후의 화학물질 사용량 변화 추이 조사, 도시 생활에서 흔히 사용되는 화학 제품의 종류와 유해성 조사, 도시화로 인한 폐기물 발생량 증가와 처리 과정의 문제점 분석 (소각, 매립 등), 화학물질 안전관리 및 폐기물 감량을 위한 스마트 도시 기술 적용 아이디어 제시

[10통사2-01-01] 근대 시민 혁명 등을 통해 확립되어 온 인권의 의미와 변화 양상을 이해하고, 현대 사회에서 주거, 안전, 환경, 문화 등 다양한 영역으로 인권이 확장되고 있는 사례를 조사한다.
탐구주제: 화학물질 및 유해 폐기물로부터 안전할 권리 (환경권)의 중요성 탐구
탐구활동 예시: 환경오염 피해 사례를 통해 환경권의 의미와 중요성 인식, 화학물질 누출 사고 또는 유해 폐기물 불법 처리로 인한 환경 피해 및 건강 피해 사례 조사, 환경 관련 시민 소송 사례 조사 및 법적 권리 구제 과정 분석, 안전한 환경에서 살아갈 권리를 보장하기 위한 사회적 노력의 필요성 강조

[10통사2-03-02] 합리적 선택의 의미와 그 한계를 파악하고, 지속가능발전을 위해 요청되는 정부, 기업가, 노동자, 소비자의 바람직한 역할과 책임에 관해 탐구한다.
탐구주제: 화학물질의 친환경적 생산 및 소비를 위한 경제 주체들의 책임과 역할 탐색
탐구활동 예시: 기업의 친환경 화학 제품 개발 및 생산 노력 사례 조사, 정부의 친환경 인증 제도 및 화학물질 규제 정책 조사, 노동자의 안전한 작업 환경 조성 및 유해 물질 취급 교육 사례 조사, 소비자의 친환경 제품 선택 및 화학 제품 안전 사용을 위한 노력 제시

통합과학 연계

[10통과2-01-03] 자연과 인류의 역사에 큰 변화를 가져온 광합성, 화석연료 사용, 철의 제련 등에서 공통점을 찾아 산화와 환원을 이해하고, 생활 주변의 다양한 변화를 산화와 환원의 특징과 규칙성으로 분석할 수 있다. (간접적 연계)
탐구주제 1: 유해 화학물질의 환경오염 과정 및 정화 기술 탐구
탐구활동 예시: 특정 유해 화학물질의 환경 내 이동 경로 및 영향 조사, 토양 및 수질오염 정화 기술 (예: 생물학적 정화, 화학적 정화) 원리 탐구, 미세 플라스틱 문제 및 제거 기술 조사, 유해 폐기물 처리 시설의 안전관리 시스템 조사
탐구주제 2: 유해 폐기물의 처리 과정에서 발생하는 화학반응 이해 및 친환경적 처리 방안 연구
탐구활동 예시: 폐기물 소각 과정에서 발생하는 산화 반응 및 대기 오염 물질 생성 과정 조사, 폐수 처리 과정에서 사용되는 중화 반응, 산화-환원 반응 조사, 플라스틱 재활용 과정에서의 화학적 변화 탐구 (열분해 등), 친환경적인 폐기물 처리 기술 (예: 플라스마 용융, 바이오 플라스틱 개발) 조사

[10통과2-02-02] 먹이 관계와 생태 피라미드를 중심으로 생태계 평형이 유지되는 과정을 이해하고, 환경의 변화가 생태계에 미칠 수 있는 영향에 대해 협력적으로 소통할 수 있다.

탐구주제: 화학물질 및 유해 폐기물이 생태계에 미치는 영향 사례 연구 및 생물 농축 현상 탐구
탐구활동 예시: 특정 화학물질 (예: 중금속, 농약)에 의한 생태계 오염 사례 조사, 먹이 사슬을 통한 유해 물질의 생물 농축 과정 시뮬레이션 또는 실험, 오염된 생태계 복원 사례 조사 및 복원 노력의 중요성 강조, 화학물질의 안전한 사용 및 폐기의 중요성에 대한 인식 제고

[10통과2-03-04] 과학기술의 발전 과정에서 발생할 수 있는 과학 관련 사회적 쟁점 (SSI)과 과학기술 이용에서 과학 윤리의 중요성에 대해 논증할 수 있다.
탐구주제: 화학물질 관리 및 유해 폐기물 처리 기술 개발과 관련된 사회적 쟁점 및 과학 윤리 탐구
탐구활동 예시: 새로운 화학물질 개발 시 안전성 검증 및 윤리적 문제 논의, 유전자 변형 작물 (GMO) 개발과 관련된 안전성 및 환경 윤리 논쟁 조사, 폐기물 에너지화 기술의 환경 영향 및 윤리적 문제점 토론, 과학기술 발전 과정에서 시민참여 및 사회적 합의의 중요성 강조

[K-SDGs 세부목표 12-5] 폐기물의 원천예방과 감량, 재사용과 재활용을 통해 폐기물 발생을 감소한다.

통합사회 연계

[10통사2-03-02] 합리적 선택의 의미와 그 한계를 파악하고, 지속가능발전을 위해 요청되는 정부, 기업가, 노동자, 소비자의 바람직한 역할과 책임에 관해 탐구한다.
탐구주제: 포장 폐기물 감량을 위한 기업의 노력과 소비자의 역할 연구
탐구활동 예시: 다양한 제품의 포장 방식 비교 분석 및 문제점 도출, 친환경 포장 사례 조사, 포장재 감량을 위한 기업의 노력 조사, 소비자의 포장재 감량 실천 방안 아이디어 제시, 제로 웨이스트 운동 사례 조사

통합과학 연계

[10통과1-02-05] 지각과 생명체를 구성하는 물질들이 기본 단위체의 결합을 통해서 형성된다는 것을 규산염 광물, 단백질과 핵산의 예를 통해 설명할 수 있다. (간접적 연계)
탐구주제: 재활용 가능한 폐기물의 종류별 재활용 과정 및 기술 탐구
탐구활동 예시: 플라스틱, 유리, 금속, 종이 등 재활용 과정 조사, 재활용 과정에서의 에너지 효율 분석, 폐기물 재활용 기술의 발전 현황 조사, 업사이클링 아이디어 발굴 및 제품 제작

[K-SDGs 세부목표 12-6] 기업의 지속 가능 경영활동을 관리하고 지원을 확대한다.
통합사회 연계
[10통사2-03-02] 합리적 선택의 의미와 그 한계를 파악하고, 지속가능발전을 위해 요청되는 정부, 기업가, 노동자, 소비자의 바람직한 역할과 책임에 관해 탐구한다. **탐구주제**: ESG 경영 실천 기업 사례 분석 및 사회적 책임의 중요성 연구 **탐구활동 예시**: 국내외 ESG 경영 우수 기업 사례 조사, 기업의 환경 경영활동 보고서 분석, 사회적 책임 투자의 개념 및 사례 조사, 기업의 지속 가능 경영이 사회에 미치는 영향 분석
통합과학 연계
[10통과2-02-06] 에너지 효율의 의미와 중요성을 이해하고, 지속가능한 발전과 지구 환경 문제 해결에 신재생 에너지 기술을 활용하는 방안을 탐색할 수 있다. (간접적 연계) **탐구주제**: 기업의 친환경 생산 기술 도입 사례 조사 및 효과 분석 **탐구활동 예시**: 기업의 에너지 효율 향상 설비 도입 사례 조사, 폐수 처리 및 대기 오염 방지 시설 운영 현황 조사, 청정 생산 기술 (예: 스마트 팩토리, 탄소 배출권 거래제) 도입 효과 분석

[K-SDGs 세부목표 12-7] 녹색 제품 인증 및 녹색 구매의 확대를 통해 지속가능한 녹색 소비를 촉진한다.
통합사회 연계
[10통사2-03-02] 합리적 선택의 의미와 그 한계를 파악하고, 지속가능발전을 위해 요청되는 정부, 기업가, 노동자, 소비자의 바람직한 역할과 책임에 관해 탐구한다. **탐구주제**: 녹색 제품 구매 활성화를 위한 방안 연구 및 소비자 인식 개선 캠페인 기획 **탐구활동 예시**: 녹색 제품 인증 마크 종류 및 기준 조사, 녹색 제품 구매 경험 및 인식 설문 조사, 녹색 소비 확대를 위한 홍보 방안 아이디어 제시, 학교 또는 지역 사회에서의 녹색 구매 캠페인 기획 및 실행
통합과학 연계
[10통과2-02-06] 에너지 효율의 의미와 중요성을 이해하고, 지속가능한 발전과 지구 환경 문제 해결에 신재생 에너지 기술을 활용하는 방안을 탐색할 수 있다. (간접적 연계) **탐구주제**: 친환경 제품의 생산 과정 및 환경 영향 분석 **탐구활동 예시**: 특정 녹색 제품의 생산 과정 조사 (원료 채취, 제조, 유통, 폐기 등), 제품의 전 과정 평가(LCA) 개념 조사, 친환경 제품과 일반 제품의 환경 영향 비교 분석

[K-SDGs 세부목표 12-8] 모든 국민이 지속가능발전에 대한 의식을 갖도록 환경교육 참여 기회를 확대한다.

통합사회 연계

[10통사1-03-03] 환경문제 해결을 위한 정부, 시민사회, 기업 등의 다양한 노력을 조사하고, 생태 시민으로서 실천 방안을 모색한다.
탐구주제: 학교 환경교육의 현황과 문제점 분석 및 개선 방안 제안
탐구활동 예시: 학교 환경교육 프로그램 운영 현황 조사, 학생들의 환경문제 인식 수준 설문조사, 효과적인 환경교육 프로그램 아이디어 구상, 지역 사회 연계 환경교육 프로그램 개발

통합과학 연계

[10통과2-02-03] 온실효과 강화로 인한 지구온난화의 메커니즘을 이해하고, 엘니뇨, 사막화 등과 같은 현상이 지구 환경과 인간 생활에 미치는 영향과 대처 방안을 분석할 수 있다. (간접적 연계)
탐구주제: 환경교육 콘텐츠 개발 및 효과 검증
탐구활동 예시: 특정 환경문제 (예: 미세 플라스틱, 기후변화)에 대한 교육 자료 제작, 환경교육 프로그램 시뮬레이션 및 효과 분석, 환경교육용 실험 및 체험 활동 개발

[K-SDGs 세부목표 12-9] (신규) 플라스틱이 선순환하도록 재생 플라스틱의 활용을 증가시키고, 친환경 재료 개발을 통해 플라스틱의 환경으로 유출을 방지한다.

통합사회 연계

[10통사1-03-01] 자연환경이 인간의 생활에 미치는 영향에 관한 과거와 현재의 사례를 조사하여 분석하고, 안전하고 쾌적한 환경에서 살아가는 것이 시민의 권리임을 주장한다.
탐구주제: 우리 지역의 플라스틱 폐기물 발생량 및 처리 현황 분석과 환경 영향 평가
탐구활동 예시: 학교 주변 또는 지역 사회의 플라스틱 쓰레기 발생 실태 조사 (종류별, 양별 분석), 지역 폐기물 처리 시설 방문 또는 인터뷰를 통해 플라스틱 처리 과정 및 문제점 파악, 플라스틱 쓰레기가 토양, 하천, 해양 등 자연환경에 미치는 악영향 사례 조사 (미세 플라스틱 문제 포함), 안전하고 쾌적한 환경에서 살아갈 권리와 플라스틱 문제 해결의 필요성에 대한 발표 및 토론

[10통사1-03-03] 환경 문제 해결을 위한 정부, 시민사회, 기업 등의 다양한 노력을 조사하고, 생태 시민으로서 실천 방안을 모색한다.
탐구주제: 플라스틱 재활용률을 높이기 위한 정책 및 시민참여 방안 비교 분석
탐구활동 예시: 국내 플라스틱 분리수거 제도 및 재활용 정책 현황 조사 및 개선점 제안, 해외의 플라스틱 재활용 성공 사례 및 정책 비교 분석 (예: 독일의 Pfand 시스템), 플라스틱 재활용 관련 시민단체의 활동 조사 및 참여 방안 모색 (플로깅, 업사이클링 등), 학교 또는 지역 사회에서 플라스틱 재활용률을 높이기 위한 캠페인 기획 및 실행

[10통사1-05-01] 산업화, 도시화로 인해 나타난 생활공간과 생활양식의 변화 양상을 조사하

고, 이에 따른 문제점의 해결 방안을 제안한다.
탐구주제: 플라스틱 소비 증가와 일회용 플라스틱 사용 문제점 분석 및 대안 모색
탐구활동 예시: 과거와 현재의 플라스틱 소비량 변화 추이 조사 및 소비 증가 원인 분석 (포장재 증가, 배달 문화 확산 등), 일회용 플라스틱 사용으로 인한 환경문제 및 사회적 비용 조사, 플라스틱 대체재 (친환경 소재) 사용 사례 및 확산 방안 조사, 개인 및 사회적 차원에서 플라스틱 소비를 줄이기 위한 실천 방안 아이디어 제시 (용기내 캠페인, 제로 웨이스트 샵 이용 등)

[10통사2-03-02] 합리적 선택의 의미와 그 한계를 파악하고, 지속가능발전을 위해 요청되는 정부, 기업가, 노동자, 소비자의 바람직한 역할과 책임에 관해 탐구한다.
탐구주제: 플라스틱 재활용률 향상을 위한 사회적 노력과 소비자 참여 방안 연구
탐구활동 예시: 플라스틱 분리수거 실태 조사 및 문제점 분석, 플라스틱 재활용 과정에 대한 시민 인식 조사, 플라스틱 재활용률 향상을 위한 아이디어 제안, 플라스틱 대체재 사용 캠페인 기획

통합과학 연계

[10통과2-02-01] 생태계 구성요소를 이해하고 생물과 환경 사이의 상호관계를 설명할 수 있다.
탐구주제: 플라스틱이 해양생태계에 미치는 영향 조사 및 미세 플라스틱 문제 심층 탐구
탐구활동 예시: 해양 플라스틱 쓰레기의 종류 및 분포 현황 조사, 플라스틱 섭취로 인한 해양 생물의 피해 사례 조사 (해양 포유류, 해양 조류, 어류 등), 미세 플라스틱의 생성 과정 및 생태계 축적 경로 연구, 해양 플라스틱 오염 방지를 위한 과학기술 개발 사례 조사

[10통과2-02-06] 에너지 효율의 의미와 중요성을 이해하고, 지속가능한 발전과 지구 환경 문제 해결에 신재생 에너지 기술을 활용하는 방안을 탐색할 수 있다.
탐구주제: 플라스틱 생산 과정에서의 에너지 소비량 및 친환경 플라스틱 개발의 필요성 탐구
탐구활동 예시: 플라스틱 원료 생산부터 제품 생산까지의 전 과정에서 소비되는 에너지량 조사, 바이오 플라스틱, 생분해성 플라스틱 등 친환경 플라스틱 소재의 종류 및 특징 조사, 친환경 플라스틱 생산 과정에서의 에너지 효율성 및 환경 영향 평가, 플라스틱 대체 소재 개발 및 상용화 사례 조사

[10통과2-03-03] 인공지능 로봇, 사물인터넷 등과 같이 과학기술의 발전을 인간 삶과 환경 개선에 활용하는 사례를 찾고, 이러한 과학기술의 발전이 미래 사회에 미치는 유용성과 한계를 예측할 수 있다.
탐구주제: 플라스틱 문제 해결을 위한 과학기술의 활용 방안 탐색 및 미래 전망
탐구활동 예시: 인공지능 기반의 플라스틱 분리수거 시스템 개발 사례 조사, 해양 플라스틱 쓰레기 수거 로봇 개발 현황 조사, 플라스틱 재활용 기술 혁신 사례 (화학적 재활용, 업사이클링 기술 등) 조사, 플라스틱 대체 소재 개발 및 상용화에 대한 미래 전망 토론

[K-SDGs 세부목표 12-10] (보완) 지속가능한 관광의 확대를 통해 환경보전에 기여한다.
통합사회 연계

[10통사1-03-01] 자연환경이 인간의 생활에 미치는 영향에 관한 과거와 현재의 사례를 조사하여 분석하고, 안전하고 쾌적한 환경에서 살아가는 것이 시민의 권리임을 주장한다.
탐구주제: 우리 지역 관광 산업이 자연환경에 미치는 영향 분석 및 지속가능한 관광 방안 모색
탐구활동 예시: 우리 지역의 주요 관광지 및 관광객 수 변화 추이 조사, 관광객 증가로 인한 자연환경 파괴 (쓰레기 문제, 생태계 훼손 등) 사례 조사, 지속가능한 관광을 실천하는 국내외 관광지 사례 조사 (국립공원 예약 탐방제, 친환경 숙박 시설 등), 안전하고 쾌적한 환경을 누릴 권리와 지속가능한 관광의 필요성을 연결하여 발표

[10통사1-03-02] 자연에 대한 인간의 다양한 관점을 사례를 통해 비교하고, 인간과 자연의 바람직한 관계를 제안한다.
탐구주제: 관광객의 태도와 행동이 자연환경에 미치는 영향 분석 및 책임 있는 관광 문화 조성 방안 탐색
탐구활동 예시: 관광객의 자연에 대한 인식 유형 조사 (개발 중심 vs. 보전 중심) 및 사례 분석, 관광객의 무분별한 행동 (쓰레기 투기, 야생동물 먹이 주기 등)이 자연에 미치는 부정적 영향 조사, 책임 있는 관광객의 역할 및 에티켓 제시 (탄소 발자국 줄이기, 지역 문화 존중 등), 자연과 인간이 공존하는 지속가능한 관광 모델 아이디어 제안

[10통사1-04-01] 자연환경과 인문환경의 영향을 받아 형성된 다양한 문화권의 특징과 삶의 방식을 탐구한다.
탐구주제: 우리 지역의 지속가능한 관광 자원 개발 및 활성화 방안 연구
탐구활동 예시: 지역의 생태 관광 자원 조사 및 가치 평가, 지속가능한 관광 모델 사례 조사, 지역 주민 참여형 관광 프로그램 개발 아이디어 제시, 관광객 대상 환경 보호 캠페인 기획

[10통사1-05-03] 자신이 거주하는 지역을 사례로 공간 변화가 초래한 양상 및 문제점을 탐구하고, 공동체의 구성원으로서 지역 사회의 변화를 위한 방안을 모색하고 이를 실천한다.
탐구주제: 관광 산업 발전으로 인한 지역 사회 변화 분석 및 주민 참여형 지속 가능 관광 방안 설계
탐구활동 예시: 관광 산업 발전이 지역 경제, 사회, 문화에 미친 영향 조사 (긍정적/부정적 측면 모두 포함), 관광객 증가로 인한 지역 주민과의 갈등 사례 조사 및 해결 방안 모색, 지역 주민이 주도하는 관광상품 개발 사례 조사 (마을 기업, 협동조합 등), 지역공동체 활성화에 기여하는 지속가능한 관광 계획 수립 및 제안

[10통사2-03-02] 합리적 선택의 의미와 그 한계를 파악하고, 지속가능발전을 위해 요청되는 정부, 기업가, 노동자, 소비자의 바람직한 역할과 책임에 관해 탐구한다.
탐구주제: 지속가능한 관광 생태계 조성을 위한 다양한 주체의 역할과 책임 분석
탐구활동 예시: 정부의 친환경 관광 정책 및 지원 사업 조사 (녹색 관광 인증제 등), 관광 관련 기업의 ESG 경영 실천 사례 조사 (친환경 호텔, 탄소 배출 감축 노력 등), 관광업계 종사자

의 지속가능한 관광 실천 노력 조사 (지역 자원 활용, 공정 여행 등), 소비자로서 윤리적이고 환경친화적인 관광상품 선택 기준 제시

통합과학 연계

[10통과2-02-01] 생태계 구성요소를 이해하고 생물과 환경 사이의 상호관계를 설명할 수 있다. (간접적 연계)
탐구주제: 관광 활동이 자연환경에 미치는 영향 분석 및 보호 방안 연구
탐구활동 예시: 특정 관광지의 환경오염 실태 조사, 관광객 밀집 지역의 생태계 변화 관찰, 친환경 관광 시설과 프로그램 조사, 관광 활동으로 인한 탄소 배출량 계산 및 감축 방안 연구

[10통과2-02-01] 생태계 구성요소를 이해하고 생물과 환경 사이의 상호관계를 설명할 수 있다.
탐구주제: 관광 활동이 지역 생태계에 미치는 영향 조사 및 생태 관광 활성화 방안 연구
탐구활동 예시: 주요 관광지 주변의 식생, 동물 서식 환경 변화 관찰 및 기록, 관광객의 활동으로 인한 토양오염, 수질오염, 소음 발생 등 환경 영향 조사, 생태 관광 프로그램 운영 사례 조사 및 효과 분석 (탐방로 조성, 생태 학습 프로그램 등), 지역 생태계 보전을 위한 관광객의 역할 제시

[10통과2-02-02] 먹이 관계와 생태 피라미드를 중심으로 생태계 평형이 유지되는 과정을 이해하고, 환경의 변화가 생태계에 미칠 수 있는 영향에 대해 협력적으로 소통할 수 있다.
탐구주제: 관광 개발로 인한 서식지 파괴 및 생물 다양성 감소 사례 연구 및 보전 방안 모색
탐구활동 예시: 관광 시설 건설로 인한 산림 훼손, 습지 매립 등 서식지 파괴 사례 조사, 특정 관광 지역에서 멸종 위기종 발생 현황 조사와 원인 분석, 생태 통로 설치, 서식지 복원사업 등 생물 다양성 보전 노력 사례 조사, 지속가능한 관광 개발과 생물 다양성 보전의 균형점을 찾는 방안 제시

[10통과2-02-03] 온실효과 강화로 인한 지구온난화의 메커니즘을 이해하고, 엘니뇨, 사막화 등과 같은 현상이 지구 환경과 인간 생활에 미치는 영향과 대처 방안을 분석할 수 있다.
탐구주제: 관광 교통수단 이용으로 인한 탄소 배출량 분석 및 친환경 교통 이용 활성화 방안 연구
탐구활동 예시: 관광객의 이동 수단별 탄소 배출량 비교 분석 (항공, 자동차, 대중교통 등), 친환경 교통수단 (자전거, 도보, 전기차 등) 이용을 장려하는 관광 정책 사례 조사, 탄소 상쇄 프로그램 등 관광 산업의 탄소 배출량 감축 노력 조사, 관광객의 친환경 교통 이용 실천을 위한 아이디어 제시 및 캠페인 기획

[10통과2-02-06] 에너지 효율의 의미와 중요성을 이해하고, 지속가능한 발전과 지구 환경 문제 해결에 신재생 에너지 기술을 활용하는 방안을 탐색할 수 있다.
탐구주제: 관광 시설의 에너지 소비 실태 분석 및 신재생 에너지 도입 가능성 탐색
탐구활동 예시: 지역 내 호텔, 리조트 등 관광 시설의 에너지 소비량 조사 및 분석, 태양광 발전, 지열 발전 등 신재생 에너지 기술을 관광 시설에 적용한 사례 조사, 에너지 효율을 높이는 친환경 건축 기술 및 설비 조사, 관광 시설의 지속가능한 에너지시스템 구축 방안 아이디어 제시

[K-SDGs 세부목표 12-11] 화석연료 보조금을 단계적으로 철폐한다.
통합사회 연계
[10통사2-05-02] 지구적 차원에서 에너지 자원의 분포와 소비 실태를 파악하고, 기후변화에 대한 대응과 지속가능한 발전을 위한 제도적 방안과 개인적 노력을 탐구한다. **탐구주제**: 화석연료 사용으로 인한 문제점 분석 및 에너지 전환 정책의 필요성 연구 **탐구활동 예시**: 화석연료 사용량 추이 및 환경 영향 조사, 신재생 에너지 기술 개발 현황 조사, 에너지 전환 정책 사례 분석 및 평가, 에너지 빈곤층 문제 해결 방안 연구
통합과학 연계
[10통과2-02-04] 태양에서 수소 핵융합 반응을 통해 질량 일부가 에너지로 바뀌고, 그중 일부가 지구에서 에너지 흐름을 일으키며 다양한 에너지로 전환되는 과정을 추론할 수 있다. (간접적 연계) **[10통과2-02-05]** 발전기에서 운동 에너지가 전기 에너지로 전환되는 과정을 이해하고, 열원으로서 화석연료, 핵에너지를 이용하는 발전소가 인간 생활에 미치는 영향을 조사·발표할 수 있다. (간접적 연계) **탐구주제**: 신재생 에너지 기술의 원리 및 효율성 분석 **탐구활동 예시**: 태양광, 풍력, 수력 등 신재생 에너지 발전 원리 조사, 신재생 에너지 발전 시설 방문 및 견학, 신재생 에너지 기술의 경제성 및 환경 영향 평가, 미래 에너지 기술 전망 조사

[출처: 지속가능발전포털]

□(G13) 기후변화와 대응

"기후변화와 그로 인한 영향에 맞서기 위한 긴급 대응"

[K-SDGs 세부목표 13-1] 기후변화로 인해 예상되는 위험을 감소시키고, 자연재해에 대한 회복 및 적응능력을 강화한다.

통합사회 연계

[10통사1-03-01] 자연환경이 인간의 생활에 미치는 영향에 관한 과거와 현재의 사례를 조사하여 분석하고, 안전하고 쾌적한 환경에서 살아가는 것이 시민의 권리임을 주장한다.

탐구 주제 1: 우리 지역의 과거 자연재해 (홍수, 태풍, 가뭄 등) 발생 사례와 그로 인한 피해 및 사회 변화 분석

탐구활동 예시: 지역 신문 기사, 통계자료, 주민 인터뷰 등을 통해 과거 자연재해 발생 기록 조사, 재해 발생 원인 및 피해 규모 분석, 재해 발생 후 지역 사회의 변화 (인구 이동, 산업 구조 변화, 사회기반 시설 변화 등) 조사, 안전하고 쾌적한 환경에 대한 시민의 권리 주장 발표

탐구 주제 2: 기후변화로 인해 심화하는 자연재해 (불볕더위, 한파, 해수면 상승 등)의 현황과 인간 생활에 미치는 영향 조사 및 안전 대책 마련 촉구

탐구활동 예시: 최근 10년간 기상 관측 자료 분석을 통해 극한 기온, 강수량 변화 등 기후변화 추세 파악, 기후변화로 인한 건강, 농업, 산업 등 다양한 분야의 피해 사례 조사, 자연재해 취약계층의 어려움 조사 및 지원 방안 모색, 학교 및 지역 사회의 기후변화 적응 및 재해 예방 대책 평가 및 개선 아이디어 제안

[10통사1-03-02] 자연에 대한 인간의 다양한 관점을 사례를 통해 비교하고, 인간과 자연의 바람직한 관계를 제안한다.

탐구 주제: 자연재해를 바라보는 다양한 관점 비교 분석: 자연재해는 인간의 책임인가, 자연의 섭리인가?

탐구활동 예시: 과거 자연재해에 대한 종교적, 철학적 해석 사례 조사, 현대 사회의 자연재해에 대한 언론 보도 및 전문가 의견 분석, 자연재해 피해자 및 관련 단체 인터뷰를 통해 다양한 관점 수집, 인간 중심적 관점과 생태 중심적 관점 비교, 인간과 자연의 공존을 위한 윤리적 책임과 실천 방안 모색

[10통사1-03-03] 환경문제 해결을 위한 정부, 시민사회, 기업 등의 다양한 노력을 조사하고, 생태 시민으로서 실천 방안을 모색한다.

탐구 주제 1: 기후변화로 인한 자연재해 예방 및 피해 복구를 위한 정부 정책 분석 및 개선 방안 제안
탐구활동 예시: 재난 안전 관련 정부 부처의 정책 및 예산 집행 현황 조사, 국내외 자연재해 대응 우수 사례 조사, 정부 정책의 실효성 및 문제점 분석, 정책 개선 아이디어 제안 및 정책 제안 발표
탐구 주제 2: 기후변화와 자연재해 대응을 위한 시민사회단체의 활동 사례 조사 및 참여 방안 모색
탐구활동 예시: 기후변화 관련 시민단체 (그린피스, 환경운동연합 등) 활동 조사, 자연재해 구호 및 복구 활동 참여 사례 조사, 온라인/오프라인 캠페인 기획 및 실행, 생태 시민으로서 자연재해 위험 감소를 위한 생활 속 실천 방안 제시

[10통사1-05-03] 자신이 거주하는 지역을 사례로 공간 변화가 초래한 양상 및 문제점을 탐구하고, 공동체의 구성원으로서 지역 사회의 변화를 위한 방안을 모색하고 이를 실천한다.
탐구 주제: 우리 지역의 도시 개발 및 환경 변화가 자연재해 위험에 미치는 영향 분석 및 안전한 도시 조성 방안 연구
탐구활동 예시: 과거 및 현재 도시 계획 자료 비교 분석, 녹지공간 감소 및 불투수 면 증가 추이 분석, 최근 발생한 침수, 산사태 등 자연재해 발생 지역과 도시 개발 지역의 연관성 분석, 지역 주민 설문 조사를 통해 도시 개발에 대한 의견 수렴, 자연재해에 안전한 도시설계를 위한 아이디어 제시 (빗물 저류 시설 설치, 친환경 건축 설계 도입 등)

[10통사2-01-01] 근대 시민 혁명 등을 통해 확립되어 온 인권의 의미와 변화 양상을 이해하고, 현대 사회에서 주거, 안전, 환경, 문화 등 다양한 영역으로 인권이 확장되고 있는 사례를 조사한다.
탐구주제 1: 기후변화로 인한 재난 발생 시 사회적 취약계층의 피해 사례 분석 및 지원 방안 연구
탐구활동 예시: 국내외 기후재난 발생 시 사회경제적 지위별 피해 양상 비교 분석, 기후 난민 발생 현황 및 국제적 지원 노력 조사, 재난 취약계층을 위한 재난 대비 및 구호 시스템 개선 아이디어 제안, 기후 정의 관점에서 재난 불평등 문제 해결 방안 모색
탐구 주제 2: 기후변화로 인한 이주민(climate refugee) 발생 현황과 이들의 인권 문제 탐구
탐구활동 예시: 기후변화 관련 국제기구 보고서 및 뉴스 기사를 통해 기후 난민 발생 현황 및 실태 조사, 기후 난민의 법적 지위 및 인권 보호 현황 조사, 국제사회의 기후 난민 지원 노력 사례 조사, 기후 난민 문제 해결을 위한 국제협력 방안 및 인도적 지원 방안 제시

[10통사2-02-03] 사회 및 공간 불평등 현상의 사례를 조사하고, 정의로운 사회를 만들기 위한 다양한 제도와 시민으로서의 실천 방안을 제안한다.
탐구 주제: 자연재해 발생 시 사회경제적 불평등이 피해에 미치는 영향 분석 및 재난 불평등 해소 방안 모색
탐구활동 예시: 최근 국내외 자연재해 발생 사례에서 사회경제적 지위별 피해 규모 차이 분석, 재난 취약계층 (노인, 장애인, 저소득층 등)의 재난 대비 및 대처 실태 조사, 재난 지원금 및 복구 정책의 형평성 문제점 분석, 재난 불평등 해소를 위한 사회적 안전망 강화 방안 제시

[10통사2-05-02] 지구적 차원에서 에너지 자원의 분포와 소비 실태를 파악하고, 기후변화에 대한 대응과 지속가능한 발전을 위한 제도적 방안과 개인적 노력을 탐구한다.
탐구 주제: 우리나라의 에너지 소비 구조 분석 및 기후변화 위험 감소를 위한 에너지 전환 정책 제안
탐구활동 예시: 국내 에너지원별 소비량 및 발전량 추이 분석, 재생 에너지 보급 현황 및 문제점 조사, 에너지 효율 향상을 위한 정책 사례 조사, 탄소 중립 사회로의 전환을 위한 에너지 정책 방향 제시, 학교 및 가정에서의 에너지 절약 실천 방안 제안

통합과학 연계

[10통과1-03-01] 지구시스템은 태양계라는 시스템의 구성요소임을 알고, 지구시스템을 구성하는 권역 간의 물질 순환과 에너지 흐름의 결과로 나타나는 현상을 논증할 수 있다. (간접적 연계)
[10통과2-02-03] 온실효과 강화로 인한 지구온난화의 메커니즘을 이해하고, 엘니뇨, 사막화 등과 같은 현상이 지구 환경과 인간 생활에 미치는 영향과 대처 방안을 분석할 수 있다.
탐구주제 1: 기후변화로 인한 극한 기상 현상 (불볕더위, 폭우, 태풍 등)의 발생 원리 및 예측 기술 탐구
탐구활동 예시: 최근 발생한 극한 기상 현상 사례 조사와 원인 분석 (해수면 온도 변화, 대기 흐름 변화 등), 기상청의 기상 예측 시스템 및 관련 기술 조사, 기후 모델링의 기본 원리 이해 및 활용 사례 분석, 극한 기상 현상 발생 시 피해 저감 기술 (예: 방재 시설, 도시 계획) 조사
탐구 주제 2: 지구시스템 구성 요소 (기권, 수권, 지권, 생물권) 간의 상호작용이 자연재해 발생에 미치는 영향 분석
탐구활동 예시: 엘니뇨/라니냐 현상과 이상 기후의 연관성 분석, 산림파괴가 홍수 발생 위험 증가에 미치는 영향 조사, 지진 발생 메커니즘 및 지진 해일 (쓰나미) 발생 과정 탐구, 지구시스템 각 권역의 변화가 복합적인 자연재해 (가뭄, 산불 등) 발생에 미치는 영향 분석

[10통과1-03-02] 지권의 변화를 판 구조론 관점에서 해석하고, 에너지 흐름의 결과로 발생하는 지권의 변화가 지구시스템에 미치는 영향을 추론할 수 있다.
탐구 주제: 지진 및 화산 활동 예측 기술의 현황과 자연재해 피해 감소 노력 탐구
탐구활동 예시: 최근 발생한 주요 지진 및 화산 활동 사례 조사, 지진파 분석 및 화산 활동 감시 시스템 연구, 지진 및 화산 활동 예측의 어려움과 한계점 분석, 건축 내진 설계 및 화산재 대비 시스템 등 피해 감소 노력 사례 조사

[10통과2-01-01] 지질시대를 통해 지구 환경이 끊임없이 변화해 왔으며 이러한 환경 변화가 생물 다양성에 미치는 영향을 추론할 수 있다.
탐구 주제: 과거 지구의 기후변화 사례와 현재의 기후변화 유사성 및 차이점 분석: 과거의 기후변화가 주는 교훈
탐구활동 예시: 빙하기, 대멸종 등 과거 지구 기후변화 사례 조사, 당시 생물들의 적응 및 멸종 과정 분석, 현재의 기후변화 속도 및 원인과 과거 기후변화 비교, 과거 기후변화 사례를 통해 현재 우리가 직면한 기후변화 문제에 대한 시사점 도출

[10통과2-02-01] 생태계 구성요소를 이해하고 생물과 환경 사이의 상호관계를 설명할 수 있다.
탐구 주제: 기후변화가 지역 생태계에 미치는 영향 조사 및 생태계 복원 방안 연구
탐구활동 예시: 기온상승, 강수량 변화 등이 지역별 식생 및 동물 분포에 미치는 영향 조사,

기후변화 민감종 및 멸종 위기종 현황 파악, 생태계 교란종의 증가 원인 및 영향 분석, 훼손된 생태계 복원을 위한 노력 및 아이디어 제시 (생태 통로 설치, 도시 숲 조성 등)

[10통과2-02-02] 먹이 관계와 생태 피라미드를 중심으로 생태계 평형이 유지되는 과정을 이해하고, 환경의 변화가 생태계에 미칠 수 있는 영향에 대해 협력적으로 소통할 수 있다.
탐구 주제: 자연재해 (산불, 홍수 등) 발생 후 생태계 변화 과정 관찰 및 회복력 연구
탐구활동 예시: 최근 산불이나 홍수 피해 지역의 식생 및 동물 변화 추이 조사, 생태계 먹이사슬 및 개체 수 변화 분석, 자연적인 생태계 복원 과정 관찰, 인위적인 생태계 복원사업의 효과 및 필요성 평가

[10통과2-02-03] 온실효과 강화로 인한 지구온난화의 메커니즘을 이해하고, 엘니뇨, 사막화 등과 같은 현상이 지구 환경과 인간 생활에 미치는 영향과 대처 방안을 분석할 수 있다.
탐구 주제 1: 우리 지역의 기온 변화 추이 분석 및 기후변화의 영향 예측
탐구활동 예시: 최근 수십 년간의 지역별 기온 변화, 강수량 변화 등 기상 데이터를 수집 및 분석, 기후변화 시나리오 기반 미래 기온 변화 예측, 기온상승이 지역 농업, 관광업, 주민 건강 등에 미치는 영향 예측 및 대응 방안 모색
탐구 주제 2: 지구온난화로 인한 해수면 상승의 위험성과 연안 지역의 대응 노력 조사
탐구활동 예시: 해수면 상승 속도 및 예측 자료 조사, 해수면 상승으로 인한 연안 침수 및 생태계 변화 사례 조사, 해안 울타리 설치, 맹그로브 숲 조성 등 해수면 상승 대응 노력 사례 조사, 미래 해수면 상승에 대한 예측 기반 연안 지역 관리 방안 제안

[K-SDGs 세부목표 13-2] (보완) 기후변화에 대한 조치계획을 지방정책 등에 노력한다.

통합사회 연계

[10통사1-05-03] 자신이 거주하는 지역을 사례로 공간 변화가 초래한 양상 및 문제점을 탐구하고, 공동체의 구성원으로서 지역 사회의 변화를 위한 방안을 모색하고 이를 실천한다.
탐구주제: 우리 지역의 기후변화 대응 정책 분석 및 개선 방안 연구
탐구활동 예시: 지역 자치 단체의 기후변화 적응 계획 및 온실가스 감축 목표 조사, 지역 특성에 맞는 기후변화 영향 평가 보고서 분석, 지역 주민, 전문가 인터뷰를 통한 정책 평가 및 개선 의견 수렴, 다른 지역의 우수 정책 사례 조사와 우리 지역 적용 방안 제안, 지역 사회 기후변화 대응을 위한 시민참여 방안 아이디어 제시

통합과학 연계

[10통과2-02-03] 온실효과 강화로 인한 지구온난화의 메커니즘을 이해하고, 엘니뇨, 사막화 등과 같은 현상이 지구 환경과 인간 생활에 미치는 영향과 대처 방안을 분석할 수 있다. (간접적 연계)
탐구주제: 지역 특성을 고려한 기후변화 예측 모델 분석 및 활용 방안 연구
탐구활동 예시: 기상청의 지역별 기후변화 시나리오 자료 분석, 지역 특성에 맞는 기후변화 영향 예측 모델 조사, 지역 기반 기후변화 연구기관과 전문가 인터뷰, 기후변화 예측 정보를 활용한 지역 맞춤형 적응 전략 아이디어 구상

[K-SDGs 세부목표 13-3] (보완) 기후변화 대응에 관한 역량을 강화한다.

통합사회 연계

[10통사2-01-02] 인간 존엄성 실현과 인권보장을 위한 헌법의 역할을 파악하고, 시민의 권익을 보호하기 위한 다양한 시민참여의 방안을 탐구하고 이를 실천한다.
탐구주제: 기후변화 대응 정책 결정 과정에서의 시민참여 활성화 방안 연구
탐구활동 예시: 국내외 기후변화 정책 결정 과정에서의 시민참여 사례 조사, 시민 의견 수렴 방식의 장단점 분석 및 개선 방안 제안, 기후변화 관련 시민단체의 활동 사례 조사 및 참여 방법 탐색, 학교 또는 지역 사회에서 기후변화 관련 공론장 마련 및 운영

통합과학 연계

[10통과2-02-03] 온실효과 강화로 인한 지구온난화의 메커니즘을 이해하고, 엘니뇨, 사막화 등과 같은 현상이 지구 환경과 인간 생활에 미치는 영향과 대처 방안을 분석할 수 있다. (간접적 연계)
탐구주제: 효과적인 기후변화 교육 프로그램 개발 및 적용 방안 연구
탐구활동 예시: 국내외 학교와 사회 환경교육 프로그램 조사 및 분석, 기후변화 관련 과학적 지식 및 정보 전달 방식 연구, 학생 참여형 기후변화 교육 프로그램 기획 및 시뮬레이션, 기후변화 교육 자료 (영상, 게임, 웹툰 등) 제작 및 효과 평가

[K-SDGs 세부목표 13-4] 지구의 온도 상승을 산업화 이전 수준에 비하여 2℃보다 아래로 유지하고 더 나아가 온도 상승을 1.5℃까지 제한하도록 노력한다.

통합사회 연계

[10통사2-05-02] 지구적 차원에서 에너지 자원의 분포와 소비 실태를 파악하고, 기후변화에 대한 대응과 지속가능한 발전을 위한 제도적 방안과 개인적 노력을 탐구한다.
탐구주제: 국가별 온실가스 감축 목표 비교 분석 및 실효성 확보 방안 연구
탐구활동 예시: 주요 국가의 온실가스 감축 목표 (NDC) 및 이행 현황 비교 분석, 탄소중립 정책의 개념 및 국내외 추진 사례 조사, 온실가스 배출량 산정 방식 및 데이터 분석, 개인 및 사회적 차원의 온실가스 감축 노력 실천 방안 제시, 탄소 국경세 등 국제적 감축 노력 동향 조사

통합과학 연계

[10통과2-02-03] 온실효과 강화로 인한 지구온난화의 메커니즘을 이해하고, 엘니뇨, 사막화 등과 같은 현상이 지구 환경과 인간 생활에 미치는 영향과 대처 방안을 분석할 수 있다
[10통과2-02-04] 태양에서 수소 핵융합 반응을 통해 질량 일부가 에너지로 바뀌고, 그중 일부가 지구에서 에너지 흐름을 일으키며 다양한 에너지로 전환되는 과정을 추론할 수 있다.
[10통과2-02-05] 발전기에서 운동 에너지가 전기 에너지로 전환되는 과정을 이해하고, 열원으로서 화석연료, 핵에너지를 이용하는 발전소가 인간 생활에 미치는 영향을 조사·발표할 수 있다.
[10통과2-02-06] 에너지 효율의 의미와 중요성을 이해하고, 지속가능한 발전과 지구 환경 문

제 해결에 신재생 에너지 기술을 활용하는 방안을 탐색할 수 있다.
탐구주제: 온실가스 감축 기술의 원리 및 효과 분석: 에너지 전환 및 탄소 포집 기술을 중심으로
탐구활동 예시: 신재생 에너지 발전 기술 (태양광, 풍력, 수소 에너지 등)의 원리 및 효율성 비교 분석, 탄소 포집 및 활용 기술 (CCUS)의 원리 및 적용사례 조사, 에너지 저장 시스템 (ESS)의 기술 원리 및 필요성 탐구, 건물 및 수송 부문의 에너지 효율 향상 기술 조사, 온실가스 감축 기술의 경제성 및 환경 영향 평가

[출처: 지속가능발전포털]

□(G14) 해양생태계 보전

"지속가능발전을 위한 대양, 바다, 해양자원의 보존과 지속가능한 이용"

[K-SDGs 세부목표 14-1] 육상과 해상의 오염물질로부터 해양환경 보전을 위한 관리체계를 확립한다.

통합사회 연계

[10통사1-03-01] 자연환경이 인간의 생활에 미치는 영향에 관한 과거와 현재의 사례를 조사하여 분석하고, 안전하고 쾌적한 환경에서 살아가는 것이 시민의 권리임을 주장한다.

탐구주제 1: 우리 지역 하천을 통한 해양오염 물질 유입 경로 및 영향 조사

탐구활동 예시: 우리 지역 하천 주변의 쓰레기 발생 현황 및 종류 조사, 하천에서 바다로 이어지는 오염물질 이동 경로 추적, 하천 오염이 해양생태계 및 지역 주민 생활에 미치는 영향 분석, 하천-해양 연계 오염 저감 방안 아이디어 제시

탐구 주제 2: 우리나라 연안 지역의 해양오염 현황과 지역 주민의 삶에 미치는 영향 분석 및 개선 방안 모색

탐구활동 예시: 최근 10년간 우리나라 연안 지역의 해양 쓰레기 발생량 및 종류 변화 추이 조사, 해양오염 (미세 플라스틱, 기름 유출, 적조 등) 피해 사례 조사와 어업, 관광업 등 지역 경제에 미치는 영향 분석, 해양오염으로 인한 주민 건강 문제 사례 조사, 안전하고 쾌적한 해양환경을 누릴 권리 주장 발표

탐구 주제 3: 과거와 현재의 해양오염 사례 비교 분석을 통해 인간 활동과 해양환경의 관계 이해

탐구활동 예시: 과거 산업화 시대의 해양오염 사례 (폐수 무단 방류 등) 조사 및 현재 해양오염 문제 (생활 쓰레기, 해양 미세 플라스틱 등)와의 비교 분석, 시대별 해양오염의 원인과 결과 분석, 해양 환경 보호를 위한 노력의 변화 과정 조사

[10통사1-03-02] 자연에 대한 인간의 다양한 관점을 사례를 통해 비교하고, 인간과 자연의 바람직한 관계를 제안한다.

탐구 주제: 해양오염 문제에 대한 다양한 윤리적 관점 비교 분석 및 해양생태계 보호를 위한 인간의 책임 탐색

탐구활동 예시: 해양오염 문제에 대한 환경 윤리학적 관점 (생태 중심주의, 동물 중심주의, 인간 중심주의) 비교 분석, 해양 생물종 멸종 위기에 대한 인간의 도덕적 책임 논의, 플라스틱 사용 문제에 대한 개인적, 사회적 책임 탐색, 지속 가능한 어업 방식 등 인간과 해양의

공존을 위한 실천 방안 제시

[10통사1-03-03] 환경문제 해결을 위한 정부, 시민사회, 기업 등의 다양한 노력을 조사하고, 생태 시민으로서 실천 방안을 모색한다.
탐구주제 1: 해양 플라스틱 저감을 위한 사회적 노력 비교 분석 및 학생들의 실천 방안 모색
탐구활동 예시: 국내외 해양 플라스틱 저감 정책 및 기업의 노력 사례 조사 (예: 플라스틱 재활용 기술 개발, 친환경 포장재 도입), 시민단체의 해양 정화 활동 및 캠페인 사례 분석, 학교 및 가정에서 플라스틱 사용 줄이기 실천 프로젝트 기획 및 실행, 플라스틱 대체재 아이디어 공모전 개최
탐구 주제 2: 해양오염 방지를 위한 국내외 정책 사례 비교 분석 및 효과적인 정책 제안
탐구활동 예시: 국내 해양오염 방지 관련 법률 및 정책 조사, 해외 선진국의 해양 환경 보호 정책 (일회용 플라스틱 규제, 해양 보호 구역 지정 등) 사례 조사, 정부, 기업, 시민단체의 해양 정화 활동 및 오염 방지 노력 조사, 더 효과적인 해양오염 방지 정책 아이디어 제안 및 정책 제안 발표
탐구 주제 3: 해양 쓰레기 문제 해결을 위한 시민참여 캠페인 기획 및 실행
탐구활동 예시: 해변 정화 활동 참여 및 쓰레기 종류, 발생 원인 분석, 해양 쓰레기 문제의 심각성을 알리는 홍보 자료 제작 (포스터, 영상 등), 학교 또는 지역 사회에서 플라스틱 줄이기 캠페인 전개, 해양 쓰레기 재활용 아이디어 공모전 개최

[10통사1-05-01] 산업화, 도시화로 인해 나타난 생활공간과 생활양식의 변화 양상을 조사하고, 이에 따른 문제점의 해결 방안을 제안한다.
탐구 주제: 산업 활동 및 도시 생활에서 발생하는 해양오염 물질의 종류와 발생 경로 분석 및 저감 방안 연구
탐구활동 예시: 산업 폐수 처리 과정 조사 및 해양오염 유발 요인 분석, 도시 하수 처리 시스템 조사 및 개선 방안 모색, 미세 플라스틱 발생 원인 (세탁, 자동차 타이어 마모 등) 조사와 줄이기 위한 생활 습관 변화 아이디어 제시, 친환경적인 산업 및 도시 개발 사례 조사

[10통사2-01-01] 근대 시민 혁명 등을 통해 확립되어 온 인권의 의미와 변화 양상을 이해하고, 현대 사회에서 주거, 안전, 환경, 문화 등 다양한 영역으로 인권이 확장되고 있는 사례를 조사한다.
탐구 주제: 깨끗한 해양환경에서 살아갈 권리 (해양 환경권)의 중요성 인식 및 실현 방안 탐색
탐구활동 예시: 환경권의 개념과 해양 환경권의 의미 조사, 해양오염으로 인해 침해받는 주민들의 건강권 및 생존권 사례 조사, 해양 환경권 보장을 위한 법적 제도적 장치 조사, 해양 환경 보호 활동이 인간의 기본권 보장에 기여하는 측면 분석

[10통사2-03-02] 합리적 선택의 의미와 그 한계를 파악하고, 지속가능발전을 위해 요청되는 정부, 기업가, 노동자, 소비자의 바람직한 역할과 책임에 관해 탐구한다.
탐구 주제: 지속 가능한 해양생태계 유지를 위한 소비자의 역할과 책임 탐구: 친환경 해산물 소비 운동
탐구활동 예시: 지속 가능한 어업 방식 (MSC 인증 등) 조사, 무분별한 포획으로 인한 해양생

태계 파괴 사례 조사, 친환경 해산물 소비의 필요성 및 실천 방안 모색(지역 직거래 장터 이용, 제철 해산물 소비 등), 해산물 생산 및 유통과정에서의 환경 문제점 분석 및 개선 아이디어 제시

[10통사2-03-04] 자원, 노동, 자본의 지역 분포에 따른 국제 분업과 무역의 필요성을 이해하고, 지속가능발전에 기여하는 국제무역의 방안을 탐색한다.
탐구 주제: 국제 해양오염 문제(해양 쓰레기 이동, 선박 평형수 문제 등) 해결을 위한 국제협력의 중요성 및 방안 모색
탐구활동 예시: 국제 해양법 협약 및 해양환경 관련 국제기구 활동 조사, 국가 간 해양 쓰레기 이동 경로 및 영향 분석, 선박 평형수로 인한 해양생태계 교란 사례 조사, 국제적인 해양오염 방지 협력 사례 조사 및 우리나라의 역할 모색

통합과학 연계

[10통과1-03-01] 지구시스템은 태양계라는 시스템의 구성요소임을 알고, 지구시스템을 구성하는 권역 간의 물질 순환과 에너지 흐름의 결과로 나타나는 현상을 논증할 수 있다.
탐구주제: 육상에서 발생한 오염물질이 해양으로 이동하는 과정 탐구
탐구활동 예시: 강수, 바람 등 자연 현상에 의한 육상 오염물질의 이동 경로 시뮬레이션, 토양오염 물질이 지하수를 통해 해양으로 유입되는 과정 조사, 미세 플라스틱의 해양 이동 경로 및 축적 과정 분석, 해양오염 물질 확산 모델링 학습

[10통과1-03-05] 생명 시스템을 유지하기 위해서 다양한 화학반응과 물질 출입이 필요함을 이해하고, 일상생활에서 활용되는 화학반응 사례를 조사하여 발표할 수 있다.
탐구 주제: 해양오염 물질(중금속, 유기화합물 등)이 해양생물의 생명 시스템에 미치는 영향 연구
탐구활동 예시: 해양오염 물질의 종류별 독성 및 해양생물에 대한 영향 조사(생식 능력 저하, 기형 유발 등), 해양생물 체내 오염물질 축적 과정 분석(생물 농축), 오염된 해산물 섭취의 위험성 및 안전성 확보 방안 조사

[10통과2-01-03] 자연과 인류의 역사에 큰 변화를 가져온 광합성, 화석연료 사용, 철의 제련 등에서 공통점을 찾아 산화와 환원을 이해하고, 생활 주변의 다양한 변화를 산화와 환원의 특징과 규칙성으로 분석할 수 있다.
탐구 주제: 해양에서 발생하는 부영양화 현상의 원인과 결과 분석: 산화-환원 반응을 중심으로
탐구활동 예시: 부영양화의 원인이 되는 질소, 인 등의 오염물질 발생 경로 조사, 부영양화 과정에서 용존 산소량 변화와 해양생물에 미치는 영향 분석, 적조 발생 메커니즘 및 피해 사례 조사, 하수 처리 과정에서의 질소, 인 제거 기술 조사

[10통과2-01-04] 대표적인 산·염기 물질의 특징을 알고, 산과 염기를 혼합할 때 나타나는 중화 반응을 생활 속에서 이용할 수 있다.
탐구 주제: 해양 산성화의 원인과 해양생태계에 미치는 영향 탐구 및 중화 방안 모색
탐구활동 예시: 대기 중 이산화탄소 증가와 해양 산성화의 연관성 조사, 해양 산성화가 해양

생물의 골격 및 껍데기 형성에 미치는 영향 실험 또는 자료 분석, 해양 산성화로 인한 생물 다양성 감소 사례 조사, 해양 산성화를 완화하기 위한 기술적, 정책적 방안 아이디어 제시

[10통과2-02-01] 생태계 구성요소를 이해하고 생물과 환경 사이의 상호관계를 설명할 수 있다.
탐구 주제: 해양생태계 구성요소와 해양오염이 생물 다양성에 미치는 영향 조사
탐구활동 예시: 우리나라 연안 해역의 주요 해양 생물 종 조사 및 특징 연구, 해양오염(플라스틱, 기름, 중금속 등)이 특정 해양 생물 종에 미치는 영향 조사, 해양생태계 먹이 그물 및 에너지 흐름 분석, 해양오염으로 인한 해양 생물 종 감소 및 멸종 위기 사례 조사

[10통과2-02-02] 먹이 관계와 생태 피라미드를 중심으로 생태계 평형이 유지되는 과정을 이해하고, 환경의 변화가 생태계에 미칠 수 있는 영향에 대해 협력적으로 소통할 수 있다.
탐구주제: 해양 플라스틱이 해양생태계 먹이 사슬에 미치는 영향 실험 및 분석
탐구활동 예시: 다양한 크기의 플라스틱 조각이 해양생물 (플랑크톤, 작은 물고기 등)에 미치는 영향 관찰 실험, 해양생물 내 미세 플라스틱 축적 여부 조사, 먹이 사슬 단계별 플라스틱 축적량 비교 분석, 플라스틱 섭취로 인한 해양생물의 생리적 변화 연구

[10통과2-03-03] 인공지능 로봇, 사물인터넷 등과 같이 과학기술의 발전을 인간 삶과 환경 개선에 활용하는 사례를 찾고, 이러한 과학기술의 발전이 미래 사회에 미치는 유용성과 한계를 예측할 수 있다.
탐구 주제: 해양오염 감시 및 정화를 위한 과학기술 활용 사례 조사 및 미래 전망
탐구활동 예시: 해양 쓰레기 수거 로봇, 해양오염 감시 드론 등 첨단기술 개발 현황 조사, 인공위성 및 해양 관측 부이를 이용한 해양환경 데이터 수집 및 분석 시스템 연구, 미래 해양 오염 방지 및 관리에 기여할 수 있는 과학기술 아이디어 제시

[K-SDGs 세부목표 14-2] 바다의 생태환경과 수산자원의 서식처를 적극적으로 관리한다.

통합사회 연계

[10통사1-03-01] 자연환경이 인간의 생활에 미치는 영향에 관한 과거와 현재의 사례를 조사하여 분석하고, 안전하고 쾌적한 환경에서 살아가는 것이 시민의 권리임을 주장한다.
탐구 주제 1: 우리나라 연안 습지 (갯벌, 염생습지 등)의 생태적, 경제적 가치 분석 및 보전 필요성 탐구
탐구활동 예시: 과거 간척 사업으로 인한 습지 면적 변화 및 생태계 영향 조사, 습지가 제공하는 환경 서비스 (수질 정화, 탄소 흡수, 재해 방지 등)의 가치 평가, 지역 어업 및 관광 산업에 미치는 습지의 영향 분석, 습지 보전을 위한 시민들의 노력과 권리 주장 발표
탐구 주제 2: 해양 보호 구역 지정의 효과와 사회적 의미 분석
탐구활동 예시: 국내 해양 보호 구역 지정 현황 및 관리 실태 조사, 해양 보호 구역 지정 후 생물 다양성 변화 및 수산자원 회복 효과 분석, 해양 보호 구역 지정으로 인한 지역 사회의 경제적, 사회적 영향 조사 (관광객 증가, 어업 제한 등), 해양 보호 구역 확대를 위한 시민참여

방안 모색

[10통사1-03-02] 자연에 대한 인간의 다양한 관점을 사례를 통해 비교하고, 인간과 자연의 바람직한 관계를 제안한다.
탐구주제 1: 해양생태계 보호에 대한 다양한 윤리적 관점 비교 및 토론
탐구활동 예시: 생태 중심주의, 인간 중심주의 관점에서 해양생태계 보호의 필요성 논쟁, 멸종 위기 해양생물 보호에 대한 찬반 토론, 해양생태계의 경제적 가치와 비경제적 가치 비교 분석, 인간과 해양생물의 공존을 위한 철학적 성찰
탐구 주제 2: 지속 가능한 어업 방식에 대한 다양한 관점 비교 분석 및 실천 방안 모색
탐구활동 예시: 전통적인 어업 방식과 현대적인 어업 방식의 장단점 비교, 무분별한 남획이 해양생태계에 미치는 영향 조사, 지속 가능한 어업 방식 (TAC 제도, 금어기 설정 등)의 효과 분석, 소비자 관점에서 지속 가능한 해산물 소비를 위한 실천 방안 (MSC 인증 제품 구매 등) 탐색

[10통사1-03-03] 환경문제 해결을 위한 정부, 시민사회, 기업 등의 다양한 노력을 조사하고, 생태 시민으로서 실천 방안을 모색한다.
탐구 주제 1: 수산자원 보호 및 관리를 위한 정부 정책 분석 및 개선 방안 제안
탐구활동 예시: 수산자원 관리법 및 관련 정책 조사, 정부의 수산지원 조사 및 연구 활동 분석, 수산자원 보호 구역 지정 및 관리 실태 평가, 불법 어업 단속 현황 및 문제점 분석, 효과적인 수산자원 관리 정책 아이디어 제안
탐구 주제 2: 바다 숲 조성 사업의 효과와 생태 시민의 역할 모색
탐구활동 예시: 국내 바다 숲 조성 사업 현황 및 추진 과정 조사, 바다 숲이 해양생태계 복원 및 탄소 흡수에 미치는 영향 분석, 바다 숲 조성 사업의 성공 및 실패 사례 분석, 바다 숲 보전을 위한 시민참여 활동 아이디어 제시 (모니터링, 봉사활동 등)

[10통사1-04-01] 자연환경과 인문환경의 영향을 받아 형성된 다양한 문화권의 특징과 삶의 방식을 탐구한다.
탐구 주제: 지역별 전통적인 어업 문화와 현대 어업 방식의 변화 비교 연구 및 지속 가능한 발전 방안 모색
탐구활동 예시: 우리나라 해안 지역별 전통 어업 방식 (해녀, 죽방렴, 갯벌 어업 등) 조사, 현대 어업 기술 발달이 전통 어업 문화에 미친 영향 분석, 전통 어업 문화의 계승 및 현대적인 접목 방안 아이디어 제시, 어촌 공동체의 지속 가능한 발전을 위한 노력 탐색

[10통사2-01-02] 인간 존엄성 실현과 인권보장을 위한 헌법의 역할을 파악하고, 시민의 권익을 보호하기 위한 다양한 시민참여의 방안을 탐구하고 이를 실천한다.
탐구주제: 해양생태계 보호를 위한 시민참여 활동 사례 조사 및 참여 방안 모색
탐구활동 예시: 해양 환경 보호 단체의 활동 내용 및 영향력 조사, 해양 보호 구역 지정 운동 사례 분석, 해양생태계 보호 관련 법률 및 제도 조사, 온라인 서명 운동, 환경 감시 활동 등 시민참여 방안 기획 및 실천

[10통사2-03-02] 합리적 선택의 의미와 그 한계를 파악하고, 지속가능발전을 위해 요청되는

정부, 기업가, 노동자, 소비자의 바람직한 역할과 책임에 관해 탐구한다.
탐구 주제: 양식업의 지속 가능한 발전 방안 모색: 환경친화적 양식 기술 및 소비자 인식 개선
탐구활동 예시: 다양한 양식 방식 (축제식, 순환 여과식, 해상 가두리식 등)의 장단점 비교 분석, 양식 과정에서 발생하는 환경오염 문제 (항생제 사용, 폐수 방류 등) 조사, 친환경 양식 기술 (바이오플록, IMTA 등) 사례 조사, 양식 수산물 소비에 대한 윤리적 고민 및 소비자의 역할 제시

[10통사2-03-04] 자원, 노동, 자본의 지역 분포에 따른 국제 분업과 무역의 필요성을 이해하고, 지속가능발전에 기여하는 국제무역의 방안을 탐색한다.
탐구 주제: 국제적인 불법 어업 문제의 실태와 해결을 위한 국제협력 방안 연구
탐구활동 예시: 국제 불법 어업 (IUU 어업)의 정의, 규모 및 영향 조사, 불법 어획된 수산물의 유통 경로 및 문제점 분석, 국제사회의 불법 어업 근절 노력 (국제 협약, 감시 시스템 등) 조사, 지속 가능한 수산물 무역을 위한 국제협력 방안 제시

통합과학 연계

[10통과2-02-01] 생태계 구성요소를 이해하고 생물과 환경 사이의 상호관계를 설명할 수 있다.
탐구주제 1: 특정 해양생태계 (예: 갯벌, 산호초)의 특징 및 중요성 조사
탐구활동 예시: 우리 지역 갯벌 생태계의 생물 다양성 조사 및 보고서 작성, 산호초 형성과 생태적 역할 연구, 해양생태계 먹이 그물 및 에너지 흐름 분석, 특정 해양생물의 생존 전략 및 환경 적응 사례 연구
탐구 주제 2: 우리나라 연안 생태계의 특징 및 주요 생물종 조사 및 서식 환경 관리의 중요성 탐구
탐구활동 예시: 갯벌, 잘피 숲, 산호초 등 연안 생태계별 특징 조사, 주요 해양생물 (어류, 갑각류, 해조류 등)의 종류 및 생활방식 연구, 서식지 파괴, 해양오염 등이 해양생물 다양성에 미치는 영향 분석, 해양생물 서식지 보호 및 복원 방안 아이디어 제시

[10통과2-01-02] 변이의 발생과 자연선택 과정을 통해 생물의 진화가 일어나고, 진화의 과정을 통해 생물 다양성이 형성되었음을 추론할 수 있다.
탐구주제: 해양생물 다양성 감소 원인 분석 및 보전 방안 연구
탐구활동 예시: 멸종 위기 해양생물 목록 조사 및 감소 원인 분석 (서식지 파괴, 환경오염, 기후변화 등), 해양생물 유전자 다양성 보존의 중요성 탐구, 해양생물 복원 기술 및 사례 조사, 해양생물 다양성 보전을 위한 국제 협약 및 노력 연구

[10통과2-02-02] 먹이 관계와 생태 피라미드를 중심으로 생태계 평형이 유지되는 과정을 이해하고, 환경의 변화가 생태계에 미칠 수 있는 영향에 대해 협력적으로 소통할 수 있다.
탐구 주제: 해양생태계 먹이 그물 분석 및 특정 어종 남획이 생태계 평형에 미치는 영향 예측
탐구활동 예시: 우리나라 주요 해역의 해양생태계 먹이 그물 구성 및 특징 조사, 특정 어종 (예: 참치, 오징어 등)의 과도한 어획이 다른 해양생물에 미치는 영향 분석, 해양생태계 평형 유지를 위한 적정 어획량 산정의 중요성 인식, 생태계 기반 어업 관리의 필요성 논의

[10통과2-02-03] 온실효과 강화로 인한 지구온난화의 메커니즘을 이해하고, 엘니뇨, 사막화 등과 같은 현상이 지구 환경과 인간 생활에 미치는 영향과 대처 방안을 분석할 수 있다.
탐구 주제: 지구온난화로 인한 해수 온도 상승이 해양생태계 및 수산자원에 미치는 영향 조사
탐구활동 예시: 최근 수십 년간의 해수 온도 변화 추이 분석, 해수 온도 상승이 해양생물의 서식지 이동, 번식, 성장 등에 미치는 영향 조사, 특정 어종의 어획량 변화와 해수 온도 변화의 상관관계 분석, 기후변화에 적응하는 해양생태계 관리 방안 모색

[10통과2-02-06] 에너지 효율의 의미와 중요성을 이해하고, 지속가능한 발전과 지구 환경 문제 해결에 신재생 에너지 기술을 활용하는 방안을 탐색할 수 있다.
탐구 주제: 해양 에너지를 활용한 지속 가능한 발전 가능성 탐색 및 해양생태계 영향 최소화 방안 연구
탐구활동 예시: 파력, 조력, 해수 온도차 발전 등 해양 에너지 기술의 원리 및 특징 조사, 해양 에너지 발전 시설이 해양생태계에 미치는 영향 (소음, 서식지 파괴 등) 분석, 해양 에너지 개발과 해양생태계 보전의 조화 방안 모색, 친환경적인 해양 에너지 기술 개발 사례 조사

[10통과2-03-03] 인공지능 로봇, 사물인터넷 등과 같이 과학기술의 발전을 인간 삶과 환경 개선에 활용하는 사례를 찾고, 이러한 과학기술의 발전이 미래 사회에 미치는 유용성과 한계를 예측할 수 있다.
탐구 주제: 과학기술을 활용한 스마트 어업 관리 시스템 개발 및 효과 분석
탐구활동 예시: ICT 기술 기반 어획량 예측 시스템, 불법 어업 감시 시스템 등 스마트 어업 기술 사례 조사, 수산자원 데이터 수집 및 분석을 위한 센서, 드론 등 활용 사례 연구, 스마트 어업 기술이 수산자원 관리와 어업 생산성 향상에 미치는 영향 분석, 스마트 어업 기술 도입의 윤리적 및 사회적 문제점 논의

[K-SDGs 세부목표 14-3] 과학기술 협력 강화 등을 통한 해양 산성화에 의한 영향을 최소화한다.

통합사회 연계

[10통사1-03-03] 환경문제 해결을 위한 정부, 시민사회, 기업 등의 다양한 노력을 조사하고, 생태 시민으로서 실천 방안을 모색한다.
탐구주제: 해양 산성화 문제 해결을 위한 국내외 과학기술 협력 사례 분석 및 시민참여 방안 연구
탐구활동 예시: 해양 산성화 연구 관련 국제협력 기구 (IPCC 등) 및 연구 프로젝트 조사, 해양 산성화 저감 기술 개발 사례 (탄소 포집 기술, 해조류 활용 등) 조사 및 효과 분석, 시민들의 해양 산성화 문제 인식 개선 및 저탄소 생활 실천을 위한 캠페인 기획 및 실행, 해양 보호를 위한 시민단체 활동 조사 및 참여 방안 모색

[10통사2-04-01] 세계화의 다양한 양상을 살펴보고, 세계화 시대의 문제점과 그에 대한 해결 방안을 제안한다.

탐구주제: 해양 산성화 문제 해결을 위한 국제 과학 기술 협력의 중요성 및 사례 조사
탐구활동 예시: 해양 산성화 연구를 위한 국제 공동 연구 프로젝트 사례 조사, 해양 산성화 감시 및 예측 기술 공유 사례 분석, 개발도상국의 해양 산성화 대응역량 강화를 위한 선진국의 지원 사례 조사, 해양 산성화 문제 해결을 위한 국제기구의 역할 탐구

[10통사2-04-02] 평화의 관점에서 국제사회의 갈등과 협력의 사례를 조사하고, 세계 평화를 위한 행위 주체의 바람직한 역할을 탐색한다.
탐구주제: 해양 산성화 공동 연구 및 기술 개발을 위한 국제협력의 중요성 및 과제 탐색
탐구활동 예시: 해양 산성화 연구 분야의 국제 공동 연구 사례 및 성과 분석, 해양 기술 개발 및 공유 과정에서의 국가 간 협력 및 갈등 사례 조사, 과학기술 협력을 통한 해양 산성화 문제 해결에 기여하는 국제기구 역할 조사, 글로벌 해양 거버넌스 구축의 필요성 및 과제 논의

통합과학 연계

[10통과2-01-03] 자연과 인류의 역사에 큰 변화를 가져온 광합성, 화석연료 사용, 철의 제련 등에서 공통점을 찾아 산화와 환원을 이해하고, 생활 주변의 다양한 변화를 산화와 환원의 특징과 규칙성으로 분석할 수 있다.
탐구주제: 해양 산성화의 화학적 원리 및 해양생물에 미치는 영향 탐구
탐구활동 예시: 대기 중 이산화탄소 농도 증가와 해양 pH 변화 관계 실험, 해양 산성화가 특정 해양생물 (예: 조개, 산호)의 골격 형성에 미치는 영향 관찰, 해양 산성화 지수 측정 방법 조사, 해양 산성화 예측 모델 이해

[10통과2-01-04] 대표적인 산・염기 물질의 특징을 알고, 산과 염기를 혼합할 때 나타나는 중화 반응을 생활 속에서 이용할 수 있다.
탐구주제: 해양 산성화의 원인과 pH 변화 측정 실험 및 해양생물에 미치는 영향 탐구
탐구활동 예시: 다양한 농도의 산성 용액이 해양생물 (조개류, 갑각류 등)의 껍데기나 골격에 미치는 영향 실험, 해수 시료 채취 후 pH 측정 및 해양 산성화 정도 파악, 과거 자료와 비교 분석, 이산화탄소 농도 변화에 따른 해수의 pH 변화 시뮬레이션, 해양 산성화를 중화하기 위한 친환경적인 방법 탐색 (해조류 양식 등)

[10통과2-02-02] 먹이 관계와 생태 피라미드를 중심으로 생태계 평형이 유지되는 과정을 이해하고, 환경의 변화가 생태계에 미칠 수 있는 영향에 대해 협력적으로 소통할 수 있다.
탐구주제: 해양 산성화가 해양생태계 먹이망에 미치는 영향 분석 및 생태계 균형 파괴 사례 연구
탐구활동 예시: 해양 산성화에 취약한 생물종(산호, 조개류 등) 조사 및 생태적 특징 연구, 해양 산성화가 먹이 사슬에 미치는 영향 (플랑크톤 감소 → 상위 포식자 영향) 분석, 해양 산성화로 인한 특정 해역의 생물종 감소 및 생태계 변화 사례 조사, 해양생태계 복원을 위한 기술적 노력 (인공 어초, 산호 복원 등) 조사

[10통과2-02-03] 온실효과 강화로 인한 지구온난화의 메커니즘을 이해하고, 엘니뇨, 사막화 등과 같은 현상이 지구 환경과 인간 생활에 미치는 영향과 대처 방안을 분석할 수 있다.
탐구주제: 지구온난화와 해양 산성화의 연관성 규명 및 복합적인 해양환경 변화 예측

탐구활동 예시: 대기 중 이산화탄소 증가와 해양 산성화, 지구 온도 상승 간의 상관관계 분석, 해수 온도 상승이 해양생태계 및 해양 산성화에 미치는 복합적인 영향 조사, 기후변화 시나리오 기반 해양 산성화 미래 예측 모델 분석, 해양 산성화와 지구온난화 문제 해결을 위한 통합적인 접근 방식 모색

[10통과2-03-01] 감염병의 진단, 추적 등을 사례로 과학의 유용성을 설명하고, 미래 사회 문제 해결에서 과학의 필요성에 대해 논증할 수 있다.
탐구주제: 해양 산성화 문제 해결을 위한 과학기술 활용 방안 연구
탐구활동 예시: 이산화탄소 포집 및 저장 기술 (CCS)의 해양 적용 가능성 탐색, 해양 산성화 저감 물질 개발 연구, 해양 산성화에 강한 해양 생물종 연구 및 활용 방안 모색, 해양 산성화 모니터링 시스템 구축 아이디어 제시

[10통과2-03-03] 인공지능 로봇, 사물인터넷 등과 같이 과학기술의 발전을 인간 삶과 환경 개선에 활용하는 사례를 찾고, 이러한 과학기술의 발전이 미래 사회에 미치는 유용성과 한계를 예측할 수 있다.
탐구주제: 해양 산성화 모니터링 및 저감 기술 개발에 적용되는 첨단 과학기술 사례 연구
탐구활동 예시: 해양 산성화 실시간 모니터링 센서 및 데이터 분석 기술 조사, 탄소 포집 및 활용 기술 (CCUS)의 해양 적용사례 및 효과 분석, 인공지능 기반 해양생태계 변화 예측 시스템 조사, 해양 산성화 해결 기술의 윤리적 문제 및 사회적 영향 논의

[10통과2-03-04] 과학기술의 발전 과정에서 발생할 수 있는 과학 관련 사회적 쟁점 (SSI)과 과학기술 이용에서 과학 윤리의 중요성에 대해 논증할 수 있다.
탐구주제: 해양 산성화 해결 기술 개발 및 적용 과정에서 발생할 수 있는 과학 윤리적 쟁점 분석
탐구활동 예시: 해양 지구공학 기술 (geoengineering)의 잠재적 위험성과 윤리적 문제점 논의, 해양 산성화 연구 자료의 투명성 및 공정성 확보 방안 탐색, 해양 산성화 문제 해결을 위한 과학기술 개발의 책임과 한계 논의, 미래 세대를 위한 해양환경 보전의 윤리적 의미 강조

[K-SDGs 세부목표 14-4] 수산자원을 지속 가능하게 관리하고 과도한 어업을 지양한다.

통합사회 연계

[10통사1-03-01] 자연환경이 인간의 생활에 미치는 영향에 관한 과거와 현재의 사례를 조사하여 분석하고, 안전하고 쾌적한 환경에서 살아가는 것이 시민의 권리임을 주장한다.
탐구주제: 우리나라 연근해 어족자원 변화 추이 분석 및 어업 종사자들의 삶에 미치는 영향 탐색
탐구활동 예시: 과거 어획량 데이터와 현재 어획량 데이터 비교 분석 (특정 어종 중심), 어족자원 감소로 인한 어촌 공동체의 변화 (인구 감소, 경제적 어려움 등) 인터뷰 또는 사례 조사, 지속가능한 어업을 위한 노력들이 어업 종사자들의 생계유지와 어떤 관련이 있는지 조사, 수산자원 보호와 어업인의 권리 보장이 조화롭게 이루어지는 방안 토론

[10통사1-03-03] 환경문제 해결을 위한 정부, 시민사회, 기업 등의 다양한 노력을 조사하고, 생태 시민으로서 실천 방안을 모색한다.
탐구주제: 지속가능한 수산자원 관리를 위한 국내외 정책 비교 분석 및 시민참여 방안 연구
탐구활동 예시: 국내 수산자원 관리 정책 (총허용어획량 (TAC) 제도, 금어기, 금지체장 등) 조사 및 효과 분석, 해외 지속가능한 어업 인증 제도 (MSC 인증 등) 조사 및 국내 도입 필요성 논의, 불법 어업 실태 조사 및 근절을 위한 정부, 시민사회 노력 탐색, 수산물 소비자의 윤리적 소비 (착한 소비) 실천 방안 아이디어 제시 및 캠페인 기획

[10통사1-04-01] 자연환경과 인문환경의 영향을 받아 형성된 다양한 문화권의 특징과 삶의 방식을 탐구한다.
탐구주제: 전통적인 어업 방식과 현대적인 어업 방식 비교 분석 및 지속가능한 어업 문화의 가치 탐색
탐구활동 예시: 지역별 전통 어업 방식 (해녀 물질, 갯벌 어업 등) 조사 및 현대 어업 방식과 비교 분석, 전통 어업 방식이 수산자원 유지에 기여하는 측면 탐색, 지속가능한 어업 문화를 보존하고 발전시키기 위한 아이디어 제시, 해외의 지속가능한 어업 문화 사례 조사 및 시사점 도출

[10통사2-03-02] 합리적 선택의 의미와 그 한계를 파악하고, 지속가능발전을 위해 요청되는 정부, 기업가, 노동자, 소비자의 바람직한 역할과 책임에 관해 탐구한다.
탐구주제 1: 지속 가능한 어업을 위한 다양한 주체의 역할과 책임 탐구
탐구활동 예시: 정부의 수산자원 관리 정책 (TAC 제도, 금어기 등) 효과 분석, 어민들의 자율적인 자원관리 노력 사례 조사, 수산물 소비자의 지속 가능한 소비 방식 연구 (MSC 인증 제품 이용 등), 불법 어업 근절을 위한 정부 및 시민사회의 노력 조사
탐구주제 2: 지속가능한 어업을 위한 다양한 경제 주체들의 역할과 책임 분석
탐구활동 예시: 정부의 수산자원 관리 정책, 어업 규제, 보조금 정책 등이 지속가능한 어업에 미치는 영향 분석, 어업 회사들의 지속가능한 어업 기술 도입 및 실천 사례 조사, 수산물 가공 및 유통과정에서의 지속가능성 확보 노력 탐색, 소비자들이 지속가능한 수산물을 선택하고 소비하는 것이 어족자원 보호에 미치는 영향 분석

[10통사2-03-04] 자원, 노동, 자본의 지역 분포에 따른 국제 분업과 무역의 필요성을 이해하고, 지속가능발전에 기여하는 국제무역의 방안을 탐색한다.
탐구주제: 지속 가능한 수산물 생산 및 소비를 위한 국제협력 방안 연구
탐구활동 예시: 불법 어획 방지를 위한 국제 공조 사례 조사, 지속 가능한 수산물 교역을 위한 국제 인증 제도 (MSC, ASC 등) 조사, 개발도상국의 지속 가능한 어업 발전을 위한 선진국의 지원 사례 연구, 수산물 원산지 표시제의 중요성 및 개선 방안 모색

통합과학 연계

[10통과2-01-02] 변이의 발생과 자연선택 과정을 통해 생물의 진화가 일어나고, 진화의 과정을 통해 생물 다양성이 형성되었음을 추론할 수 있다.
탐구주제: 어획 압력이 특정 어종의 진화에 미치는 영향 가설 설정 및 탐구 설계
탐구활동 예시: 과도한 어획으로 인해 특정 어종의 성장 속도나 번식 시기 등 생태적 특징이

변화하는 사례 조사, 지속적인 어획이 특정 어종의 유전적 다양성에 미치는 영향에 대한 가설 설정 및 탐구 방법 구상, 생물 다양성 보존이 지속가능한 어업에 미치는 중요성 논의, 멸종 위기 어종 복원을 위한 과학기술 활용 사례 조사

[10통과2-02-01] 생태계 구성요소를 이해하고 생물과 환경 사이의 상호관계를 설명할 수 있다.
탐구주제: 특정 해역의 해양생태계 구성요소 및 먹이 관계 분석과 과도한 어획이 생태계에 미치는 영향 예측
탐구활동 예시: 우리나라 주요 해역의 해양생태계 구성요소 (플랑크톤, 어류, 해조류 등) 조사 및 특징 연구, 특정 어종의 과도한 어획이 먹이 사슬에 미치는 영향 시뮬레이션 또는 모델링, 멸종 위기 해양생물의 서식 환경 파괴 원인 분석 및 보호 방안 연구, 해양생태계 복원을 위한 노력 (바다 숲 조성 사업 등) 조사

[10통과2-02-02] 먹이 관계와 생태 피라미드를 중심으로 생태계 평형이 유지되는 과정을 이해하고, 환경의 변화가 생태계에 미칠 수 있는 영향에 대해 협력적으로 소통할 수 있다.
탐구주제 1: 과도한 어획이 해양생태계에 미치는 영향 분석 및 생태계 복원 방안 탐색
탐구활동 예시: 특정 어종의 과도한 어획이 먹이 사슬 전체에 미치는 영향 시뮬레이션, 멸종 위기 어종 복원 프로젝트 사례 조사, 인공 어초 설치 효과 분석, 해양생태계 균형 유지를 위한 적정 어획량 산정 방법 연구
탐구주제 2: 어획 방식에 따른 해양생태계 파괴 사례 분석 및 지속가능한 어획 방법 탐색
탐구활동 예시: 저인망 어업, 트롤 어업 등 파괴적인 어획 방식이 해저 생태계에 미치는 영향 조사, 혼획으로 인한 해양생물 피해 사례 조사 및 저감 방안 연구, 지속가능한 어획 기술 (스마트 어업 기술, 친환경 어구 사용 등) 사례 조사 및 효과 분석, 미래 세대를 위한 지속가능한 어획 방법 아이디어 공모전 개최

[10통과2-03-02] 빅데이터를 과학기술사회에서 사용하고 있는 사례를 조사하고, 빅데이터 활용의 장점과 문제점을 추론할 수 있다.
탐구주제: 빅데이터 기반의 스마트 어업 기술이 수산자원 관리에 기여하는 방안 탐색
탐구활동 예시: 어획량, 해양환경 데이터 등을 활용한 어군 탐지 및 예측 시스템 조사, 빅데이터 기반의 불법 어업 감시 시스템 및 효과 분석, 스마트 양식 기술이 수산자원 보호에 미치는 영향 조사, 수산 분야 빅데이터 활용의 윤리적 문제 및 개인정보보호 방안 논의

[10통과2-03-04] 과학기술의 발전 과정에서 발생할 수 있는 과학 관련 사회적 쟁점(SSI)과 과학기술 이용에서 과학 윤리의 중요성에 대해 논증할 수 있다.
탐구주제: 수산자원 관리를 위한 과학기술 활용의 윤리적 쟁점 탐구
탐구활동 예시: 유전자 편집 기술을 활용한 양식 어류 개발의 윤리적 문제점 토론, 인공지능 기반의 어획 로봇 도입에 따른 일자리 감소 문제 및 해결 방안 모색, 해양생태계를 인위적으로 조작하는 기술의 윤리적 문제점 논의, 지속가능한 수산자원 관리를 위한 과학기술 개발 및 이용의 방향성 모색

[K-SDGs 세부목표 14-5] 해양생태계의 체계적인 보전과 현명한 이용을 위해 해양보호구역 지정 면적을 확대한다.
통합사회 연계

[10통사1-03-01] 자연환경이 인간의 생활에 미치는 영향에 관한 과거와 현재의 사례를 조사하여 분석하고, 안전하고 쾌적한 환경에서 살아가는 것이 시민의 권리임을 주장한다.
탐구주제: 해양보호구역 지정이 지역 주민의 삶의 질에 미치는 영향 분석 및 시민의 환경권과의 연관성 탐색
탐구활동 예시: 해양보호구역 지정 전후 지역 어획량 변화, 관광객 수 변화 등 자료 조사 및 분석, 해양보호구역 지정으로 인한 지역 경제 활성화 또는 침체 사례 조사, 해양보호구역 주변 지역 주민들의 의견 수렴 (인터뷰, 설문 조사 등), 안전하고 쾌적한 해양환경을 누릴 권리로서 해양보호구역의 필요성을 주장하는 발표 자료 제작

[10통사1-03-03] 환경문제 해결을 위한 정부, 시민사회, 기업 등의 다양한 노력을 조사하고, 생태 시민으로서 실천 방안을 모색한다.
탐구주제 1: 해양 보호 구역 지정의 필요성 및 효과에 대한 다양한 이해관계자들의 관점 비교 분석
탐구활동 예시: 해양 보호 구역 지정에 대한 어민, 지역 주민, 환경 단체, 정부 등의 입장 조사 및 분석, 해양 보호 구역 지정으로 인한 사회적, 경제적 영향 조사, 해양 보호 구역 관리와 감독 시스템의 문제점 및 개선 방안 모색
탐구주제 2: 국내외 해양보호구역 지정 및 관리 정책 비교 분석 및 효과적인 정책 제안
탐구활동 예시: 국내 해양보호구역 지정 현황 및 관리 실태 조사, 문제점 분석, 해외 성공적인 해양보호구역 지정 및 관리 사례 조사 및 시사점 도출, 해양보호구역 확대를 위한 시민단체의 활동 조사 및 참여 방안 모색, 학교 또는 지역 사회에서 해양보호구역의 중요성을 알리는 캠페인 기획 및 실행

[10통사2-01-02] 인간 존엄성 실현과 인권보장을 위한 헌법의 역할을 파악하고, 시민의 권익을 보호하기 위한 다양한 시민참여의 방안을 탐구하고 이를 실천한다.
탐구주제: 해양 보호 구역 확대 및 관리를 위한 시민참여 방안 연구 및 실천
탐구활동 예시: 해양 보호 구역 지정을 위한 시민운동 사례 조사, 해양 보호 구역 관리 자원봉사 활동 참여, 해양 보호 구역 관련 정책 제안 활동, 해양 보호 구역의 중요성을 알리는 캠페인 기획 및 실행

[10통사1-05-03] 자신이 거주하는 지역을 사례로 공간 변화가 초래한 양상 및 문제점을 탐구하고, 공동체의 구성원으로서 지역 사회의 변화를 위한 방안을 모색하고 이를 실천한다.
탐구주제: 우리 지역 해양환경의 특징과 해양보호구역 지정 필요성에 대한 조사 및 홍보 활동
탐구활동 예시: 우리 지역 해안선의 특징, 주요 해양 생물종, 오염 현황 등 조사, 우리 지역에 해양보호구역 지정이 필요한 이유와 기대 효과 분석, 지역 주민들에게 해양보호구역의 필요성을 알리는 홍보 자료 (포스터, 영상 등) 제작, 지역 해양환경 정화 활동 참여 및 해양 보호 서약 캠페인 전개

[10통사2-04-02] 평화의 관점에서 국제사회의 갈등과 협력의 사례를 조사하고, 세계 평화를 위한 행위 주체의 바람직한 역할을 탐색한다.
탐구주제: 해양보호구역 지정을 위한 국제협력의 중요성 및 사례 연구
탐구활동 예시: 해양보호구역 지정과 관련된 국제 협약(CBD, UNCLOS 등) 내용 조사, 국경을 넘나드는 해양생태계 보호를 위한 국가 간 협력 사례 조사, 해양보호구역 지정 및 관리에 어려움을 겪는 국가를 지원하는 방안 모색, 지속가능한 해양 관리를 위한 국제사회의 공동 책임 강조하는 발표 자료 제작

통합과학 연계

[10통과2-01-01] 지질시대를 통해 지구 환경이 끊임없이 변화해 왔으며 이러한 환경 변화가 생물 다양성에 미치는 영향을 추론할 수 있다.
탐구주제: 과거 해양생태계 파괴 사례를 통해 해양보호구역의 필요성 도출
탐구활동 예시: 과거 특정 해역의 과도한 개발 또는 오염으로 인한 해양생태계 파괴 사례 조사, 해양생태계 파괴가 생물 다양성에 미치는 장기적인 영향 분석, 과거의 실패 사례를 바탕으로 현재 해양보호구역 지정의 중요성 강조, 미래의 해양생태계 보전을 위한 해양보호구역의 역할 예측 및 시나리오 작성

[10통과1-01-04] 자연에서 일어나는 다양한 변화를 측정·분석하여 정보를 산출함을 알고, 이러한 정보를 디지털로 변환하는 기술을 정보 통신에 활용하여 현대 문명에 미친 영향을 인식한다.
탐구주제: 해양보호구역 관리 및 모니터링에 활용되는 과학기술 사례 조사 및 효과 분석
탐구활동 예시: 해양보호구역 내 수온, 염도, 용존 산소량 등 환경 데이터 측정 및 분석 방법 조사, 위성 추적 장치, 수중 드론 등 해양생물 모니터링 기술 조사와 활용 사례 연구, 해양보호구역 관리 효율성을 높이는 정보 통신기술(GIS, 빅데이터 분석 등) 조사, 해양보호구역 관리 시스템 구축 아이디어 제시 및 기술 적용 방안 구상

[10통과2-02-01] 생태계 구성요소를 이해하고 생물과 환경 사이의 상호관계를 설명할 수 있다.
탐구주제: 해양 보호 구역이 해양생태계 보전에 미치는 효과 분석
탐구활동 예시: 해양 보호 구역 내부와 외부의 생물 다양성 비교 조사, 특정 해양 보호 구역의 생태계 변화 모니터링, 해양 보호 구역 설정 기준 및 관리 방안 연구, 해양생태계 연결성 확보를 위한 방안 모색

[10통과2-02-02] 먹이 관계와 생태 피라미드를 중심으로 생태계 평형이 유지되는 과정을 이해하고, 환경의 변화가 생태계에 미칠 수 있는 영향에 대해 협력적으로 소통할 수 있다.
탐구주제: 해양 보호 구역이 멸종 위기 해양생물 보호에 기여하는 효과 분석
탐구활동 예시: 해양 보호 구역 지정 후 멸종 위기 해양생물 개체 수 변화 추이 조사, 해양 보호 구역이 특정 해양생물의 서식지 복원에 미치는 영향 연구, 해양 보호 구역의 생태적 기능 강화 방안 아이디어 제시

[10통과2-03-04] 과학기술의 발전 과정에서 발생할 수 있는 과학 관련 사회적 쟁점(SSI)과

과학기술 이용에서 과학 윤리의 중요성에 대해 논증할 수 있다.
탐구주제: 해양보호구역 지정 및 관리 과정에서 발생할 수 있는 과학 윤리적 쟁점 탐구
탐구활동 예시: 해양보호구역 설정 시 과학적 데이터의 객관성 및 투명성 확보 방안 논의, 해양생태계 복원 기술 적용 시 발생할 수 있는 의도치 않은 결과에 대한 책임 문제 토론, 해양보호구역 관련 연구 자료의 공유 및 활용에 대한 윤리적 문제점 분석, 지속가능한 해양환경 보전을 위한 과학기술 활용의 올바른 방향성 제시

[K-SDGs 세부목표 14-6] 해양자원의 지속가능한 이용을 통해 경제적 이익을 확보한다.

통합사회 연계

[10통사1-03-01] 자연환경이 인간의 생활에 미치는 영향에 관한 과거와 현재의 사례를 조사하여 분석하고, 안전하고 쾌적한 환경에서 살아가는 것이 시민의 권리임을 주장한다.
탐구주제: 지속가능한 해양자원 이용 방식이 지역 경제 활성화에 미치는 영향 분석
탐구활동 예시: 친환경 양식업, 해양 관광업 등 지속가능한 해양자원 이용 사례 조사 및 지역 경제 기여도 분석, 과거 무분별한 해양자원 개발로 인한 환경 파괴 및 경제적 손실 사례 비교 분석, 지속가능한 해양자원 이용이 지역 주민의 소득증대 및 삶의 질 향상에 미치는 영향 조사 (설문, 인터뷰 등), 지속가능한 해양환경 보전과 경제적 이익 창출의 균형점을 모색하는 정책 아이디어 제시

[10통사2-03-01] 자본주의의 역사적 전개 과정과 그 특징을 조사하고, 시장과 정부의 관계를 중심으로 다양한 삶의 방식을 비교 평가한다.
탐구주제 1: 지속 가능한 수산업 혁신을 위한 스마트 기술 도입의 경제적 효과 및 사회적 영향 분석
탐구활동 예시: 스마트 양식 기술 (IoT 기반 수질 관리, 자동 먹이 공급 등) 도입 사례 조사, 스마트 기술 도입이 수산물 생산량 및 품질에 미치는 영향 분석, 스마트 기술 도입으로 인한 어촌 일자리 변화 예측 및 대응 방안 모색, 전통적 어업 방식과 스마트 어업 방식의 경제적 효율성 비교
탐구주제 2: 해양자원 이용 관련 시장경제 원리 분석 및 정부 규제의 필요성 탐색
탐구활동 예시: 수산물 시장의 수요와 공급 변동 요인 분석 및 가격 결정 과정 이해, 공유 자원인 해양자원의 비극 사례 조사와 시장 실패 원인 분석, 지속가능한 해양자원 이용을 위한 정부의 역할 (TAC 제도, 어업 허가제 등) 조사 및 효과 평가, 해양자원 이용과 관련된 경제적 인센티브 및 규제 방안 비교 분석

[10통사2-03-02] 합리적 선택의 의미와 그 한계를 파악하고, 지속가능발전을 위해 요청되는 정부, 기업가, 노동자, 소비자의 바람직한 역할과 책임에 관해 탐구한다.
탐구주제: 지속가능한 해양자원 이용을 위한 경제 주체별 역할과 책임 탐색
탐구활동 예시: 어업 종사자의 지속가능한 어업 방식 실천 사례 조사 및 어려움 분석, 수산물 가공 및 유통 기업의 지속가능성 확보 노력 (친환경 포장, 유통과정 개선 등) 조사, 소비자의 윤리적 소비 (MSC 인증 수산물 구매 등)가 해양자원 보호에 미치는 영향 분석, 지속가

능한 해양자원 이용을 위한 사회적 책임 투자 사례 조사 및 활성화 방안 모색

[10통사2-03-04] 자원, 노동, 자본의 지역 분포에 따른 국제 분업과 무역의 필요성을 이해하고, 지속가능발전에 기여하는 국제무역의 방안을 탐색한다.
탐구주제: 국제 수산물 무역이 해양자원 이용에 미치는 영향 및 지속가능한 국제협력 방안 연구
탐구활동 예시: 주요 수산물 수출입 국가 현황 및 국제 수산물 가격 변동 추이 분석, 국제 불법 어업 (IUU Fishing) 문제의 심각성 및 경제적 손실 규모 조사, 지속가능한 어업을 위한 국제협력 사례 (어업 협정, 기술 지원 등) 조사 및 효과 분석, 개발도상국의 지속가능한 어업 발전을 위한 선진국의 역할 모색

[10통사2-04-01] 세계화의 다양한 양상을 살펴보고, 세계화 시대의 문제점과 그에 대한 해결 방안을 제안한다.
탐구주제: 세계화된 수산물 시장에서 지속가능한 해양자원 이용을 위한 노력과 과제 탐색
탐구활동 예시: 글로벌 수산물 공급망 분석 및 환경적, 사회적 문제점 조사, 지속가능한 수산물 생산 및 소비를 위한 국제적인 노력 (인증 제도, 캠페인 등) 조사, 세계화로 인한 어족자원 경쟁 심화 및 해결 방안 모색, 공정한 수산물 무역을 위한 국제 규범 및 협력의 필요성 강조

[10통사1-04-02] 문화 변동의 다양한 양상을 이해하고, 현대 사회에서 전통문화가 지니는 의의를 탐색한다.
탐구주제: 해양・어촌관광 활성화를 통한 지역 경제발전 및 전통문화 보존 방안 연구
탐구활동 예시: 국내외 성공적인 해양・어촌관광 사례 조사 (예: 체험형 어업 관광, 해양 레포츠 연계 관광), 지역의 해양 문화 자원 (해녀 문화, 전통 어업 방식 등) 활용 방안 아이디어 제시, 관광객 증가가 지역 사회 및 환경에 미치는 영향 분석, 지속 가능한 해양・어촌관광 모델 개발

[10통사2-03-03] 금융 자산의 특징과 자산관리의 원칙을 토대로 금융 생활을 설계하고, 경제적, 사회적 환경의 변화가 금융과 관련한 의사결정에 미치는 영향을 탐구한다.
탐구주제: 해양 신산업 육성을 위한 투자유치 및 금융 지원 방안 연구
탐구활동 예시: 해양 바이오산업, 해양 에너지 산업 등 해양 신산업 분야 조사, 해양 신산업 투자의 경제적 가치 및 위험 분석, 해양 신산업 육성을 위한 정부의 금융 지원 정책 조사, 크라우드 펀딩 등 새로운 투자 방식의 해양 신산업 적용 가능성 탐색

통합과학 연계

[10통과2-02-01] 생태계 구성요소를 이해하고 생물과 환경 사이의 상호관계를 설명할 수 있다.
탐구주제: 해양생태계 서비스의 경제적 가치 평가 및 지속가능한 이용 방안 연구
탐구활동 예시: 해양생태계가 제공하는 다양한 서비스 (식량 공급, 탄소 흡수, 관광 자원 등) 조사 및 경제적 가치 환산 시도, 해양생태계 서비스의 중요성을 알리는 교육 자료 제작 (인포그래픽, 영상 등), 해양생태계 보전 활동이 장기적으로 경제적 이익에 기여하는 사례 분석,

해양생태계 서비스 기반의 새로운 사업 아이템 발굴

[10통과2-02-02] 먹이 관계와 생태 피라미드를 중심으로 생태계 평형이 유지되는 과정을 이해하고, 환경의 변화가 생태계에 미칠 수 있는 영향에 대해 협력적으로 소통할 수 있다.
탐구주제: 특정 해양자원 (어종, 해조류 등)의 지속가능한 이용 가능성 평가 및 관리 방안 연구
탐구활동 예시: 특정 해양자원의 생태적 특징, 번식력, 성장 속도 등 조사 및 지속가능한 어획량 추정, 해당 자원의 현재 이용 실태 및 문제점 분석 (과도한 어획, 서식지 파괴 등), 지속가능한 이용을 위한 과학적인 관리 방안 제시 (금어기 설정, 어구 규제, 자원 조성 사업 등), 해당 자원의 지속가능한 이용에 대한 다양한 이해관계자들의 의견 수렴 및 토론

[10통과2-02-06] 에너지 효율의 의미와 중요성을 이해하고, 지속가능한 발전과 지구 환경 문제 해결에 신재생 에너지 기술을 활용하는 방안을 탐색할 수 있다.
탐구주제: 해양 에너지 기술 (파력, 조력, 해수 온도차 발전 등)의 경제적 및 환경적 효과 분석
탐구활동 예시: 다양한 해양 에너지 발전 기술의 원리 및 특징 조사, 해양 에너지 발전 시설 설치의 경제적 비용 및 편익 분석, 해양 에너지 발전이 해양생태계에 미치는 영향 평가, 해양 에너지 기술의 지속 가능한 발전 가능성 탐색

[10통과1-02-04] 인류의 생존에 필수적인 물, 산소, 소금 등이 만들어지는 결합의 차이를 이해하고, 각 물질의 성질과 관련지어 설명할 수 있다.
탐구주제: 해양 심층수 활용 기술 및 산업 전망 탐구
탐구활동 예시: 해양 심층수의 생성 과정 및 특징 조사, 해양 심층수의 미네랄 성분 분석 및 건강 기능성 연구, 해양 심층수를 활용한 산업 (식품, 화장품 등) 사례 조사, 해양 심층수 개발의 환경적 영향 평가

[10통과2-02-06] 에너지 효율의 의미와 중요성을 이해하고, 지속가능한 발전과 지구 환경 문제 해결에 신재생 에너지 기술을 활용하는 방안을 탐색할 수 있다.
탐구주제: 해양 에너지 자원의 잠재력과 지속가능한 개발 방안 연구
탐구활동 예시: 파력, 조력, 해수 온도차 에너지 등 해양 에너지 기술의 원리 및 개발 현황 조사, 해양 에너지 개발이 환경에 미치는 영향 (생태계 파괴, 소음 공해 등) 분석 및 저감 방안 모색, 해양 에너지가 지역 경제 활성화 및 에너지 자립에 기여하는 방안 탐색, 지속가능한 해양 에너지 개발을 위한 정책 제안 및 기술 개발 방향 제시

[10통과2-03-02] 빅데이터를 과학기술사회에서 사용하고 있는 사례를 조사하고, 빅데이터 활용의 장점과 문제점을 추론할 수 있다.
탐구주제: 빅데이터 기반의 스마트 어업 기술이 해양자원의 지속가능한 이용 및 경제적 이익 창출에 기여하는 방안 분석
탐구활동 예시: 어획량, 해양환경 데이터 분석을 통한 과학적인 어업 관리 시스템 조사, 스마트 양식 기술 (자동화 시스템, 질병 예측 등)이 생산성 향상 및 환경오염 감소에 미치는 영향 분석, 수산물 유통과정 추적 시스템을 통한 불법 어획 방지 및 소비자 신뢰도 향상 방안 연

구, 해양자원 관련 빅데이터 활용의 개인정보보호 및 데이터 독점 문제점 논의

[10통과2-03-03] 인공지능 로봇, 사물인터넷 등과 같이 과학기술의 발전을 인간 삶과 환경 개선에 활용하는 사례를 찾고, 이러한 과학기술의 발전이 미래 사회에 미치는 유용성과 한계를 예측할 수 있다.
탐구주제: 해양자원 관리와 이용에 적용 가능한 첨단 과학기술 사례 연구 및 미래 전망
탐구활동 예시: 해양환경 모니터링 로봇, 수중 드론 등을 활용한 해양자원 조사와 관리 기술 조사, 인공지능 기반의 어군 탐지 및 어획량 예측 시스템의 효율성 및 한계 분석, 해양 폐기물 수거 로봇 등 해양환경 개선 기술이 해양자원 보호에 미치는 영향 예측, 첨단 과학기술을 활용한 새로운 해양 산업 (해양 바이오산업, 해양 치유 산업 등) 발전 가능성 탐색

[K-SDGs 세부목표 14-7] 해양과학 연구역량 제고와 해양과학기술 이전을 확대한다.

통합사회 연계

[10통사1-03-03] 환경문제 해결을 위한 정부, 시민사회, 기업 등의 다양한 노력을 조사하고, 생태 시민으로서 실천 방안을 모색한다.
탐구주제: 해양생태계 보호를 위한 국내외 정책 및 기술 개발 사례 분석
탐구활동 예시: 해양 보호 생물 지정 및 보호 정책 조사, 불법 어업 감시 및 단속 시스템 사례 조사, 해양오염 정화 기술 (오일펜스, 플라스틱 수거 로봇 등) 개발 사례 조사, 시민단체의 해양 환경 보호 활동 참여 사례 연구 및 참여 방안 제시

[10통사2-03-04] 자원, 노동, 자본의 지역 분포에 따른 국제 분업과 무역의 필요성을 이해하고, 지속가능발전에 기여하는 국제무역의 방안을 탐색한다.
탐구주제: 지속 가능한 해양 수산물 생산 및 소비를 위한 국제협력 방안 연구
탐구활동 예시: MSC (해양관리협의회) 인증 등 지속 가능한 어업 인증 제도 조사, 불법 어획물 유통 근절을 위한 국제 공조 사례 조사, 해양 수산물 생산국의 지속 가능한 어업 기술 개발 지원 방안 모색, 소비자의 윤리적 해산물 소비를 위한 정보제공 방안 연구

[10통사2-04-02] 평화의 관점에서 국제사회의 갈등과 협력의 사례를 조사하고, 세계 평화를 위한 행위 주체의 바람직한 역할을 탐색한다.
탐구주제: 해양과학 기술 협력을 통한 국제사회 공동 문제 해결 사례 연구
탐구활동 예시: 기후변화 예측 모델 개발을 위한 국제 공동 연구 사례 조사, 해양오염 방지 기술 협력 사례 분석, 해양자원 공동 관리 및 탐사 사례 연구, 개발도상국 해양과학기술 역량 강화를 위한 선진국의 지원 사례 조사

[10통사2-04-03] 남북 분단과 동아시아의 역사 갈등 상황을 분석하고, 이를 토대로 우리나라가 세계 평화에 기여하는 방안을 제안한다.
탐구주제: 남북 해양과학 기술 협력 가능성 및 기대 효과 탐색
탐구활동 예시: 남북한의 해양과학기술 연구 현황 비교 분석, 남북 공동 해양 조사 및 연구

프로젝트 아이디어 제시, 남북 해양과학 기술 협력이 동북아 해양 환경문제 해결에 기여하는 방안 모색, 해양과학기술 교류를 통한 남북 상호 이해 증진 방안 연구

[10통사2-05-02] 지구적 차원에서 에너지 자원의 분포와 소비 실태를 파악하고, 기후변화에 대한 대응과 지속가능한 발전을 위한 제도적 방안과 개인적 노력을 탐구한다.
탐구주제: 해양 에너지 (해상풍력, 파력, 조력 등) 기술 개발 현황과 미래 전망 분석 및 환경 영향 평가
탐구활동 예시: 국내외 해양 에너지 기술 개발 및 상용화 사례 조사, 해양 에너지 시설 설치가 해양생태계에 미치는 영향 분석, 화석연료 대체 방안으로서 해양 에너지의 가능성과 한계점 논의, 해양 에너지 관련 정책 및 규제 조사

통합과학 연계

[10통과2-03-03] 인공지능 로봇, 사물인터넷 등과 같이 과학기술의 발전을 인간 삶과 환경 개선에 활용하는 사례를 찾고, 이러한 과학기술의 발전이 미래 사회에 미치는 유용성과 한계를 예측할 수 있다.
탐구주제: 해양과학 연구에 활용되는 첨단기술 (해양 관측 위성, 해저 탐사 로봇, 빅데이터 분석 등) 사례 조사 및 미래 전망
탐구활동 예시: 해양 관측 위성의 종류 및 활용 분야 조사, 해저 탐사 로봇의 기능 및 탐사 성과 분석, 해양 빅데이터 분석을 통한 해양환경 변화 예측 사례 연구, 인공지능 기반 해양오염 감지 시스템 개발 아이디어 제시

[10통과1-01-04] 자연에서 일어나는 다양한 변화를 측정・분석하여 정보를 산출함을 알고, 이러한 정보를 디지털로 변환하는 기술을 정보 통신에 활용하여 현대 문명에 미친 영향을 인식한다.
탐구주제: 해양과학 데이터 수집, 분석 및 활용 시스템 연구
탐구활동 예시: 해양 관측 부이, 센서 네트워크 등 해양 데이터 수집 기술 조사, 수집된 해양 데이터의 종류 및 분석 방법 연구, 해양과학 데이터를 활용한 정보 서비스 (해양 예보, 해양 재난 예측 등) 사례 분석, 해양과학 데이터의 공유 및 활용 플랫폼 구축 아이디어 제시

[K-SDGs 세부목표 14-8] 소규모 영세어업인의 안정적 어업 행위를 지원한다.

통합사회 연계

[10통사1-02-01] 시대와 지역에 따라 다르게 나타나는 행복의 기준을 사례를 통해 비교하여 평가하고, 삶의 목적으로서 행복의 의미를 성찰한다.
탐구주제: 소규모 어업인의 삶의 만족도와 행복 기준 탐색 및 어업 활동의 지속가능성을 위한 조건 분석
탐구활동 예시: 지역 소규모 어업 종사자 인터뷰를 통해 어업 활동의 보람과 어려움 조사, 어업인의 행복을 결정짓는 요소 (경제적 안정, 공동체 관계, 자연환경 등) 분석, 지속 가능한 어업 활동을 위한 지원 정책의 중요성에 대한 의견 공유

[10통사1-05-03] 자신이 거주하는 지역을 사례로 공간 변화가 초래한 양상 및 문제점을 탐구하고, 공동체의 구성원으로서 지역 사회의 변화를 위한 방안을 모색하고 이를 실천한다.
탐구주제 1: 어촌 지역의 인구 감소 및 고령화 문제와 정주 여건 개선 방안 연구
탐구활동 예시: 어촌 지역의 인구 구조 변화 및 사회적 문제점 조사, 어촌 지역의 주거, 교육, 의료시설 현황 및 개선 요구 분석, 귀어 · 귀촌 지원 정책의 효과 및 개선점 파악, 청년층의 어촌 유입을 위한 아이디어 제시
탐구주제 2: 어촌 지역의 인구 감소 및 고령화 현상과 소규모 어업 유지의 어려움 분석 및 해결 방안 모색
탐구활동 예시: 지역 어촌의 인구 변화 통계자료 조사 및 분석, 어업 인구 감소와 고령화의 원인 및 영향 파악, 어촌 공동체 활성화를 위한 청년층 유입 방안 아이디어 제시, 지역 특산물을 활용한 어촌 경제 활성화 방안 탐색

[10통사2-01-01] 근대 시민 혁명 등을 통해 확립되어 온 인권의 의미와 변화 양상을 이해하고, 현대 사회에서 주거, 안전, 환경, 문화 등 다양한 영역으로 인권이 확장되고 있는 사례를 조사한다.
탐구주제: 소규모 어업인의 안전한 조업 환경 보장과 관련된 인권 문제 조사 및 개선 방안 연구
탐구활동 예시: 소규모 어선 안전 설비 현황 및 지원 정책 조사, 어업 재해 발생 현황 및 원인 분석, 어업인의 건강 및 안전을 위한 노동 환경 개선 방안 모색, 관련 법규 및 제도 개선을 위한 시민참여 방안 제시

[10통사2-02-03] 사회 및 공간 불평등 현상의 사례를 조사하고, 정의로운 사회를 만들기 위한 다양한 제도와 시민으로서의 실천 방안을 제안한다.
탐구주제: 대규모 어업과 소규모 어업 간의 불균형 문제 분석 및 소규모 어업 지원의 필요성에 대한 논의
탐구활동 예시: 대규모 어업과 소규모 어업의 생산량 및 소득 비교 분석, 어업 관련 정책 및 지원금의 수혜 불균형 사례 조사, 소규모 어업 경쟁력 강화를 위한 정부와 지자체의 역할 모색, 공정한 어업 환경 조성을 위한 시민사회의 노력 탐색

[10통사2-03-01] 자본주의의 역사적 전개 과정과 그 특징을 조사하고, 시장과 정부의 관계를 중심으로 다양한 삶의 방식을 비교 평가한다.
탐구주제: 어업 시장 구조 변화와 소규모 어업인의 어려움 분석 및 직거래 활성화 방안 연구
탐구활동 예시: 수산물 유통과정 및 가격 결정 구조 조사, 대형 유통 업체 중심의 시장 구조가 소규모 어업에 미치는 영향 분석, 직거래 장터, 온라인 판매 등 소규모 어업인의 새로운 판로 개척 사례 조사, 소비자와 생산자 간의 신뢰 구축을 위한 방안 모색

[10통사2-03-02] 합리적 선택의 의미와 그 한계를 파악하고, 지속가능발전을 위해 요청되는 정부, 기업가, 노동자, 소비자의 바람직한 역할과 책임에 관해 탐구한다.
탐구주제: 소규모 영세어업인의 지속 가능한 어업 활동을 위한 지원 정책 평가 및 개선 방안 연구
탐구활동 예시: 정부의 소규모 어업인 지원 정책 (직불금, 경영 컨설팅 등) 효과 분석, 어업

기술교육 및 시설 현대화 지원 사례 조사, 어업 공동체 활성화를 위한 방안 모색, 소규모 어업인의 판로 확대 및 소득증대 방안 아이디어 제시

통합과학 연계

[10통과1-03-04] 상호작용이 없을 때 물체가 가속되지 않음을 알고, 충격량과 운동량의 관계를 충돌 관련 안전장치와 스포츠에 적용할 수 있다.
탐구주제: 어업 현장에서 발생할 수 있는 안전사고 유형 분석 및 예방 대책 연구
탐구활동 예시: 어선 사고 통계 분석 및 주요 원인 파악, 구명조끼 착용 등 안전 수칙 준수 중요성 인식 캠페인 기획, 어선 안전 장비와 기술 개발 사례 조사, 어업인의 안전 의식 개선을 위한 교육 프로그램 아이디어 제시

[10통과2-02-01] 생태계 구성요소를 이해하고 생물과 환경 사이의 상호관계를 설명할 수 있다.
탐구주제: 지속 가능한 소규모 어업을 위한 어족자원 관리의 중요성 및 방안 탐색
탐구활동 예시: 지역별 주요 어종의 생태 특성 및 번식 주기 조사, 과도한 어획이 어족자원에 미치는 영향 분석, 지속 가능한 어획량 설정 및 관리 방안 (TAC 제도 등) 조사, 어족자원 보호를 위한 소규모 어업인의 자발적 노력 사례 연구

[10통과2-02-02] 먹이 관계와 생태 피라미드를 중심으로 생태계 평형이 유지되는 과정을 이해하고, 환경의 변화가 생태계에 미칠 수 있는 영향에 대해 협력적으로 소통할 수 있다.
탐구주제: 해양 환경오염이 어획량 감소에 미치는 영향 분석 및 소규모 어업인의 대응 방안 연구
탐구활동 예시: 지역 해양 환경오염 현황 (미세 플라스틱, 생활 하수, 산업 폐수 등) 조사, 특정 오염물질이 어류 생태에 미치는 영향에 대한 과학적 연구 자료 조사, 해양 환경 보호를 위한 소규모 어업인의 노력 (해안 정화 활동 등) 사례 조사

[10통과2-02-03] 온실효과 강화로 인한 지구온난화의 메커니즘을 이해하고, 엘니뇨, 사막화 등과 같은 현상이 지구 환경과 인간 생활에 미치는 영향과 대처 방안을 분석할 수 있다.
탐구주제: 기후변화가 지역별 어종 변화 및 소규모 어업에 미치는 영향 분석 및 적응 전략 모색
탐구활동 예시: 최근 수십 년간의 지역별 어획량 변화 추이 및 원인 분석, 해수 온도 상승 및 해류 변화가 특정 어종 분포에 미치는 영향 조사, 기후변화에 적응하기 위한 소규모 어업인의 노력 (새로운 어종 개발, 양식 기술 도입 등) 사례 연구

[10통과2-03-03] 인공지능 로봇, 사물인터넷 등과 같이 과학기술의 발전을 인간 삶과 환경 개선에 활용하는 사례를 찾고, 이러한 과학기술의 발전이 미래 사회에 미치는 유용성과 한계를 예측할 수 있다.
탐구주제: 소규모 어업의 효율성 및 안전성 향상을 위한 스마트 어업 기술 도입 가능성 탐색
탐구활동 예시: 어군 탐지 센서, 스마트 어구 등 스마트 어업 기술 사례 조사, 소규모 어선에 적용 가능한 스마트 기술 아이디어 구상, 스마트 어업 기술 도입의 경제적 효과 및 환경적 영향 예측

[10통과2-03-04] 과학기술의 발전 과정에서 발생할 수 있는 과학 관련 사회적 쟁점 (SSI)과 과학기술 이용에서 과학 윤리의 중요성에 대해 논증할 수 있다.
탐구주제: 어업 기술 발전이 소규모 어업인의 생계에 미치는 영향 및 윤리적 문제점 탐구
탐구활동 예시: 대형 어선 및 첨단 어업 장비 도입이 소규모 어업 경쟁력에 미치는 영향 분석, 과도한 어획을 유발하는 기술 사용에 대한 윤리적 논의, 지속 가능한 어업 기술 개발의 필요성 강조, 어업 기술 발전에 따른 어촌 사회의 변화 예측 및 대응 방안 모색

[K-SDGs 세부목표 14-9] (신규) 해양과 해양자원의 보존과 지속가능한 이용에 대한 국제법을 국내법적으로 수용함으로써 해양과 해양자원의 보존 및 지속가능한 이용을 강화한다.

통합사회 연계

[10통사1-03-03] 환경문제 해결을 위한 정부, 시민사회, 기업 등의 다양한 노력을 조사하고, 생태 시민으로서 실천 방안을 모색한다.
탐구주제: 해양 환경 보호를 위한 국제 협약의 종류와 국내법 수용 사례 조사 및 효과 분석
탐구활동 예시: 유엔 해양법 협약, 런던 협약, MARPOL 협약 등 주요 국제 해양환경 협약 내용 조사, 각 협약이 국내법에 어떻게 반영되었는지 사례 조사 (예: 폐기물 해양 투기 금지법, 선박 오염 방지법 등), 국내법 이행의 성과와 한계점 분석, 해양 환경 보호를 위한 시민사회의 역할 모색

[10통사2-01-01] 근대 시민 혁명 등을 통해 확립되어 온 인권의 의미와 변화 양상을 이해하고, 현대 사회에서 주거, 안전, 환경, 문화 등 다양한 영역으로 인권이 확장되고 있는 사례를 조사한다.
탐구주제: 해양 환경오염으로 인한 어민의 생존권 침해 사례 조사 및 국제법적 해결 노력 탐색
탐구활동 예시: 특정 해역의 오염 (예: 기름 유출 사고, 적조 발생)으로 인해 어업 피해를 본 사례 조사, 피해 어민의 법적 구제 노력 및 한계점 분석, 국제 환경 소송 사례 조사, 해양 환경 보호가 어민의 생존권 보장에 미치는 영향 분석

[10통사2-04-01] 세계화의 다양한 양상을 살펴보고, 세계화 시대의 문제점과 그에 대한 해결 방안을 제안한다.
탐구주제: 해양 환경문제 해결을 위한 국제 해양법의 역할 및 국내법 수용 현황 분석
탐구활동 예시: 유엔 해양법 협약 등 주요 국제 해양환경 협약 내용 조사, 국제 해양법이 우리나라 해양환경 정책에 미치는 영향 분석, 국제 해양법 위반 사례 및 국제 분쟁 해결 사례 조사, 국제 해양법의 효과적인 이행을 위한 국내법 개선 방안 제시

[10통사2-04-02] 평화의 관점에서 국제사회의 갈등과 협력의 사례를 조사하고, 세계 평화를 위한 행위 주체의 바람직한 역할을 탐색한다.
탐구주제: 해양자원 확보 및 관리를 둘러싼 국제 갈등 사례 조사 및 해결 방안 모색
탐구활동 예시: 독도, 이어도 등 해양 영토 분쟁 사례 분석, 불법 어업, 해적 행위 등 해양 범

죄 발생 원인 및 국제협력 대응 방안 조사, 해양자원 공동 관리 구역 설정 사례 연구, 해양 분쟁의 평화적 해결을 위한 국제기구의 역할 탐구

통합과학 연계

[10통과2-03-04] 과학기술의 발전 과정에서 발생할 수 있는 과학 관련 사회적 쟁점 (SSI)과 과학기술 이용에서 과학 윤리의 중요성에 대해 논증할 수 있다.
탐구주제: 국제 해양법의 과학적 근거 및 적용 사례 연구
탐구활동 예시: 해양오염 방지 협약의 과학적 근거 (오염물질의 확산 경로, 해양생태계 영향 등) 조사, 해양 보호 구역 설정 기준에 적용되는 생물학적, 해양학적 데이터 분석, 지속 가능한 어업 관리를 위한 과학적 어획량 산정 방법 조사, 해양과학기술 발전에 따른 새로운 법적 쟁점 (예: 심해저 광물 자원 개발) 탐구

[10통과2-02-03] 온실효과 강화로 인한 지구온난화의 메커니즘을 이해하고, 엘니뇨, 사막화 등과 같은 현상이 지구 환경과 인간 생활에 미치는 영향과 대처 방안을 분석할 수 있다.
탐구주제: 기후변화 관련 국제 해양법 및 정책 동향 조사
탐구활동 예시: 해양 산성화, 해수면 상승 등 기후변화가 해양환경에 미치는 영향에 대한 국제사회의 논의 조사, 기후변화에 따른 해양생태계 변화 예측 모델 연구, 탄소 배출권 거래제 등 기후변화 대응을 위한 국제 해양정책 조사, 해양 기후 난민 문제와 관련된 국제법적 쟁점 탐구

[10통과2-03-04] 과학기술의 발전 과정에서 발생할 수 있는 과학 관련 사회적 쟁점 (SSI)과 과학기술 이용에서 과학 윤리의 중요성에 대해 논증할 수 있다.
탐구주제: 심해저 자원 개발 관련 국제법 논의 동향 및 과학기술 발전의 윤리적 쟁점 분석
탐구활동 예시: 심해저 광물 자원 개발의 잠재적 이익과 환경적 위험성 조사, 심해저 자원 개발 관련 국제 해저 기구 (ISA)의 역할 및 규정 조사, 해양자원 개발 과정에서 발생할 수 있는 과학기술 윤리 문제 논의 (환경 파괴 책임, 자원 배분 정의 등), 지속 가능한 해양자원 이용을 위한 과학기술의 역할 모색

[출처: 지속가능발전포털]

□(G15) 육상생태계 보전

"육상생태계의 지속가능한 보호 · 복원 · 증진, 숲의 지속가능한 관리, 사막화 방지, 토지 황폐화의 중지와 회복, 생물 다양성 손실 중단"

[K-SDGs 세부목표 15-1] 육상과 내륙 담수의 생태계 다양화를 위해 보전과 복원 활동을 활성화한다.

통합사회 연계

[**10통사**1-03-01] 자연환경이 인간의 생활에 미치는 영향에 관한 과거와 현재의 사례를 조사하여 분석하고, 안전하고 쾌적한 환경에서 살아가는 것이 시민의 권리임을 주장한다.
탐구주제 1: 우리 지역의 하천/습지 생태계 변화와 인간 생활에 미치는 영향 분석 및 보전 방안 모색
탐구활동 예시: 과거 항공 사진이나 지도 등을 활용하여 하천/습지의 면적 변화 추이 조사, 하천/습지 주변 개발로 인한 생태계 변화 사례 조사, 하천/습지 생태계가 지역 주민의 삶(식수 공급, 홍수 조절, 여가 활동 등)에 미치는 영향 분석, 하천/습지 보전을 위한 시민참여 방안 아이디어 제시
탐구주제 2: 우리 지역의 산림/하천/습지 파괴 사례와 그로 인한 주민 생활의 변화 분석 및 개선 방안 모색
탐구활동 예시: 과거 개발사업으로 인한 산림 훼손 및 하천/습지 매립 사례 조사, 자연재해 발생 빈도 증가 및 피해 규모 변화 분석(산사태, 홍수 등), 지역 주민의 건강, 경제활동, 여가 활동 등에 미치는 부정적 영향 조사, 훼손된 생태계 복원을 위한 시민참여 방안 아이디어 제시

[**10통사**1-03-02] 자연에 대한 인간의 다양한 관점을 사례를 통해 비교하고, 인간과 자연의 바람직한 관계를 제안한다.
탐구주제: 개발 중심 사고와 생태 중심 사고의 갈등 사례 분석 및 지속 가능한 발전 방안 모색
탐구활동 예시: 국립공원 내 개발 논란, 댐 건설로 인한 생태계 변화 등 사회적 쟁점 사례 조사, 각 사례에 나타난 인간 중심적 관점과 생태 중심적 관점 비교 분석, 인간과 자연이 공존하는 지속 가능한 발전 모델 조사와 우리 지역에 적용 가능한 방안 제안

[**10통사**1-03-03] 환경문제 해결을 위한 정부, 시민사회, 기업 등의 다양한 노력을 조사하고, 생태 시민으로서 실천 방안을 모색한다.
탐구주제: 습지 보전을 위한 국내외 정책 사례 비교 분석 및 효과적인 정책 제안

탐구활동 예시: 람사르 협약 등 국제 습지 보전 협약 내용 조사, 국내 습지 보호지역 지정 현황 및 관리 실태 조사, 습지 복원사업 성공 사례 및 실패 사례 분석, 습지 보전을 위한 시민단체 활동 조사 및 참여 방안 모색

[10통사2-04-03] 남북 분단과 동아시아의 역사 갈등 상황을 분석하고, 이를 토대로 우리나라가 세계 평화에 기여하는 방안을 제안한다.
탐구주제: DMZ (비무장지대)의 생태적 가치와 보전 방안 연구
탐구활동 예시: DMZ 일원의 생태 환경 및 생물 다양성 조사 자료 분석, DMZ 평화 생태 공원 조성 사업의 의의와 과제 탐색, 남북 공동 DMZ 환경보전 협력 방안 아이디어 제시, DMZ의 생태적 가치를 활용한 평화 교육 프로그램 개발

[10통사1-05-03] 자신이 거주하는 지역을 사례로 공간 변화가 초래한 양상 및 문제점을 탐구하고, 공동체의 구성원으로서 지역 사회의 변화를 위한 방안을 모색하고 이를 실천한다.
탐구주제: 도시화로 인한 녹지공간 감소와 생물 서식지 파편화 문제 분석 및 해결 방안 모색
탐구활동 예시: 우리 지역의 녹지 면적 변화 추이 분석 (과거 지도, 위성 사진 활용), 도시 개발로 인한 특정 생물 종의 서식지 변화 및 개체 수 감소 사례 조사, 학교 숲 조성, 옥상 녹화 사업 등 도시 생태 공간 조성 사례 조사, 지역 사회의 생태 공간 확보를 위한 시민참여 활동 기획 및 실천

[10통사2-01-01] 근대 시민 혁명 등을 통해 확립되어 온 인권의 의미와 변화 양상을 이해하고, 현대 사회에서 주거, 안전, 환경, 문화 등 다양한 영역으로 인권이 확장되고 있는 사례를 조사한다.
탐구주제: 환경권의 개념과 중요성 인식 및 생태계 파괴로 인한 환경권 침해 사례 조사
탐구활동 예시: 헌법에 명시된 환경권의 의미와 내용 조사, 미세먼지, 수질오염 등으로 인한 건강권 침해 사례 조사, 개발로 인한 쾌적한 환경에서 살아갈 권리 침해 사례 조사, 환경권을 지키기 위한 시민들의 노력 (소송, 환경 운동 등) 조사

통합과학 연계

[10통과2-02-01] 생태계 구성요소를 이해하고 생물과 환경 사이의 상호관계를 설명할 수 있다.
탐구주제: 우리 지역의 산림/하천/습지 생태계 구성요소와 특징 조사
탐구활동 예시: 학교 주변 야산, 하천, 습지 등을 방문하여 식물, 동물, 미생물 등 생물 종 관찰 및 기록, 채집 활동을 통해 생태계 구성요소 확인 및 분류, 생태계 구성요소 간의 먹이 관계 및 상호작용 분석, 생태 지도 제작

[10통과2-01-02] 변이의 발생과 자연선택 과정을 통해 생물의 진화가 일어나고, 진화의 과정을 통해 생물 다양성이 형성되었음을 추론할 수 있다.
탐구주제 1: 멸종 위기 야생 동식물의 특징과 서식 환경 분석 및 보호 방안 연구
탐구활동 예시: 환경부 멸종 위기 야생생물 목록 조사 및 특징 연구, 멸종 위기종의 서식지 파괴 원인 분석, 멸종 위기종 보호 시설 방문 및 활동 내용 조사, 멸종 위기종 복원사업 사례 연구

탐구주제 2: 생물 서식지 파괴 및 외래종 유입이 생물 다양성에 미치는 영향 연구 및 보전 방안 탐색
탐구활동 예시: 국내 생태계 교란 외래종 현황 및 특징 조사, 외래종이 토착 생물에 미치는 부정적 영향 사례 연구, 서식지 파괴가 특정 생물 종의 멸종 위기를 초래하는 과정 분석, 생물 다양성 보전을 위한 서식지 복원 및 외래종 관리 방안 아이디어 제시

[10통과2-02-02] 먹이 관계와 생태 피라미드를 중심으로 생태계 평형이 유지되는 과정을 이해하고, 환경의 변화가 생태계에 미칠 수 있는 영향에 대해 협력적으로 소통할 수 있다.
탐구주제: 하천 생태계 오염물질 조사 및 생태 피라미드에 미치는 영향 분석
탐구활동 예시: 학교 주변 하천 수질 검사 및 오염물질 종류와 농도 측정, 오염물질이 하천 생물 (미생물, 수생 곤충, 어류)의 생존 및 번식에 미치는 영향 조사, 하천 생태 피라미드 구성 및 오염으로 인한 변화 예측, 하천 생태계 보호를 위한 시민들의 노력 (정화 활동, 오염 줄이기 캠페인 등) 조사

[10통과2-02-03] 온실효과 강화로 인한 지구온난화의 메커니즘을 이해하고, 엘니뇨, 사막화 등과 같은 현상이 지구 환경과 인간 생활에 미치는 영향과 대처 방안을 분석할 수 있다.
탐구주제: 기후변화가 우리 지역 육상/담수 생태계에 미치는 영향 조사와 적응방안 연구
탐구활동 예시: 최근 수십 년간의 지역별 기온 및 강수량 변화 추이 분석, 기온상승 및 강수량 변화가 특정 식물 및 동물 분포에 미치는 영향 조사, 기후변화에 강한 생물종 연구 동향 조사, 생태계 적응을 위한 노력 (도시 숲 조성, 생태 통로 설치 등) 사례 조사

[K-SDGs 세부목표 15-2] 산림파괴 중단, 황폐해진 산림복원 등 지속가능한 산림경영을 강화한다.

통합사회 연계

[10통사1-03-01] 자연환경이 인간의 생활에 미치는 영향에 관한 과거와 현재의 사례를 조사하여 분석하고, 안전하고 쾌적한 환경에서 살아가는 것이 시민의 권리임을 주장한다.
탐구주제 1: 산불 발생 원인 및 피해 사례 분석과 예방 대책 연구
탐구활동 예시: 최근 발생한 대형 산불 사례 조사 및 피해 규모 분석 (인명피해, 경제적 손실, 환경 파괴 등), 산불 발생의 자연적 요인과 인위적 요인 분석, 산불 예방을 위한 정부 정책 및 시민참여 방안 조사, 산불 발생 시 대피 요령 및 초기 진화 방법 학습
탐구주제 2: 과거와 현재의 산림파괴 사례 비교 분석 및 인간 생활에 미치는 영향
탐구활동 예시: 일제강점기, 한국 전쟁 이후, 산업화 시기 등 시대별 산림파괴 원인 및 규모 조사, 과거 산림파괴가 홍수, 가뭄 등 자연재해에 미친 영향 분석, 현재 진행 중인 산림파괴 (개발, 산불 등) 사례 조사 및 지역 주민 생활에 미치는 영향 인터뷰, 산림의 공익적 기능 (탄소 흡수, 수원 함양, 생물 다양성 유지 등)과 경제적 가치 분석, 건강하고 안전한 삶을 위해 산림 보전이 왜 시민의 권리인지 주장하는 글쓰기 또는 발표

[10통사1-03-02] 자연에 대한 인간의 다양한 관점을 사례를 통해 비교하고, 인간과 자연의 바

람직한 관계를 제안한다.
탐구주제: 산림을 바라보는 다양한 관점 비교 및 지속가능한 산림경영 방안 모색
탐구활동 예시: 개발론, 보존론, 이용론 등 산림에 대한 다양한 관점 조사 및 특징 비교, 목재 생산 중심의 과거 산림경영 방식과 생태 중심의 현대 산림경영 방식 비교 분석, 국내외 지속가능한 산림경영 성공 사례 및 실패 사례 조사, 산림 생태계 보전과 경제적 이용을 조화시키는 방안 (예: 스마트 임업, 산림 관광 활성화 방안 등) 아이디어 제시, 인간과 산림의 공존을 위한 윤리적 책임과 실천 방안 토론

[10통사1-03-03] 환경문제 해결을 위한 정부, 시민사회, 기업 등의 다양한 노력을 조사하고, 생태 시민으로서 실천 방안을 모색한다.
탐구주제: 산림 보호 및 복원을 위한 다양한 주체의 노력과 시민참여 방안 연구
탐구활동 예시: 산림청의 산림 보호 정책 및 산림복원 사업 조사 (예: 탄소 중립 숲 조성 사업, 백두대간 보호 정책 등), 산림 관련 시민단체 (예: 생명의 숲, 푸른 지구 등) 활동 조사 및 참여 방법 모색, 기업의 사회적 책임 (CSR) 활동 중 산림 보호 관련 사례 조사 및 효과 분석, 학교나 지역 사회에서 진행할 수 있는 산림 보호 캠페인 기획 및 실행 (예: 나무 심기, 외래종 제거 활동, 산림 정화 활동 등), 산림 보호를 위한 법률 및 제도 개선 아이디어 제시

[10통사1-05-03] 자신이 거주하는 지역을 사례로 공간 변화가 초래한 양상 및 문제점을 탐구하고, 공동체의 구성원으로서 지역 사회의 변화를 위한 방안을 모색하고 이를 실천한다.
탐구주제: 지역 개발로 인한 산림 면적 변화와 그 영향 분석 및 보전 방안 모색
탐구활동 예시: 우리 지역의 과거와 현재의 산림 분포 변화를 지도, 항공 사진 등을 통해 비교 분석, 도시 확장, 산업 단지 조성, 도로 건설 등으로 인한 산림 훼손 사례 조사, 산림 훼손이 지역 생태계, 주민 생활 (정신건강, 여가 공간 감소 등), 지역 경제에 미치는 영향 분석, 훼손된 산림복원을 위한 지역 사회 차원의 노력 (예: 주민 주도 나무 심기 행사, 학교 숲 조성 등) 사례 조사 및 참여, 지역 개발과 산림 보전의 균형을 위한 정책 제안 (예: 개발 제한 구역 설정, 녹지 확보 의무화 등)

[10통사2-03-02] 합리적 선택의 의미와 그 한계를 파악하고, 지속가능발전을 위해 요청되는 정부, 기업가, 노동자, 소비자의 바람직한 역할과 책임에 관해 탐구한다.
탐구주제: 지속가능한 산림경영을 위한 경제 주체들의 역할과 책임 탐구
탐구활동 예시: 지속가능한 산림경영 인증 제도 (FSC, PEFC 등) 조사 및 필요성 분석, 친환경 목재 생산 및 소비를 위한 기업의 노력 사례 조사 (예: 합법 벌채 목재 사용, 재활용 목재 활용 등), 소비자의 친환경 목제품 구매가 산림 보호에 미치는 영향 분석, 정부의 불법 벌채 방지 및 지속가능한 산림 경영 지원 정책 조사, 지속가능한 산림 경영을 위한 경제 주체들의 협력 방안 아이디어 제시

[10통사2-03-02] 합리적 선택의 의미와 그 한계를 파악하고, 지속가능발전을 위해 요청되는 정부, 기업가, 노동자, 소비자의 바람직한 역할과 책임에 관해 탐구한다.
탐구주제: 지속 가능한 산림 경영 방안 탐색 및 사회적 합의 도출 방안 연구
탐구활동 예시: 지속 가능한 벌채 방식 및 목재 이용 방안 조사, 친환경적인 임산물 생산 및 소비 사례 연구, 산림 휴양 및 생태 관광 활성화 방안 모색, 산림 경영 관련 이해 관계자 (임업

인, 환경 단체, 지역 주민 등)의 의견 수렴 및 갈등 조정 방안 모색

통합과학 연계

[10통과1-03-01] 지구시스템은 태양계라는 시스템의 구성요소임을 알고, 지구시스템을 구성하는 권역들 간의 물질 순환과 에너지 흐름의 결과로 나타나는 현상을 논증할 수 있다.
탐구주제: 산림의 탄소 흡수 기능 및 기후변화 완화 효과 탐구
탐구활동 예시: 다양한 수종별 탄소 흡수량 비교 연구, 산림 파괴가 지구온난화에 미치는 영향 분석, 도시 숲 조성의 효과 및 필요성 연구, 나무 심기 활동 참여 및 탄소 저감 효과 계산

[10통과2-01-02] 변이의 발생과 자연선택 과정을 통해 생물의 진화가 일어나고, 진화의 과정을 통해 생물다양성이 형성되었음을 추론할 수 있다.
탐구주제: 산림 생태계의 생물 다양성 감소 원인 분석 및 보전의 중요성 탐구
탐구활동 예시: 산림 벌채, 산불, 기후변화, 외래종 유입 등 산림 생물 다양성 감소의 원인 조사, 멸종 위기 산림 동식물 조사 및 서식 환경 변화 분석, 산림 생태계 서비스 (공기 정화, 물 정화, 토양 유지 등)와 생물 다양성의 관계 분석, 산림 생물 다양성 보전을 위한 노력의 중요성 발표 또는 캠페인 제작

[10통과2-01-03] 자연과 인류의 역사에 큰 변화를 가져온 광합성, 화석 연료 사용, 철의 제련 등에서 공통점을 찾아 산화와 환원을 이해하고, 생활 주변의 다양한 변화를 산화와 환원의 특징과 규칙성으로 분석할 수 있다.
탐구주제: 산림 생태계 내 물질 순환 과정 (탄소 순환, 질소 순환 등) 탐구
탐구활동 예시: 식물의 광합성 과정을 통한 탄소 고정 원리 이해, 토양 속 미생물의 역할과 질소 순환 과정 조사, 낙엽 분해 과정 관찰 및 토양 비옥도 유지의 중요성 인식, 산성비가 산림 생태계에 미치는 영향 연구

[10통과2-02-01] 생태계 구성요소를 이해하고 생물과 환경 사이의 상호 관계를 설명할 수 있다.
탐구주제: 다양한 산림 생태계의 구성 요소와 특징 비교 분석
탐구활동 예시: 활엽수림, 침엽수림, 혼합림 등 다양한 유형의 산림을 방문하여 식물, 동물, 토양 등 생물적·비생물적 환경 요인 조사, 각 산림 유형별 우점종, 특징적인 생물종 조사 및 생태적 역할 분석, 산림의 층상 구조 (교목층, 아교목층, 관목층, 초본층, 낙엽층) 조사 및 각 층별 생물 서식 환경 특징 분석, 산림 생태계 내 먹이 사슬 및 먹이 그물 관계도 작성

[10통과2-02-03] 온실효과 강화로 인한 지구온난화의 메커니즘을 이해하고, 엘니뇨, 사막화 등과 같은 현상이 지구 환경과 인간 생활에 미치는 영향과 대처 방안을 분석할 수 있다.
탐구주제: 산림의 탄소 흡수 기능과 기후변화 완화 역할 탐구
탐구활동 예시: 식물의 광합성 작용과 탄소 흡수 원리 이해, 산림의 탄소 저장량 및 탄소 흡수량 측정 방법 조사 (간접적 방법 활용), 산림 면적 감소가 지구온난화에 미치는 영향 분석, 나무 심기, 숲 가꾸기 등 산림 경영 활동을 통한 탄소 흡수 증진 방안 연구, 기후변화로 인한 산림 생태계 변화 (산불 발생 증가, 특정 수종 감소 등) 사례 조사

[K-SDGs 세부목표 15-3] 가뭄 · 홍수 · 개발 등으로 황폐화된 토지를 복원하기 위해 노력한다.
통합사회 연계

[10통사1-03-01] 자연환경이 인간의 생활에 미치는 영향에 관한 과거와 현재의 사례를 조사하여 분석하고, 안전하고 쾌적한 환경에서 살아가는 것이 시민의 권리임을 주장한다.
탐구주제: 가뭄 및 홍수로 인한 토지 황폐화 사례 조사 및 복원 노력 연구
탐구활동 예시: 과거 가뭄 및 홍수 피해 사례 조사 및 피해 규모 분석, 토양 침식 및 사막화 현상의 원인과 영향 분석, 황폐화된 토지 복원 기술 (식생 복원, 토양 개량 등) 조사, 재해 예방을 위한 토지 이용 규제 정책 연구, 가뭄, 홍수 등 자연재해와 토지 황폐화의 연관성 분석 (예: 산림 훼손으로 인한 홍수 피해 증가, 습지 매립으로 인한 지하수 고갈 등), 토지 황폐화가 지역 주민의 안전, 건강, 경제 활동 등에 미치는 영향 인터뷰 및 설문 조사, 황폐화된 토지 복원이 안전하고 쾌적한 환경에서 살아갈 권리와 어떻게 연결되는지 논리적으로 설명하는 발표 자료 제작

[10통사1-03-02] 자연에 대한 인간의 다양한 관점을 사례를 통해 비교하고, 인간과 자연의 바람직한 관계를 제안한다.
탐구주제: 토지 개발과 보전 사이의 갈등 사례 분석을 통한 지속가능한 토지 이용 방안 모색
탐구활동 예시: 국내외 토지 개발로 인한 환경 파괴 및 사회적 갈등 사례 조사 (예: 새만금 간척 사업, 영월 동강댐 건설 논란 등), 토지 이용에 대한 개발 중심적 관점과 생태 중심적 관점 비교 분석, 황폐화된 토지 복원 사업의 다양한 유형과 목표 비교 (예: 생태 복원, 농업 복원, 도시 재생 등), 토지 이용에 대한 다양한 이해관계자 (정부, 기업, 시민단체, 지역주민)의 의견 수렴 및 공존 방안 토론, 지속가능한 토지 이용을 위한 원칙과 실천 방안 제시 (예: 토지 이용 계획 수립 시 환경 영향 평가 의무화, 개발과 보전의 균형을 위한 제도 개선 아이디어 제안 등)

[10통사1-03-03] 환경 문제 해결을 위한 정부, 시민사회, 기업 등의 다양한 노력을 조사하고, 생태시민으로서 실천 방안을 모색한다.
탐구주제: 황폐화된 토지 복원을 위한 국내외 정책 및 시민 운동 사례 연구
탐구활동 예시: 국내 토지 복원 관련 정책 및 법률 조사 (예: 습지보전법, 자연환경보전법 등), 황폐화된 토지 복원 사업 (예: 하천 복원 사업, 폐광 지역 복원 사업, 도시 숲 조성 사업 등) 성공 및 실패 사례 분석, 토지 복원 관련 시민 단체의 활동 내용 및 참여 방법 조사, 기업의 ESG 경영 활동 중 토지 복원 관련 사례 조사 및 효과 분석, 생태 시민으로서 황폐화된 토지 복원을 위해 실천할 수 있는 구체적인 행동 계획 수립 (예: 토종 식물 심기, 불법 경작지 감시 활동 참여, 토지 복원 관련 정책 제안 등)

[10통사1-05-01] 산업화, 도시화로 인해 나타난 생활공간과 생활양식의 변화 양상을 조사하고, 이에 따른 문제점의 해결 방안을 제안한다.
탐구주제: 도시 개발로 인한 녹지 감소 및 토지 황폐화 문제와 해결 방안 연구
탐구활동 예시: 우리 지역의 도시 개발 계획 조사 및 녹지 면적 변화 추이 분석, 건축 및 도로 건설로 인한 토양 유실 및 오염 사례 조사, 도시 생태 복원 사업 (옥상 녹화, 벽면 녹화, 생태 통로 설치 등) 효과 분석, 도시 농업 활성화를 통한 토지 이용 효율성 증대 방안 모색

[10통사1-05-03] 자신이 거주하는 지역을 사례로 공간 변화가 초래한 양상 및 문제점을 탐구하고, 공동체의 구성원으로서 지역사회의 변화를 위한 방안을 모색하고 이를 실천한다.
탐구주제: 우리 지역 개발로 인한 토지 황폐화 실태 조사 및 복원 방안 제안
탐구활동 예시: 우리 지역의 특정 개발 사업 (예: 택지 개발, 도로 건설, 산업 단지 조성 등) 진행 과정과 토지 이용 변화 조사, 개발 지역 주변의 토양 침식, 지반 약화, 생태계 파편화 등 토지 황폐화 현상 관찰 및 기록, 토지 황폐화로 인한 지역 사회의 문제점 파악 (예: 농경지 감소로 인한 농가 소득 감소, 녹지 부족으로 인한 도시 열섬 현상 심화 등), 황폐화된 토지 복원을 위한 지역 주민들의 의견 수렴 및 아이디어 공모, 지역 사회 구성원으로서 토지 복원을 위한 실천 방안 제시 및 캠페인 활동 전개 (예: 학교 텃밭 가꾸기, 지역 하천 정화 활동 참여 등)

통합과학 연계

[10통과1-03-02] 지권의 변화를 판 구조론 관점에서 해석하고, 에너지 흐름의 결과로 발생하는 지권의 변화가 지구시스템에 미치는 영향을 추론할 수 있다.
탐구주제: 토양의 생성 과정 및 구성 성분, 토양 오염의 원인과 영향 탐구
탐구활동 예시: 풍화 작용과 토양 생성 과정 실험, 다양한 토양 샘플 채취 및 성분 분석, 산성비, 중금속 등으로 인한 토양 오염 사례 조사, 토양 오염이 식물 생장에 미치는 영향 실험

[10통과2-01-01] 지질시대를 통해 지구 환경이 끊임없이 변화해 왔으며 이러한 환경 변화가 생물다양성에 미치는 영향을 추론할 수 있다.
탐구주제: 과거 토지 황폐화 사례와 현재의 환경 문제 비교 분석 및 미래 예측
탐구활동 예시: 역사 속 가뭄, 홍수 등으로 인한 토지 황폐화 사례 조사 (예: 메소포타미아 문명의 쇠퇴, 황하 문명의 쇠퇴 등), 자연적 요인과 인위적 요인에 의한 토지 황폐화 과정 비교 분석, 현재 진행 중인 사막화, 토양 염류화 등 토지 황폐화의 심각성 및 생물 다양성 감소 영향 조사, 기후변화 심화로 인한 미래의 토지 황폐화 가능성 예측 및 대응 방안 모색

[10통과2-01-04] 대표적인 산・염기 물질의 특징을 알고, 산과 염기를 혼합할 때 나타나는 중화 반응을 생활 속에서 이용할 수 있다.
탐구주제: 산성화된 토양의 중화 방법 및 복원 기술 탐구
탐구활동 예시: 다양한 중화제 (석회, 볏짚 등)를 이용한 토양 pH 변화 실험, 산성화된 토양에서 식물 생장 변화 관찰, 토양 오염 정화 기술 (생물 정화, 화학적 정화 등) 조사, 건강한 토양 생태계 유지를 위한 노력의 중요성 인식

[10통과2-02-01] 생태계 구성요소를 이해하고 생물과 환경 사이의 상호 관계를 설명할 수 있다.
탐구주제: 황폐화된 토지의 생태계 파괴 사례와 복원 과정에서의 생태계 변화 관찰
탐구활동 예시: 황폐화된 토지 (예: 나대지, 폐광 지역, 건설 현장 주변 등) 와 인근 자연 상태 토지의 식생, 토양, 곤충 등 생물 다양성 비교 조사, 토양의 물리적 (입단 구조, 공극률 등) 및 화학적 (pH, 유기물 함량 등) 특성 비교 분석, 토지 복원 사업 진행 지역의 생태계 변화 과정 추적 관찰 (예: 식물 천이 과정, 동물 서식 종 변화 등), 황폐화된 토양의 복원을 위한 다양한 방법 (예: 유기물 공급, 토양 개량제 사용 등) 조사 및 효과 예측

[10통과2-02-02] 먹이 관계와 생태 피라미드를 중심으로 생태계 평형이 유지되는 과정을 이해하고, 환경의 변화가 생태계에 미칠 수 있는 영향에 대해 협력적으로 소통할 수 있다.
탐구주제: 토지 황폐화가 먹이 사슬 및 생태계 전체에 미치는 영향 분석
탐구활동 예시: 토지 황폐화로 인해 특정 생물종의 서식지가 파괴되거나 감소하는 사례 조사, 먹이 사슬 관계에 있는 생물종들의 개체수 변화 예측 및 영향 분석, 토지 복원 사업이 먹이 사슬 복원에 미치는 긍정적 영향 조사, 황폐화된 토지에서 나타나는 생태계 불균형 현상 (예: 특정 해충의 번성, 외래종의 확산 등) 조사 및 원인 분석, 생태계 복원을 위한 다양한 노력의 중요성 공유 및 공감대 형성

[10통과2-02-03] 온실효과 강화로 인한 지구온난화의 메커니즘을 이해하고, 엘니뇨, 사막화 등과 같은 현상이 지구 환경과 인간 생활에 미치는 영향과 대처 방안을 분석할 수 있다.
탐구주제: 가뭄과 홍수가 토지 황폐화에 미치는 영향 및 복원 기술 연구
탐구활동 예시: 지구온난화로 인한 강수 패턴 변화와 가뭄, 홍수 발생 빈도 증가 추세 분석, 가뭄으로 인한 토양 건조화, 사막화 과정 및 생태계 변화 조사, 홍수로 인한 토양 유실, 오염 물질 확산 등 토지 황폐화 과정 분석, 황폐화된 토지의 수분 보유 능력 향상 및 침식 방지 기술 조사 (예: 계단식 밭 조성, 식생 복원 등), 기후변화에 강한 토지 복원 기술 및 지속 가능한 토지 관리 방안 탐색

[K-SDGs 세부목표 15-4] 생물다양성 손실을 예방하기 위해 멸종 위기종을 보호한다.

통합사회 연계

[10통사1-03-02] 자연에 대한 인간의 다양한 관점을 사례를 통해 비교하고, 인간과 자연의 바람직한 관계를 제안한다.
탐구주제: 멸종 위기종 보호의 윤리적 중요성 및 인간의 책임 탐구
탐구활동 예시: 생명 존중 사상 및 생태 중심주의 관점에서 멸종 위기종 보호의 필요성 논의, 멸종 위기종 보호를 위한 개인적 및 사회적 책임 강조, 인간 활동으로 인한 생물 멸종 사례 조사 및 반성, 생물 다양성 보전의 도덕적 가치 인식

[10통사1-03-03] 환경 문제 해결을 위한 정부, 시민사회, 기업 등의 다양한 노력을 조사하고, 생태시민으로서 실천 방안을 모색한다.
탐구주제: 멸종위기종 보호를 위한 국내외 정책 및 시민 사회 운동 사례 분석 및 효과적인 보호 방안 제안
탐구활동 예시: 국내 멸종위기 야생생물 보호 정책 조사 (지정 현황, 법률 내용, 예산 규모 등), 멸종위기종 보호를 위한 국제 협약 및 정책 사례 조사 (CITES 등), 멸종위기종 보호 시민 단체 활동 사례 조사 및 참여 방법 탐색, 멸종위기종 보호를 위한 크라우드 펀딩, 캠페인 등 아이디어 기획 및 실행, 학교/지역 사회에서 멸종위기종 보호를 위한 실천 방안 (ex. 생태 통로 만들기, 외래종 제거 활동) 제시

[10통사2-01-01] 근대 시민 혁명 등을 통해 확립되어 온 인권의 의미와 변화 양상을 이해하고,

현대 사회에서 주거, 안전, 환경, 문화 등 다양한 영역으로 인권이 확장되고 있는 사례를 조사한다.
탐구주제: 생태계 파괴 및 멸종 위기가 인간의 생존권 및 환경권에 미치는 영향 조사
탐구활동 예시: 생물 다양성 감소가 인류의 식량 안보 및 질병 발생에 미치는 영향 분석, 멸종 위기종 서식지 파괴로 인한 지역 주민의 피해 사례 조사, 건강한 생태계를 누릴 권리의 중요성 강조, 미래 세대의 환경권을 위한 생물 다양성 보전의 필요성 인식

[10통사2-05-02] 지구적 차원에서 에너지 자원의 분포와 소비 실태를 파악하고, 기후변화에 대한 대응과 지속가능한 발전을 위한 제도적 방안과 개인적 노력을 탐구한다.
탐구주제: 기후변화가 멸종위기종의 서식 환경 및 생존에 미치는 영향 분석 및 대응 방안 모색
탐구활동 예시: 기후변화로 인해 멸종 위기에 처한 동식물 사례 조사, 기온 상승, 해수면 상승 등 기후변화가 특정 멸종위기종의 서식지에 미치는 영향 분석, 멸종위기종 보호를 위한 탄소 배출 감축 노력의 필요성 탐구, 기후변화 대응 정책과 멸종위기종 보호 정책의 연관성 조사, 일상생활에서 멸종위기종 보호를 위해 실천할 수 있는 기후변화 대응 방안 (ex. 친환경 소비, 에너지 절약) 제시

통합과학 연계

[10통과2-01-01] 지질시대를 통해 지구 환경이 끊임없이 변화해 왔으며 이러한 환경 변화가 생물다양성에 미치는 영향을 추론할 수 있다.
탐구주제: 과거 대멸종 사건과 현재 멸종 위기 상황의 공통점 및 차이점 분석
탐구활동 예시: 지질시대별 대멸종 사건 조사 및 원인 분석, 과거 멸종 사건이 생물 다양성에 미친 영향 조사, 현재 멸종 위기 상황의 주요 원인 (서식지 파괴, 기후변화, 외래종 침입 등) 분석, 과거 멸종 사례를 통해 현재 멸종 위기 상황에 대한 시사점 도출, 미래 환경 변화 시나리오에 따른 생물다양성 변화 예측

[10통과2-01-02] 변이의 발생과 자연선택 과정을 통해 생물의 진화가 일어나고, 진화의 과정을 통해 생물다양성이 형성되었음을 추론할 수 있다.
탐구주제: 멸종 위기종의 유전적 특징 및 멸종 원인 분석
탐구활동 예시: 멸종 위기종의 유전적 다양성 감소 원인 (근친 교배, 서식지 단편화 등) 조사, 환경 변화에 대한 적응력 약화와 멸종의 관계 분석, 멸종 위기종 복원을 위한 유전자 분석 기술 활용 사례 연구, 생물 다양성 보존을 위한 유전자 은행의 역할 탐구

[10통과2-02-01] 생태계 구성요소를 이해하고 생물과 환경 사이의 상호 관계를 설명할 수 있다.
탐구주제: 특정 멸종위기종의 서식지 환경 요소 분석 및 생존 필수 조건 탐색
탐구활동 예시: 학교 주변 또는 지역 사회의 멸종위기종 서식 예상 지역 환경 조사 (온도, 습도, 식생, 먹이 자원 등), 멸종위기종의 먹이 사슬 및 생태적 지위 분석, 서식지 파괴가 멸종위기종 생존에 미치는 직접적·간접적 영향 조사, 멸종위기종 보호를 위한 핵심 서식지 보전의 중요성 강조, 가상 멸종위기종 설정 후 생존 필수 환경 요소 및 위협 요인 분석 보고서 작성

[10통과2-02-02] 먹이 관계와 생태 피라미드를 중심으로 생태계 평형이 유지되는 과정을 이해하고, 환경의 변화가 생태계에 미칠 수 있는 영향에 대해 협력적으로 소통할 수 있다.
탐구주제: 특정 멸종 위기종이 속한 생태계에서의 역할 및 멸종 시 생태계에 미치는 영향 예측
탐구활동 예시: 멸종 위기종의 먹이 사슬 내 위치 및 역할 분석, 멸종 위기종의 부재가 다른 생물종에 미치는 연쇄 효과 연구, 생태계 균형 유지를 위한 멸종 위기종 복원의 중요성 강조, 멸종 위기종 보호를 위한 서식지 보전의 필요성 인식

[10통과2-02-03] 온실효과 강화로 인한 지구온난화의 메커니즘을 이해하고, 엘니뇨, 사막화 등과 같은 현상이 지구 환경과 인간 생활에 미치는 영향과 대처 방안을 분석할 수 있다.
탐구주제: 지구온난화가 멸종위기종의 생식 및 생존 전략에 미치는 영향 연구
탐구활동 예시: 온도 변화에 민감한 멸종위기종의 번식 시기, 이동 경로 변화 사례 조사, 해수 온도 상승이 해양 멸종위기종 (ex. 산호, 해양 포유류)에 미치는 영향 분석, 사막화 진행으로 서식지를 잃어가는 멸종위기종 사례 조사, 기후변화에 적응하기 위한 멸종위기종의 생존 전략 (ex. 생활사 변화) 탐구, 멸종위기종 보호를 위한 서식지 복원 및 이주 방안의 효과 및 윤리적 문제점 토론

[K-SDGs 세부목표 15-5] (보완) 동식물 보호종의 포획과 불법 거래를 없애도록 노력한다.

통합사회 연계

[10통사1-03-02] 자연에 대한 인간의 다양한 관점을 사례를 통해 비교하고, 인간과 자연의 바람직한 관계를 제안한다.
탐구주제: 보호종 불법 포획 및 거래에 대한 윤리적 문제점 분석 및 생명 존중 관점에서 해결 방안 모색
탐구활동 예시: 보호종 불법 포획 및 거래 관련 뉴스, 다큐멘터리 시청 후 인간 중심적 사고와 생태 중심적 사고 비교 분석, 보호종 불법 거래의 윤리적 문제점 (생명 경시, 동물 학대 등) 토론, 불법 포획된 동물의 고통과 스트레스에 대한 공감 능력 향상 활동 (관련 그림책 읽기, 영상 시청 등), 인간과 동물이 공존하는 바람직한 관계 설정 및 실천 방안 제시

[10통사1-03-03] 환경문제 해결을 위한 정부, 시민사회, 기업 등의 다양한 노력을 조사하고, 생태 시민으로서 실천 방안을 모색한다.
탐구주제: 보호종 불법 포획 및 거래 근절을 위한 국내외 정책 및 시민사회 활동 조사 및 참여 방안 탐색
탐구활동 예시: 국내 야생생물 보호 관련 법률 및 정책 조사 (야생생물 보호 및 관리에 관한 법률 등), 멸종위기종 불법 거래 단속 사례 조사, 국제적인 야생 동식물 불법 거래 방지 협약 (CITES 등) 내용 조사, 보호종 불법 거래 감시 및 신고 활동을 하는 시민단체 인터뷰 또는 활동 참여, 보호종 불법 거래 근절을 위한 온라인 캠페인 기획 및 실행, 학교 또는 지역 사회에서 보호종 불법 거래의 심각성을 알리는 홍보 활동 전개

[10통사2-04-01] 세계화의 다양한 양상을 살펴보고, 세계화 시대의 문제점과 그에 대한 해결 방안을 제안한다.
탐구주제: 멸종 위기 야생 동식물 불법 거래의 국제적 실태 및 근절 방안 연구
탐구활동 예시: 사이테스 (CITES) 협약의 내용 및 역할 조사, 야생 동식물 불법 거래 경로 및 규모 분석, 야생 동식물 불법 거래가 생태계에 미치는 영향 조사, 불법 거래 근절을 위한 국제 공조 사례 연구, 소비자 인식 개선 캠페인 아이디어 제시

[10통사2-01-03] 사회적 소수자 차별, 청소년의 노동권 등 국내 인권 문제와 인권지수를 통해 확인할 수 있는 세계 인권 문제의 양상을 조사하고, 이에 대한 해결 방안을 모색한다.
탐구주제: 야생동물 불법 포획 및 거래 과정에서의 동물 학대 문제 및 윤리적 책임 탐구
탐구활동 예시: 야생동물 불법 포획 도구 및 방법 조사, 불법 포획된 야생동물의 열악한 사육 환경 실태 조사, 동물 학대 방지 관련 법규 및 시민운동 사례 조사, 생명 윤리 관점에서 야생동물 보호의 필요성 논의

[10통사2-03-01] 자본주의의 역사적 전개 과정과 그 특징을 조사하고, 시장과 정부의 관계를 중심으로 다양한 삶의 방식을 비교 평가한다.
탐구주제: 보호종 불법 거래의 경제적 원인 분석 및 지속가능한 경제활동과의 연계 방안 모색
탐구활동 예시: 보호종 불법 거래 시장의 규모와 유통 경로 조사, 보호종 불법 거래의 경제적 이득과 윤리적 문제점 비교 분석, 지역 사회의 지속가능한 발전과 보호종 보호의 조화 방안 모색 (생태 관광, 친환경 농업 등), 보호종 불법 거래 근절을 위한 정부 규제와 시장경제 원리의 균형점 탐색, 보호종 불법 거래를 유발하는 빈곤 문제 해결 방안 모색

[10통사2-04-01] 세계화의 다양한 양상을 살펴보고, 세계화 시대의 문제점과 그에 대한 해결 방안을 제안한다.
탐구주제: 국제적인 보호종 불법 거래의 실태와 문제점 분석 및 국제협력 방안 모색
탐구활동 예시: 멸종위기종 국제 불법 거래 사례 조사 (코뿔소 뿔, 호랑이 가죽, 상아 등), 국제 공조를 통한 야생동물 불법 거래 단속 사례 조사, 개발도상국의 빈곤과 보호종 불법 거래의 상관관계 분석, 국제사회의 공동 노력을 위한 캠페인 아이디어 제시, 야생동물 불법 거래 근절을 위한 국제법 및 협약의 역할 조사

통합과학 연계

[10통과1-03-06] 생명 시스템의 유지에 필요한 세포 내 정보의 흐름을 유전자로부터 단백질이 만들어지는 과정을 중심으로 설명할 수 있다.
탐구주제: 야생동물 밀렵 증거 감식 및 개체 수 확인을 위한 유전자 분석 기술 활용 사례 연구
탐구활동 예시: 야생동물 DNA 채취 및 분석 방법 조사, 유전자 분석을 통한 불법 포획된 야생동물의 출처 추적 사례 연구, 멸종 위기종의 유전적 다양성 연구 및 보존의 중요성 인식, 야생동물 유전자 데이터베이스 구축의 필요성 논의

[10통과2-01-02] 변이의 발생과 자연선택 과정을 통해 생물의 진화가 일어나고, 진화의 과정을 통해 생물 다양성이 형성되었음을 추론할 수 있다.

탐구주제: 보호종의 유전적 다양성 감소와 불법 포획의 관계 분석 및 종 보전의 중요성 강조
탐구활동 예시: 불법 포획으로 인해 개체 수가 급감한 보호종의 유전적 다양성 변화 추이 조사, 유전적 다양성 감소가 종의 생존력 약화에 미치는 영향 분석, 멸종위기종 복원사업에서 유전적 다양성 확보의 어려움 조사, 보호종의 멸종이 미래 세대에 미치는 유전적 손실의 의미 토론, 멸종위기종의 진화 과정 연구를 통해 보호 가치를 인식하는 활동

[10통과2-03-01] 감염병의 진단, 추적 등을 사례로 과학의 유용성을 설명하고, 미래 사회 문제 해결에서 과학의 필요성에 대해 논증할 수 있다.
탐구주제: 야생동물 불법 거래와 인수 공통감염병 발생의 연관성 탐구
탐구활동 예시: 인수 공통감염병의 종류 및 발생 원인 조사, 야생동물 불법 거래 시장의 위생 실태 및 위험성 분석, 야생동물 검역 시스템 및 질병 모니터링 시스템 조사, 신종 감염병 발생 예방을 위한 국제협력의 중요성 인식

[10통과2-03-04] 과학기술의 발전 과정에서 발생할 수 있는 과학 관련 사회적 쟁점 (SSI)과 과학기술 이용에서 과학 윤리의 중요성에 대해 논증할 수 있다.
탐구주제: 보호종 불법 거래 방지를 위한 과학기술 활용의 윤리적 쟁점 탐구
탐구활동 예시: 야생동물에게 GPS 추적 장치를 부착하는 것의 윤리적 문제점 토론 (사생활 침해, 스트레스 유발 가능성 등), 유전자 분석 정보를 이용한 야생동물 관리의 오남용 가능성 및 대책 논의, 첨단기술을 이용한 감시 시스템이 야생동물의 자유로운 활동을 제한할 수 있다는 비판에 대한 논거 제시, 보호종 불법 거래 방지를 위한 과학기술 개발 및 적용 과정에서 발생할 수 있는 사회적 갈등 사례 조사 및 해결 방안 모색

[K-SDGs 세부목표 15-6] (보완) 침입외래종의 유입을 예방하고 이들이 육지 및 수중 생태계에 미치는 영향을 줄이기 위한 조치를 취한다.

통합사회 연계

[10통사1-03-01] 자연환경이 인간의 생활에 미치는 영향에 관한 과거와 현재의 사례를 조사하여 분석하고, 안전하고 쾌적한 환경에서 살아가는 것이 시민의 권리임을 주장한다.
탐구주제: 우리 지역 생태계에 서식하는 침입외래종의 종류와 확산 경로 및 피해 사례 조사
탐구활동 예시: 학교 주변 또는 지역 하천, 공원 등에서 침입외래종 식물과 동물 관찰 및 기록, 침입외래종의 유입 경로 (인위적 유입, 자연적 확산 등) 추적, 침입외래종이 토종 생물종의 서식 환경 및 생존에 미치는 영향 분석, 침입외래종으로 인한 농작물 피해 및 경제적 손실 사례 조사

[10통사1-03-02] 자연에 대한 인간의 다양한 관점을 사례를 통해 비교하고, 인간과 자연의 바람직한 관계를 제안한다.
탐구주제: 멸종위기종 보호에 대한 다양한 윤리적 관점 비교 분석 및 인간과 동물의 공존 방안 모색
탐구활동 예시: 멸종위기종 보호에 대한 찬반 입장 조사 및 윤리적 근거 분석 (동물권, 생태

중심주의, 인간 중심주의 등), 멸종위기종 보호 관련 영화/도서 감상 후 토론, 인간과 동물의 갈등 사례 조사 (로드킬, 서식지 침범 등) 및 해결 방안 아이디어 제시, '생명 존중' 관점에서 멸종위기종 보호의 의미 탐색

[10통사1-03-03] 환경문제 해결을 위한 정부, 시민사회, 기업 등의 다양한 노력을 조사하고, 생태 시민으로서 실천 방안을 모색한다.
탐구주제: 침입외래종 관리 및 제거를 위한 다양한 주체의 노력과 시민참여 방안 연구
탐구활동 예시: 정부의 침입외래종 관리 정책 및 사업 조사, 시민단체의 침입외래종 제거 활동 사례 분석 및 참여, 침입외래종 관련 정보 공유 및 인식 개선 캠페인 기획, 침입외래종 발생 예방을 위한 개인적 노력 (애완동물 방생 금지, 해외여행 시 주의 등) 실천

[10통사2-05-02] 지구적 차원에서 에너지 자원의 분포와 소비 실태를 파악하고, 기후변화에 대한 대응과 지속가능한 발전을 위한 제도적 방안과 개인적 노력을 탐구한다.
탐구주제: 기후변화가 멸종위기종의 서식 환경 및 생존에 미치는 영향 분석 및 대응 방안 모색
탐구활동 예시: 기후변화로 인해 멸종 위기에 처한 동식물 사례 조사, 기온상승, 해수면 상승 등 기후변화가 특정 멸종위기종의 서식지에 미치는 영향 분석, 멸종위기종 보호를 위한 탄소 배출 감축 노력의 필요성 탐구, 기후변화 대응 정책과 멸종위기종 보호 정책의 연관성 조사, 일상생활에서 멸종위기종 보호를 위해 실천할 수 있는 기후변화 대응 방안 (ex. 친환경 소비, 에너지 절약) 제시

통합과학 연계

[10통과2-02-01] 생태계 구성요소를 이해하고 생물과 환경 사이의 상호관계를 설명할 수 있다.
탐구주제: 침입외래종이 토착 생태계의 먹이 사슬과 생물 다양성에 미치는 영향 실험 및 분석
탐구활동 예시: 특정 침입외래종과 토종 생물 간의 경쟁 관계 관찰 실험, 침입외래종의 번식력 및 생존 전략 연구, 침입외래종이 토착 생태계의 물질 순환에 미치는 영향 조사, 침입외래종 제거 후 토착 생태계 복원 과정 관찰

[10통과2-01-02] 변이의 발생과 자연선택 과정을 통해 생물의 진화가 일어나고, 진화의 과정을 통해 생물 다양성이 형성되었음을 추론할 수 있다.
탐구주제: 침입외래종의 성공적인 정착 및 확산 요인 분석
탐구활동 예시: 침입외래종의 생리적 특징 및 환경 적응능력 조사, 침입외래종의 천적 부재 또는 경쟁 우위 확보 전략 연구, 기후변화가 침입외래종 확산에 미치는 영향 분석, 침입외래종의 유전자 분석을 통한 확산 경로 추적

[K-SDGs 세부목표 15-7] 개발사업 등 인간 활동으로 단절된 생태 축의 복원과 생태 네트워크 유지 · 관리를 위해 노력한다.

통합사회 연계

[10통사1-03-01] 자연환경이 인간의 생활에 미치는 영향에 관한 과거와 현재의 사례를 조사하여 분석하고, 안전하고 쾌적한 환경에서 살아가는 것이 시민의 권리임을 주장한다.
탐구주제: 우리 지역의 개발 사례와 생태 축 단절 현황 분석 및 지역 주민의 삶에 미치는 영향 조사
탐구활동 예시: 과거 지도 및 현재 위성 사진 비교를 통해 지역 내 개발로 인한 녹지공간 변화 파악, 도로, 택지 개발 등으로 인해 단절된 생태 통로 및 이동로 조사, 생태 축 단절이 지역 야생동물의 이동, 번식 등에 미치는 영향 인터뷰 및 자료 조사, 생태 축 복원이 지역 주민이 안전하고 쾌적한 환경에 기여하는 측면 조사, 생태 축 복원을 위한 시민들의 노력 사례 조사

[10통사1-03-03] 환경문제 해결을 위한 정부, 시민사회, 기업 등의 다양한 노력을 조사하고, 생태 시민으로서 실천 방안을 모색한다.
탐구주제: 생태 축 복원 및 생태 네트워크 구축을 위한 국내외 정책 사례 분석 및 효과적인 정책 제안
탐구활동 예시: 국내 생태 통로 설치와 관리 현황 조사, 국외 생태 축 복원 성공 사례 및 정책 분석 (ex. 유럽의 녹색 네트워크), 생태 네트워크 구축을 위한 정부, 지자체, 기업의 노력 사례 조사, 생태 축 복원을 위한 시민단체의 활동 조사 및 참여 방안 모색, 우리 지역 생태 축 복원을 위한 정책 아이디어 제안 및 정책 제안 과정 시뮬레이션

[10통사1-05-01] 산업화, 도시화로 인해 나타난 생활공간과 생활양식의 변화 양상을 조사하고, 이에 따른 문제점의 해결 방안을 제안한다.
탐구주제: 도시화 과정에서 발생하는 생태 축 단절의 문제점 분석 및 도시 생태 네트워크 구축의 필요성 탐구
탐구활동 예시: 도시화로 인한 녹지 감소 및 불투수 면 증가 현황 조사, 도시 내 단절된 녹지 공간 (공원, 가로수길 등) 연결 방안 아이디어 제시, 도시 생태 통로 (옥상 녹화, 벽면 녹화, 생태 정원 등) 조성 사례 조사 및 효과 분석, 도시 생태 네트워크가 도시 열섬 현상 완화, 미세먼지 저감 등 환경 개선에 미치는 영향 조사, 시민참여를 통한 도시 생태 네트워크 구축 방안 모색

[10통사1-05-02] 교통 · 통신 및 과학기술의 발달과 함께 나타난 생활공간과 생활양식의 변화 양상을 조사하고, 이에 따른 문제점의 해결 방안을 제안한다.
탐구주제: 도로, 철도 등 개발사업으로 인한 생태계 단절 사례 조사 및 문제점 분석
탐구활동 예시: 지역 개발 계획 및 지도 분석을 통한 생태 축 단절 지역 확인, 생태 통로 설치 현황 및 효과 조사, 로드킬 발생 현황 및 예방 대책 연구, 개발사업이 야생동물의 이동 경로 및 서식지에 미치는 영향 분석

[10통사1-05-03] 자신이 거주하는 지역을 사례로 공간 변화가 초래한 양상 및 문제점을 탐구하고, 공동체의 구성원으로서 지역 사회의 변화를 위한 방안을 모색하고 이를 실천한다.

탐구주제: 우리 지역의 생태 축 단절 지점 조사 및 복원을 위한 지역 사회 연계 방안 탐색
탐구활동 예시: 우리 지역의 생태 축 단절 예상 지점 현장조사 및 사진/영상 기록, 지역 주민, 전문가 인터뷰를 통해 생태 축 단절의 심각성 및 복원의 필요성에 대한 의견 수렴, 지역 시민단체, 학교, 지자체와 연계한 생태 축 복원 활동 (ex. 나무 심기, 생태 통로 모니터링) 기획 및 참여, 지역 사회 구성원으로서 생태 축 복원에 기여할 수 있는 실천 방안 아이디어 제시 및 공유

[10통사2-02-03] 사회 및 공간 불평등 현상의 사례를 조사하고, 정의로운 사회를 만들기 위한 다양한 제도와 시민으로서의 실천 방안을 제안한다.
탐구주제: 생태 축 단절로 인한 생태계 서비스 불평등 문제 제기 및 해결 방안 모색
탐구활동 예시: 생태 축 단절이 특정 지역 주민들의 여가 활동, 건강, 경제적 이익 등에 미치는 부정적 영향 조사, 생태 축 복원사업 추진 과정에서의 사회적 형평성 문제 (예산 배분, 수혜 불균형 등) 분석, 생태적으로 취약한 지역의 생태 축 복원 필요성 강조, 모든 시민이 생태계 서비스를 공정하게 누리는 방안 제시

[10통사2-04-03] 남북 분단과 동아시아의 역사 갈등 상황을 분석하고, 이를 토대로 우리나라가 세계 평화에 기여하는 방안을 제안한다.
탐구주제: 남북 산림 협력을 통한 한반도 생태 축 복원 방안 탐색
탐구활동 예시: 북한의 산림 황폐화 실태 및 복원 필요성 조사, 남북 공동 산림복원 사업 아이디어 제시 (묘목 공동 생산, 기술 교류 등), 백두대간 생태 축 연결을 위한 남북 협력 방안 모색, 산림 협력을 통한 남북 간 신뢰 구축 방안 논의

통합과학 연계

[10통과1-03-01] 지구시스템은 태양계라는 시스템의 구성요소임을 알고, 지구시스템을 구성하는 권역 간의 물질 순환과 에너지 흐름의 결과로 나타나는 현상을 논증할 수 있다.
탐구주제: 산림 생태계의 연결성 확보가 물순환 및 토양 보전에 미치는 영향 연구
탐구활동 예시: 산림의 훼손이 하천 수량 및 수질에 미치는 영향 분석, 산림의 토양 유실 방지 기능 및 산사태 예방 효과 조사, 훼손된 산림복원을 통한 물순환 회복 사례 연구, 건강한 산림 생태계 유지가 자연재해 감소에 미치는 영향 분석

[10통과2-02-01] 생태계 구성요소를 이해하고 생물과 환경 사이의 상호관계를 설명할 수 있다.
탐구주제: 생태 통로가 단절된 생태계 연결 및 생물 다양성 증진에 미치는 효과 분석
탐구활동 예시: 다양한 유형의 생태 통로 (육교형, 터널형, 지하 통로 등) 사례 조사, 생태 통로 이용률 조사 및 효과 분석 방법 연구, 생태 통로 설치 전후의 특정 지역 생물종 변화 추이 비교, 효과적인 생태 통로 설계 방안 아이디어 제시

[10통과2-03-03] 인공지능 로봇, 사물인터넷 등과 같이 과학기술의 발전을 인간 삶과 환경 개선에 활용하는 사례를 찾고, 이러한 과학기술의 발전이 미래 사회에 미치는 유용성과 한계를 예측할 수 있다.
탐구주제: 생태 축 복원 및 생태 네트워크 관리에 활용되는 과학기술 사례 조사 및 미래 전망

탐구활동 예시: 드론, 인공위성 등을 활용한 생태 축 단절 지역 모니터링 기술 조사, 동물 이동 경로 추적 시스템과 센서 기술 연구, 빅데이터 분석을 통한 효과적인 생태 통로 설계 및 위치 선정 사례 조사, AI 기반의 생태계 분석 및 예측 시스템 연구, 미래 사회에서 과학기술을 활용한 효율적인 생태 네트워크 관리 방안 아이디어 제시

[출처: 지속가능발전포털]

□(G16) 평화 · 정의 · 포용

"지속가능발전을 위한 평화롭고 포용적인 사회 증진, 모두에게 정의를 보장, 모든 수준에서 효과적이며 책임감 있고 포용적인 제도 구축"

[K-SDGs 세부목표 16-1] 모든 형태의 폭력 및 폭력으로 인한 사망률을 대폭 감소시킨다.

통합사회 연계

[10통사2-01-01] 근대 시민 혁명 등을 통해 확립되어 온 인권의 의미와 변화 양상을 이해하고, 현대 사회에서 주거, 안전, 환경, 문화 등 다양한 영역으로 인권이 확장되고 있는 사례를 조사한다.
탐구주제: 우리 학교 및 지역 사회의 안전 실태 조사 및 폭력 발생 감소 방안 연구
탐구활동 예시: 학교폭력 발생 현황 및 유형 분석, 지역 범죄 발생 통계 및 특징 조사, 안전한 학교 및 지역 사회 조성을 위한 정책 제안, 청소년 대상 범죄 예방 캠페인 기획 및 실시

[10통사2-01-03] 사회적 소수자 차별, 청소년의 노동권 등 국내 인권 문제와 인권지수를 통해 확인할 수 있는 세계 인권 문제의 양상을 조사하고, 이에 대한 해결 방안을 모색한다.
탐구주제 1: 학교폭력 피해 학생의 인권 침해 사례 분석 및 보호 방안 연구
탐구활동 예시: 학교폭력 피해 학생의 경험 인터뷰 (윤리적 문제 고려), 학교폭력 관련 법규 및 지원 제도 조사, 학교폭력 예방 및 피해 학생 지원 프로그램 제안, 학교폭력 문제 해결을 위한 학생 참여 방안 모색
탐구주제 2: 우리 사회의 소수자 대상 혐오 표현 및 차별 실태 조사 및 폭력 발생 가능성 분석
탐구활동 예시: 온라인 혐오 표현 및 차별 사례 수집 및 유형 분석, 소수자 인권 관련 시민단체 인터뷰, 혐오 표현과 폭력의 연관성에 관한 국내외 연구 자료 조사, 혐오 표현 감소 및 차별 해소를 위한 캠페인 기획 및 실행

[10통사2-02-01] 정의의 의미와 정의가 요구되는 이유를 파악하고, 다양한 사례를 통해 정의의 실질적 기준을 탐구한다.
탐구주제: 학교폭력 발생 원인 및 학교폭력 예방을 위한 정의로운 처벌 기준 탐색
탐구활동 예시: 학교폭력 발생 현황 및 유형 분석, 학교폭력 피해 학생 및 가해 학생 인터뷰 (익명 보장), 학교폭력 관련 법규 및 처벌 사례 조사, 학교폭력 예방과 재발 방지를 위한 처벌 기준 및 프로그램 제안

[10통사2-04-02] 평화의 관점에서 국제사회의 갈등과 협력의 사례를 조사하고, 세계 평화를

위한 행위 주체의 바람직한 역할을 탐색한다.
탐구주제: 국제 분쟁 지역의 폭력 발생 원인 분석 및 평화 구축 노력 사례 연구
탐구활동 예시: 특정 국제 분쟁 사례 선정 (예: 시리아 내전, 러시아-우크라이나 전쟁), 분쟁의 역사적 배경, 정치적 · 경제적 · 사회적 원인 조사, 국제사회의 개입 및 평화 구축 노력 분석, 분쟁 해결 및 평화 유지를 위한 국제협력 방안 제시

[10통사2-04-03] 남북 분단과 동아시아의 역사 갈등 상황을 분석하고, 이를 토대로 우리나라가 세계 평화에 기여하는 방안을 제안한다.
탐구주제: 북한의 인권 실태 조사 및 북한 주민의 폭력 피해 사례 연구
탐구활동 예시: 북한 인권 관련 국제기구 보고서 및 언론 보도 분석, 탈북민 인터뷰 (신변 안전 고려), 북한 인권 개선을 위한 국제사회의 노력 조사, 북한 주민의 삶의 질 향상 및 폭력 피해 감소를 위한 인도적 지원 방안 모색

통합과학 연계

[10통과2-03-03] 인공지능 로봇, 사물인터넷 등과 같이 과학기술의 발전을 인간 삶과 환경 개선에 활용하는 사례를 찾고, 이러한 과학기술의 발전이 미래 사회에 미치는 유용성과 한계를 예측할 수 있다.
탐구주제: 과학기술 발달이 범죄 예방 및 폭력 감시에 미치는 영향 분석 및 윤리적 문제점 탐색
탐구활동 예시: 지능형 CCTV, 드론 감시 시스템 등 범죄 예방 기술 사례 조사, AI 기반 폭력 감지 시스템의 작동 원리 및 효과 분석, 개인정보 침해 및 사생활 침해 가능성 등 윤리적 문제점 토론, 기술 발전과 인권 보호의 균형점을 찾는 방안 모색

[K-SDGs 세부목표 16-2] 아동에 대한 학대, 착취, 매매 및 모든 형태의 폭력과 고문을 종식한다.

통합사회 연계

[10통사2-01-01] 근대 시민 혁명 등을 통해 확립되어 온 인권의 의미와 변화 양상을 이해하고, 현대 사회에서 주거, 안전, 환경, 문화 등 다양한 영역으로 인권이 확장되고 있는 사례를 조사한다.
탐구주제: 아동 인권의 역사적 변천 과정과 현대 사회에서 새롭게 등장하는 아동학대 유형 연구
탐구활동 예시: UN 아동 권리 협약 내용 조사, 시대별 아동학대 사례 비교 분석 (과거 아동 노동, 현대의 정서적 학대 등), 디지털 환경에서의 아동학대 (사이버 폭력, 온라인 그루밍 등) 실태 조사, 아동 인권 보호를 위한 국제사회 및 국내 법률 변화 연구

[10통사2-01-02] 인간 존엄성 실현과 인권보장을 위한 헌법의 역할을 파악하고, 시민의 권익을 보호하기 위한 다양한 시민참여의 방안을 탐구하고 이를 실천한다.
탐구주제: 아동학대 발생 원인 분석 및 근절 방안 연구
탐구활동 예시: 아동학대 관련 통계 및 사례 분석, 아동학대 관련 법률 및 신고 시스템 조사, 아동학대 예방 교육 프로그램 개발, 아동학대 피해 아동 지원 시설 방문 및 봉사활동

[10통사2-01-03] 사회적 소수자 차별, 청소년의 노동권 등 국내 인권 문제와 인권지수를 통해 확인할 수 있는 세계 인권 문제의 양상을 조사하고, 이에 대한 해결 방안을 모색한다.
탐구주제 1: 실종아동 문제의 현황과 사회적 지원 체계 연구
탐구활동 예시: 실종아동 발생 통계 및 특징 분석, 실종 아동 찾기 위한 기술 및 정책 사례 조사, 실종아동 가족 지원 방안 연구, 실종 예방 캠페인 기획 및 실시
탐구주제 2: 우리 사회의 아동학대 발생 원인 심층 분석 및 효과적인 예방 방안 탐색
탐구활동 예시: 국내 아동학대 발생 통계자료 분석 (가해자 유형, 피해 아동 특징 등), 아동학대 관련 뉴스 보도 및 사회적 이슈 분석, 아동 보호 기관 방문 인터뷰 또는 종사자 서면 인터뷰, 아동학대 예방 교육 프로그램 사례 조사 및 개선 방안 제안, 지역 사회 아동 보호 네트워크 구축 방안 아이디어 제시

[10통사2-03-04] 자원, 노동, 자본의 지역 분포에 따른 국제 분업과 무역의 필요성을 이해하고, 지속가능발전에 기여하는 국제무역의 방안을 탐색한다.
탐구주제: 국제 아동 노동 및 인신매매 실태 조사 및 근절을 위한 국제협력 방안 연구
탐구활동 예시: 국제 노동 기구 (ILO) 및 유엔 아동 기금 (UNICEF) 보고서 분석, 개발도상국 아동 노동 실태 관련 다큐멘터리 시청 및 토론, 국제 아동 인신매매 경로 및 착취 유형 조사, 공정무역 및 윤리적 소비가 아동 노동 문제 해결에 미치는 영향 분석, 아동 노동 착취 상품 불매 운동 사례 연구

[10통사2-04-01] 세계화의 다양한 양상을 살펴보고, 세계화 시대의 문제점과 그에 대한 해결 방안을 제안한다.
탐구주제: 온라인 플랫폼을 이용한 아동 성 착취 문제의 심각성 및 국제 공조 필요성 연구
탐구활동 예시: 인터넷 아동 성 착취 관련 뉴스 및 통계자료 조사, 다크웹 등 익명 네트워크를 이용한 범죄 실태 연구, 국제 형사 경찰 기구 (Interpol) 등 국제 수사 공조 사례 분석, 디지털 성범죄 예방 교육 프로그램 개발, 온라인 플랫폼 기업의 사회적 책임 강조 캠페인 기획

통합과학 연계

[10통과2-03-02] 빅데이터를 과학기술사회에서 사용하고 있는 사례를 조사하고, 빅데이터 활용의 장점과 문제점을 추론할 수 있다.
탐구주제 1: 빅데이터를 활용한 실종아동 예측 및 찾기 시스템 연구
탐구활동 예시: 실종아동 관련 빅데이터 수집 및 분석, 실종 예측 알고리즘 및 시스템 아이디어 구상, 개인정보보호 문제 및 윤리적 문제점 논의
탐구주제 2: 빅데이터 분석을 활용한 아동학대 징후 조기 감지 시스템 개발 가능성 탐색
탐구활동 예시: 아동학대 관련 빅데이터 (신고 기록, 의료 기록, 온라인 활동 등) 수집 및 분석 방법 연구, 빅데이터 기반 아동학대 예측 모델 사례 조사, 개인정보보호 및 사생활 침해 우려 등 윤리적 문제점 논의, 효과적인 아동학대 예방을 위한 빅데이터 활용 방안 아이디어 제시

[10통과2-03-03] 인공지능 로봇, 사물인터넷 등과 같이 과학기술의 발전을 인간 삶과 환경 개선에 활용하는 사례를 찾고, 이러한 과학기술의 발전이 미래 사회에 미치는 유용성과 한계를 예측할 수 있다.

탐구주제: 인공지능 기반 아동 보호 시스템 개발 및 윤리적 쟁점 분석
탐구활동 예시: CCTV 영상 분석을 통한 아동학대 징후 자동 감지 시스템 연구, AI 챗봇을 활용한 아동 상담 및 지원시스템 개발, AI 기술의 오작동 가능성 및 프라이버시 침해 문제점 논의, 기술 발전과 아동 인권 보호의 균형점을 찾으려는 방안 모색

[K-SDGs 세부목표 16-3] 국내 · 국제적 차원에서 법치를 증진하며 정의에 대한 평등한 접근을 모두에게 보장한다.

통합사회 연계

[10통사2-01-02] 인간 존엄성 실현과 인권보장을 위한 헌법의 역할을 파악하고, 시민의 권익을 보호하기 위한 다양한 시민참여의 방안을 탐구하고 이를 실천한다.
탐구주제: 우리나라 헌법에 보장된 재판을 받을 권리의 의미와 중요성 및 실질적 보장 방안 탐색
탐구활동 예시: 헌법 조항 및 관련 법률 조사, 법원 견학 또는 법조인 인터뷰, 경제적 어려움 등으로 법률 서비스를 받기 어려운 사람들을 위한 공공 법률 지원 제도 조사, 사법 접근성 향상을 위한 시민 아이디어 제안 (예: 법률 정보제공 플랫폼 개발, 이동 상담 서비스 운영)

[10통사2-02-01] 정의의 의미와 정의가 요구되는 이유를 파악하고, 다양한 사례를 통해 정의의 실질적 기준을 탐구한다.
탐구주제 1: 사회적 불평등 해소를 위한 법과 제도의 역할 연구
탐구활동 예시: 사회적 불평등 사례 (교육, 소득, 성별 등) 조사 및 분석, 불평등 해소를 위한 법률 및 정책 사례 연구, 헌법재판소 판례 분석을 통한 정의의 의미 탐구, 사회적 약자를 위한 법률 지원 방안 모색
탐구주제 2: 사회적 약자의 사법 접근성 제약 사례 분석 및 정의로운 해결 방안 모색
탐구활동 예시: 장애인, 이주민, 성 소수자 등 사회적 약자가 겪는 법률 서비스 이용의 어려움 조사, 관련 시민단체 활동 조사 및 인터뷰, 차별 없는 사법 시스템 구축을 위한 법률 개정 및 정책 제안, 사회적 공론화 캠페인 기획

[10통사2-02-03] 사회 및 공간 불평등 현상의 사례를 조사하고, 정의로운 사회를 만들기 위한 다양한 제도와 시민으로서의 실천 방안을 제안한다.
탐구주제: 사법 접근성 향상을 위한 방안 연구
탐구활동 예시: 법률 서비스 접근성에 대한 설문 조사 및 인터뷰, 공공 법률 지원 제도 현황 및 문제점 분석, 온라인 법률 상담 플랫폼 활용 방안 연구, 사회적 취약계층을 위한 맞춤형 법률 지원 아이디어 제시

[10통사2-04-02] 평화의 관점에서 국제사회의 갈등과 협력의 사례를 조사하고, 세계 평화를 위한 행위 주체의 바람직한 역할을 탐색한다.
탐구주제: 국제 사법 재판소 (ICJ) 및 국제 형사 재판소 (ICC)의 역할과 한계점 분석 및 국제 정의 실현 방안 모색

탐구활동 예시: ICJ 및 ICC 설립 목적, 관할, 주요 판결 사례 조사, 국제법의 적용 및 강제 집행의 어려움 분석, 국제 정의 실현을 위한 국가 간 협력 강화 방안 제시, 국제법 전문가 인터뷰

[10통사2-04-03] 남북 분단과 동아시아의 역사 갈등 상황을 분석하고, 이를 토대로 우리나라가 세계 평화에 기여하는 방안을 제안한다.
탐구주제: 북한 주민의 사법 접근성 실태 및 인권 침해 사례 조사 및 개선 방안 연구
탐구활동 예시: 북한의 법체계 및 사법 시스템 연구, 탈북민 인터뷰 (신변 안전 고려), 북한 인권 관련 국제 보고서 분석, 북한 주민의 법적 권리 보장을 위한 국제사회의 역할 모색, 남북 법률 전문가 교류 프로그램 제안

통합과학 연계

[10통과2-02-03] 온실효과 강화로 인한 지구온난화의 메커니즘을 이해하고, 엘니뇨, 사막화 등과 같은 현상이 지구 환경과 인간 생활에 미치는 영향과 대처 방안을 분석할 수 있다.
탐구주제: 기후변화로 인한 환경 불평등 문제와 정의로운 해결 방안 모색
탐구활동 예시: 기후변화의 과학적 근거 및 영향 조사, 기후변화의 영향이 사회경제적 취약계층에게 더욱 심각하게 나타나는 현상 분석 (예: 기후 난민 발생, 식량 가격 상승 등), 기후변화 대응 정책의 형평성 문제점 분석, 탄소 배출 감축 노력에서 국가 간 책임 문제 탐구, 기후 정의 실현을 위한 시민사회 운동 사례 조사 및 참여 방안 모색

[10통과2-03-02] 빅데이터를 과학기술사회에서 사용하고 있는 사례를 조사하고, 빅데이터 활용의 장점과 문제점을 추론할 수 있다.
탐구주제: 빅데이터 분석을 통한 사법 시스템 내 불평등 현상 (예: 인종, 성별에 따른 양형 차이) 연구 및 개선 방안 모색
탐구활동 예시: 공개된 판결문 데이터 분석 방법 연구, 빅데이터 기반 범죄 예측 시스템의 공정성 및 윤리적 문제점 토론, 사법 통계자료 분석을 통한 소수 집단에 대한 차별 여부 분석, 객관적인 데이터 기반의 공정한 사법 시스템 구축 방안 제안

[10통과2-03-03] 인공지능 로봇, 사물인터넷 등과 같이 과학기술의 발전을 인간 삶과 환경 개선에 활용하는 사례를 찾고, 이러한 과학기술의 발전이 미래 사회에 미치는 유용성과 한계를 예측할 수 있다.
탐구주제: 인공지능 기반 법률 자문 서비스 및 재판 지원시스템 개발 동향 분석 및 윤리적 문제점 논의
탐구활동 예시: AI 챗봇 변호사, 판례 검색 AI 등 법률 분야 AI 기술 사례 조사, AI 기반 증거 분석 및 법리 해석 시스템의 정확성 및 신뢰성 평가, AI 기술 도입으로 인한 법조인의 역할 변화 예측, 기술 발전과 공정한 재판 받을 권리 보장 사이의 균형점 모색

[10통과2-03-04] 과학기술의 발전 과정에서 발생할 수 있는 과학 관련 사회적 쟁점 (SSI)과 과학기술 이용에서 과학 윤리의 중요성에 대해 논증할 수 있다.
탐구주제: 과학기술 발전과 법적/윤리적 쟁점 사례 연구: 유전자 편집 기술과 법적 규제
탐구활동 예시: 유전자 편집 기술의 원리 및 활용 분야 조사, 유전자 편집 기술의 윤리적 문

제점(인간 존엄성 침해 가능성, 사회적 불평등 심화 가능성 등) 탐색, 유전자 편집 기술 규제를 위한 국내외 법률 및 정책 비교 분석, 과학기술 발전과 관련된 법적/윤리적 쟁점에 대한 다양한 이해관계자들의 입장 조사 및 토론

[K-SDGs 세부목표 16-4] 불법 자금 및 무기거래를 감소시키고, 불법취득자산의 환수와 반환조치를 강화하며, 모든 형태의 조직범죄를 퇴치한다.

통합사회 연계

[10통사2-04-02] 평화의 관점에서 국제사회의 갈등과 협력의 사례를 조사하고, 세계 평화를 위한 행위 주체의 바람직한 역할을 탐색한다.
탐구주제: 국제 불법무기 거래의 실태와 국제협력 방안 연구
탐구활동 예시: 국제 분쟁 지역의 무기 사용 실태 조사, 국제 무기거래 규제 협약 내용 분석, 불법무기 거래 감시 및 차단 기술 조사, 국제사회의 협력 방안 제안

[10통사2-04-01] 세계화의 다양한 양상을 살펴보고, 세계화 시대의 문제점과 그에 대한 해결 방안을 제안한다.
탐구주제: 조직범죄의 국제화 현황과 대응 방안 연구
탐구활동 예시: 국제 조직 범죄 유형 및 특징 조사, 국제 공조 수사 사례 분석, 사이버 범죄 및 마약 거래 실태 조사, 조직범죄 예방을 위한 국제사회의 노력 탐색

통합과학 연계

[10통과2-03-02] 빅데이터를 과학기술사회에서 사용하고 있는 사례를 조사하고, 빅데이터 활용의 장점과 문제점을 추론할 수 있다.
탐구주제: 과학기술을 활용한 불법무기 및 마약 거래 감시 시스템 연구
탐구활동 예시: 빅데이터 분석을 통한 범죄 징후 예측 시스템 아이디어 구상, 드론 및 인공지능 기반 불법 행위 감시 기술 조사, 디지털 포렌식 기술을 활용한 범죄 수사 사례 연구

[K-SDGs 세부목표 16-5] 부정부패와 뇌물수수를 감소시킨다.

통합사회 연계

[10통사2-01-02] 인간 존엄성 실현과 인권보장을 위한 헌법의 역할을 파악하고, 시민의 권익을 보호하기 위한 다양한 시민참여의 방안을 탐구하고 이를 실천한다.
탐구주제 1: 공익 신고 활성화를 위한 제도 개선 방안 연구 및 시민참여 캠페인 기획
탐구활동 예시: 공익 신고 관련 법률(공익신고자 보호법 등) 내용 분석, 국내외 공익 신고 성공 및 실패 사례 조사, 공익 신고 활성화를 위한 인센티브 및 보호 방안 아이디어 제시, 학교 및 지역 사회 내 부정부패 방지 캠페인 기획 및 실행, 청렴 교육 프로그램 개발
탐구 주제 2: 부패와 뇌물수수가 시민의 권익에 미치는 영향 분석 및 시민참여를 통한 해결 방안 모색

탐구활동 예시: 부패 및 뇌물수수 관련 뉴스 기사 및 통계자료 분석, 부패가 사회적 불평등 심화, 공공 서비스 질 저하 등 시민의 삶에 미치는 영향 조사, 부패 감시 및 신고 제도 등 시민 참여를 통해 부패를 방지할 방법 연구

[10통사2-02-01] 정의의 의미와 정의가 요구되는 이유를 파악하고, 다양한 사례를 통해 정의의 실질적 기준을 탐구한다.
탐구주제: 우리 사회의 부정부패 현황과 청렴 문화 조성 방안 연구
탐구활동 예시: 공공기관 부정부패 사례 조사와 원인 분석, 청탁금지법의 내용과 효과 분석, 청렴 문화 확산을 위한 시민참여 방안 아이디어 제시, 학교 및 지역 사회의 청렴 실천 방안 모색

[10통사2-02-03] 사회 및 공간 불평등 현상의 사례를 조사하고, 정의로운 사회를 만들기 위한 다양한 제도와 시민으로서의 실천 방안을 제안한다.
탐구 주제: 부패 및 뇌물수수가 사회 불평등을 심화시키는 원인 분석 및 해결 방안 연구
탐구활동 예시: 부패 관련 국제 지표 및 국가별 비교 분석, 부패가 사회적 약자에게 미치는 영향 및 불평등 심화 사례 조사, 사회적 형평성 강화를 위한 정부 및 시민사회의 역할 모색, 정의로운 사회를 위한 개인의 윤리적 실천 방안 제안

[10통사2-03-01] 자본주의의 역사적 전개 과정과 그 특징을 조사하고, 시장과 정부의 관계를 중심으로 다양한 삶의 방식을 비교 평가한다.
탐구주제: 경제적 불평등과 부정부패의 연관성 연구
탐구활동 예시: 소득 불평등과 부정부패 발생률 간의 관계 분석, 경제적 양극화가 사회정의에 미치는 영향 조사, 투명하고 공정한 시장경제 질서 확립 방안 연구

[10통사2-03-02] 합리적 선택의 의미와 그 한계를 파악하고, 지속가능발전을 위해 요청되는 정부, 기업가, 노동자, 소비자의 바람직한 역할과 책임에 관해 탐구한다.
탐구 주제: 기업 부패 및 뇌물수수 행태와 윤리 경영의 필요성 탐구
탐구활동 예시: 기업 비리 및 뇌물수수 사건 사례 분석, 기업 윤리 강령의 내용 및 효과 조사, 윤리 경영을 실천하는 기업 사례 연구 및 홍보 콘텐츠 제작, 소비자 윤리 의식 함양을 위한 교육 프로그램 개발

통합과학 연계

[10통과2-03-02] 빅데이터를 과학기술사회에서 사용하고 있는 사례를 조사하고, 빅데이터 활용의 장점과 문제점을 추론할 수 있다.
탐구주제: 빅데이터를 활용한 부정부패 감시 시스템 구축 가능성 및 윤리적 문제점 탐구
탐구활동 예시: 빅데이터 분석 기술이 부정부패 징후 포착에 활용될 수 있는 사례 연구 (예: 공공사업 입찰 비리 예측, 탈세 혐의 분석), 빅데이터 기반 부정부패 감시 시스템의 장점과 한계점 분석, 개인정보 침해 및 감시 사회로의 발전 가능성 등 윤리적 문제점 논의, 투명하고 공정한 사회를 위한 빅데이터 활용 방안 모색

[10통과2-03-04] 과학기술의 발전 과정에서 발생할 수 있는 과학 관련 사회적 쟁점(SSI)과 과학기술 이용에서 과학 윤리의 중요성에 대해 논증할 수 있다.
탐구주제 1: AI 기술을 활용한 공정한 사회 시스템 구축과 윤리적 딜레마
탐구활동 예시: AI 기반 감시 시스템이 부정부패 적발에 기여할 가능성 탐색, AI 알고리즘의 공정성 및 편향성 문제와 부정부패 연관성 분석, AI 기술 악용 사례 (예: 딥페이크를 이용한 가짜 뉴스 유포, 사이버 범죄)와 사회적 혼란 야기 가능성 논의, 과학기술 발전에 따른 사회적 책임과 윤리적 고민의 중요성 강조
탐구 주제 2: 과학기술 발전과 관련된 부패 및 윤리적 문제점 분석 및 해결 방안 모색
탐구활동 예시: 데이터 조작, 연구비 횡령 등 과학기술 분야의 부패 사례 조사, 과학기술 윤리 강령 및 관련 법규 분석, 과학기술 발전에 대한 사회적 감시 시스템 및 관련 시민단체 활동 조사, 과학기술 발전에 대한 윤리적 책임에 관한 토론 및 발표

[K-SDGs 세부목표 16-6] 효과적이고 책임감 있는 정부정책과 제도를 수립 · 이행한다.
통합사회 연계

[10통사2-01-02] 인간 존엄성 실현과 인권보장을 위한 헌법의 역할을 파악하고, 시민의 권익을 보호하기 위한 다양한 시민참여의 방안을 탐구하고 이를 실천한다.
탐구 주제: 효과적인 정부 정책 및 제도 마련을 위한 시민참여 방안 연구
탐구활동 예시: 헌법 및 관련 법률에서 보장하는 시민참여 권리 조사, 시민참여 예산제, 공청회, 정책 제안 등 다양한 시민 참여 제도 분석, 시민참여를 활성화하는 방안 연구 (예: 온라인 플랫폼 활용, 교육 프로그램 개발), 모의 정책 결정 과정 참여 및 피드백 제공

[10통사2-02-01] 정의의 의미와 정의가 요구되는 이유를 파악하고, 다양한 사례를 통해 정의의 실질적 기준을 탐구한다.
탐구주제 1: 공정한 정책 결정 과정과 시민참여의 중요성 연구
탐구활동 예시: 정부 정책 결정 과정 조사 및 분석, 정책 결정 과정에서의 시민참여 사례 연구, 공론화 과정의 장단점 분석, 청소년 관련 정책 제안 및 개선 방안 모색
탐구 주제 2: 사회정의 실현을 위한 정부 정책 및 제도 분석
탐구활동 예시: 사회적 약자 보호, 불평등 해소 등을 위한 정부 정책 조사, 정의로운 분배 및 기회균등을 위한 정책 사례 연구, 정의로운 사회를 위한 정책 개선 방안 토론, 정의로운 사회의 의미에 대한 에세이 작성

[10통사2-02-03] 사회 및 공간 불평등 현상의 사례를 조사하고, 정의로운 사회를 만들기 위한 다양한 제도와 시민으로서의 실천 방안을 제안한다.
탐구 주제: 사회 불평등 해소를 위한 정부 정책의 효과 분석 및 개선 방안 제시
탐구활동 예시: 소득 불평등, 교육 불평등, 성 불평등 등 사회 불평등 지표 분석, 정부의 불평등 해소 정책 사례 조사 및 효과 분석, 사회 불평등 해소를 위한 시민사회의 역할 탐색, 사회 불평등 문제 해결을 위한 정책 제안

[10통사2-03-01] 자본주의의 역사적 전개 과정과 그 특징을 조사하고, 시장과 정부의 관계를 중심으로 다양한 삶의 방식을 비교 평가한다.
탐구주제 1: 디지털 정부 구현을 위한 기술 활용 방안 연구
탐구활동 예시: 전자정부 서비스 현황 및 이용 만족도 조사, 블록체인, 인공지능 등 기술을 활용한 행정 서비스 개선 아이디어 제시, 디지털 정보 격차 해소 방안 연구
탐구 주제 2: 시장 실패를 보완하고 사회적 형평성을 확보하기 위한 정부의 역할 분석
탐구활동 예시: 정부 개입의 필요성 (예: 독과점 규제, 환경 규제) 및 한계 조사, 정부 정책 (예: 사회복지 정책, 공공 투자 정책) 사례 연구, 시장경제와 정부 개입의 조화 방안 토론, 바람직한 정부의 역할에 대한 의견 발표

[10통사2-04-02] 평화의 관점에서 국제사회의 갈등과 협력의 사례를 조사하고, 세계 평화를 위한 행위 주체의 바람직한 역할을 탐색한다.
탐구 주제: 국제사회의 평화 증진을 위한 국제기구 및 국제협력 사례 분석
탐구활동 예시: UN, 국제사법재판소 등 국제기구의 역할 조사, 국제협력 및 조약 (예: 기후변화 협약, 핵확산금지조약) 사례 연구, 국제사회의 갈등 예방 및 해결 방안 토론, 세계 평화 증진을 위한 청소년의 역할 모색

통합과학 연계

[10통과2-03-02] 빅데이터를 과학기술사회에서 사용하고 있는 사례를 조사하고, 빅데이터 활용의 장점과 문제점을 추론할 수 있다.
탐구 주제: 빅데이터 기반의 효과적인 정부 정책 수립 및 평가 시스템 연구
탐구활동 예시: 공공 데이터 분석을 통한 정책 효과 측정 사례 조사, 빅데이터 활용의 장점 (예: 정책 효율성 향상, 맞춤형 서비스 제공) 및 문제점 (예: 개인정보 침해, 데이터 편향) 분석, 빅데이터 활용 관련 윤리 및 법적 문제점 조사, 데이터 기반 정책 결정 과정에 관한 토론

[10통과2-03-03] 인공지능 로봇, 사물인터넷 등과 같이 과학기술의 발전을 인간 삶과 환경 개선에 활용하는 사례를 찾고, 이러한 과학기술의 발전이 미래 사회에 미치는 유용성과 한계를 예측할 수 있다.
탐구주제: 인공지능 기반의 효율적인 공공 서비스 제공 방안 연구
탐구활동 예시: 인공지능 챗봇을 활용한 민원 상담 시스템 설계, 빅데이터 기반 맞춤형 정책 추천 시스템 아이디어 구상, 개인정보 보안 및 오남용 문제에 대한 윤리적 고민

[10통과2-03-04] 과학기술의 발전 과정에서 발생할 수 있는 과학 관련 사회적 쟁점 (SSI)과 과학기술 이용에서 과학 윤리의 중요성에 대해 논증할 수 있다.
탐구 주제: 과학기술 발전에 따른 사회적 쟁점 및 정부의 책임과 역할 탐색
탐구활동 예시: 생명 윤리 문제, 개인정보보호 문제 등 과학기술 발전 관련 사회적 쟁점 분석, 과학기술 발전과 관련된 정부 규제 및 지원 정책 사례 조사, 과학기술 발전에 대한 사회적 합의 과정 탐색, 과학기술 발전에 따른 책임 있는 시민의 역할 토론

[K-SDGs 세부목표 16-7] 포용적이며 사회 각계각층의 시민 참여도가 높은 의사결정을 보장하고 정보에 대한 대중의 접근을 향상시킨다.

통합사회 연계

[10통사2-01-02] 인간 존엄성 실현과 인권보장을 위한 헌법의 역할을 파악하고, 시민의 권익을 보호하기 위한 다양한 시민참여의 방안을 탐구하고 이를 실천한다.
탐구주제 1: 청소년의 민주적 시민참여 확대 방안 연구
탐구활동 예시: 청소년 관련 정책 및 의사결정과정 분석, 청소년 참여 기구 운영 실태 조사, 청소년의 정치 효능감 및 참여 의식 설문 조사, 모의 의회 또는 정책 제안 활동
탐구 주제 2: 포용적인 의사결정과정의 중요성 및 시민참여 활성화 방안 연구
탐구활동 예시: 시민참여가 보장되는 정책 결정 사례 조사 및 분석, 사회적 소수자, 청소년 등 다양한 계층의 참여가 부족한 의사결정 사례 분석, 시민참여를 확대하고 대표성을 확보하기 위한 제도적 장치 연구, 모의 공청회 또는 정책 제안 발표회 개최

[10통사2-01-03] 사회적 소수자 차별, 청소년의 노동권 등 국내 인권 문제와 인권지수를 통해 확인할 수 있는 세계 인권 문제의 양상을 조사하고, 이에 대한 해결 방안을 모색한다.
탐구주제: 사회적 소수자의 정책 결정 참여 보장 방안 연구
탐구활동 예시: 사회적 소수자의 정치 참여 현황 및 어려움 조사, 다양한 시민참여 플랫폼 활용 사례 분석, 소수자 의견 반영을 위한 정책 제안, 차별 없는 참여 환경 조성을 위한 캠페인 기획

[10통사2-02-01] 정의의 의미와 정의가 요구되는 이유를 파악하고, 다양한 사례를 통해 정의의 실질적 기준을 탐구한다.
탐구 주제: 의사결정과정의 공정성 및 투명성 확보 방안 연구
탐구활동 예시: 의사결정과정에서 발생할 수 있는 불공정 사례 조사, 의사결정과정의 투명성 확보를 위한 제도적 장치 연구, 공정한 의사결정과정을 위한 참여자들의 역할 모색, 의사결정과정의 공정성 및 투명성 관련 토론 진행

[10통사1-04-04] 다문화 사회의 현황을 조사하고, 문화적 다양성을 존중하는 태도를 바탕으로 갈등 해결 방안을 모색한다.
탐구 주제: 다문화 사회에서의 포용적 의사결정과정 연구 및 문화적 다양성 존중 방안 모색
탐구활동 예시: 다문화 사회에서 발생하는 갈등 사례 조사 및 분석, 다양한 문화적 배경을 가진 시민들의 의견을 수렴하는 방법 연구, 문화적 차이를 이해하고 존중하는 교육 프로그램 개발, 다문화 사회의 포용적인 의사결정 사례 발표

[10통사2-04-02] 평화의 관점에서 국제사회의 갈등과 협력의 사례를 조사하고, 세계 평화를 위한 행위 주체의 바람직한 역할을 탐색한다.
탐구 주제: 국제사회의 의사결정과정에서 다양한 국가의 참여 보장 방안 연구
탐구활동 예시: 국제기구의 의사결정 구조 조사 및 분석, 선진국과 개발도상국의 의사결정 참여 차이 분석, 국제사회의 갈등 해결 및 평화 증진을 위한 다양한 국가들의 참여 방안 탐색, 국제사회의 포용적 의사결정 사례 발표

통합과학 연계
[10통과2-03-02] 빅데이터를 과학기술사회에서 사용하고 있는 사례를 조사하고, 빅데이터 활용의 장점과 문제점을 추론할 수 있다. **탐구 주제**: 빅데이터 분석을 통한 사회적 의견 수렴 및 정책 결정 활용 방안 연구 **탐구활동 예시**: 빅데이터 분석을 통한 여론 조사 및 정책 효과 분석 사례 조사, 빅데이터 분석 결과의 투명성 및 신뢰성 확보 방안 연구, 빅데이터 분석 과정에서 발생할 수 있는 편향 및 오류 문제 조사, 빅데이터 기반의 포용적인 의사결정과정 제안 [10통과2-03-03] 인공지능 로봇, 사물인터넷 등과 같이 과학기술의 발전을 인간 삶과 환경 개선에 활용하는 사례를 찾고, 이러한 과학기술의 발전이 미래 사회에 미치는 유용성과 한계를 예측할 수 있다. **탐구 주제**: 인공지능을 활용한 의사결정 보조 시스템 및 윤리적 문제점 연구 **탐구활동 예시**: AI 챗봇, 정책 추천 시스템 등 인공지능 기반 의사결정 지원 사례 조사, 인공지능의 의사결정과정에 대한 윤리적 문제점 (예: 편향, 책임 소재) 분석, 인공지능, 투명성 및 설명 가능성을 확보하는 방안 연구, 미래 사회의 인공지능 활용에 관한 토론

[K-SDGs 세부목표 16-8] 모든 사람에게 출생 등록을 포함하여 법적 지위를 부여한다.
통합사회 연계
[10통사2-01-02] 인간 존엄성 실현과 인권보장을 위한 헌법의 역할을 파악하고, 시민의 권익을 보호하기 위한 다양한 시민참여의 방안을 탐구하고 이를 실천한다. **탐구주제**: 모든 아동의 출생 등록 권리 보장을 위한 사회적 노력 연구 **탐구활동 예시**: 출생신고 제도의 역사적 변천 과정 조사, 익명 출산 제도 도입 논의 분석, 아동의 권리 옹호를 위한 시민사회 역할 연구, 관련 정책 제안 [10통사2-01-03] 사회적 소수자 차별, 청소년의 노동권 등 국내 인권 문제와 인권지수를 통해 확인할 수 있는 세계 인권 문제의 양상을 조사하고, 이에 대한 해결 방안을 모색한다. **탐구주제**: 출생 미등록 아동의 인권 문제와 보호 방안 연구 **탐구활동 예시**: 출생 미등록 아동 발생 원인 및 현황 조사, 관련 법률 및 지원 체계 분석, 해외 출생 등록 제도 사례 연구, 출생 미등록 아동 지원을 위한 사회적 인식 개선 방안 모색
통합과학 연계
[10통과1-03-06] 생명 시스템의 유지에 필요한 세포 내 정보의 흐름을 유전자로부터 단백질이 만들어지는 과정을 중심으로 설명할 수 있다. **탐구주제**: 유전자 정보와 개인 식별 기술의 발전과 법적 지위 부여의 관계 탐색 **탐구활동 예시**: 유전자 분석 기술의 발전과 개인 식별 가능성 증가 추세 조사, 미아 찾기, 범죄 수사 등 긍정적 활용 사례와 개인정보 침해 가능성 등 윤리적 문제점 논의, 법적 지위 확인에 유전자 정보 활용의 적절성 및 한계점 토론, 과학기술 발전과 인권 보호의 균형점 모색

[10통과2-03-01] 감염병의 진단, 추적 등을 사례로 과학의 유용성을 설명하고, 미래 사회 문제 해결에서 과학의 필요성에 대해 논증할 수 있다.
탐구주제: 출생 등록 시스템 개선을 위한 과학기술 활용 방안 탐색 (예: 디지털 출생 증명 시스템)
탐구활동 예시: 현재 출생신고 절차의 문제점 분석 (시간, 비용, 접근성 등), 블록체인 기술 기반 디지털 출생 증명 시스템의 개념 및 장점 조사, 디지털 출생 증명 시스템 도입 시 발생할 수 있는 사회적, 윤리적 쟁점 논의 (개인정보보호, 시스템 보안 등), 과학기술 발전을 통한 행정 효율성 증대 및 시민 편의 증진 방안 모색

[K-SDGs 세부목표 16-9] 국내법과 국제협정에 따라 정보에 대한 대중의 접근을 보장하고, 기본적 자유를 보호한다.

통합사회 연계

[10통사2-01-01] 근대 시민 혁명 등을 통해 확립되어 온 인권의 의미와 변화 양상을 이해하고, 현대 사회에서 주거, 안전, 환경, 문화 등 다양한 영역으로 인권이 확장되고 있는 사례를 조사한다.
탐구 주제: 정보 접근권의 중요성 및 디지털 시대의 새로운 인권 문제 연구 (최근 트렌드: 디지털 소외, AI 감시)
탐구활동 예시: 디지털 정보 접근성 불평등 사례 조사 (노인, 장애인, 저소득층 등), AI 기반 감시 시스템으로 인한 개인정보 침해 사례 분석, 디지털 정보 접근성 향상을 위한 정책 제안, 디지털 인권 보호를 위한 윤리 강령 제정 및 캠페인 기획

[10통사2-01-02] 인간 존엄성 실현과 인권보장을 위한 헌법의 역할을 파악하고, 시민의 권익을 보호하기 위한 다양한 시민참여의 방안을 탐구하고 이를 실천한다.
탐구 주제: 알 권리 보장을 위한 언론 자유 및 공공 정보 공개 제도의 중요성 연구 (최근 트렌드: 가짜 뉴스, 언론 검열)
탐구활동 예시: 가짜 뉴스 확산으로 인한 사회적 혼란 사례 조사 및 분석, 언론 자유를 침해하는 법률 및 정책 사례 분석, 공공 정보 공개 제도의 투명성 및 실효성 분석, 언론 자유 및 알 권리 보장 캠페인 기획 및 참여

[10통사2-01-03] 사회적 소수자 차별, 청소년의 노동권 등 국내 인권 문제와 인권지수를 통해 확인할 수 있는 세계 인권 문제의 양상을 조사하고, 이에 대한 해결 방안을 모색한다.
탐구 주제: 사회적 소수자의 정보 접근 차별 해소 및 정보 접근성 향상 방안 연구 (최근 트렌드: 문화적 접근성, 다국어 정보)
탐구활동 예시: 다문화 가정, 성 소수자, 장애인 등 정보 접근 차별 사례 조사, 다국어 정보제공 및 문화적 다양성을 고려한 정보 접근성 향상 방안 연구, 사회적 소수자를 위한 정보 접근성 교육 프로그램 개발, 정보 접근 차별 해소를 위한 차별금지법 제정 촉구 캠페인

[10통사2-04-01] 세계화의 다양한 양상을 살펴보고, 세계화 시대의 문제점과 그에 대한 해결

방안을 제안한다.
탐구 주제: 국경을 초월한 정보 통제 및 검열 문제 분석과 표현의 자유 보호 방안 연구 (최근 트렌드: 인터넷 검열, 데이터 주권)
탐구활동 예시: 인터넷 검열 사례 및 문제점 조사 (중국, 러시아 등), 표현의 자유를 침해하는 국제적 사례 분석, 데이터 주권의 개념과 중요성 조사, 표현의 자유를 보호하기 위한 국제 협력 및 연대 방안 모색

통합과학 연계

[10통과2-03-02] 빅데이터를 과학기술사회에서 사용하고 있는 사례를 조사하고, 빅데이터 활용의 장점과 문제점을 추론할 수 있다.
탐구 주제: 빅데이터 활용을 통한 정보 접근성 향상 및 가짜 뉴스 감별 연구 (최근 트렌드: 데이터 기반 뉴스 분석, AI 기반 가짜 뉴스 탐지)
탐구활동 예시: 빅데이터를 활용한 공공 정보제공 시스템 분석, AI 기반 가짜 뉴스 탐지 기술 원리 및 사례 연구, 데이터 기반 뉴스 분석 도구 개발, 미디어 리터러시 교육 콘텐츠 개발

[10통과2-03-03] 인공지능 로봇, 사물인터넷 등과 같이 과학기술의 발전을 인간 삶과 환경 개선에 활용하는 사례를 찾고, 이러한 과학기술의 발전이 미래 사회에 미치는 유용성과 한계를 예측할 수 있다.
탐구 주제: 인공지능 기반 정보제공 시스템의 윤리적 문제점 및 해결 방안 연구 (최근 트렌드: AI 편향, 알고리즘 책임)
탐구활동 예시: AI 챗봇, AI 검색 엔진 등 인공지능 기반 정보제공 시스템 사례 분석, AI 알고리즘의 편향성으로 인한 정보 왜곡 사례 조사, 알고리즘 투명성 및 책임성 확보 방안 연구, 인공지능 기술의 윤리적 사용에 관한 토론

[10통과2-03-04] 과학기술의 발전 과정에서 발생할 수 있는 과학 관련 사회적 쟁점 (SSI)과 과학기술 이용에서 과학 윤리의 중요성에 대해 논증할 수 있다.
탐구 주제: 개인정보보호 기술 및 데이터 보안 기술 연구 (최근 트렌드: 양자 암호, 블록체인)
탐구활동 예시: 양자 암호 기술 및 블록체인 기술의 원리 및 활용 사례 조사, 개인정보 유출 및 오용 방지를 위한 기술적 방안 연구, 데이터 보안 및 암호화 관련 윤리적 문제 토론, 개인정보보호를 위한 캠페인 기획 및 실행

[K-SDGs 세부목표 16-10] 개도국 내 폭력, 테러 및 범죄 퇴치를 위한 공공기관의 역량 강화를 위해 국제협력을 강화한다.

통합사회 연계

[10통과2-03-02] 빅데이터를 과학기술사회에서 사용하고 있는 사례를 조사하고, 빅데이터 활용의 장점과 문제점을 추론할 수 있다.
탐구주제: 빅데이터 분석을 통한 국제 테러 조직 활동 예측 및 대응 전략 연구
탐구활동 예시: 빅데이터를 활용한 테러 관련 정보분석 및 예측 사례 조사, 테러 조직의 온라인 활동 패턴 분석 및 대응 방안 연구, 빅데이터 기반 국제 공조 수사 시스템 구축 가능성 및

한계점 분석, 개인정보 침해 우려 등 윤리적 문제점 논의, 안전한 국제사회를 위한 빅데이터 활용 방안 모색

[10통사2-04-02] 평화의 관점에서 국제사회의 갈등과 협력의 사례를 조사하고, 세계 평화를 위한 행위 주체의 바람직한 역할을 탐색한다.
탐구주제: 개발도상국 범죄 예방을 위한 국제협력 방안 연구
탐구활동 예시: 국제 범죄 발생 현황 및 특징 조사, 국제 공조 수사 사례 분석, 개발도상국 치안 역량 강화를 위한 지원 방안 연구, 국제기구의 역할과 노력 탐색

통합과학 연계

[10통과2-03-02] 빅데이터를 과학기술사회에서 사용하고 있는 사례를 조사하고, 빅데이터 활용의 장점과 문제점을 추론할 수 있다.
탐구주제: 빅데이터 분석을 통한 국제 테러 조직 활동 예측 및 대응 전략 연구
탐구활동 예시: 빅데이터를 활용한 테러 관련 정보분석 및 예측 사례 조사, 테러 조직의 온라인 활동 패턴 분석 및 대응 방안 연구, 빅데이터 기반 국제 공조 수사 시스템 구축 가능성 및 한계점 분석, 개인정보 침해 우려 등 윤리적 문제점 논의, 안전한 국제사회를 위한 빅데이터 활용 방안 모색

[K-SDGs 세부목표 16-11] 차별을 지양하기 위한 법과 정책을 수립하고 시행한다.

통합사회 연계

[10통사2-01-01] 근대 시민 혁명 등을 통해 확립되어 온 인권의 의미와 변화 양상을 이해하고, 현대 사회에서 주거, 안전, 환경, 문화 등 다양한 영역으로 인권이 확장되고 있는 사례를 조사한다.
탐구주제: 현대 사회의 새로운 차별 유형과 인권보장을 위한 법과 정책의 역할 탐구
탐구활동 예시: 디지털 성범죄, 혐오 표현, 플랫폼 노동 차별 등 새로운 차별 사례 조사, 새로운 차별 문제 해결을 위한 법률 제정 및 정책 도입 사례 분석, 확장되는 인권 개념(환경권, 정보인권 등)과 차별 금지 논의 연관성 탐색

[10통사2-01-02] 인간 존엄성 실현과 인권보장을 위한 헌법의 역할을 파악하고, 시민의 권익을 보호하기 위한 다양한 시민참여의 방안을 탐구하고 이를 실천한다.
탐구주제: 포괄적 차별금지법 제정에 대한 다양한 관점 비교 분석
탐구활동 예시: 차별금지법 찬반 논쟁 사례 조사 및 분석, 관련 시민단체의 활동 조사, 다양한 사회 구성원의 의견 수렴 및 발표, 차별 없는 사회를 위한 토론 및 캠페인 활동

[10통사2-01-03] 사회적 소수자 차별, 청소년의 노동권 등 국내 인권 문제와 인권지수를 통해 확인할 수 있는 세계 인권 문제의 양상을 조사하고, 이에 대한 해결 방안을 모색한다.
탐구주제: 우리 사회의 다양한 차별 현황과 해결 방안 연구
탐구활동 예시: 특정 사회적 소수자에 관한 차별 사례 조사 및 영향 분석, 차별금지법의 필요성과 쟁점 분석, 차별 없는 사회를 만들기 위한 시민들의 역할 모색, 학교 및 지역 사회의 차

별 사례 조사 및 개선 방안 제시

[10통사1-04-04] 다문화 사회의 현황을 조사하고, 문화적 다양성을 존중하는 태도를 바탕으로 갈등 해결 방안을 모색한다.
탐구주제: 국내 다문화 사회의 차별 현황과 법적/정책적 개선 방안 연구
탐구활동 예시: 국내 거주 외국인, 이주노동자, 다문화 가정 대상 차별 경험 사례 조사, 다문화 사회의 갈등 해결을 위한 법률 및 정책 분석, 문화 다양성 존중을 위한 시민 교육 프로그램 기획

통합과학 연계

[10통과1-01-04] 자연에서 일어나는 다양한 변화를 측정·분석하여 정보를 산출함을 알고, 이러한 정보를 디지털로 변환하는 기술을 정보 통신에 활용하여 현대 문명에 미친 영향을 인식한다.
탐구주제: 빅데이터 분석을 활용한 사회적 차별 감지 및 정책 수립 가능성 탐색 (단, 개인정보보호 및 데이터 편향성 문제점 고려)
탐구활동 예시: 특정 사회적 이슈 관련 온라인 빅데이터 분석 (소셜 미디어, 뉴스 기사 등), 차별 관련 키워드 빈도 및 연관어 분석, 빅데이터 분석 결과가 정책 결정에 활용된 사례 조사, 빅데이터 활용 시 발생할 수 있는 윤리적 문제점 토론

[10통과2-03-02] 빅데이터를 과학기술사회에서 사용하고 있는 사례를 조사하고, 빅데이터 활용의 장점과 문제점을 추론할 수 있다.
탐구주제: 인공지능 기반 차별 감지 시스템의 개발과 윤리적 쟁점 탐구
탐구활동 예시: 얼굴 인식 기술, 채용 시스템 등 인공지능 기반 차별 사례 조사, AI 알고리즘의 편향성 문제 분석 및 해결 방안 모색, 인공지능 활용한 차별 감지 시스템의 장점과 잠재적 위험성 비교 분석, 차별 없는 AI 시스템 개발을 위한 윤리적 가이드라인 제안

[10통과2-03-04] 과학기술의 발전 과정에서 발생할 수 있는 과학 관련 사회적 쟁점 (SSI)과 과학기술 이용에서 과학 윤리의 중요성에 대해 논증할 수 있다.
탐구주제: 과학기술 발전과 사회적 소외계층의 정보 접근성 불평등 문제 및 해결 방안 모색
탐구활동 예시: 디지털 정보 격차 현황 및 원인 분석, 고령층, 장애인 등 정보 취약계층의 디지털 접근성 향상을 위한 기술 개발 사례 조사, 정보 접근 불평등 해소를 위한 정책 제안, 과학기술 발전의 혜택으로부터 소외되는 계층에 대한 사회적 책임 논의

[K-SDGs 세부목표 16-12] (보완) 디지털 인권을 보호하고 강화한다.

통합사회 연계

[10통사2-01-01] 근대 시민 혁명 등을 통해 확립되어 온 인권의 의미와 변화 양상을 이해하고, 현대 사회에서 주거, 안전, 환경, 문화 등 다양한 영역으로 인권이 확장되고 있는 사례를 조사한다.
탐구주제 1: 디지털 성범죄의 심각성과 예방 및 피해자 지원 방안 연구

탐구활동 예시: 디지털 성범죄 발생 현황 및 유형 분석, 관련 법률 및 처벌 사례 조사, 불법 촬영물 유포 방지 기술 및 정책 연구, 피해자 지원시스템 현황 및 개선 방안 모색
탐구 주제 2: 디지털 환경에서의 새로운 인권 침해 유형 및 보호 방안 연구 (최근 트렌드: 메타버스, 가상자산 등)
탐구활동 예시: 메타버스 내 아바타의 개인정보 및 권리 침해 사례 조사, 가상자산 거래 및 투자 과정에서의 사기 및 금융 피해 사례 분석, 디지털 성폭력, 사이버 불링 등 온라인 폭력 실태 조사 및 예방 교육 프로그램 개발, 디지털 인권 관련 법률 및 정책 제안

[10통사2-01-03] 사회적 소수자 차별, 청소년의 노동권 등 국내 인권 문제와 인권지수를 통해 확인할 수 있는 세계 인권 문제의 양상을 조사하고, 이에 대한 해결 방안을 모색한다.
탐구주제 1: 디지털 환경에서의 혐오 표현과 사이버 폭력 문제 연구
탐구활동 예시: 온라인 혐오 표현 및 사이버 폭력 사례 조사, 익명성에 따른 책임 문제 논의, 건강한 사이버 공동체 문화 조성을 위한 방안 모색, 사이버 폭력 예방 교육 프로그램 개발
탐구 주제 2: 디지털 접근성 불평등 해소 및 정보 격차 완화를 위한 정책 연구 (최근 트렌드: 디지털 소외계층, 정보 불균형)
탐구활동 예시: 고령층, 장애인 등 디지털 소외계층의 디지털 기기 및 정보 접근 실태 조사, 디지털 교육 프로그램 및 정보 접근성 향상 정책 비교 분석, 소외계층을 위한 디지털 역량 강화 프로그램 기획, 디지털 정보 격차 해소를 위한 아이디어 발표

[10통사2-04-01] 세계화의 다양한 양상을 살펴보고, 세계화 시대의 문제점과 그에 대한 해결 방안을 제안한다.
탐구 주제: 국경을 초월한 디지털 인권 침해 사례 및 국제협력 방안 연구 (최근 트렌드: 글로벌 플랫폼, 데이터 주권)
탐구활동 예시: 글로벌 플랫폼의 개인정보 수집 및 활용 문제점 조사, 사이버 검열, 감시 등 국경을 초월한 디지털 인권 침해 사례 분석, 국제 협약을 통한 디지털 인권 보호 방안 연구, 데이터 주권 및 데이터 이동권 관련 논의

[10통사2-04-02] 평화의 관점에서 국제사회의 갈등과 협력의 사례를 조사하고, 세계 평화를 위한 행위 주체의 바람직한 역할을 탐색한다.
탐구 주제: 가짜 뉴스 및 허위 정보 확산 방지 및 미디어 리터러시 함양 방안 연구 (최근 트렌드: 딥페이크, 소셜 미디어)
탐구활동 예시: 딥페이크 기술의 윤리적 문제점 및 악용 사례 분석, 소셜 미디어를 통한 가짜 뉴스 확산 과정 및 영향력 조사, 미디어 리터러시 교육 프로그램 개발 및 적용, 허위 정보에 대한 비판적 사고 능력 함양 캠페인 기획

통합과학 연계

[10통과2-03-02] 빅데이터를 과학기술사회에서 사용하고 있는 사례를 조사하고, 빅데이터 활용의 장점과 문제점을 추론할 수 있다.
탐구주제 1: 빅데이터 분석 기술의 활용과 개인정보 침해 가능성 및 데이터 통제권 확보 방안 연구
탐구활동 예시: 빅데이터 기반 서비스 (추천 시스템, 맞춤형 광고 등)의 작동 원리 조사,

빅데이터 분석 과정에서의 익명화 및 비식별화 기술 사례 연구, 개인정보 활용 동의 및 철회 절차의 문제점 분석, 데이터 통제권 강화를 위한 기술적, 제도적 방안 아이디어 제시
탐구 주제 2: 인공지능의 편향성 문제 및 알고리즘 투명성 확보 방안 연구 (최근 트렌드: AI 윤리, 알고리즘 공정성)
탐구활동 예시: 인공지능 알고리즘의 편향성으로 인한 사회적 차별 사례 분석, 알고리즘 투명성을 확보하기 위한 기술적 및 제도적 방안 연구, 데이터 편향을 줄이기 위한 자료수집 및 처리 방법 연구, AI 윤리 및 알고리즘 공정성에 관한 토론 및 발표

[10통과2-03-03] 인공지능 로봇, 사물인터넷 등과 같이 과학기술의 발전을 인간 삶과 환경 개선에 활용하는 사례를 찾고, 이러한 과학기술의 발전이 미래 사회에 미치는 유용성과 한계를 예측할 수 있다.
탐구주제 1: 인공지능 기반 감시 시스템의 윤리적 문제점 및 디지털 감시 사회에 대한 비판적 고찰
탐구활동 예시: 얼굴 인식 기술, CCTV 등 AI 기반 감시 시스템의 작동 원리 및 활용 사례 조사, 공공 안전과 개인정보보호 간의 균형점 모색, AI 감시 시스템 오작동으로 인한 인권 침해 사례 분석, 디지털 감시 사회의 긍정적 측면과 부정적 측면 비교 분석 및 미래 사회 전망 논의
탐구주제 2: 인공지능 기반 불법 촬영물 탐지 및 삭제 시스템 연구
탐구활동 예시: 이미지 인식 기술을 활용한 불법 촬영물 필터링 시스템 아이디어 구상, 디지털 포렌식 기술을 활용한 증거 확보 방안 연구, 기술 악용 가능성 및 윤리적 문제점 논의
탐구 주제 3: 사물인터넷 (IoT) 환경에서의 개인정보 보안 및 데이터 프라이버시 보호 연구 (최근 트렌드: 스마트 홈, 웨어러블 기기)
탐구활동 예시: IoT 기기에서 발생하는 개인정보 유출 위험 및 예방 방안 조사, 데이터 프라이버시 보호 기술 및 정책 연구, 스마트 홈, 웨어러블 기기 등 IoT 기술의 윤리적 문제점 분석, IoT 환경에서 안전한 디지털 생활을 위한 가이드라인 제시

[10통과2-03-04] 과학기술의 발전 과정에서 발생할 수 있는 과학 관련 사회적 쟁점 (SSI)과 과학기술 이용에서 과학 윤리의 중요성에 대해 논증할 수 있다.
탐구주제 1: 디지털 기술 접근 격차 심화에 따른 정보 불평등 문제와 과학기술의 사회적 책임 탐구
탐구활동 예시: 디지털 정보 격차의 원인 및 사회적 영향 분석, 정보 취약계층의 디지털 접근성 향상을 위한 과학기술 활용 방안 아이디어 제시, 과학기술 개발 과정에서의 윤리적 고려사항 논의, 디지털 기술의 포용적 발전을 위한 과학 기술인의 역할 모색
탐구 주제 2: 디지털 기술 발전과 관련된 윤리적 문제점 및 사회적 책임 연구 (최근 트렌드: 디지털 디톡스, 기술 중독)
탐구활동 예시: 디지털 기기 사용으로 인한 건강 및 사회적 문제점 조사, 디지털 디톡스 및 디지털 웰빙을 위한 방안 연구, 기술 중독 예방을 위한 교육 프로그램 개발, 디지털 기술 발전에 대한 윤리적 책임 토론

[출처: 지속가능발전포털]

□(G17) 지구촌 협력 강화

"이행수단 강화와 지속가능발전을 위한 글로벌 파트너십의 활성화"

[K-SDGs 세부목표 17-1] (보완) ODA를 확대하고 개발 재원을 다양화한다.

통합사회 연계

[10통사1-02-02] 행복한 삶을 실현하기 위한 조건으로 질 높은 정주 환경의 조성, 경제적 안정, 민주주의 발전 및 도덕적 실천의 필요성에 관해 탐구한다.
탐구주제: ODA가 개발도상국 주민의 행복 증진에 미치는 영향 분석: 경제적 안정, 교육기회, 보건 환경 개선 사례
탐구활동 예시: ODA 지원을 받은 국가 또는 지역의 변화 (소득수준 변화, 교육 시설 확충, 질병 발병률 감소 등) 관련 통계자료 조사 및 분석, ODA 수혜 주민의 인터뷰 또는 사례 연구를 통해 삶의 질 변화에 대한 주관적인 평가 파악, ODA 사업이 지속 가능한 행복 증진에 기여하기 위한 조건 탐색

[10통사2-03-01] 자본주의의 역사적 전개 과정과 그 특징을 조사하고, 시장과 정부의 관계를 중심으로 다양한 삶의 방식을 비교 평가한다.
탐구주제: 한국 ODA 사업의 특징과 경제발전 경험 공유 전략 분석
탐구활동 예시: 한국 ODA의 역사와 규모, 지원 분야 변화 추이 조사, 한국의 경제발전 모델이 ODA 사업에 반영된 사례 분석 (새마을 운동, 산업 육성 정책 등), 개발도상국의 경제 상황과 문화적 맥락을 고려한 맞춤형 ODA 전략의 필요성 논의

[10통사2-03-02] 합리적 선택의 의미와 그 한계를 파악하고, 지속가능발전을 위해 요청되는 정부, 기업가, 노동자, 소비자의 바람직한 역할과 책임에 관해 탐구한다.
탐구주제: ODA 재원의 효율적 배분 및 사용방안 연구: 수원국의 자립 역량 강화와 지속가능성 확보
탐구활동 예시: ODA 사업의 기획, 실행, 평가 과정 분석, ODA 사업의 효과성 평가 지표 조사와 적용, 수원국의 주도성 및 시민사회 참여를 높이는 ODA 사업 모델 연구, ODA 사업의 투명성 및 책임성 확보를 위한 방안 제시

[10통사2-03-04] 자원, 노동, 자본의 지역 분포에 따른 국제 분업과 무역의 필요성을 이해하고, 지속가능발전에 기여하는 국제무역의 방안을 탐색한다.

탐구주제: ODA와 국제무역의 연계 전략: 개발도상국의 무역 역량 강화 및 공정무역 지원 방안
탐구활동 예시: 개발도상국의 무역 현황 및 어려움 조사, ODA를 활용한 개발도상국의 수출 경쟁력 강화 사례 연구 (기술교육, 인프라 구축 등), 공정무역의 개념과 ODA 연계 가능성 탐색, 지속가능한 국제무역 질서 구축을 위한 ODA의 역할 모색

[10통사2-04-01] 세계화의 다양한 양상을 살펴보고, 세계화 시대의 문제점과 그에 대한 해결 방안을 제안한다.
탐구주제 1: ODA의 현황과 개발도상국 발전에 미치는 영향 분석
탐구활동 예시: 한국의 ODA 지원 규모 및 분야 변화 추이 조사, 특정 개발도상국에 대한 ODA 지원 사례 연구 (성공/실패 사례 분석), ODA가 개발도상국의 경제, 사회, 환경에 미치는 영향 분석, 효과적인 ODA 지원 방안 아이디어 제시
탐구주제 2: 세계화 시대의 개발 불균형 심화 문제와 ODA의 역할 재조명
탐구활동 예시: 세계화의 긍정적 측면과 부정적 측면 분석, 선진국과 개발도상국 간의 경제적 격차 현황 조사, ODA가 불평등 완화 및 포용적 성장 달성에 기여하는 방안 연구, 새로운 형태의 ODA (기술 협력, 지식 공유 등) 필요성 논의

[10통사2-04-02] 평화의 관점에서 국제사회의 갈등과 협력의 사례를 조사하고, 세계 평화를 위한 행위 주체의 바람직한 역할을 탐색한다.
탐구주제 1: ODA 재원 다변화 방안 연구: 새로운 개발 재원 모델 탐색
탐구활동 예시: 전통적인 ODA 재원 (정부 지원) 외의 다양한 개발 재원 모델 조사 (민간 투자, 사회적 금융, 크라우드 펀딩 등), 각 재원 모델의 장단점 및 적용 가능성 분석, 개발도상국 개발을 위한 혁신적인 재원 조달 아이디어 제시
하는 방안 연구, 새로운 형태의 ODA (기술 협력, 지식 공유 등) 필요성 논의
탐구주제 2: 분쟁지역 및 난민 발생 국가에 대한 ODA 지원의 필요성과 윤리적 쟁점 탐구
탐구활동 예시: 분쟁의 원인과 ODA 지원의 연관성 분석, 난민 발생 현황 및 인도적 지원 사례 조사, ODA 지원 과정에서 발생할 수 있는 윤리적 문제 (원조 피로, 정치적 이용 등) 논의, 평화 구축 및 분쟁 예방을 위한 ODA의 역할 강화 방안 모색

통합과학 연계

[10통과1-03-05] 생명 시스템을 유지하기 위해서 다양한 화학반응과 물질 출입이 필요함을 이해하고, 일상생활에서 활용되는 화학반응 사례를 조사하여 발표할 수 있다.
탐구주제: 개발도상국의 식수 부족 문제 해결을 위한 과학기술 ODA 사례 연구: 정수 기술 및 물관리 시스템 지원
탐구활동 예시: 개발도상국의 식수 오염 현황 및 질병 발생 사례 조사, 다양한 정수 기술(막여과, 염소 소독 등)의 원리 및 적용사례 분석, ODA를 통해 개발도상국에 보급된 정수 시설 및 효과 조사, 지속 가능한 식수 공급을 위한 과학기술 ODA의 발전 방향 제시

[10통과2-02-03] 온실효과 강화로 인한 지구온난화의 메커니즘을 이해하고, 엘니뇨, 사막화 등과 같은 현상이 지구 환경과 인간 생활에 미치는 영향과 대처 방안을 분석할 수 있다.
탐구주제: 기후변화에 취약한 개발도상국 지원을 위한 과학기술 ODA 탐구: 재생 에너지 기

술 이전 및 기후재난 대응 시스템 구축
탐구활동 예시: 개발도상국의 기후변화 영향 (가뭄, 홍수, 해수면 상승 등) 사례 조사, ODA를 통한 재생 에너지 기술 지원 (태양광, 풍력 등) 사례 분석, 기후변화 적응을 위한 ODA 사업 (재해 예측 시스템, 농업 기술 지원 등) 조사, 기후변화 대응과 ODA의 연계 강화 방안 모색

[10통과2-03-01] 감염병의 진단, 추적 등을 사례로 과학의 유용성을 설명하고, 미래 사회 문제 해결에서 과학의 필요성에 대해 논증할 수 있다.
탐구주제 1: 개발도상국의 감염병 예방 및 관리 역량 강화를 위한 보건 ODA 사례 분석: 백신 개발 및 의료시스템 구축 지원
탐구활동 예시: 개발도상국의 주요 감염병 발생 현황 및 문제점 조사, ODA를 통한 백신 개발 및 보급 사례 연구, ODA 지원으로 구축된 개발도상국의 의료시스템 현황 및 개선 과제 분석, 글로벌 보건 협력 및 ODA의 중요성 강조
탐구주제 2: 과학기술 ODA의 효과성 분석 및 개선 방안 연구
탐구활동 예시: 개발도상국 과학기술 역량 강화를 위한 ODA 사업 사례 조사 (예: 교육, 연구 지원), 과학기술 ODA가 개발도상국의 사회 문제 해결 (예: 질병 퇴치, 식량 생산 증대)에 미치는 영향 분석, 과학기술 ODA의 효율성을 높이기 위한 아이디어 제시

[10통과2-03-03] 인공지능 로봇, 사물인터넷 등과 같이 과학기술의 발전을 인간 삶과 환경 개선에 활용하는 사례를 찾고, 이러한 과학기술의 발전이 미래 사회에 미치는 유용성과 한계를 예측할 수 있다.
탐구주제: 디지털 기술을 활용한 개발도상국 교육 격차 해소 ODA 탐구: 온라인 교육 플랫폼 및 스마트 기기 지원 사례
탐구활동 예시: 개발도상국의 교육 환경 및 디지털 격차 현황 조사, ODA를 통해 지원된 온라인 교육 플랫폼 및 스마트 기기 활용 사례 분석, 디지털 기반 교육 ODA의 효과 및 한계점 탐색, 미래 사회 교육 불평등 해소를 위한 ODA의 역할 제안

[K-SDGs 세부목표 17-2] 다자무역체제를 촉진하고 개도국의 교역 및 투자증대를 지원한다.
통합사회 연계

[10통사2-03-04] 자원, 노동, 자본의 지역 분포에 따른 국제 분업과 무역의 필요성을 이해하고, 지속가능발전에 기여하는 국제무역의 방안을 탐색한다.
탐구주제 1: 공정한 무역 (Fair Trade)의 개념과 개발도상국 경제발전에 미치는 영향 분석
탐구활동 예시: 공정무역 제품의 생산 및 유통과정 조사, 공정무역이 개발도상국 생산자의 삶에 미치는 긍정적/부정적 영향 분석, 공정무역 확대를 위한 소비자와 기업의 역할 탐색, 공정무역 관련 캠페인 아이디어 제시
탐구주제 2: 개발도상국의 무역 불균형 실태와 다자무역체제의 역할 분석
탐구활동 예시: 개발도상국과 선진국 간의 수출입 구조 및 무역 수지 비교 분석, WTO 등 국제기구의 다자무역 협정 내용 조사 및 개발도상국에 미치는 영향 평가, 개발도상국이 겪는

무역 장벽(관세, 비관세 장벽) 사례 조사, 공정한 국제무역 질서 구축을 위한 다자간 협력 방안 제시

탐구주제 3: 공정무역의 개념과 개발도상국 생산자 지원 효과 분석

탐구활동 예시: 공정무역의 원칙과 일반 무역과의 차이점 비교, 공정무역 제품의 생산 과정 및 유통 경로 조사, 공정무역이 개발도상국 생산자의 소득증대 및 삶의 질 향상에 미치는 영향 분석, 우리나라 공정무역 현황 및 소비 활성화 방안 모색

[10**통사**2-04-01] 세계화의 다양한 양상을 살펴보고, 세계화 시대의 문제점과 그에 대한 해결 방안을 제안한다.

탐구주제 1: 개발도상국의 무역 불균형 문제와 해결 방안 연구

탐구활동 예시: 개발도상국과 선진국 간의 무역 구조 분석, 개발도상국의 수출 품목 및 시장 의존도 조사, 무역 불균형 해소를 위한 국제사회의 노력(WTO 등) 분석, 개발도상국의 경쟁력 강화를 위한 정책 제안

탐구주제 2: 세계화 시대의 무역 자유화와 개발도상국의 경제적 불평등 심화 문제 탐구

탐구활동 예시: 무역 자유화의 긍정적 측면과 부정적 측면 비교 분석, 무역 자유화 정책이 개발도상국의 특정 산업(농업, 제조업 등)에 미치는 영향 사례 조사, 개발도상국의 경제적 자립을 위한 맞춤형 무역 정책 필요성 논의, 국제사회의 무역 불균형 해소를 위한 노력(특별하고 차별적인 대우 등) 조사

탐구주제 3: 개발도상국에 대한 외국인 직접투자(FDI)의 양면성과 지속가능한 투자유치 방안 연구

탐구활동 예시: 외국인 직접투자의 유형 및 개발도상국 경제에 미치는 긍정적/부정적 영향 사례 조사, 개발도상국의 투자유치 환경 분석(법률, 제도, 인프라 등), 지속가능한 발전을 위한 책임 투자(Responsible Investment) 개념 탐구, 개발도상국 정부의 투자유치 전략 및 투자자와의 관계 설정 방안 모색

[10**통사**2-04-02] 평화의 관점에서 국제사회의 갈등과 협력의 사례를 조사하고, 세계 평화를 위한 행위 주체의 바람직한 역할을 탐색한다.

탐구주제: 무역 분쟁과 경제 제재가 개발도상국에 미치는 영향 분석 및 국제협력의 중요성 강조

탐구활동 예시: 주요 국가 간의 무역 분쟁 사례(미·중 무역 분쟁 등) 조사 및 원인과 결과 분석, 경제 제재가 개발도상국의 경제 및 사회에 미치는 영향 사례 연구, 무역 분쟁 해결을 위한 국제기구(WTO 분쟁 해결 절차 등)의 역할 조사, 평화로운 국제무역 질서 유지를 위한 국가 간 협력 방안 모색

[10**통사**1-04-04] 다문화 사회의 현황을 조사하고, 문화적 다양성을 존중하는 태도를 바탕으로 갈등 해결 방안을 모색한다.

탐구주제: 개발도상국 전통 공예품 및 문화 상품의 국제 교역 활성화 방안 연구

탐구활동 예시: 개발도상국의 독특한 문화적 자원을 활용한 상품 개발 사례 조사, 문화 상품 교역의 경제적, 사회적, 문화적 의미 탐구, 개발도상국 문화 상품의 해외 시장 진출 성공 및 실패 사례 분석, 문화적 다양성을 존중하는 공정한 문화 상품 교역 모델 제시

통합과학 연계
[10통과1-03-05] 생명 시스템을 유지하기 위해서 다양한 화학반응과 물질 출입이 필요함을 이해하고, 일상생활에서 활용되는 화학반응 사례를 조사하여 발표할 수 있다. **탐구주제**: 개발도상국의 농업 생산성 향상을 위한 과학기술 교류 및 협력 사례 연구: 종자 개량, 스마트 농업 기술 지원 **탐구활동 예시**: 개발도상국의 식량 안보 문제 및 농업 생산성 현황 조사, 과학기술을 활용한 농업 생산성 향상 사례 (병충해 방지 기술, 효율적 비료 사용 등) 조사, 선진국의 농업 기술 개발 및 개발도상국 지원 사례 분석, 개발도상국의 지속가능한 농업 발전을 위한 국제 과학기술 협력 방안 제시 **[10통과2-02-06]** 에너지 효율의 의미와 중요성을 이해하고, 지속가능한 발전과 지구 환경 문제 해결에 신재생 에너지 기술을 활용하는 방안을 탐색할 수 있다. **탐구주제**: 개발도상국의 신재생 에너지 기술 교역 및 투자 확대를 위한 과학 기술 협력 방안 연구 **탐구활동 예시**: 개발도상국의 에너지 부족 현황 및 화석연료 의존도 조사, 신재생 에너지 기술 (태양광, 풍력 등)의 개발도상국 적용 가능성 및 경제성 분석, 선진국의 신재생 에너지 기술 이전 및 투자 사례 조사, 개발도상국의 지속가능한 에너지시스템 구축을 위한 국제 과학 기술 협력 모델 제시 **[10통과2-03-02]** 빅데이터를 과학기술사회에서 사용하고 있는 사례를 조사하고, 빅데이터 활용의 장점과 문제점을 추론할 수 있다. **탐구주제** 1: 디지털 기술을 활용한 개발도상국의 무역 활성화 방안 연구 **탐구활동 예시**: 개발도상국의 전자상거래 활용 현황 조사, 블록체인 기술을 활용한 투명한 무역 시스템 구축 아이디어 제시, 빅데이터 분석을 통한 개발도상국 맞춤형 수출 전략 제안, 디지털 무역 플랫폼 구축 및 활용 방안 연구 **탐구주제** 2: 빅데이터 분석을 활용한 개발도상국 맞춤형 무역 및 투자 정보제공 시스템 구축 가능성 탐색 **탐구활동 예시**: 국제무역 데이터, 투자 데이터 등 빅데이터 분석을 통한 시장 동향 예측 사례 조사, 개발도상국의 수출 경쟁력 강화 및 투자유치를 위한 빅데이터 활용 방안 아이디어 제시, 빅데이터 활용 시 발생할 수 있는 데이터 접근성 불평등 및 개인정보보호 문제점 논의

[K-SDGs 세부목표 17-3] (보완) 개발도상국의 과학기술혁신시스템 강화를 지원한다.
통합사회 연계
[10통사1-01-02] 인간, 사회, 환경의 탐구에 통합적 관점이 요청되는 이유를 도출하고 이를 탐구에 적용한다. **탐구주제**: 개발도상국의 과학기술 혁신을 위한 사회적, 경제적, 환경적 통합 지원 방안 연구 **탐구활동 예시**: 개발도상국의 과학기술 현황 및 문제점 조사, 과학기술 혁신 성공 및 실패 사례 분석 (기술 자체의 문제, 사회적 수용성, 환경적 영향 등 다양한 관점에서 분석), 개발도상

국 맞춤형 과학기술 지원 정책 제안 (예: 적정기술 보급, 교육 시스템 구축, 국제협력 모델 개발)

[10통사1-05-02] 교통・통신 및 과학기술의 발달과 함께 나타난 생활공간과 생활양식의 변화 양상을 조사하고, 이에 따른 문제점의 해결 방안을 제안한다.
탐구주제: 개발도상국의 정보통신기술 (ICT) 접근성 격차 해소를 위한 방안 탐색
탐구활동 예시: 개발도상국별 인터넷 보급률 및 디지털 기기 사용 현황 비교 분석, ICT 활용 교육 및 인프라 구축 사례 조사, 정보 접근성 격차로 인해 발생하는 사회적 불평등 문제점 분석, ICT 활용능력 향상을 위한 교육 프로그램 및 정책 아이디어 제안

[10통사2-03-04] 자원, 노동, 자본의 지역 분포에 따른 국제 분업과 무역의 필요성을 이해하고, 지속가능발전에 기여하는 국제무역의 방안을 탐색한다.
탐구주제: 개발도상국의 과학기술 발전을 위한 공정한 국제 기술 협력 방안 연구
탐구활동 예시: 선진국과 개발도상국 간 기술 이전 사례 및 문제점 조사, 기술 탈취 및 불공정 경쟁 사례 분석, 개발도상국의 기술 자립을 위한 국제협력 모델 연구 (예: 기술 공유, 공동 연구개발, 특허 접근성 확대), 공정무역 관점에서 기술 협력 방안 제시

[10통사2-04-01] 세계화의 다양한 양상을 살펴보고, 세계화 시대의 문제점과 그에 대한 해결 방안을 제안한다.
탐구주제: 기술 격차 해소를 위한 국제협력 방안 연구
탐구활동 예시: 선진국과 개발도상국 간의 과학기술 격차 현황 조사, 기술 이전 및 공동 연구 개발 사례 분석, 개발도상국의 과학기술 교육 및 연구 환경 개선을 위한 정책 제안, 적정기술의 개념과 개발도상국 적용 사례 연구

[10통사2-04-02] 평화의 관점에서 국제사회의 갈등과 협력의 사례를 조사하고, 세계 평화를 위한 행위 주체의 바람직한 역할을 탐색한다.
탐구주제 1: 개발도상국의 지속가능한 발전을 위한 과학기술 협력 모델 연구
탐구활동 예시: 개발도상국의 사회 문제 해결 (기후변화, 식량 부족, 질병 등)을 위한 과학기술 협력 사례 조사, 과학기술 협력이 개발도상국의 경제적 자립에 미치는 영향 분석, 지속가능한 발전을 위한 과학기술 협력의 윤리적 문제점 및 해결 방안 논의
탐구주제 2: 과학기술 협력을 통한 개발도상국 문제 해결 및 국제 평화 기여 방안 연구
탐구활동 예시: 과학기술 ODA (공적 개발 원조) 사업 사례 조사 및 효과 분석, 과학기술 협력이 개발도상국의 빈곤, 질병, 환경문제 해결에 기여한 사례 연구, 과학기술 협력을 저해하는 요인 분석 (정치적 갈등, 기술 독점 등), 과학기술 협력을 통한 국제사회 신뢰 구축 및 평화 증진 방안 제시

통합과학 연계

[10통과2-02-06] 에너지 효율의 의미와 중요성을 이해하고, 지속가능한 발전과 지구 환경 문제 해결에 신재생 에너지 기술을 활용하는 방안을 탐색할 수 있다.
탐구주제: 개발도상국의 에너지 자립을 위한 적정기술 기반 신재생 에너지시스템 연구
탐구활동 예시: 개발도상국의 에너지 생산 및 소비 현황 조사, 지역 특성에 맞는 신재생 에너지 기술 사례 조사 (예: 태양광, 풍력, 바이오매스), 적정기술 기반 에너지시스템의 경제적,

환경적 효과 분석, 개발도상국 에너지 자립을 위한 기술 지원 및 정책 제안

[10통과2-03-03] 인공지능 로봇, 사물인터넷 등과 같이 과학기술의 발전을 인간 삶과 환경 개선에 활용하는 사례를 찾고, 이러한 과학기술의 발전이 미래 사회에 미치는 유용성과 한계를 예측할 수 있다.
탐구주제 1: 개발도상국의 과학기술 혁신을 위한 인공지능 및 ICT 활용 방안 연구
탐구활동 예시: 인공지능 기반의 교육 플랫폼, 의료 진단 시스템 등 개발도상국 적용 가능 사례 연구, ICT 기술을 활용한 농업 생산성 향상, 재난 예측 시스템 등 개발 사례 조사, 과학기술 혁신 과정에서 발생할 수 있는 디지털 격차 문제 해결 방안 모색
탐구주제 2: 개발도상국의 스마트 농업 기술 도입 및 효과 분석
탐구활동 예시: 개발도상국의 농업 현황 및 문제점 조사, 스마트 농업 기술 (예: 드론 활용 농약 살포, 센서 기반 자동 관계 시스템) 도입 사례 조사, 스마트 농업 기술이 농작물 생산량 증대, 노동력 절감, 환경오염 감소 등에 미치는 영향 분석, 스마트 농업 기술 확산을 위한 과제 및 해결 방안 모색

[10통과2-03-04] 과학기술의 발전 과정에서 발생할 수 있는 과학 관련 사회적 쟁점 (SSI)과 과학기술 이용에서 과학 윤리의 중요성에 대해 논증할 수 있다.
탐구주제: 개발도상국 대상 과학기술 지원의 윤리적 문제점 및 책임 있는 과학기술 혁신 방안 연구
탐구활동 예시: 개발도상국 대상 기술 지원 과정에서 발생할 수 있는 윤리적 딜레마 사례 조사 (예: 기술 종속, 문화적 갈등, 환경 파괴), 책임 있는 연구 혁신 (RRI) 개념 및 사례 연구, 개발도상국의 자율성과 주체성을 존중하는 과학기술 협력 방안 제시, 과학기술 전문가의 윤리적 책임 강조

[K-SDGs 세부목표 17-4] (보완) 전략적인 개발 협력을 추진한다.
통합사회 연계

[10통사1-01-02] 인간, 사회, 환경의 탐구에 통합적 관점이 요청되는 이유를 도출하고 이를 탐구에 적용한다.
탐구주제: 개발 협력 사업의 성공 조건 분석: 사회, 경제, 환경적 요인의 통합적 고려
탐구활동 예시: 특정 개발 협력 사업 사례 선정 후 사업 기획, 실행, 평가 단계에서 사회적 형평성, 경제적 효율성, 환경적 지속가능성이 어떻게 고려되었는지 분석, 성공적인 개발 협력 사업과 실패 사례 비교 분석, 통합적 관점을 반영한 개발 협력 사업 계획서 작성

[10통사1-04-01] 자연환경과 인문환경의 영향을 받아 형성된 다양한 문화권의 특징과 삶의 방식을 탐구한다.
탐구주제: 문화적 맥락을 고려한 맞춤형 개발 협력 사례 연구
탐구활동 예시: 특정 개발도상국의 문화적 특성 (가치관, 전통, 사회 제도 등) 조사, 문화적 이해를 바탕으로 성공한 개발 협력 사례와 갈등이 발생한 사례 비교 분석, 문화적 민감성을

높이는 개발 협력 추진 방안 아이디어 제시

[10통사2-01-03] 사회적 소수자 차별, 청소년의 노동권 등 국내 인권 문제와 인권지수를 통해 확인할 수 있는 세계 인권 문제의 양상을 조사하고, 이에 대한 해결 방안을 모색한다.
탐구주제: 개발협력과 인권 증진의 연관성 탐구: 취약계층의 역량 강화를 위한 전략
탐구활동 예시: 개발 협력 사업이 여성, 아동, 장애인 등 취약계층의 인권 개선에 미친 영향 사례 조사, 개발 협력 사업의 인권 침해 사례 분석 및 예방 방안 모색, 인권 기반 접근 방식을 적용한 개발 협력 사업 아이디어 구상

[10통사2-02-01] 정의의 의미와 정의가 요구되는 이유를 파악하고, 다양한 사례를 통해 정의의 실질적 기준을 탐구한다.
탐구주제: 공정한 개발 협력: 개발도상국의 주체성 강화와 상호 존중의 중요성
탐구활동 예시: 개발 협력 과정에서 나타나는 불평등 사례 (예: 원조 조건, 기술 이전 제한 등) 조사, 개발도상국의 의견을 반영한 성공적인 개발 협력 사례 분석, 개발 협력의 공정성 확보를 위한 국제 규범 및 협약 조사, 공정한 개발 협력을 위한 시민사회의 역할 탐색

[10통사2-03-02] 합리적 선택의 의미와 그 한계를 파악하고, 지속가능발전을 위해 요청되는 정부, 기업가, 노동자, 소비자의 바람직한 역할과 책임에 관해 탐구한다.
탐구주제: 지속가능한 개발 협력을 위한 다양한 주체의 역할 분담과 책임
탐구활동 예시: 정부, NGO, 기업 등 다양한 개발 협력 주체의 활동 사례 조사 및 특징 분석, 지속가능한 개발 목표 (SDGs) 달성을 위한 개발 협력 주체 간 협력 모델 연구, 기업의 사회적 책임 (CSR) 활동과 개발 협력의 연계 방안 모색, 시민들의 개발 협력 참여 확대 방안 아이디어 제시

[10통사2-04-02] 평화의 관점에서 국제사회의 갈등과 협력의 사례를 조사하고, 세계 평화를 위한 행위 주체의 바람직한 역할을 탐색한다.
탐구주제: SDGs 달성을 위한 한국의 전략적 ODA 방향 설정 연구
탐구활동 예시: 한국의 ODA 중점 협력 국가 및 분야 분석, SDGs 목표 달성을 위한 ODA 사업 설계 사례 연구, 수원국의 필요와 맥락을 고려한 맞춤형 ODA 전략 제안, ODA 사업의 효과성 평가 지표 개발

[10통사2-04-01] 세계화의 다양한 양상을 살펴보고, 세계화 시대의 문제점과 그에 대한 해결 방안을 제안한다.
탐구주제: 세계화 시대의 개발 협력: 새로운 도전과 전략적 접근의 필요성
탐구활동 예시: 세계화 심화에 따른 개발도상국의 경제적 불평등 심화 현상 조사, 기후변화, 팬데믹 등 지구적 문제 해결을 위한 국제 개발 협력의 역할 분석, 효과적인 개발 협력을 위한 새로운 파트너십 모델 (예: 삼각 협력, 민관 협력) 연구

[10통사2-05-02] 지구적 차원에서 에너지 자원의 분포와 소비 실태를 파악하고, 기후변화에 대한 대응과 지속가능한 발전을 위한 제도적 방안과 개인적 노력을 탐구한다.
탐구주제: 기후변화 대응을 위한 개발도상국과의 협력 방안 연구

탐구활동 예시: 개발도상국의 기후변화 취약성 및 적응 노력 조사, 기후변화 대응 기술 이전 및 재정 지원 사례 연구, 개발도상국의 지속가능한 에너지시스템 구축 지원 방안 모색, 기후변화 공동 대응을 위한 국제 협약 분석

통합과학 연계

[10통과2-02-06] 에너지 효율의 의미와 중요성을 이해하고, 지속가능한 발전과 지구 환경 문제 해결에 신재생 에너지 기술을 활용하는 방안을 탐색할 수 있다.
탐구주제 1: 개발도상국 맞춤형 신재생 에너지 기술 지원 방안 연구
탐구활동 예시: 개발도상국의 에너지 접근성 현황 및 문제점 조사, 태양광, 풍력 등 신재생 에너지 기술의 개발도상국 적용사례 분석, 에너지 자립을 위한 기술 지원 및 교육 프로그램 아이디어 제시, 적정기술 기반의 에너지 솔루션 연구
탐구주제 2: 개발도상국의 에너지 문제 해결을 위한 전략적 개발 협력: 적정기술과 신재생 에너지 보급
탐구활동 예시: 개발도상국의 에너지 접근성 현황 및 문제점 조사, 적정기술 기반의 신재생 에너지 사업 성공 사례 및 실패 사례 분석, 에너지 자립을 위한 개발 협력 모델 제시, 기술 지원 및 교육 프로그램의 중요성 강조

[10통과2-03-01] 감염병의 진단, 추적 등을 사례로 과학의 유용성을 설명하고, 미래 사회 문제 해결에서 과학의 필요성에 대해 논증할 수 있다.
탐구주제: 보건 분야 개발 협력의 전략적 접근: 과학기술 기반 감염병 대응 시스템 구축 지원
탐구활동 예시: 개발도상국의 감염병 발생 현황 및 문제점 조사, 과학기술(예: 백신 개발, 진단 키트, 역학 조사 시스템)을 활용한 감염병 대응 개발 협력 사례 분석, 감염병 예방 및 관리 시스템 구축을 위한 국제협력 방안 모색

[10통과2-03-03] 인공지능 로봇, 사물인터넷 등과 같이 과학기술의 발전을 인간 삶과 환경 개선에 활용하는 사례를 찾고, 이러한 과학기술의 발전이 미래 사회에 미치는 유용성과 한계를 예측할 수 있다.
탐구주제: 스마트 기술을 활용한 개발 협력의 새로운 가능성 탐색: 농업, 교육, 환경 분야를 중심으로
탐구활동 예시: 개발도상국의 스마트 농업, 스마트 교육, 스마트 환경 관리 시스템 도입 사례 조사, 스마트 기술 기반 개발 협력 사업의 효과 및 한계점 분석, 미래 사회에 필요한 전략적인 스마트 기술 개발 협력 방향 제시

[K-SDGs 세부목표 17-5] 지속가능발전을 위한 정책 일관성을 강화한다.

통합사회 연계

[10통사1-03-03] 환경문제 해결을 위한 정부, 시민사회, 기업 등의 다양한 노력을 조사하고, 생태 시민으로서 실천 방안을 모색한다.
탐구주제: 환경 정책과 경제 정책의 조화: 지속가능한 발전을 위한 정책 일관성 확보 방안 연구

탐구활동 예시: 정부의 환경 규제 정책과 기업의 경제활동 간의 관계 분석, 환경 보호와 경제 성장을 동시에 추구하는 정책 사례 조사 (예: 녹색 뉴딜 정책), 환경정책 변화에 따른 기업의 대응 방식 연구, 환경과 경제의 조화를 위한 시민사회의 역할 모색

[10통사2-03-01] 자본주의의 역사적 전개 과정과 그 특징을 조사하고, 시장과 정부의 관계를 중심으로 다양한 삶의 방식을 비교 평가한다.
탐구주제: 지속가능발전 영향 평가 제도의 필요성 및 개선 방안 연구
탐구활동 예시: 지속가능발전 영향 평가 제도의 개념 및 목적 조사, 국내외 지속가능발전 영향 평가 사례 분석, 평가 결과의 정책 반영 현황 및 문제점 분석, 효과적인 지속가능발전 영향 평가 제도 설계 방안 제시

[10통사2-03-02] 합리적 선택의 의미와 그 한계를 파악하고, 지속가능발전을 위해 요청되는 정부, 기업가, 노동자, 소비자의 바람직한 역할과 책임에 관해 탐구한다.
탐구주제 1: 지속가능발전목표 달성을 위한 정부 정책의 연계성 및 일관성 분석
탐구활동 예시: 우리나라의 지속가능발전 관련 정책 및 계획 조사, 각 정책 간의 연계성 및 시너지 효과 분석, 정책 결정 과정에서의 지속가능발전 고려 현황 평가, 지속가능발전목표 달성을 위한 정부 정책 개선 방안 제시
탐구주제 2: 에너지 정책의 변화와 사회경제적 영향 분석: 지속가능한 에너지시스템으로의 전환을 위한 정책 일관성 평가
탐구활동 예시: 과거 정부의 에너지 정책과 현재 정부의 에너지 정책 비교 분석, 에너지 정책 변화가 산업 구조, 일자리, 소비자 생활 등에 미치는 영향 조사, 탈 탄소 사회로의 전환을 위한 정부 정책의 일관성 및 효과 분석, 지속가능한 에너지시스템 구축을 위한 다양한 이해관계자들의 협력 방안 모색

[10통사2-04-01] 세계화의 다양한 양상을 살펴보고, 세계화 시대의 문제점과 그에 대한 해결 방안을 제안한다.
탐구주제: 국제협력을 통한 지속가능발전목표 달성: 정책 일관성 확보를 위한 국제사회의 노력 분석
탐구활동 예시: UN, OECD 등 국제기구의 지속가능발전 관련 정책 및 협약 조사, 국제사회의 정책 공조 사례 및 성과 분석 (예: 파리 협정), 개발도상국의 지속가능발전 지원을 위한 선진국의 정책 일관성 평가, 국제적인 정책 공조 강화를 위한 아이디어 제시

[10통사2-05-02] 지구적 차원에서 에너지 자원의 분포와 소비 실태를 파악하고, 기후변화에 대한 대응과 지속가능한 발전을 위한 제도적 방안과 개인적 노력을 탐구한다.
탐구주제: 기후변화 대응 정책의 일관성 평가: 과거 정책의 성과와 한계를 바탕으로 미래 정책 방향 설정
탐구활동 예시: 역대 정부의 기후변화 대응 정책 변화 과정 조사, 과거 정책의 온실가스 감축 효과 및 사회경제적 영향 분석, 현재 추진 중인 기후변화 대응 정책의 목표와 내용 평가, 미래 세대를 위한 일관성 있는 기후변화 대응 정책 방향 제안

통합과학 연계

[10통과1-03-01] 지구시스템은 태양계라는 시스템의 구성요소임을 알고, 지구시스템을 구성하는 권역 간의 물질 순환과 에너지 흐름의 결과로 나타나는 현상을 논증할 수 있다.
탐구주제: 탄소 중립 정책의 과학적 근거와 정책 일관성 확보의 중요성
탐구활동 예시: 지구시스템 내 탄소 순환 과정 및 인간 활동의 영향 조사, 탄소 중립 목표 달성을 위한 과학기술의 역할 탐색, 탄소 중립 정책 추진 과정에서 고려해야 할 과학적 불확실성 및 윤리적 문제 논의, 탄소 중립 사회로의 전환을 위한 장기적인 정책 로드맵 구상

[10통과2-02-03] 온실효과 강화로 인한 지구온난화의 메커니즘을 이해하고, 엘니뇨, 사막화 등과 같은 현상이 지구 환경과 인간 생활에 미치는 영향과 대처 방안을 분석할 수 있다.
탐구주제: 기후변화 적응 정책의 일관성: 미래 예측 시나리오 기반의 선제적 정책 마련
탐구활동 예시: 기후변화로 인한 지역별 영향 예측 시나리오 조사 (예: 해수면 상승, 극한 기후 현상 증가), 기후변화 적응 정책 (예: 재해 예방 시설 확충, 농업 기술 개발) 사례 분석, 다양한 시나리오에 대응 가능한 유연하고 일관성 있는 적응 정책 설계의 중요성 강조

[10통과2-02-06] 에너지 효율의 의미와 중요성을 이해하고, 지속가능한 발전과 지구 환경 문제 해결에 신재생 에너지 기술을 활용하는 방안을 탐색할 수 있다.
탐구주제: 신재생 에너지 보급 확대를 위한 정책 일관성 연구: 기술 개발부터 산업 생태계 조성까지
탐구활동 예시: 다양한 신재생 에너지 기술의 원리 및 특징 조사, 신재생 에너지 보급 확대를 위한 정부 지원 정책 (예: 보조금, 세제 혜택, 연구개발 투자) 분석, 신재생 에너지 산업 생태계 조성의 중요성 및 정책적 지원 방안 모색, 에너지 전환 정책의 장기적인 비전 제시

[10통과2-03-04] 과학기술의 발전 과정에서 발생할 수 있는 과학 관련 사회적 쟁점 (SSI)과 과학기술 이용에서 과학 윤리의 중요성에 대해 논증할 수 있다.
탐구주제: 지속가능한 발전을 위한 과학기술 정책의 일관성: 윤리적 책임과 사회적 합의의 중요성
탐구활동 예시: 지속가능발전 관련 과학기술 정책 사례 조사 (예: 유전자 편집 기술, 인공 강우 기술), 과학기술 정책 결정 과정에서 발생할 수 있는 윤리적 쟁점 분석, 과학기술 발전에 대한 사회적 합의 형성 과정 연구, 지속가능한 발전을 위한 과학기술 정책 방향 설정 시 고려해야 할 가치와 원칙 논의

[K-SDGs 세부목표 17-6] 개도국의 지속가능발전을 위한 다양한 국제적 동반관계를 강화한다.

통합사회 연계

[10통사1-03-03] 환경문제 해결을 위한 정부, 시민사회, 기업 등의 다양한 노력을 조사하고, 생태 시민으로서 실천 방안을 모색한다.
탐구주제: 해양 환경 보호를 위한 국제 협약의 종류와 국내법 수용 사례 조사 및 효과 분석
탐구활동 예시: 유엔 해양법 협약, 런던 협약, MARPOL 협약 등 주요 국제 해양환경 협약 내

용 조사, 각 협약이 국내법에 어떻게 반영되었는지 사례 조사 (예: 폐기물 해양 투기 금지법, 선박 오염 방지법 등), 국내법 이행의 성과와 한계점 분석, 해양 환경 보호를 위한 시민사회의 역할 모색

[10통사2-01-01] 근대 시민 혁명 등을 통해 확립되어 온 인권의 의미와 변화 양상을 이해하고, 현대 사회에서 주거, 안전, 환경, 문화 등 다양한 영역으로 인권이 확장되고 있는 사례를 조사한다.
탐구주제: 해양 환경오염으로 인한 어민의 생존권 침해 사례 조사 및 국제법적 해결 노력 탐색
탐구활동 예시: 특정 해역의 오염 (예: 기름 유출 사고, 적조 발생)으로 인해 어업 피해를 본 사례 조사, 피해 어민의 법적 구제 노력 및 한계점 분석, 국제 환경 소송 사례 조사, 해양 환경 보호가 어민의 생존권 보장에 미치는 영향 분석

[10통사2-04-01] 세계화의 다양한 양상을 살펴보고, 세계화 시대의 문제점과 그에 대한 해결 방안을 제안한다.
탐구주제: 국제 해양자원 분쟁 사례 조사 및 국제법적 해결 과정 분석
탐구활동 예시: 특정 해역의 어업 분쟁, 해저 광물 자원 개발 경쟁 등 국제 해양자원 분쟁 사례 조사, 국제 사법 재판소 (ICJ) 또는 국제 해양법 재판소 (ITLOS)의 판결 사례 분석, 국제법이 해양자원의 지속 가능한 이용에 미치는 영향 평가, 해양자원 협력을 위한 국제기구의 역할 조사

[10통사2-04-02] 평화의 관점에서 국제사회의 갈등과 협력의 사례를 조사하고, 세계 평화를 위한 행위 주체의 바람직한 역할을 탐색한다.
탐구주제: 개발도상국 지속가능발전 지원을 위한 국제기구의 역할과 협력 방안 연구
탐구활동 예시: UN, World Bank, IMF 등 주요 국제기구의 개발 협력 활동 조사, 특정 국제기구와 개발도상국 간의 협력 성공/실패 사례 분석, 국제기구 간의 협력 강화 방안 모색, 개발도상국의 주도적인 참여를 위한 국제협력 모델 연구

[10통사2-04-01] 세계화의 다양한 양상을 살펴보고, 세계화 시대의 문제점과 그에 대한 해결 방안을 제안한다.
탐구주제: 시민사회단체의 개발도상국 지원 활동 사례 연구 및 효과 분석
탐구활동 예시: 국제개발 협력 NGO의 활동 분야 및 사업 내용 조사, 시민사회단체의 개발사업이 개발도상국 주민의 삶에 미치는 영향 분석, 시민사회단체의 활동을 활성화하기 위한 지원 방안 모색, 청소년의 국제개발 협력 참여 방안 아이디어 제시

통합과학 연계

[10통과2-02-06] 에너지 효율의 의미와 중요성을 이해하고, 지속가능한 발전과 지구 환경 문제 해결에 신재생 에너지 기술을 활용하는 방안을 탐색할 수 있다.
탐구주제: 개발도상국의 에너지 자립을 위한 신재생 에너지 기술 지원 국제적 동반관계 연구
탐구활동 예시: 개발도상국의 에너지 빈곤 현황 및 문제점 조사, 신재생 에너지 기술 (태양광, 풍력, 수력 등)의 개발도상국 적용사례 분석, 적정기술 기반 에너지 지원 파트너십 사례

연구, 기술 이전, 교육 훈련, 금융 지원 등 다양한 형태의 파트너십 모델 탐색

[10통과2-03-01] 감염병의 진단, 추적 등을 사례로 과학의 유용성을 설명하고, 미래 사회 문제 해결에서 과학의 필요성에 대해 논증할 수 있다.
탐구주제: 글로벌 감염병 대응을 위한 국제 과학기술 협력 파트너십 연구
탐구활동 예시: 개발도상국의 감염병 발생 현황 및 보건 시스템 문제점 조사, 백신 개발, 치료제 연구, 진단 기술 개발 등 감염병 대응 과학기술 협력 사례 분석, 국제 보건 기구 (WHO) 등의 국제적 동반관계 역할 탐구, 감염병 정보 공유 및 공동 연구를 위한 국제협력 시스템 구축 방안 모색

[10통과2-03-03] 인공지능 로봇, 사물인터넷 등과 같이 과학기술의 발전을 인간 삶과 환경 개선에 활용하는 사례를 찾고, 이러한 과학기술의 발전이 미래 사회에 미치는 유용성과 한계를 예측할 수 있다.
탐구주제: 스마트 기술을 활용한 개발도상국 문제 해결 국제적 동반관계 연구
탐구활동 예시: 개발도상국의 스마트 농업, 스마트 교육, 스마트 도시 구축 사례 조사, AI, IoT 등 첨단기술을 활용한 문제 해결 파트너십 사례 분석, 기술 격차 해소를 위한 선진국-개도국 간 기술 협력 모델 연구, 스마트 기술 도입의 윤리적 문제 및 해결 방안 논의

[K-SDGs 세부목표 17-7] 효과적인 공공, 공공-민간 또는 시민사회 간 파트너십을 권장하고 촉진한다.

통합사회 연계

[10통사1-03-03] 환경문제 해결을 위한 정부, 시민사회, 기업 등의 다양한 노력을 조사하고, 생태 시민으로서 실천 방안을 모색한다.
탐구주제 1: 지속가능한 사회를 위한 정부, 기업, 시민사회의 협력 모델 연구
탐구활동 예시: 지역 사회 문제 해결을 위한 다양한 주체들의 협력 사례 조사, 각 주체의 역할과 책임 분석, 협력 과정에서의 어려움 및 극복 방안 논의, 학교 및 지역 사회의 지속가능한 발전을 위한 협력 프로젝트 기획
탐구주제 2: 우리 지역 환경문제 해결을 위한 파트너십 사례 분석 및 개선 방안 제안
탐구활동 예시: 지역 환경 관련 시민단체, 기업의 사회공헌 활동, 정부 정책 등을 조사하고, 실제 협력 사례 (ex. 하천 정화 활동, 재활용 캠페인 등)를 인터뷰 또는 자료 조사를 통해 분석한다. 각 주체의 역할과 협력 과정에서의 장단점을 평가하고, 더 효과적인 파트너십 구축을 위한 아이디어를 제시한다.

[10통사2-03-02] 합리적 선택의 의미와 그 한계를 파악하고, 지속가능발전을 위해 요청되는 정부, 기업가, 노동자, 소비자의 바람직한 역할과 책임에 관해 탐구한다.
탐구주제 1: 지속가능발전을 위한 공공-민간 파트너십 (PPP)의 성공 조건 및 과제 연구
탐구활동 예시: 국내외 PPP 사업 사례 조사 (성공/실패 요인 분석), PPP 사업 추진 과정에서의 이해관계자 갈등 사례 및 해결 방안 모색, PPP 사업의 투명성 및 책임성 확보 방안 연구,

청소년이 참여할 수 있는 PPP 아이디어 제시

탐구주제 2: 지속가능한 소비촉진을 위한 공공-민간 파트너십 모델 연구 및 제안

탐구활동 예시: 친환경 제품 인증 제도, 사회적 기업 제품 판매 플랫폼, 정부의 녹색 소비 지원 정책 등 지속가능한 소비를 장려하는 다양한 공공-민간 협력 사례를 조사한다. 성공적인 모델의 특징을 분석하고, 학생들의 소비 습관 변화를 유도할 수 있는 새로운 파트너십 모델을 기획하고 발표한다. (ex. 학교 내 친환경 제품 공동 구매 시스템 구축, 지역 사회 연계 업사이클링 프로젝트 등)

통합과학 연계

[10통과2-02-06] 에너지 효율의 의미와 중요성을 이해하고, 지속가능한 발전과 지구 환경 문제 해결에 신재생 에너지 기술을 활용하는 방안을 탐색할 수 있다.

탐구주제: 지역 사회 에너지 자립을 위한 시민 주도형 파트너십 프로젝트 기획

탐구활동 예시: 에너지 자립 마을 사례, 학교 태양광 발전 시설 설치 프로젝트 등 시민들이 주도적으로 참여하는 에너지 관련 파트너십 사례를 조사한다. 우리 지역의 에너지 현황을 분석하고, 지역 주민, 학교, 기업, 지자체 등이 협력하여 에너지 효율을 높이고 신재생 에너지를 생산하는 프로젝트를 기획하고 발표한다. (ex. 학교 옥상 태양광 발전 협동조합 설립, 지역 에너지 절약 캠페인 연대 등)

[10통과2-03-03] 인공지능 로봇, 사물인터넷 등과 같이 과학기술의 발전을 인간 삶과 환경 개선에 활용하는 사례를 찾고, 이러한 과학기술의 발전이 미래 사회에 미치는 유용성과 한계를 예측할 수 있다.

탐구주제: 디지털 격차 해소를 위한 공공-민간 파트너십 모델 연구 및 제안

탐구활동 예시: 고령층 디지털 교육 프로그램, 저소득층 대상 스마트 기기 지원 사업, 공공 와이파이 확대 사업 등 디지털 기술 접근성 및 활용능력 격차 해소를 위한 다양한 파트너십 사례를 조사한다. 성공적인 모델의 특징을 분석하고, 정보 소외계층의 디지털 역량 강화를 위한 새로운 파트너십 모델을 기획하고 발표한다. (ex. 학생들의 디지털 튜터링 봉사활동 연계, 기업의 디지털 교육 콘텐츠 지원 등)

[10통과2-03-04] 과학기술의 발전 과정에서 발생할 수 있는 과학 관련 사회적 쟁점 (SSI)과 과학기술 이용에서 과학 윤리의 중요성에 대해 논증할 수 있다.

탐구주제: 과학기술 기반 사회 문제 해결을 위한 다자간 협력의 중요성 연구

탐구활동 예시: 감염병, 기후변화, 에너지 문제 등 과학기술 협력이 필요한 사회 문제 사례 조사, 문제 해결 과정에서의 정부, 기업, 연구기관의 역할 분석, 협력 과정에서의 데이터 공유 및 기술 접근성 문제 논의, 과학기술 협력의 윤리적 쟁점 및 해결 방안 모색

제 7 장 'K-SDGs' 목표와 교과 연계 주제탐구 AI prompt

GPT 4o prompt

K-SDGs 16번 항목(평화 · 정의 · 포용) 세부목표 16-5(모든 부정부패와 뇌물수수를 감소시킨다)와 2022 개정 교육과정 통합사회 및 통합과학 단원의 성취기준과 연계하여 학생들이 진행할 수 있는 최근 트렌드 중심의 탐구주제를 정리해 줘

[통합사회 단원별 내용]
[10통사1-01-01] 인간, 사회, 환경을 바라보는 시간적, 공간적, 사회적, 윤리적 관점의 의미와 특징을 사례를 통해 파악한다.
[10통사1-01-02] 인간, 사회, 환경의 탐구에 통합적 관점이 요청되는 이유를 도출하고 이를 탐구에 적용한다.
[10통사1-02-01] 시대와 지역에 따라 다르게 나타나는 행복의 기준을 사례를 통해 비교하여 평가하고, 삶의 목적으로서 행복의 의미를 성찰한다.
[10통사1-02-02] 행복한 삶을 실현하기 위한 조건으로 질 높은 정주 환경의 조성, 경제적 안정, 민주주의 발전 및 도덕적 실천의 필요성에 관해 탐구한다.
[10통사1-03-01] 자연환경이 인간의 생활에 미치는 영향에 관한 과거와 현재의 사례를 조사하여 분석하고, 안전하고 쾌적한 환경에서 살아가는 것이 시민의 권리임을 주장한다.
[10통사1-03-02] 자연에 대한 인간의 다양한 관점을 사례를 통해 비교하고, 인간과 자연의 바람직한 관계를 제안한다.
[10통사1-03-03] 환경문제 해결을 위한 정부, 시민사회, 기업 등의 다양한 노력을 조사하고, 생태 시민으로서 실천 방안을 모색한다.
[10통사1-04-01] 자연환경과 인문환경의 영향을 받아 형성된 다양한 문화권의 특징과 삶의 방식을 탐구한다.
[10통사1-04-02] 문화 변동의 다양한 양상을 이해하고, 현대 사회에서 전통문화가 지니는 의의를 탐색한다.
[10통사1-04-03] 문화적 차이에 대한 상대주의적 태도의 필요성을 이해하고, 보편윤리의 차원에서 자문화와 타문화를 평가한다.
[10통사1-04-04] 다문화 사회의 현황을 조사하고, 문화적 다양성을 존중하는 태도를 바탕으로 갈등 해결 방안을 모색한다.
[10통사1-05-01] 산업화, 도시화로 인해 나타난 생활공간과 생활양식의 변화 양상을 조사

하고, 이에 따른 문제점의 해결 방안을 제안한다.
[10통사1-05-02] 교통・통신 및 과학기술의 발달과 함께 나타난 생활공간과 생활양식의 변화 양상을 조사하고, 이에 따른 문제점의 해결 방안을 제안한다.
[10통사1-05-03] 자신이 거주하는 지역을 사례로 공간 변화가 초래한 양상 및 문제점을 탐구하고, 공동체의 구성원으로서 지역 사회의 변화를 위한 방안을 모색하고 이를 실천한다.
[10통사2-01-01] 근대 시민 혁명 등을 통해 확립되어 온 인권의 의미와 변화 양상을 이해하고, 현대 사회에서 주거, 안전, 환경, 문화 등 다양한 영역으로 인권이 확장되고 있는 사례를 조사한다.
[10통사2-01-02] 인간 존엄성 실현과 인권보장을 위한 헌법의 역할을 파악하고, 시민의 권익을 보호하기 위한 다양한 시민참여의 방안을 탐구하고 이를 실천한다.
[10통사2-01-03] 사회적 소수자 차별, 청소년의 노동권 등 국내 인권 문제와 인권지수를 통해 확인할 수 있는 세계 인권 문제의 양상을 조사하고, 이에 대한 해결 방안을 모색한다.
[10통사2-02-01] 정의의 의미와 정의가 요구되는 이유를 파악하고, 다양한 사례를 통해 정의의 실질적 기준을 탐구한다.
[10통사2-02-02] 개인과 공동체의 관계를 기준으로 다양한 정의관을 비교하고, 이를 구체적인 사례에 적용하여 설명한다.
[10통사2-02-03] 사회 및 공간 불평등 현상의 사례를 조사하고, 정의로운 사회를 만들기 위한 다양한 제도와 시민으로서의 실천 방안을 제안한다.
[10통사2-03-01] 자본주의의 역사적 전개 과정과 그 특징을 조사하고, 시장과 정부의 관계를 중심으로 다양한 삶의 방식을 비교 평가한다.
[10통사2-03-02] 합리적 선택의 의미와 그 한계를 파악하고, 지속가능발전을 위해 요청되는 정부, 기업가, 노동자, 소비자의 바람직한 역할과 책임에 관해 탐구한다.
[10통사2-03-03] 금융 자산의 특징과 자산관리의 원칙을 토대로 금융 생활을 설계하고, 경제적, 사회적 환경의 변화가 금융과 관련한 의사결정에 미치는 영향을 탐구한다.
[10통사2-03-04] 자원, 노동, 자본의 지역 분포에 따른 국제 분업과 무역의 필요성을 이해하고, 지속가능발전에 기여하는 국제무역의 방안을 탐색한다.
[10통사2-04-01] 세계화의 다양한 양상을 살펴보고, 세계화 시대의 문제점과 그에 대한 해결 방안을 제안한다.
[10통사2-04-02] 평화의 관점에서 국제사회의 갈등과 협력의 사례를 조사하고, 세계 평화를 위한 행위 주체의 바람직한 역할을 탐색한다.
[10통사2-04-03] 남북 분단과 동아시아의 역사 갈등 상황을 분석하고, 이를 토대로 우리나라가 세계 평화에 기여하는 방안을 제안한다.
[10통사2-05-01] 세계의 인구 분포와 구조 등에 대한 이해를 토대로 현재와 미래의 인구 문제 양상을 파악하고, 그 해결 방안을 제안한다.
[10통사2-05-02] 지구적 차원에서 에너지 자원의 분포와 소비 실태를 파악하고, 기후변화에 대한 대응과 지속가능한 발전을 위한 제도적 방안과 개인적 노력을 탐구한다.
[10통사2-05-03] 미래 사회의 모습을 다양한 측면에서 예측하고, 이를 바탕으로 세계시민으로서 자신의 미래 삶의 방향을 설정한다.

[통합과학 단원별 내용]
[10통과1-01-01] 자연을 시간과 공간에서 기술할 수 있음을 알고, 길이와 시간 측정의 현대적 방법과 다양한 규모의 측정 사례를 조사할 수 있다.
[10통과1-01-02] 과학 탐구에서 중요한 기본량의 의미를 알고, 자연 현상을 기술하는 데 단위가 가지는 의미와 적용사례를 설명할 수 있다.
[10통과1-01-03] 과학 탐구에서 측정과 어림의 의미를 알고, 일상생활의 여러 가지 상황에서 측정 표준의 유용성과 필요성을 논증할 수 있다.
[10통과1-01-04] 자연에서 일어나는 다양한 변화를 측정・분석하여 정보를 산출함을 알고, 이러한 정보를 디지털로 변환하는 기술을 정보 통신에 활용하여 현대 문명에 미친 영향을 인식한다.
[10통과1-02-01] 천체에서 방출되는 빛의 스펙트럼을 분석하여 우주 초기에 형성된 원소와 천체의 구성 물질을 추론할 수 있다.
[10통과1-02-02] 우주 초기의 원소들로부터 태양계의 재료이면서 생명체를 구성하는 원소들이 형성되는 과정을 통해 지구와 생명의 역사가 우주 역사의 일부분임을 해석할 수 있다.
[10통과1-02-03] 세상을 구성하는 원소들의 성질이 주기성을 나타내는 현상을 통해 자연의 규칙성을 도출하고, 지구와 생명체를 구성하는 주요 원소들이 결합을 형성하는 이유를 해석할 수 있다.
[10통과1-02-04] 인류의 생존에 필수적인 물, 산소, 소금 등이 만들어지는 결합의 차이를 이해하고, 각 물질의 성질과 관련지어 설명할 수 있다.
[10통과1-02-05] 지각과 생명체를 구성하는 물질들이 기본 단위체의 결합을 통해서 형성된다는 것을 규산염 광물, 단백질과 핵산의 예를 통해 설명할 수 있다.
[10통과1-02-06] 지구를 구성하는 물질을 전기적 성질에 따라 구분할 수 있고, 물질의 전기적 성질을 응용하여 일상생활과 첨단기술에서 다양한 소재로 활용됨을 인식한다.
[10통과1-03-01] 지구시스템은 태양계라는 시스템의 구성요소임을 알고, 지구시스템을 구성하는 권역 간의 물질 순환과 에너지 흐름의 결과로 나타나는 현상을 논증할 수 있다.
[10통과1-03-02] 지권의 변화를 판 구조론 관점에서 해석하고, 에너지 흐름의 결과로 발생하는 지권의 변화가 지구시스템에 미치는 영향을 추론할 수 있다.
[10통과1-03-03] 중력의 작용으로 인한 지구 표면과 지구 주위의 다양한 운동을 설명할 수 있다.
[10통과1-03-04] 상호작용이 없을 때 물체가 가속되지 않음을 알고, 충격량과 운동량의 관계를 충돌 관련 안전장치와 스포츠에 적용할 수 있다.
[10통과1-03-05] 생명 시스템을 유지하기 위해서 다양한 화학반응과 물질 출입이 필요함을 이해하고, 일상생활에서 활용되는 화학반응 사례를 조사하여 발표할 수 있다.
[10통과1-03-06] 생명 시스템의 유지에 필요한 세포 내 정보의 흐름을 유전자로부터 단백질이 만들어지는 과정을 중심으로 설명할 수 있다.
[10통과2-01-01] 지질시대를 통해 지구 환경이 끊임없이 변화해 왔으며 이러한 환경 변화가 생물 다양성에 미치는 영향을 추론할 수 있다.
[10통과2-01-02] 변이의 발생과 자연선택 과정을 통해 생물의 진화가 일어나고, 진화의 과

정을 통해 생물 다양성이 형성되었음을 추론할 수 있다.
[10통과2-01-03] 자연과 인류의 역사에 큰 변화를 가져온 광합성, 화석연료 사용, 철의 제련 등에서 공통점을 찾아 산화와 환원을 이해하고, 생활 주변의 다양한 변화를 산화와 환원의 특징과 규칙성으로 분석할 수 있다.
[10통과2-01-04] 대표적인 산・염기 물질의 특징을 알고, 산과 염기를 혼합할 때 나타나는 중화 반응을 생활 속에서 이용할 수 있다.
[10통과2-01-05] 생활 주변에서 에너지를 흡수하거나 방출하는 현상을 찾아 에너지의 흡수・방출이 우리 생활에 어떻게 이용되는지 토의할 수 있다.
[10통과2-02-01] 생태계 구성요소를 이해하고 생물과 환경 사이의 상호관계를 설명할 수 있다.
[10통과2-02-02] 먹이 관계와 생태 피라미드를 중심으로 생태계 평형이 유지되는 과정을 이해하고, 환경의 변화가 생태계에 미칠 수 있는 영향에 대해 협력적으로 소통할 수 있다.
[10통과2-02-03] 온실효과 강화로 인한 지구온난화의 메커니즘을 이해하고, 엘니뇨, 사막화 등과 같은 현상이 지구 환경과 인간 생활에 미치는 영향과 대처 방안을 분석할 수 있다.
[10통과2-02-04] 태양에서 수소 핵융합 반응을 통해 질량 일부가 에너지로 바뀌고, 그중 일부가 지구에서 에너지 흐름을 일으키며 다양한 에너지로 전환되는 과정을 추론할 수 있다.
[10통과2-02-05] 발전기에서 운동 에너지가 전기 에너지로 전환되는 과정을 이해하고, 열원으로서 화석연료, 핵에너지를 이용하는 발전소가 인간 생활에 미치는 영향을 조사・발표할 수 있다.
[10통과2-02-06] 에너지 효율의 의미와 중요성을 이해하고, 지속가능한 발전과 지구 환경 문제 해결에 신재생 에너지 기술을 활용하는 방안을 탐색할 수 있다.
[10통과2-03-01] 감염병의 진단, 추적 등을 사례로 과학의 유용성을 설명하고, 미래 사회 문제 해결에서 과학의 필요성에 대해 논증할 수 있다.
[10통과2-03-02] 빅데이터를 과학기술사회에서 사용하고 있는 사례를 조사하고, 빅데이터 활용의 장점과 문제점을 추론할 수 있다.
[10통과2-03-03] 인공지능 로봇, 사물인터넷 등과 같이 과학기술의 발전을 인간 삶과 환경 개선에 활용하는 사례를 찾고, 이러한 과학기술의 발전이 미래 사회에 미치는 유용성과 한계를 예측할 수 있다.
[10통과2-03-04] 과학기술의 발전 과정에서 발생할 수 있는 과학 관련 사회적 쟁점(SSI)과 과학기술 이용에서 과학 윤리의 중요성에 대해 논증할 수 있다.

아래 예시처럼 작성해 줘

[예시]
세부목표 15-1. "육상과 내륙 담수의 생태계 다양화를 위해 보전과 복원 활동을 활성화한다."

통합사회 연계:

[10통사1-03-01] 자연환경이 인간의 생활에 미치는 영향에 관한 과거와 현재의 사례를 조사하여 분석하고, 안전하고 쾌적한 환경에서 살아가는 것이 시민의 권리임을 주장한다.

탐구주제: 우리 지역의 하천/습지 생태계 변화와 인간 생활에 미치는 영향 분석 및 보전 방안 모색

탐구활동 예시: 과거 항공 사진이나 지도 등을 활용하여 하천/습지의 면적 변화 추이 조사, 하천/습지 주변 개발로 인한 생태계 변화 사례 조사, 하천/습지 생태계가 지역 주민의 삶(식수 공급, 홍수 조절, 여가 활동 등)에 미치는 영향 분석, 하천/습지 보전을 위한 시민참여 방안 아이디어 제시

[10통사1-03-03] 환경문제 해결을 위한 정부, 시민사회, 기업 등의 다양한 노력을 조사하고, 생태 시민으로서 실천 방안을 모색한다.

탐구주제: 습지 보전을 위한 국내외 정책 사례 비교 분석 및 효과적인 정책 제안

탐구활동 예시: 람사르 협약 등 국제 습지 보전 협약 내용 조사, 국내 습지 보호지역 지정 현황 및 관리 실태 조사, 습지 복원사업 성공 사례 및 실패 사례 분석, 습지 보전을 위한 시민단체 활동 조사 및 참여 방안 모색

통합과학 연계:

[10통과2-02-01] 생태계 구성요소를 이해하고 생물과 환경 사이의 상호관계를 설명할 수 있다.

탐구주제: 우리 지역의 산림/하천/습지 생태계 구성요소와 특징 조사

탐구활동 예시: 학교 주변 야산, 하천, 습지 등을 방문하여 식물, 동물, 미생물 등 생물종 관찰 및 기록, 채집 활동을 통해 생태계 구성요소 확인 및 분류, 생태계 구성요소 간의 먹이 관계 및 상호작용 분석, 생태 지도 제작

[10통과2-01-02] 변이의 발생과 자연선택 과정을 통해 생물의 진화가 일어나고, 진화의 과정을 통해 생물 다양성이 형성되었음을 추론할 수 있다.

탐구주제: 멸종 위기 야생 동식물의 특징과 서식 환경 분석 및 보호 방안 연구

탐구활동 예시: 환경부 멸종 위기 야생생물 목록 조사 및 특징 연구, 멸종 위기종의 서식지 파괴 원인 분석, 멸종 위기종 보호 시설 방문 및 활동 내용 조사, 멸종 위기종 복원사업 사례 연구

GPT 4o answer

세부목표 16-5: "모든 형태의 부정부패와 뇌물수수를 감소시킨다."

통합사회 연계

[10통사2-01-02]

성취기준: 인간 존엄성 실현과 인권보장을 위한 헌법의 역할을 파악하고, 시민의 권익을 보호하기 위한 다양한 시민참여의 방안을 탐구하고 이를 실천한다.

탐구주제: "부정부패 방지를 위한 시민참여와 정책적 노력 분석"

탐구활동 예시:

- 국내외 부패방지 사례 조사(예: 청렴도 평가, 반부패 정책)
- 시민참여를 통한 부패 감시 활동 사례 연구(예: 공익 제보 플랫폼 활용)
- 헌법과 법률에서 부패방지 조항 분석 및 개선 방안 제안

[10통사2-02-03]

성취기준: 사회 및 공간 불평등 현상의 사례를 조사하고, 정의로운 사회를 만들기 위한 다양한 제도와 시민으로서의 실천 방안을 제안한다.

탐구주제: "지역별 부패 문제와 공간적 불평등 해소 방안"

탐구활동 예시:

- 지역별 공공기관 청렴도 비교 및 분석
- 부패가 사회적 불평등에 미치는 영향 조사
- 정의로운 사회를 위한 부패방지 제도 설계

[10통사2-04-02]

성취기준: 평화의 관점에서 국제사회의 갈등과 협력의 사례를 조사하고, 세계 평화를 위한 행위 주체의 바람직한 역할을 탐색한다.

탐구주제: "국제 반부패 협력 사례와 평화로운 사회 구축"

탐구활동 예시:

- UN 반부패 협약(UNCAC)과 국제협력 사례 분석
- 글로벌 반부패 캠페인(예: Transparency International)의 역할 조사
- 국제적 반부패 협력 강화를 위한 아이디어 제안

통합과학 연계

[10통과2-03-02]

성취기준: 빅데이터를 과학기술사회에서 사용하고 있는 사례를 조사하고, 빅데이터 활용의 장점과 문제점을 추론할 수 있다.

탐구주제: "빅데이터를 활용한 부정부패 감시 시스템 연구"

탐구활동 예시:

- 공공 데이터 분석을 통한 부패 탐지 알고리즘 설계
- 빅데이터 기반 공공기관 투명성 평가 사례 조사
- 데이터 활용 시 개인정보보호와 윤리적 문제 논의

[10통과2-03-03]

성취기준: 인공지능 로봇, 사물인터넷 등과 같이 과학기술의 발전을 인간 삶과 환경 개선에 활용하는 사례를 찾고, 이러한 과학기술의 발전이 미래 사회에 미치는 유용성과 한계를 예측할 수 있다.

탐구주제: "인공지능(AI)을 활용한 반부패 기술 개발"

탐구활동 예시:

- AI 기반 공공 계약 감시 시스템 사례 연구
- 블록체인 기술을 활용한 뇌물 거래 추적 가능성 분석
- 기술 발전이 가져올 반부패 활동의 장단점 토론
- 최근 트렌드 중심 탐구주제
- 디지털 기술을 활용한 투명한 행정 구현 방안
- 블록체인 기반 전자정부 시스템 설계
- AI 및 머신러닝을 통한 공공 데이터 분석으로 부패 감시
- 글로벌 반부패 캠페인의 효과와 개선 방향
- 국제 NGO와 정부 간 협력 모델 연구

- 청년 세대가 참여할 수 있는 디지털 캠페인 아이디어 개발
- 지역 사회 청렴도 향상을 위한 시민참여 플랫폼
- 지역별 청렴도 조사 및 데이터 시각화 프로젝트
- 공익 제보 활성화를 위한 모바일 앱 개발 및 홍보 전략
- 청렴 교육 프로그램 설계 및 효과 분석
- 학교 또는 지역 사회에서 청렴 교육 프로그램 기획
- 교육 후 태도 변화 측정 및 프로그램 개선 방향 제안

★ SDGs 항목-세부목표와 연계할 교과 단원의 성취기준 하나만 프롬프트에 입력하면 됩니다.

제 8 장

'정부출연연구기관'의 연구 분야 탐구

1. 정부출연연구기관이란?

정부출연연구기관은 운영 재원의 일정 부분 이상을 정부 출연금으로 충당하는 연구기관을 의미합니다. 대표적으로는 "정부출연연구기관 등의 설립·운영 및 육성에 관한 법률"을 법적 근거로 하는 경제인문사회연구회 소관 연구기관과 "과학기술 분야 정부출연연구기관 등의 설립·운영 및 육성에 관한 법률"을 법적 근거로 하는 국가과학기술연구회 소관 연구기관이 있습니다. 이외에도 소위 '정출연법' 제정과 개정 시 연구회 소관으로 이전되지 않고 부처 소관으로 남았거나 신설된 기타 정부출연연구기관이 있습니다. 위와 같은 정부출연연구기관은 공신력 있는 기관이므로 탐구활동 자료의 중요한 출처가 됩니다.

경제 · 인문사회연구회	국가과학기술연구회	기타 정부출연연구기관
• 한국개발연구원	• 한국과학기술연구원	• 한국과학기술원
– 부설 KDI 국제정책대학원	– 부설 녹색기술센터	• 광주과학기술원
• 국토연구원	• 한국기초과학지원연구원	• 대구경북과학기술원
• 건축공간연구원	• 한국핵융합에너지연구원	• 울산과학기술원
• 과학기술정책연구원	• 한국천문연구원	• 기초과학연구원
• 대외경제정책연구원	• 한국생명공학연구원	– 부설 국가수리과학연구소
• 산업연구원	• 한국과학기술정보연구원	• 한국국방연구원
• 에너지경제연구원	• 한국한의학연구원	• 국방과학연구소
• 정보통신정책연구원	• 한국생산기술연구원	• 한국원자력안전기술원
• 통일연구원	• 한국전자통신연구원	• 한국원자력의학원
• 한국교육개발원	– 부설 국가보안기술연구소	• 한국학중앙연구원
• 한국교육과정평가원	• 한국건설기술연구원	• 한국해양과학기술원
• 한국교통연구원	• 한국철도기술연구원	– 부설 극지연구소
• 한국노동연구원	• 한국표준과학연구원	– 부설 선박해양플랜트연구소

경제 · 인문사회연구회	국가과학기술연구회	기타 정부출연연구기관
• 한국농촌경제연구원 • 한국법제연구원 • 한국보건사회연구원 －부설 육아정책연구소 • 한국여성정책연구원 • 한국조세재정연구원 • 한국직업능력연구원 • 한국청소년정책연구원 • 한국해양수산개발원 • 한국행정연구원 • 한국형사 · 법무정책연구원 • 한국환경연구원	• 한국식품연구원 －부설 세계김치연구소 • 한국지질자원연구원 • 한국기계연구원 • 한국재료연구원 • 한국항공우주연구원 • 한국에너지기술연구원 • 한국전기연구원 • 한국화학연구원 －부설 안전성평가연구소 • 한국원자력연구원	• 고등과학원 • 국방기술품질원 • 국립해양생물자원관 • 한국과학재단 • 국립암센터 • 국립생태원 • 국립낙동강생물자원관 • 국립호남권생물자원관

2. 경제 · 인문사회연구회

1) 한국개발연구원(KDI)

주요 연구 분야	• 거시경제: 경제성장, 물가, 고용, 환율 등 거시경제 동향 분석 및 예측, 경제 안정화 정책 연구 • 재정: 재정정책, 조세 제도, 공공 지출, 국가 재정 운용 효율성 연구 • 산업: 산업 구조, 산업 정책, 신성장 동력 발굴, 기술 혁신 정책 연구 • 노동: 노동시장 분석, 고용 정책, 임금정책, 노사 관계 개선 연구 • 복지: 사회복지 정책, 소득 불평등 완화, 사회보장 제도 연구 • 공공정책: 정부 규제, 공공기관 운영, 정책 평가 등 공공 부문 효율성 제고 연구
기관 역할	• 대한민국 경제 정책 두뇌집단으로서 국가 경제발전 전략 수립 • 정부 정책 결정에 필요한 객관적이고 심층적인 연구 제공 • 경제 현안에 대한 분석과 정책 대안 제시 • 부설 KDI국제정책대학원을 통해 개발도상국 공무원 대상 국제개발 협력 교육 • 경제 교육 및 대국민 경제 지식 확산

2) 국토연구원(KRIHS)

주요 연구 분야	• 국토계획: 국토 종합 계획, 국토 균형 발전 정책 연구 • 도시 계획: 도시 개발, 도시재생, 스마트 도시 정책 연구 • 지역 개발: 지역 발전 전략, 지역 균형 발전 정책 연구 • 부동산: 부동산 시장 분석, 주택 정책 연구 • 교통: 교통 체계, 교통 정책, 교통 투자 연구 • 환경: 환경친화적 국토 개발, 녹색 성장 정책 연구
기관 역할	• 국토 정책 수립을 위한 전문적인 연구 제공 • 지속가능한 국토 개발 및 지역 균형 발전에 기여 • 도시 경쟁력 강화 및 살기 좋은 도시 조성 연구

3) 건축공간연구원(AURI)

주요 연구 분야	• 건축: 건축 디자인, 건축 기술, 건축 안전 연구 • 도시공간: 도시 공간 디자인, 공공 공간 조성 연구 • 도시재생: 도시 재개발, 도시 정비, 도시 활성화 연구 • 건축문화: 건축 유산 보존, 건축문화 진흥 연구 • 건설기술: 건설 기술 혁신, 친환경 건설기술 연구
기관 역할	• 건축 공간 정책 수립을 위한 전문적인 연구 제공 • 건축물 안전 및 성능 향상에 기여 • 쾌적하고 안전한 도시 공간 조성 연구 • 건축문화 발전 및 건설 산업 혁신 촉진

4) 과학기술정책연구원(STEPI)

주요 연구 분야	• 과학기술정책: 과학기술 발전 전략, 연구개발 투자 정책 연구 • 기술 혁신: 기술 혁신 시스템, 기술 사업화 정책 연구 • 연구개발: 연구개발 효율성, 연구 성과 확산 연구 • 과학기술인력: 과학기술 인력 양성, 과학기술 인력 활용 연구 • 과학기술과 사회: 과학기술의 사회적 영향, 과학기술 윤리 연구
기관 역할	• 국가 과학기술 정책 수립을 위한 전문 연구 제공 • 과학기술 경쟁력 강화 및 기술 혁신 촉진 • 과학기술과 사회의 조화로운 발전을 위한 연구 수행

5) 대외경제정책연구원(KIEP)

주요 연구 분야	• 국제경제: 세계 경제 동향 분석, 국제경제 질서 변화 연구 • 국제무역: 통상 정책, FTA 및 무역 협상 전략 연구 • 국제 금융: 국제 금융 시장 분석, 외환 정책, 국제 금융 위기 연구 • 국제개발 협력: 개발도상국 경제발전, 국제 개발 원조 전략 연구 • 주요 국가 및 지역 경제 분석: 미국, 중국, 일본, 유럽, 동남아 등 주요 국가 및 지역 경제 동향 분석
기관 역할	• 대외 경제 정책 수립을 위한 전문적인 연구 제공 • 세계 경제 동향 분석 및 국제경제 질서 변화에 대한 선제 대응 연구 • 통상 협상 전략 수립 및 국제경제 협력 증진에 기여 • 국제경제 관련 정보제공 및 교육 훈련

6) 산업연구원(KIET)

주요 연구 분야	• 산업 정책: 산업 발전 전략, 산업 구조 고도화, 신산업 육성 정책 연구 • 산업기술: 산업기술 개발 동향 분석, 기술 혁신 정책 연구 • 중소기업: 중소기업 경쟁력 강화, 중소기업 지원 정책 연구 • 지역산업: 지역 산업 발전 전략, 지역 균형 발전 정책 연구 • 제조업: 제조업 경쟁력 강화, 4차 산업혁명 대응 연구
기관 역할	• 국가 산업 발전을 위한 정책 연구 수행 • 산업 현황 분석 및 미래 산업 예측 • 기업 경영 전략 수립에 필요한 정보제공 • 산업기술 경쟁력 강화 및 산업 구조 고도화에 기여

7) 에너지경제연구원(KEEI)

주요 연구 분야	• 에너지 정책: 에너지 수급 정책, 에너지 가격 정책, 에너지 효율 정책 연구 • 에너지 수급: 에너지 자원 수급 전망, 에너지 수요 관리 연구 • 신재생 에너지: 신재생 에너지 정책, 신재생 에너지 기술 개발 연구 • 기후변화: 기후변화 대응 정책, 온실가스 감축 연구
기관 역할	• 국가 에너지 정책 수립을 위한 전문 연구 제공 • 에너지 안보 확보 및 에너지 효율 증진에 기여 • 기후변화 대응 및 지속가능한 에너지시스템 구축 연구 • 에너지 관련 정보제공 및 교육 훈련

8) 정보통신정책연구원(KISDI)

구분	내용
주요 연구 분야	• 정보통신정책: 정보 통신기술 정책, 디지털 경제 정책 연구 • 반송통신융합: 방송 통신 융합 정책, 미디어 정책 연구 • 디지털 경제: 디지털 경제 활성화, 전자상거래 정책 연구 • 미디어: 미디어 산업 발전, 미디어 리터러시 연구 • 인공지능: 인공지능 정책, 데이터 정책 연구 • 빅데이터: 빅데이터 활용 정책, 개인정보보호 연구
기관 역할	• 정보 통신 정책 수립을 위한 전문 연구 제공 • 정보 통신기술 발전과 디지털 경제 활성화에 기여 • 미디어 산업 발전 및 미디어 리터러시 증진 연구 • 인공지능 및 빅데이터 등 최신 기술 정책 연구

9) 통일연구원(KINU)

구분	내용
주요 연구 분야	• 북한정치: 북한 정치 체제, 북한 권력 구조 연구 • 북한경제: 북한 경제 동향, 북한 경제 정책 연구 • 북한 사회문화: 북한 사회문화 변화, 북한 주민 생활 연구 • 남북관계: 남북관계 발전 방안, 한반도 평화 체제 구축 연구 • 통일정책: 통일 과정, 통일 이후 사회통합 연구
기관 역할	• 남북관계 및 통일정책 수립을 위한 전문 연구 제공 • 북한 정보분석 및 북한 관련 학술 연구 수행 • 한반도 평화 체제 구축 및 통일 기반 조성에 기여

10) 한국교육개발원(KEDI)

구분	내용
주요 연구 분야	• 교육 정책: 교육 제도, 교육 개혁, 교육재정 연구 • 교육과정: 교육과정 개발, 교과서 연구, 교수 학습 방법 연구 • 교육평가: 교육평가 제도, 학력 평가, 교육 성과 연구 • 교원: 교원 양성, 교원 연수, 교원 평가 연구 • 고등교육: 고등교육 정책, 대학 경쟁력 강화 연구
기관 역할	• 국가 교육 정책 수립을 위한 전문 연구 제공 • 교육과정 개발 및 교육질 제고에 기여 • 교육 제도 개선 및 교육 혁신 촉진

11) 한국교육과정평가원(KICE)

주요 연구 분야	• 교육과정 개발: 국가 교육과정 개발, 교육과정 연구 • 교육평가: 교육평가 제도 연구, 교육평가 방법 개발 • 국가 수준 학업 성취도 평가: 국가 수준 학업 성취도 평가 시행 및 분석 • 대학수학능력시험: 대학수학능력시험 출제 및 관리 • 교육 측정: 교육 측정 이론 및 방법 연구
기관 역할	• 국가 수준 교육과정 개발 및 평가 기준 설정 • 국가 수준 학업 성취도 평가 및 대학수학능력시험 시행 • 교육평가 제도 개선 및 교육 측정 분야 연구 • 교육의 질 제고 및 교육 현장 지원

12) 한국교통연구원(KOTI)

주요 연구 분야	• 교통 정책: 교통 투자, 교통 규제, 교통안전 정책 연구 • 교통시스템: 대중교통 시스템, 지능형 교통시스템 연구 • 교통안전: 교통사고 예방, 교통안전 기술 연구 • 물류: 물류 시스템 효율화, 물류 정책 연구 • 대중교통: 대중교통 활성화, 대중교통 서비스 개선 연구
기관 역할	• 교통 정책 수립을 위한 전문 연구 제공 • 안전하고 효율적인 교통시스템 구축에 기여 • 지속가능한 교통 체계 마련을 위한 연구 수행

13) 한국노동연구원(KLI)

주요 연구 분야	• 노동시장: 노동시장 분석, 고용 불안정 해소 방안 연구 • 고용 정책: 고용 창출 정책, 실업 대책, 노동 이동 정책 연구 • 임금: 임금 결정 방식, 임금 격차 완화 방안 연구 • 노동법: 노동관계 법률 제도 연구, 노동권 보호 연구 • 노사 관계: 노사 협력 방안, 사회적 대화 활성화 연구 • 사회보험: 고용보험, 산재보험 등 사회보험 제도 연구
기관 역할	• 노동 정책 수립을 위한 전문적인 연구 제공 • 노동시장 안정화 및 고용 불안 해소에 기여 • 노동자의 권익 보호 및 노동 조건 개선에 기여 • 노사 관계 발전 및 사회적 대화 활성화

14) 한국농촌경제연구원(KREI)

주요 연구 분야	• 농업: 농업 생산성 향상, 친환경 농업 정책 연구 • 농촌경제: 농가 소득증대, 농촌경제 활성화 연구 • 식품: 식품 안전, 식품 유통, 식품 소비 정책 연구 • 농업 정책: 농업 보조금, 농업 무역 정책 연구 • 농촌개발: 농촌 지역 개발, 농촌 복지 정책 연구
기관 역할	• 농업 · 농촌 정책 수립을 위한 전문적인 연구 제공 • 농업 경쟁력 강화 및 농가 소득 증진에 기여 • 지속가능한 농업 발전 및 농촌 지역 활성화 연구 • 농업 및 농촌 관련 정보제공 및 교육 훈련

15) 한국법제연구원(KLRI)

주요 연구 분야	• 법제연구: 법률 제정, 법률 개정, 법령 분석 연구 • 입법 지원: 국회 입법 활동 지원, 법률 자문 제공 • 국제법: 국제법 연구, 국제 조약 분석
기관 역할	• 법치주의 확립 및 법제도 발전을 위한 연구 수행 • 입법 활동 지원 및 법령 정보제공 • 국제법 및 국제 조약 관련 연구

16) 한국보건사회연구원(KIHASA)

주요 연구 분야	• 보건의료: 건강보험, 의료 서비스, 질병 예방, 건강 증진 연구 • 사회복지: 사회 보장 제도, 복지 전달 체계, 복지 서비스 연구 • 인구: 저출산, 고령화, 인구 이동 정책 연구 • 가족: 가족 정책, 양성평등 정책 연구 • 아동: 아동 복지, 아동학대 예방 정책 연구 • 노인: 노인 복지, 노인 건강관리 정책 연구
기관 역할	• 보건복지 정책 수립을 위한 전문 연구 제공 • 국민 건강 증진 및 삶의 질 향상에 기여 • 사회 보장 제도 개선 및 취약계층 지원 연구 • 부설) 육아정책연구소는 영유아 보육 및 교육 정책 연구 수행

17) 한국여성정책연구원(KWDI)

주요 연구 분야	• 여성 정책: 여성 사회참여 확대, 여성 권익 보호 정책 연구 • 성평등 정책: 성차별 해소, 양성평등 사회 구현 정책 연구 • 여성 인권: 여성폭력 예방, 여성 인권 보호 연구 • 가족 정책: 가족 지원 정책, 일 가정 양립 지원 연구
기관 역할	• 여성 정책 수립을 위한 전문 연구 제공 • 성평등 사회 구현 및 여성 권익 보호에 기여 • 여성의 사회참여 확대 및 여성 역량 강화 지원

18) 한국조세재정연구원(KIPF)

주요 연구 분야	• 조세정책: 조세 제도, 조세 부담, 세수 분석 연구 • 재정정책: 재정 지출, 재정 운영, 재정 건전성 연구 • 공공기관: 공공기관 운영 효율성, 공공기관 개혁 연구 • 지방재정: 지방 세수, 지방재정 운용 연구
기관 역할	• 조세 및 재정정책 수립을 위한 전문 연구 제공 • 재정 건전성 확보 및 효율적인 재정 운용 연구 • 공공기관 효율성 증진 및 공공 부문 개혁에 기여

19) 한국직업능력연구원(KRIVET)

주요 연구 분야	• 직업교육 훈련: 직업교육 훈련 체계, 직업훈련 프로그램 연구 • 인적자원개발: 인적 자원 개발 정책, 인력 수급 분석 연구 • 평생교육: 평생교육 정책, 평생학습 프로그램 연구 • 국가직무 능력표준(NCS): 국가직무 능력표준 개발 및 활용 연구
기관 역할	• 직업 능력 개발 정책 수립을 위한 전문 연구 제공 • 국가 인적 자원 개발 및 직업교육 훈련 제도 개선 • 국가 직무 능력 표준 개발 및 보급 • 평생 학습 사회 구현에 기여

20) 한국청소년정책연구원(NYPI)

주요 연구 분야	• 청소년 정책: 청소년 정책 수립, 청소년 관련 법률 연구 • 청소년 활동: 청소년 활동 프로그램 개발, 청소년 활동 지원 연구 • 청소년 복지: 청소년 복지 제도, 청소년 상담 지원 연구 • 청소년 문제: 청소년 비행 예방, 청소년 보호 연구 • 청소년 성장 발달: 청소년 심리, 청소년 문화 연구
기관 역할	• 청소년 정책 수립을 위한 전문 연구 제공 • 청소년의 건강한 성장 발달 지원 및 청소년 복지 증진 • 청소년 문제 해결 및 청소년 권익 보호

21) 한국해양수산개발원(KMI)

주요 연구 분야	• 해양정책: 해양자원 개발, 해양 환경 보호 정책 연구 • 수산정책: 수산업 경쟁력 강화, 지속가능한 수산자원 관리 연구 • 해운항만: 해운 물류 효율화, 항만 개발 정책 연구 • 해양환경: 해양오염 방지, 해양생태계 보전 연구 • 해양과학기술: 해양과학기술 개발, 해양 산업 육성 연구
기관 역할	• 해양수산 정책 수립을 위한 전문 연구 제공 • 해양자원 개발 및 해양 산업 발전 연구 • 해양환경 보전 및 지속가능한 해양 이용에 기여

22) 한국행정연구원(KIPA)

주요 연구 분야	• 정부조직: 정부조직 구조, 정부 기능, 정부 혁신 연구 • 공공 서비스: 공공 서비스 질 향상, 공공 서비스 전달 체계 연구 • 정책 평가: 정책 효과 분석, 정책 평가 방법론 연구 • 지방행정: 지방 자치 제도, 지방행정 효율성 연구 • 전자정부: 전자정부 구현, 디지털 정부 서비스 연구
기관 역할	• 정부 운영 및 공공행정 효율성 제고를 위한 연구 수행 • 정부조직 개편 및 정책 평가 등 행정 효율성 제고에 기여 • 정부 혁신 및 공공 서비스 질 향상을 위한 정책 대안 제시

23) 한국형사 · 법무정책연구원(KIC)

주요 연구 분야	• 형사정책: 범죄 예방 정책, 형사 사법 제도 연구 • 범죄 예방: 범죄 원인 분석, 범죄 예방 전략 연구 • 교정정책: 교정 시설 운영, 재활 프로그램 연구 • 법무 정책: 법무 행정 개선, 인권 보호 연구
기관 역할	• 형사 사법 제도 및 법무 정책 개선을 위한 전문 연구 제공 • 범죄 예방 및 감소, 교정 시설 운영 개선 • 인권 보호 및 법치주의 확립에 기여

24) 한국환경연구원(KEI)

주요 연구 분야	• 환경정책: 환경정책 수립, 환경 법규 연구 • 기후변화: 기후변화 영향 평가, 온실가스 감축 정책 연구 • 대기 오염: 대기 오염 원인 분석, 대기 오염 저감 기술 연구 • 수질오염: 수질오염 원인 분석, 수질 개선 기술 연구 • 생태계: 생물 다양성 보전, 생태 복원 연구 • 자원순환: 폐기물 처리, 재활용 기술 연구
기관 역할	• 환경정책 수립을 위한 전문 연구 제공 • 환경문제 해결 및 지속가능한 발전 연구 • 기후변화 대응 및 환경오염 저감 기술 개발 • 환경 정보제공 및 대국민 환경교육

3. 국가과학기술연구회

1) 한국과학기술연구원(KIST)

주요 연구 분야	• 뇌과학: 뇌 기능 규명, 뇌 질환 치료, 인공지능 기반 뇌 연구 • 로봇: 인공지능 로봇, 서비스 로봇, 의료 로봇, 산업 로봇 • 인공지능: 인공지능 알고리즘, 머신러닝, 딥러닝, 인공지능 응용 기술 • 에너지: 신재생 에너지, 에너지 저장, 에너지 효율 기술 • 환경: 기후변화 대응 기술, 환경오염 방지 기술, 지속가능한 환경 기술 • 나노 기술: 나노 소재, 나노 소자, 나노 공정 기술 • 바이오 기술: 유전체 연구, 생체 재료, 신약 개발, 의료 기술
기관 역할	• 국가 과학기술 발전 선도, 미래 유망 기술 개발, 융합 기술 연구 허브 역할 • 부설 녹색기술센터: 기후변화 대응, 에너지 효율 향상, 친환경 기술 개발 연구

2) 한국기초과학지원연구원(KBSI)

주요 연구 분야	• 첨단 연구 장비 개발: 분석 장비, 측정 장비, 나노 장비 개발 • 분석 과학: 물질 분석, 생체 분석, 환경 분석, 첨단 분석 기술 연구 • 기초 과학 연구 지원: 연구 장비 공동 활용, 분석 과학기술 지원 • 분석 과학 전문 인력 양성: 분석 과학 교육, 전문 인력 양성
기관 역할	• 기초 과학 연구 인프라 제공, 첨단 연구 장비 공동 활용 지원, 분석 과학 연구역량 강화

3) 한국핵융합에너지연구원(KFE)

주요 연구 분야	• 핵융합 에너지 개발: 핵융합 장치 연구, 핵융합로 기술 개발 • 플라스마 기술 응용 연구: 산업, 의료, 환경, 진단 기술, 농업, 촉매 등 플라스마 기술 개발 • 핵융합・플라스마 기술 기반 미래 에너지시스템 연구
기관 역할	• 국가 핵융합 연구개발 선도, 핵융합 연구 인프라 구축 및 운영, 핵융합 전문 인력 양성, 핵융합 기술 산업화 및 사회적 가치 창출

4) 한국천문연구원(KASI)

구분	내용
주요 연구 분야	• 천문학: 천체 물리, 우주론, 은하 진화 연구 • 우주 과학: 태양계, 외계 행성, 우주 환경 연구 • 천체 관측: 망원경 개발, 천체 관측 시스템 개발 • 우주 탐사: 우주 탐사 계획 수립, 우주 탐사 기술 개발 • 천문학 교육 및 대중화: 천문학 교육 프로그램 개발, 천문학 대중화 활동
기관 역할	• 천문학 및 우주 과학 연구선도, 우주 탐사 및 천체 관측 연구 수행

5) 한국생명공학연구원(KRIBB)

구분	내용
주요 연구 분야	• 생명과학: 유전체 연구, 단백질체 연구, 세포 연구, 발생 생물학 연구 • 바이오 기술: 유전자 편집, 생물 정보학, 합성 생물학 연구 • 신약 개발: 신약 후보 물질 발굴, 약물 효능 평가, 신약 개발 플랫폼 연구 • 감염병 연구: 감염병 원인 규명, 백신 및 치료제 개발, 감염병 진단 기술 연구 • 생명공학 응용 연구: 농업 생명공학, 환경 생명공학, 산업 생명공학 연구
기관 역할	• 생명공학 연구 선도, 바이오 기술 개발 및 산업화 지원

6) 한국과학기술정보연구원(KISTI)

구분	내용
주요 연구 분야	• 과학기술 정보분석: 과학기술 동향 분석, 연구개발 정보분석 • 슈퍼컴퓨팅: 슈퍼컴퓨터 운영, 슈퍼컴퓨팅 기술 개발 • 국가 과학기술 데이터 인프라: 국가 과학기술 데이터 플랫폼 구축, 연구자료 관리 • 과학기술 정보 서비스: 과학기술 정보제공, 연구 지원 서비스
기관 역할	• 국가 과학기술 정보 허브 역할, 과학기술 연구 자료 관리와 활용 지원

7) 한국한의학연구원(KIOM)

주요 연구 분야	• 한의학 기초 연구: 한의학 이론 연구, 경락 연구, 체질 연구 • 한의학 임상 연구: 한의학 치료 효과 연구, 한의학 치료 기법 연구 • 한약 제제 개발: 한약 효능 연구, 한약 제제 표준화, 한약 신약 개발 • 한의학 표준화 및 과학화: 한의학 데이터베이스 구축, 한의학 과학적 검증
기관 역할	• 한의학 과학화 및 현대화 선도, 한의학 연구 및 임상 적용 활성화

8) 한국생산기술연구원(KITECH)

주요 연구 분야	• 생산 기술: 생산 시스템 설계, 자동화 기술, 공정 기술 • 제조 기술: 첨단 제조 기술, 스마트 제조 기술, 융합 제조 기술 • 공정 자동화: 공장 자동화 시스템 개발, 생산 설비 자동화 기술 • 스마트 제조 기술: 스마트 센서, IoT, 빅데이터 기반 스마트 제조 기술 • 뿌리 기술: 주조, 금형, 용접, 소성 가공, 표면 처리 기술 • 중소기업 기술 지원: 기술 컨설팅, 기술 이전, 기술 사업화 지원
기관 역할	• 제조 기술 혁신 및 중소기업 기술 경쟁력 강화, 스마트 제조 기술 개발 및 보급

9) 한국전자통신연구원(ETRI)

주요 연구 분야	• 정보통신 기술: 차세대 통신기술, 인공지능, 반도체 기술, 전파 기술 • 인공지능: 인공지능 플랫폼, 인공지능 알고리즘, 인공지능 응용 기술 • 통신기술: 5G/6G 통신기술, 위성 통신 기술, 무선 통신 기술 • 반도체: 차세대 반도체 소자, 시스템 반도체, 전력 반도체 기술 • 전파: 전파 기술, 전파 시스템, 전파 환경 연구 • 소프트웨어: 인공지능 소프트웨어, 임베디드 소프트웨어, 시스템 소프트웨어 • 사이버 보안: 사이버 공격 방어, 정보 보안 기술, 암호 기술 • 차세대 인터넷 기술: 차세대 인터넷 프로토콜, 양자 통신 기술
기관 역할	• 국가 정보 통신기술 개발 선도, 미래 유망 기술 개발, 정보 통신기술 산업 경쟁력 강화 • 부설 국가보안기술연구소: 국가 사이버 보안 기술 연구개발, 사이버 위협 대응 및 보안 기술 개발

10) 한국건설기술연구원(KICT)

주요 연구 분야	• 건설기술: 건설 재료, 건설 시공, 건설 안전, 건설 관리 기술 • 인프라 기술: 도로, 철도, 항만, 교량, 터널, 지하 시설 기술 • 건설 재료: 친환경 건설 재료, 고성능 건설 재료, 스마트 건설 재료 • 건설 안전: 건설 재해 예방 기술, 시설물 안전 진단 기술 • 스마트 건설: 건설 자동화, 로봇 건설, BIM 기술 • 도시 개발: 도시 계획, 도시 재개발, 스마트 도시 기술 • 국토 관리: 국토 관리 시스템 개발, 국토 정보 기술
기관 역할	• 건설 기술 혁신, 국가 기반시설 안전 및 성능 향상, 건설 산업 경쟁력 강화

11) 한국철도기술연구원(KRRI)

주요 연구 분야	• 철도 시스템: 철도 운영 시스템, 철도 신호 시스템, 철도 통신 시스템 • 철도 차량: 고속철도 차량, 도시철도 차량, 차세대 철도 차량 • 철도 신호: 철도 신호 제어, 자동 열차 제어, 철도 안전 제어 • 철도 안전: 철도 사고 예방, 철도 재난 대응 • 고속철도: 고속철도 기술, 고속철도 운영 기술 • 도시철도: 도시철도 시스템, 도시철도 운영 기술 • 철도 물류 기술: 철도 물류 시스템, 철도 물류 기술
기관 역할	• 철도 기술 개발 및 혁신, 철도 시스템 안전 및 효율성 향상

12) 한국표준과학연구원(KRISS)

주요 연구 분야	• 측정 표준: 길이, 질량, 시간, 온도, 전기, 광학 등 국가 측정 표준 연구 • 측정 기술 개발: 측정 장비 개발, 측정 방법 개발, 측정불확도 평가 기술 개발 • 첨단 측정 기술: 양자 측정 기술, 나노 측정 기술, 바이오 측정 기술
기관 역할	• 국가 측정 표준 확립 및 유지, 측정 기술 개발 및 산업 지원

13) 한국식품연구원(KFRI)

주요 연구 분야	• 식품 과학: 식품 성분 분석, 식품 기능성 연구, 식품 안전성 연구 • 식품 가공: 식품 가공 기술 개발, 식품 저장 기술 개발 • 식품 기능성 연구: 기능성 식품 개발, 건강 기능 식품 연구 • 전통 식품 연구: 전통 식품 발효, 전통 식품 가공 기술 연구 • 식품 산업 지원: 식품 기술 컨설팅, 식품 기업 지원
기관 역할	• 식품 산업 발전을 위한 연구개발, 국민 건강 및 식품 안전 증진 • 부설 세계김치연구소: 김치 연구개발, 김치 산업 진흥, 김치 세계화 연구

14) 한국지질자원연구원(KIGAM)

주요 연구 분야	• 지질 과학: 지질 구조 연구, 지질 연대 측정, 지질도 제작 • 광물 자원: 광물 자원 탐사, 광물 자원 개발, 광물 자원 분석 • 에너지 자원: 석유, 가스, 지열 에너지, 지하수 자원 탐사 및 개발 • 지하수: 지하수 관리, 지하수 오염 방지, 지하수 자원 평가 • 지질 재해: 지진, 화산, 산사태 등 지질 재해 예측 및 방지 • 지구 환경: 지구온난화, 기후변화, 환경오염 연구
기관 역할	지질 자원 개발 및 활용, 지질 재해 예방, 지속가능한 지구 환경 연구

15) 한국기계연구원(KIMM)

주요 연구 분야	• 기계 기술: 기계 설계, 기계 시스템, 기계 제어 기술 • 제조 기술: 정밀 가공, 스마트 제조, 3D 프린팅 기술 • 로봇 기술: 산업 로봇, 의료 로봇, 서비스 로봇, 인공지능 로봇 • 에너지 기계: 에너지 변환 기술, 에너지 저장 기술 • 나노 기계: 나노 기술, 나노 센서, 나노 소자 • 극저온 기술: 극저온 냉동 기술, 초전도 기술
기관 역할	• 기계 기술 개발 및 산업 지원, 첨단 기계 기술 연구 선도

16) 한국재료연구원(KIMS)

주요 연구 분야	• 금속 재료: 철강 재료, 비철금속 재료, 경량 금속 재료 • 세라믹 재료: 기능성 세라믹, 구조용 세라믹, 나노 세라믹 • 고분자 재료: 엔지니어링 플라스틱, 고분자 복합재료, 기능성 고분자 • 복합재료: 섬유 복합재료, 금속 복합재료, 세라믹 복합재료 • 나노 재료: 나노 입자, 나노 필름, 나노 복합재료 • 재료 분석: 재료 구조 분석, 재료 물성 분석, 재료 파괴 분석 • 재료 공정 기술: 재료 성형 기술, 재료 표면 처리 기술, 재료 접합 기술
기관 역할	• 재료 기술 개발 및 산업 경쟁력 강화, 첨단 재료 연구 선도

17) 한국항공우주연구원(KARI)

주요 연구 분야	• 항공 기술: 항공기 설계, 항공기 제어, 항공기 추진 기술 • 우주 기술: 위성 개발, 발사체 개발, 우주 탐사 기술 • 위성 개발: 인공위성 설계, 인공위성 제작, 인공위성 발사 • 발사체 개발: 로켓 설계, 로켓 제작, 발사 기술 • 우주 탐사: 달 탐사, 행성 탐사, 소행성 탐사 • 항공 안전: 항공 안전 기술, 항공 교통 관제 기술
기관 역할	• 국가 항공우주 기술 개발 선도, 위성 개발 및 발사, 항공우주 산업 경쟁력 강화

18) 한국에너지기술연구원(KIER)

주요 연구 분야	• 신재생 에너지: 태양광, 풍력, 지열, 바이오 에너지, 수소 에너지 기술 • 에너지 효율: 에너지 절약 기술, 고효율 에너지 기술, 에너지 관리 시스템 • 에너지 저장: 에너지 저장 장치, 이차 전지, 연료 전지 • 스마트 그리드: 스마트 전력망, 에너지 관리 시스템 • 기후변화 대응 에너지 기술: 온실가스 감축 기술, 탄소 포집 활용 기술
기관 역할	• 미래 에너지 기술 개발, 신재생 에너지 기술 개발 및 보급, 에너지 효율 기술 향상

19) 한국전기연구원(KERI)

주요 연구 분야	• 전력 시스템: 전력망 기술, 전력 제어 기술, 전력 보호 기술 • 전기 기기: 전기 모터, 전기 발전기, 전력 변환 장치 • 전력 반도체: 전력 반도체 소자, 전력 반도체 모듈, 전력 반도체 응용 기술 • 전기 에너지 변환: 에너지 변환 기술, 에너지 저장 기술, 전기 에너지 활용 기술 • 전기 안전: 전기 안전 기술, 전기 안전 시험, 전기 안전 진단 • 스마트 그리드: 스마트 전력망 시스템, 에너지 관리 시스템
기관 역할	• 전기 기술 개발 및 산업 지원, 전력 시스템 안전 및 효율 향상, 미래 전력 기술 선도

20) 한국화학연구원(KRICT)

주요 연구 분야	• 화학물질: 기초 화학물질, 정밀 화학물질, 기능성 화학물질 • 화학 공정: 화학반응 공정, 촉매 기술, 분리 정제 기술 • 정밀 화학: 의약품 중간체, 농약 중간체, 첨가제 기술 • 신소재: 고분자 재료, 나노 재료, 복합재료, 전자 재료 • 의약 화학: 신약 후보 물질 개발, 약물 전달 기술, 의약 분석 기술 • 환경 화학: 환경오염 물질 분석, 환경 정화 기술, 친환경 화학 기술 • 화학 안전: 화학물질 안전관리, 독성 평가, 위험성 평가
기관 역할	• 화학 기술 개발 및 산업 지원, 화학물질 안전관리, 친환경 화학 기술 개발 • 부설 안전성평가연구소: 화학물질 안전성 평가, 독성 연구, 위해성 평가

21) 한국원자력연구원(KAERI)

주요 연구 분야	• 원자력 기술: 원자력 발전 기술, 원자력 안전 기술, 방사선 기술 • 원자로: 차세대 원자로 설계, 소형 모듈 원자로 기술 • 핵연료: 핵연료 개발, 핵연료 안전 기술 • 방사선 이용 기술: 방사선 의료, 방사선 식품, 방사선 산업기술 • 방사성 폐기물 관리: 방사성 폐기물 처리 및 처분 기술 • 원자력 안전: 원자력 시설 안전, 원자력 사고 대응
기관 역할	• 원자력 기술 개발 및 원자력 산업 발전, 원자력 안전 기술 확보

4. 기타 정부출연연구기관

1) 한국과학기술원(KAIST)

주요 연구 분야	• 기초 과학: 수학, 물리학, 화학, 생명과학 등 순수 기초 과학 연구 • 공학: 기계공학, 전기전자공학, 컴퓨터공학, 건설환경공학, 화학공학, 항공우주공학 등 • 융합과학기술: 인공지능, 바이오, 나노, 에너지, 환경, 시스템 생물학 등 • 미래 기술: 양자 기술, 뇌과학, 로봇공학, 스마트 시티 등
기관 역할	• 과학기술 인재 양성, 첨단 과학기술 연구개발, 국가 과학기술 발전 선도

2) 광주과학기술원(GIST)

주요 연구 분야	• 인공지능: 인공지능 알고리즘, 머신러닝, 딥러닝, 인공지능 응용 기술 • 에너지: 신재생 에너지, 에너지 저장, 에너지 효율 기술 • 환경: 기후변화, 대기 오염, 수질오염, 환경 재료 기술 • 신소재: 나노 재료, 복합재료, 기능성 재료 • 바이오: 유전체 연구, 생명공학, 생체 재료 • 첨단 광학: 광학 센서, 레이저, 광통신 기술
기관 역할	• 과학기술 인재 양성, 지역 기반 과학기술 연구개발, 첨단 과학기술 분야 특화 연구

3) 대구경북과학기술원(DGIST)

주요 연구 분야	• 뇌인지과학: 뇌 기능 규명, 뇌 질환 연구, 인공지능 기반 뇌 연구 • 뉴바이아로지: 시스템 생물학, 합성 생물학, 생명공학 응용 연구 • 에너지 시스템공학: 에너지 효율, 신재생 에너지, 에너지 저장 연구 • 로봇공학: 지능형 로봇, 휴머노이드 로봇, 의료 로봇 연구 • 융합 연구: 여러 학문 분야를 결합한 창의적인 연구
기관 역할	• 미래 유망 과학기술 연구개발, 창의적 과학기술 인재 양성

4) 울산과학기술원(UNIST)

주요 연구 분야	• 에너지: 차세대 에너지 기술, 신재생 에너지, 에너지 효율 향상 • 첨단소재: 나노 재료, 이차 전지 소재, 경량 소재 • 바이오메디컬: 바이오 센서, 생체 재료, 질병 진단 및 치료 기술 • 인공지능: 인공지능 알고리즘 개발, 인공지능 응용 시스템 • 스마트 제조: 스마트 팩토리, 제조 자동화, 산업 로봇 기술 • 융합 기술: 여러 학문 분야를 결합한 융합 연구
기관 역할	• 국가 주력 산업 분야 과학기술 혁신, 융합 과학기술 연구개발, 기술 사업화 촉진

5) 기초과학연구원(IBS)

주요 연구 분야	• 수학: 순수 수학, 응용 수학, 수학적 모델링 • 물리학: 입사 물리학, 응축물실 물리학, 천제 물리학, 양자 물리학 • 화학: 유기 화학, 무기 화학, 물리 화학, 생화학 • 생명과학: 유전체학, 세포 생물학, 신경과학, 생물 물리학 • 지구과학: 지구 내부 구조, 기후변화, 환경 과학
기관 역할	• 기초 과학 연구 선도, 세계적 수준의 기초 과학 연구 성과 창출 • 부설 국가수리과학연구소: 수학 연구, 수학 난제 해결, 수학 교육 및 응용 연구

6) 한국국방연구원(KIDA)

주요 연구 분야	• 국방 정책: 국방 정책 수립, 국방 예산 분석, 국방 개혁 연구 • 군사 전략: 군사 전략 분석, 북한 군사 동향 분석, 안보 환경 연구 • 군사력 건설: 군사력 건설 방향, 국방 자원관리, 국방 과학기술 연구 • 국방 기술: 무기 체계 연구, 국방 기술 개발, 국방 기술 정책 연구 • 안보 환경 분석: 한반도 안보 분석, 국제 안보 분석
기관 역할	• 국방 정책 수립 지원, 국방력 강화 및 안보 환경 분석 연구

7) 국방과학연구소(ADD)

주요 연구 분야	• 국방 과학기술: 국방 과학기술 연구개발, 무기 체계 개발 • 무기 체계: 유도 무기, 감시 정찰 무기, 사이버 무기, 우주 무기 • 첨단 무기 시스템: 인공지능 무기, 로봇 무기, 드론 무기 • 국방 기술 연구개발: 국방 핵심기술 개발, 국방 기술 협력 연구
기관 역할	• 국가 국방력 강화, 첨단 무기 체계 개발, 국방 과학기술 연구 선도

8) 한국원자력의학원(KIRAMS)

주요 연구 분야	• 방사선 의학: 방사선 진단, 방사선 치료, 방사선 종양학 연구 • 핵의학: 핵의학 영상, 핵의학 치료, 핵의학 연구 • 암 진단 및 치료: 암 조기 진단, 표적 치료, 방사선 치료 • 방사선 재해 대응: 방사선 재해 발생 시 대응 시스템 구축, 방사선 재해 피해자 치료
기관 역할	• 방사선 의학 연구, 암 진단 및 치료 기술 개발, 방사선 재해 대응 시스템 구축

9) 한국학중앙연구원(AKS)

주요 연구 분야	• 한국 역사: 고대사, 중세사, 근현대사 연구 • 한국 문화: 전통문화, 민속 문화, 예술 문화 연구 • 한국 철학: 유학, 불교, 한국 사상 연구 • 한국 민속학: 민속 신앙, 민속놀이, 전통 의례 연구 • 한국어 연구: 한국어 어휘, 문법, 국어 교육 연구
기관 역할	• 한국학 연구 선도, 한국 문화와 역사 연구, 한국학 연구 자료 제공

10) 한국해양과학기술원(KIOST)

주요 연구 분야	• 해양과학: 해양 물리, 해양 화학, 해양생물, 해양 지질 • 해양 기술: 해양 관측, 해양 탐사, 해양자원 개발 • 해양자원: 해양 생물 자원, 해양 광물 자원, 해양 에너지 • 해양환경: 해양오염, 해양생태계 보호, 해양 재해 • 극지 연구: 남극, 북극 연구, 극지 환경 연구, 극지 과학기술 • 해양정책: 해양 관리, 해양법, 해양 개발 정책
기관 역할	• 해양과학기술 연구 선도, 해양자원 개발 및 해양환경 보전 연구 • 부설 극지연구소: 남극 및 북극 연구, 극지 환경 연구, 극지 과학 연구 • 부설 선박해양플랜트연구소: 선박 설계, 해양 플랜트, 해양 에너지 기술 개발

11) 고등과학원(KIAS)

주요 연구 분야	• 수학: 대수학, 기하학, 해석학, 위상수학 • 물리학: 입자 물리학, 응축물질 물리학, 통계 물리학, 천체 물리학 • 천문학: 우주론, 천체 물리학, 천문 관측 • 뇌과학: 신경생물학, 인지과학, 계산 신경과학
기관 역할	• 기초 과학 분야 연구 지원, 세계적 수준의 기초 과학 연구 허브

12) 국방기술품질원(DTaQ)

주요 연구 분야	• 국방 기술 품질 관리: 국방 기술 품질 보증, 국방 품질 관리 체계 • 국방 규격 표준화: 국방 규격 제정, 국방 기술 표준화 • 국방 기술 시험 평가: 국방 기술 시험 분석, 무기 체계 시험 평가 • 국방 기술 정보: 국방 기술 정보 분석, 국방 기술 동향 조사
기관 역할	• 국방 기술 품질 보증, 국방 기술 품질 관리 시스템 운영

13) 국립해양생물자원관(MABIK)

주요 연구 분야	• 해양생물 자원 연구: 해양생물 분류, 해양생물 생태, 해양생물 다양성 • 해양생물 유전자원 연구: 해양생물 유전자 분석, 유전자은행 운영 • 해양생물 표본 관리: 해양생물 표본 수집, 표본 분류, 표본 보관 • 해양생물 자원 활용 연구: 해양생물 자원 산업화, 해양생물 자원 활용 기술
기관 역할	• 해양생물 자원 확보 및 관리, 해양생물 다양성 연구 및 보전

14) 한국과학재단(KOFAC)

주요 연구 분야	• 과학기술 정책 연구: 국가 과학기술 정책 개발, 과학기술 투자 분석 • 과학기술 교육 및 문화 진흥 사업: 과학기술 교육 프로그램 개발, 과학문화 확산 활동 • 과학기술 인력 양성 사업: 과학기술 인재 양성 지원, 과학기술 연구 지원
기관 역할	• 국가 과학기술 발전 지원, 과학기술 문화 확산, 과학기술 교육 활성화

15) 국립암센터(NCC)

주요 연구 분야	• 암 연구: 암 발생 원인, 암 진단, 암 치료 연구 • 암 진단: 암 조기 진단, 암 영상 진단, 암 유전자 진단 • 암 치료: 외과 수술, 방사선 치료, 항암 치료, 표적 치료 • 암 예방 및 관리: 암 예방 전략, 암 건강검진, 암 환자 관리 • 암 환자 지원: 암 환자 재활, 암 환자 심리 지원
기관 역할	• 암 연구 선도, 암 진단 및 치료 기술 개발, 암 환자 지원 및 암 관리 시스템 구축

16) 국립생태원(NIE)

주요 연구 분야	• 생태계 연구: 생태계 기능, 생태계 구조, 생태계 변화 연구 • 생물 다양성 연구: 생물종 다양성, 생물 서식지 연구, 멸종 위기종 연구 • 생태 교육 및 전시: 생태 교육 프로그램 개발, 생태 전시관 운영 • 멸종 위기종 복원: 멸종 위기종 증식, 서식지 복원, 생태계 복원
기관 역할	• 생태계 보전 연구, 생물 다양성 보호, 자연환경 교육

17) 국립낙동강생물자원관(NNIBR)

주요 연구 분야	• 낙동강 유역 생물 자원 연구: 낙동강 유역 생물종, 생태계 연구 • 담수 생물 연구: 담수 생물 분류, 담수 생물 생태, 담수 생물 다양성 • 생물 다양성 연구: 생물 자원 발굴, 생물 자원 보존, 생물 자원 활용
기관 역할	• 낙동강 유역 생물 자원 보존 및 활용, 담수 생물 연구

18) 국립호남권생물자원관(HNIBR)

주요 연구 분야	• 호남권 생물 자원 연구: 호남권 생물종, 생태계 연구 • 생물 다양성 연구: 생물 자원 발굴, 생물 자원 보전, 생물 자원 활용 • 생물 자원 활용 연구: 생물 자원 산업화, 생물 자원 기능성 연구
기관 역할	• 호남권 생물 자원 발굴 및 보존, 생물 다양성 연구

제 9 장 '정부출연연구기관'의 연구 분야 탐구 AI prompt

GPT 4o prompt

한국법제연구원에서 하는 '주요 연구 분야'와 '기관 역할'은 아래와 같다.

[주요 연구 분야]
• 법제연구: 법률 제정, 법률 개정, 법령 분석 연구
• 입법 지원: 국회 입법 활동 지원, 법률 자문 제공
• 국제법: 국제법 연구, 국제 조약 분석

[기관 역할]
• 법치주의 확립 및 법제도 발전을 위한 연구 수행
• 입법 활동 지원 및 법령 정보제공
• 국제법 및 국제 조약 관련 연구

K-SDGs 16번 항목(평화 · 정의 · 포용) 세부목표 16-5(부정부패와 뇌물수수를 감소시킨다)와 2022 개정 교육과정 통합사회 및 통합과학 단원의 성취기준과 연계하여 학생들이 진행할 수 있는 최근 트렌드 중심의 탐구주제를 정리해 줘

[통합사회 단원별 내용]
[10통사1-01-01] 인간, 사회, 환경을 바라보는 시간적, 공간적, 사회적, 윤리적 관점의 의미와 특징을 사례를 통해 파악한다.
[10통사1-01-02] 인간, 사회, 환경의 탐구에 통합적 관점이 요청되는 이유를 도출하고 이를 탐구에 적용한다.
[10통사1-02-01] 시대와 지역에 따라 다르게 나타나는 행복의 기준을 사례를 통해 비교하여 평가하고, 삶의 목적으로서 행복의 의미를 성찰한다.
[10통사1-02-02] 행복한 삶을 실현하기 위한 조건으로 질 높은 정주 환경의 조성, 경제적 안정, 민주주의 발전 및 도덕적 실천의 필요성에 관해 탐구한다.
[10통사1-03-01] 자연환경이 인간의 생활에 미치는 영향에 관한 과거와 현재의 사례를 조사하여 분석하고, 안전하고 쾌적한 환경에서 살아가는 것이 시민의 권리임을 주장한다.
[10통사1-03-02] 자연에 대한 인간의 다양한 관점을 사례를 통해 비교하고, 인간과 자연의 바람직한 관계를 제안한다.
[10통사1-03-03] 환경문제 해결을 위한 정부, 시민사회, 기업 등의 다양한 노력을 조사하

고, 생태 시민으로서 실천 방안을 모색한다.
10통사1-04-01] 자연환경과 인문환경의 영향을 받아 형성된 다양한 문화권의 특징과 삶의 방식을 탐구한다.
[10통사1-04-02] 문화 변동의 다양한 양상을 이해하고, 현대 사회에서 전통문화가 지니는 의의를 탐색한다.
[10통사1-04-03] 문화적 차이에 대한 상대주의적 태도의 필요성을 이해하고, 보편윤리의 차원에서 자문화와 타문화를 평가한다.
[10통사1-04-04] 다문화 사회의 현황을 조사하고, 문화적 다양성을 존중하는 태도를 바탕으로 갈등 해결 방안을 모색한다.
[10통사1-05-01] 산업화, 도시화로 인해 나타난 생활공간과 생활양식의 변화 양상을 조사하고, 이에 따른 문제점의 해결 방안을 제안한다.
[10통사1-05-02] 교통·통신 및 과학기술의 발달과 함께 나타난 생활공간과 생활양식의 변화 양상을 조사하고, 이에 따른 문제점의 해결 방안을 제안한다.
[10통사1-05-03] 자신이 거주하는 지역을 사례로 공간 변화가 초래한 양상 및 문제점을 탐구하고, 공동체의 구성원으로서 지역 사회의 변화를 위한 방안을 모색하고 이를 실천한다.
[10통사2-01-01] 근대 시민 혁명 등을 통해 확립되어 온 인권의 의미와 변화 양상을 이해하고, 현대 사회에서 주거, 안전, 환경, 문화 등 다양한 영역으로 인권이 확장되고 있는 사례를 조사한다.
[10통사2-01-02] 인간 존엄성 실현과 인권보장을 위한 헌법의 역할을 파악하고, 시민의 권익을 보호하기 위한 다양한 시민참여의 방안을 탐구하고 이를 실천한다.
[10통사2-01-03] 사회적 소수자 차별, 청소년의 노동권 등 국내 인권 문제와 인권지수를 통해 확인할 수 있는 세계 인권 문제의 양상을 조사하고, 이에 대한 해결 방안을 모색한다.
[10통사2-02-01] 정의의 의미와 정의가 요구되는 이유를 파악하고, 다양한 사례를 통해 정의의 실질적 기준을 탐구한다.
[10통사2-02-02] 개인과 공동체의 관계를 기준으로 다양한 정의관을 비교하고, 이를 구체적인 사례에 적용하여 설명한다.
[10통사2-02-03] 사회 및 공간 불평등 현상의 사례를 조사하고, 정의로운 사회를 만들기 위한 다양한 제도와 시민으로서의 실천 방안을 제안한다.
[10통사2-03-01] 자본주의의 역사적 전개 과정과 그 특징을 조사하고, 시장과 정부의 관계를 중심으로 다양한 삶의 방식을 비교 평가한다.
[10통사2-03-02] 합리적 선택의 의미와 그 한계를 파악하고, 지속가능발전을 위해 요청되는 정부, 기업가, 노동자, 소비자의 바람직한 역할과 책임에 관해 탐구한다.
[10통사2-03-03] 금융 자산의 특징과 자산관리의 원칙을 토대로 금융 생활을 설계하고, 경제적, 사회적 환경의 변화가 금융과 관련한 의사결정에 미치는 영향을 탐구한다.
[10통사2-03-04] 자원, 노동, 자본의 지역 분포에 따른 국제 분업과 무역의 필요성을 이해하고, 지속가능발전에 기여하는 국제무역의 방안을 탐색한다.
[10통사2-04-01] 세계화의 다양한 양상을 살펴보고, 세계화 시대의 문제점과 그에 대한 해결 방안을 제안한다.
[10통사2-04-02] 평화의 관점에서 국제사회의 갈등과 협력의 사례를 조사하고, 세계 평화

를 위한 행위 주체의 바람직한 역할을 탐색한다.
[10통사2-04-03] 남북 분단과 동아시아의 역사 갈등 상황을 분석하고, 이를 토대로 우리나라가 세계 평화에 기여하는 방안을 제안한다.
[10통사2-05-01] 세계의 인구 분포와 구조 등에 대한 이해를 토대로 현재와 미래의 인구 문제 양상을 파악하고, 그 해결 방안을 제안한다.
[10통사2-05-02] 지구적 차원에서 에너지 자원의 분포와 소비 실태를 파악하고, 기후변화에 대한 대응과 지속가능한 발전을 위한 제도적 방안과 개인적 노력을 탐구한다.
[10통사2-05-03] 미래 사회의 모습을 다양한 측면에서 예측하고, 이를 바탕으로 세계시민으로서 자신의 미래 삶의 방향을 설정한다.

[통합과학 단원별 내용]
[10통과1-01-01] 자연을 시간과 공간에서 기술할 수 있음을 알고, 길이와 시간 측정의 현대적 방법과 다양한 규모의 측정 사례를 조사할 수 있다.
[10통과1-01-02] 과학 탐구에서 중요한 기본량의 의미를 알고, 자연 현상을 기술하는 데 단위가 가지는 의미와 적용사례를 설명할 수 있다.
[10통과1-01-03] 과학 탐구에서 측정과 어림의 의미를 알고, 일상생활의 여러 가지 상황에서 측정 표준의 유용성과 필요성을 논증할 수 있다.
[10통과1-01-04] 자연에서 일어나는 다양한 변화를 측정·분석하여 정보를 산출함을 알고, 이러한 정보를 디지털로 변환하는 기술을 정보 통신에 활용하여 현대 문명에 미친 영향을 인식한다.
[10통과1-02-01] 천체에서 방출되는 빛의 스펙트럼을 분석하여 우주 초기에 형성된 원소와 천체의 구성 물질을 추론할 수 있다.
[10통과1-02-02] 우주 초기의 원소들로부터 태양계의 재료이면서 생명체를 구성하는 원소들이 형성되는 과정을 통해 지구와 생명의 역사가 우주 역사의 일부분임을 해석할 수 있다.
[10통과1-02-03] 세상을 구성하는 원소들의 성질이 주기성을 나타내는 현상을 통해 자연의 규칙성을 도출하고, 지구와 생명체를 구성하는 주요 원소들이 결합을 형성하는 이유를 해석할 수 있다.
[10통과1-02-04] 인류의 생존에 필수적인 물, 산소, 소금 등이 만들어지는 결합의 차이를 이해하고, 각 물질의 성질과 관련지어 설명할 수 있다.
[10통과1-02-05] 지각과 생명체를 구성하는 물질들이 기본 단위체의 결합을 통해서 형성된다는 것을 규산염 광물, 단백질과 핵산의 예를 통해 설명할 수 있다.
[10통과1-02-06] 지구를 구성하는 물질을 전기적 성질에 따라 구분할 수 있고, 물질의 전기적 성질을 응용하여 일상생활과 첨단기술에서 다양한 소재로 활용됨을 인식한다.
[10통과1-03-01] 지구시스템은 태양계라는 시스템의 구성요소임을 알고, 지구시스템을 구성하는 권역 간의 물질 순환과 에너지 흐름의 결과로 나타나는 현상을 논증할 수 있다.
[10통과1-03-02] 지권의 변화를 판 구조론 관점에서 해석하고, 에너지 흐름의 결과로 발생하는 지권의 변화가 지구시스템에 미치는 영향을 추론할 수 있다.
[10통과1-03-03] 중력의 작용으로 인한 지구 표면과 지구 주위의 다양한 운동을 설명할 수 있다.

[10통과1-03-04] 상호작용이 없을 때 물체가 가속되지 않음을 알고, 충격량과 운동량의 관계를 충돌 관련 안전장치와 스포츠에 적용할 수 있다.
[10통과1-03-05] 생명 시스템을 유지하기 위해서 다양한 화학반응과 물질 출입이 필요함을 이해하고, 일상생활에서 활용되는 화학반응 사례를 조사하여 발표할 수 있다.
[10통과1-03-06] 생명 시스템의 유지에 필요한 세포 내 정보의 흐름을 유전자로부터 단백질이 만들어지는 과정을 중심으로 설명할 수 있다.
[10통과2-01-01] 지질시대를 통해 지구 환경이 끊임없이 변화해 왔으며 이러한 환경 변화가 생물 다양성에 미치는 영향을 추론할 수 있다.
[10통과2-01-02] 변이의 발생과 자연선택 과정을 통해 생물의 진화가 일어나고, 진화의 과정을 통해 생물 다양성이 형성되었음을 추론할 수 있다.
[10통과2-01-03] 자연과 인류의 역사에 큰 변화를 가져온 광합성, 화석연료 사용, 철의 제련 등에서 공통점을 찾아 산화와 환원을 이해하고, 생활 주변의 다양한 변화를 산화와 환원의 특징과 규칙성으로 분석할 수 있다.
[10통과2-01-04] 대표적인 산 · 염기 물질의 특징을 알고, 산과 염기를 혼합할 때 나타나는 중화 반응을 생활 속에서 이용할 수 있다.
[10통과2-01-05] 생활 주변에서 에너지를 흡수하거나 방출하는 현상을 찾아 에너지의 흡수 · 방출이 우리 생활에 어떻게 이용되는지 토의할 수 있다.
[10통과2-02-01] 생태계 구성요소를 이해하고 생물과 환경 사이의 상호관계를 설명할 수 있다.
[10통과2-02-02] 먹이 관계와 생태 피라미드를 중심으로 생태계 평형이 유지되는 과정을 이해하고, 환경의 변화가 생태계에 미칠 수 있는 영향에 대해 협력적으로 소통할 수 있다.
[10통과2-02-03] 온실효과 강화로 인한 지구온난화의 메커니즘을 이해하고, 엘니뇨, 사막화 등과 같은 현상이 지구 환경과 인간 생활에 미치는 영향과 대처 방안을 분석할 수 있다.
[10통과2-02-04] 태양에서 수소 핵융합 반응을 통해 질량 일부가 에너지로 바뀌고, 그중 일부가 지구에서 에너지 흐름을 일으키며 다양한 에너지로 전환되는 과정을 추론할 수 있다.
[10통과2-02-05] 발전기에서 운동 에너지가 전기 에너지로 전환되는 과정을 이해하고, 열원으로서 화석연료, 핵에너지를 이용하는 발전소가 인간 생활에 미치는 영향을 조사 · 발표할 수 있다.
[10통과2-02-06] 에너지 효율의 의미와 중요성을 이해하고, 지속가능한 발전과 지구 환경 문제 해결에 신재생 에너지 기술을 활용하는 방안을 탐색할 수 있다.
[10통과2-03-01] 감염병의 진단, 추적 등을 사례로 과학의 유용성을 설명하고, 미래 사회 문제 해결에서 과학의 필요성에 대해 논증할 수 있다.
[10통과2-03-02] 빅데이터를 과학기술사회에서 사용하고 있는 사례를 조사하고, 빅데이터 활용의 장점과 문제점을 추론할 수 있다.
[10통과2-03-03] 인공지능 로봇, 사물인터넷 등과 같이 과학기술의 발전을 인간 삶과 환경 개선에 활용하는 사례를 찾고, 이러한 과학기술의 발전이 미래 사회에 미치는 유용성과 한계를 예측할 수 있다.
[10통과2-03-04] 과학기술의 발전 과정에서 발생할 수 있는 과학 관련 사회적 쟁점(SSI)과 과학기술 이용에서 과학 윤리의 중요성에 대해 논증할 수 있다.

아래 예시처럼 작성해 줘

[예시]
세부목표 15-1. "육상과 내륙 담수의 생태계 다양화를 위해 보전과 복원 활동을 활성화한다."

통합사회 연계:

[10통사1-03-01] 자연환경이 인간의 생활에 미치는 영향에 관한 과거와 현재의 사례를 조사하여 분석하고, 안전하고 쾌적한 환경에서 살아가는 것이 시민의 권리임을 주장한다.

탐구주제: 우리 지역의 하천/습지 생태계 변화와 인간 생활에 미치는 영향 분석 및 보전 방안 모색

탐구활동 예시: 과거 항공 사진이나 지도 등을 활용하여 하천/습지의 면적 변화 추이 조사, 하천/습지 주변 개발로 인한 생태계 변화 사례 조사, 하천/습지 생태계가 지역 주민의 삶(식수 공급, 홍수 조절, 여가 활동 등)에 미치는 영향 분석, 하천/습지 보전을 위한 시민참여 방안 아이디어 제시

[10통사1-03-03] 환경문제 해결을 위한 정부, 시민사회, 기업 등의 다양한 노력을 조사하고, 생태 시민으로서 실천 방안을 모색한다.

탐구주제: 습지 보전을 위한 국내외 정책 사례 비교 분석 및 효과적인 정책 제안

탐구활동 예시: 람사르 협약 등 국제 습지 보전 협약 내용 조사, 국내 습지 보호지역 지정 현황 및 관리 실태 조사, 습지 복원사업 성공 사례 및 실패 사례 분석, 습지 보전을 위한 시민단체 활동 조사 및 참여 방안 모색

통합과학 연계:

[10통과2-02-01] 생태계 구성요소를 이해하고 생물과 환경 사이의 상호관계를 설명할 수 있다.

탐구주제: 우리 지역의 산림/하천/습지 생태계 구성요소와 특징 조사

탐구활동 예시: 학교 주변 야산, 하천, 습지 등을 방문하여 식물, 동물, 미생물 등 생물 종 관찰 및 기록, 채집 활동을 통해 생태계 구성요소 확인 및 분류, 생태계 구성요소 간의 먹이관계 및 상호작용 분석, 생태 지도 제작

[10통과2-01-02] 변이의 발생과 자연선택 과정을 통해 생물의 진화가 일어나고, 진화의 과정을 통해 생물 다양성이 형성되었음을 추론할 수 있다.

탐구주제: 멸종 위기 야생 동식물의 특징과 서식 환경 분석 및 보호 방안 연구

탐구활동 예시: 환경부 멸종 위기 야생생물 목록 조사 및 특징 연구, 멸종 위기종의 서식지 파괴 원인 분석, 멸종 위기종 보호 시설 방문 및 활동 내용 조사, 멸종 위기종 복원사업 사례 연구

GPT 4o answer

K-SDGs 세부목표 16-5. "모든 형태의 부패와 뇌물수수를 실질적으로 감소시킨다."

탐구 주제: "공익신고자 보호법 강화 및 운영 실태 분석: 내부 고발 활성화를 통한 부패 척결"

통합사회 연계:

[10통사2-01-02] 인간 존엄성 실현과 인권보장을 위한 헌법의 역할을 파악하고, 시민의 권익을 보호하기 위한 다양한 시민참여의 방안을 탐구하고 이를 실천한다.

탐구 주제: 공익신고자 보호법의 제정 목적과 헌법적 가치를 이해하고, 공익 신고를 통해 부패를 감시하고 시민의 권익을 보호하는 시민참여 방안을 탐구합니다. 공익신고자 보호 제도의 문제점을 분석하고 개선 방안을 제시합니다.

통합과학 연계:

[10통과2-03-02] 빅데이터를 과학기술사회에서 사용하고 있는 사례를 조사하고, 빅데이터 활용의 장점과 문제점을 추론할 수 있다.

탐구 주제: 빅데이터 분석을 통해 공익 신고 데이터를 분석하여 공익신고자의 보호 필요성을 통계적으로 입증하고, 공익 신고 활성화를 위한 데이터 기반 정책 방향을 제시합니다. 데이터 분석 과정에서 개인정보보호와 관련된 윤리적 문제점을 파악하고 그 해결 방안을 모색합니다.

탐구활동 예시:

- 법제 분석: 공익신고자 보호법의 조항 분석 및 문제점 도출, 관련 법규 및 판례 검토.
- 데이터 분석: 공익 신고 데이터 분석을 통한 부패 사례 유형 분석, 신고자 보호 실태 파악 (데이터 시각화 및 분석 도구 활용).
- 정책 제안: 공익신고자 보호 강화 법률 개정안 제안, 신고자 보호를 위한 구체적인 정책 방안 제시 (예: 익명성 보장, 불이익 방지 조치 강화).
- 시민참여: 공익 신고 활성화 캠페인 기획 및 실행, 공익 신고의 중요성 인식 확산 활동.
- 최근 트렌드: 공익신고자에 대한 사회적 관심 증가와 함께 데이터 분석 기술을 활용하여 제도 개선의 필요성을 제시하고, 공익 신고 활성화 방안을 모색합니다.

탐구 주제: "국제 뇌물 방지 협약 분석 및 국내법 이행 평가: 글로벌 부패방지 노력과 한국의 역할"

통합사회 연계:

[10통사2-04-02] 평화의 관점에서 국제사회의 갈등과 협력의 사례를 조사하고, 세계 평화를 위한 행위 주체의 바람직한 역할을 탐색한다.

탐구 주제: 국제 뇌물 방지 협약의 목적과 내용, 주요 국가별 부패방지 법제 비교 연구를 통해 글로벌 부패 문제에 대한 국제사회의 협력 필요성을 인식하고, 한국이 국제사회에서 책임 있는 임무를 수행하는 방안을 모색합니다.

통합과학 연계:

[10통과2-03-03] 인공지능 로봇, 사물인터넷 등과 같이 과학기술의 발전을 인간 삶과 환경 개선에 활용하는 사례를 찾고, 이러한 과학기술의 발전이 미래 사회에 미치는 유용성과 한계를 예측할 수 있다.

탐구 주제: 인공지능(AI) 및 블록체인 기술을 활용한 국제 뇌물 감시 시스템 구축 가능성을 탐색하고, 윤리적 문제 및 기술적 한계를 분석합니다. 또한, AI를 활용하여 국제 공조를 강화하는 방안을 모색합니다.

탐구활동 예시:

- 국제법 분석: OECD 뇌물 방지 협약, 유엔 부패방지 협약 등 국제 협약 분석, 국내법과의 비교 연구.
- 사례 연구: 국제 뇌물 사건 및 국제 공조 수사 사례 조사, 국제적인 부패방지 활동 분석.
- 정책 제안: 국제 협약 이행을 위한 국내법 개선 방안 제시, 국제 공조 체제 강화 방안 제안
- 기술 탐색: AI 기술을 활용한 부패 감시 시스템 시뮬레이션, 블록체인 기반 투명한 자금 관리 시스템 구상
- 최근 트렌드: 국제협력의 중요성이 강조되는 가운데, 국제 뇌물 방지 협약 이행의 실효성을 높이고, AI와 같은 첨단기술을 활용하여 글로벌 부패 문제 해결 방안을 모색합니다.

탐구 주제: "이해충돌방지법의 실효성 분석 및 개선 방안 연구: 공직 사회의 부패 예방 및 신뢰 회복"

통합사회 연계:

[10통사2-02-02] 개인과 공동체의 관계를 기준으로 다양한 정의관을 비교하고, 이를 구체적인 사례에 적용하여 설명한다.

• 탐구 주제: 공직자의 이해충돌 상황에 관한 다양한 사례를 분석하고, 공직 윤리 확립과 공정한 직무 수행의 중요성을 인식합니다. 이해충돌방지법의 필요성을 사회정의 관점에서 탐구하고, 제도적 문제점을 분석합니다.

통합과학 연계:

• [10통과1-01-03] 과학 탐구에서 측정과 어림의 의미를 알고, 일상생활의 여러 가지 상황에서 측정 표준의 유용성과 필요성을 논증할 수 있다.

• 탐구 주제: 이해충돌 발생 가능성을 객관적으로 측정하고 평가하는 지표 개발의 필요성을 인식합니다. 통계적 분석 방법을 활용하여 이해충돌 위험도를 측정하는 지표를 설계하고, 데이터 기반으로 이해충돌 발생 가능성을 예측하는 시스템 개발을 시도합니다.

탐구활동 예시:

• 법제 분석: 이해충돌방지법의 주요 조항 분석, 법 조항의 실효성 및 문제점 분석, 국내외 유사 입법 사례 조사.
• 사례 조사: 이해충돌 사례 조사 및 분석, 이해충돌 발생 원인 및 과정 분석.
• 지표 설계: 이해충돌 위험도 평가 지표 설계, 이해충돌 발생 가능성 예측 시스템 개발.
• 정책 제안: 이해충돌방지법 개선을 위한 법률 개정안 제시, 이해충돌 예방 및 관리 강화 방안 제안
• 최근 트렌드: 공직 사회의 신뢰 회복을 위한 핵심 과제로 이해충돌방지법의 중요성을 강조하고, 객관적 지표와 데이터 기반 시스템을 통해 법의 실효성을 높이는 방안을 모색합니다.

탐구 주제: "AI 기반 부패 감시 시스템의 윤리적 쟁점 분석 및 해결 방안 연구"

통합사회 연계:

[10통사2-03-01] 자본주의의 역사적 전개 과정과 그 특징을 조사하고, 시장과 정부의 관계를 중심으로 다양한 삶의 방식을 비교 평가한다.

탐구 주제: 자본주의 사회에서 부패가 발생하게 되는 원인을 분석하고, 부패를 방지하기 위한 정부와 시민사회의 역할을 탐구합니다. AI 기반 부패 감시 시스템이 사회 전체에 미치는 영향을 분석합니다.

통합과학 연계:

[10통과2-03-03] 인공지능 로봇, 사물인터넷 등과 같이 과학기술의 발전을 인간 삶과 환경 개선에 활용하는 사례를 찾고, 이러한 과학기술의 발전이 미래 사회에 미치는 유용성과 한

계를 예측할 수 있다.

탐구주제: AI 기술을 활용한 부패 감시 시스템의 작동 원리와 기술적 한계를 분석합니다. AI 알고리즘의 편향성 문제, 개인정보 침해 가능성, AI 감시 시스템의 오작동 위험성 등 기술적 한계를 파악하고, 기술적 해결 방안을 모색합니다.

탐구활동 예시:

- 기술 분석: AI 기반 부패 감시 시스템의 작동 원리 조사, 자료수집 및 알고리즘 작동 과정 분석.
- 윤리적 토론: AI 시스템의 편향성 및 투명성 문제, 개인정보 침해 가능성, 감시 기술의 남용 가능성에 관한 토론.
- 정책 제안: AI 윤리 가이드라인 제정, AI 감시 시스템 오작동 방지 대책 마련.
- 시스템 설계: 공정하고 투명한 AI 알고리즘 설계 및 개발 방향 제시, 시민 참여형 AI 감시 시스템 설계 아이디어 발표.
- 최근 트렌드: AI 기술을 활용하여 부패를 감시하고 예방하는 데 초점을 맞추고, 동시에 AI 기술의 윤리적 문제점을 분석하고 사회적 합의를 통해 해결 방안을 모색합니다.

★ SDGs 항목·세부목표와 연계할 교과 단원의 성취기준 하나만 프롬프트에 입력하면 됩니다.

제 10 장 '지방자치단체'와 교과 연계 탐구활동(예시: 강원도 평창군청)

(출처: 평창군청-약속평창-군정기본방향)

하나된 평창, 행복한 군민

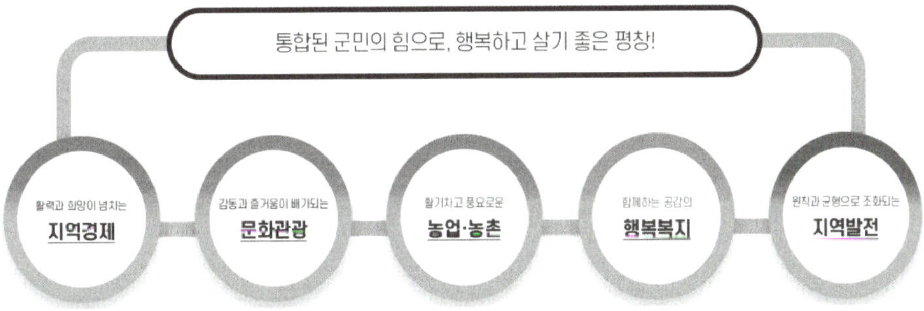

평창군 군정 전략 사항

활력과 희망이 넘치는 지역경제 ▶
- 일자리가 넘쳐나는 희망도시 평창
- 활력 넘치는 골목상권
- 깨끗한 하천(평창강)만들기

감동과 즐거움이 배가되는 문화관광 ▶
- 품격있고 매력있는 문화도시
- 자주오고 오래 머무는 관광평창
- 동계올림픽 유산 SDGs 수립 시행

활기차고 풍요로운 농업·농촌 ▶
- 농업인이 잘사는 명품 농업도시
- 4차 산업혁명기반 미래 농축산업 육성
- 산림자원의 지역소득화 추진

함께하는 공감의 행복 복지 ▶
- 멀리보고 함께하는 복지 공동체 실현
- 꿈과 희망에 투자하는 미래인재 육성
- 건강하고 활기찬 노후생활

원칙과 균형으로 조화되는지역발전 ▶
- 강원특별자치도 출범, 평창 발전의 대전환
- 안전 체계 확충 및 30분대 평창 생활권 달성
- 혁신과 통합의 군민 공감행정

제 11 장

'지방자치단체'와 교과 연계 탐구활동 AI prompt

GPT 4o prompt

평창군의 2025년 대표적인 정책은 아래와 같다.

[평창군 정책]
• 함께하는 공감의 행복 복지
 – 멀리 보고 함께하는 복지 공동체 실현
 – 꿈과 희망에 투자하는 미래 인재 육성
 – 건강하고 활기찬 노후 생활

K-SDGs 10번 항목(모든 종류의 불평등 해소) 세부목표 10-5(내・외국인 권익을 균형적으로 보장하는 이민정책을 통한 상호문화 이해 환경을 조성한다)와 2022 개정 교육과정 통합사회 및 통합과학 단원의 성취기준과 평창군의 정책과 연계하여 학생들이 진행할 수 있는 최근 트렌드 중심의 탐구주제를 정리해 줘

[통합사회 단원별 내용]
[10통사1-01-01] 인간, 사회, 환경을 바라보는 시간적, 공간적, 사회적, 윤리적 관점의 의미와 특징을 사례를 통해 파악한다.
[10통사1-01-02] 인간, 사회, 환경의 탐구에 통합적 관점이 요청되는 이유를 도출하고 이를 탐구에 적용한다.
[10통사1-02-01] 시대와 지역에 따라 다르게 나타나는 행복의 기준을 사례를 통해 비교하여 평가하고, 삶의 목적으로서 행복의 의미를 성찰한다.
[10통사1-02-02] 행복한 삶을 실현하기 위한 조건으로 질 높은 정주 환경의 조성, 경제적 안정, 민주주의 발전 및 도덕적 실천의 필요성에 관해 탐구한다.
[10통사1-03-01] 자연환경이 인간의 생활에 미치는 영향에 관한 과거와 현재의 사례를 조사하여 분석하고, 안전하고 쾌적한 환경에서 살아가는 것이 시민의 권리임을 주장한다.
[10통사1-03-02] 자연에 대한 인간의 다양한 관점을 사례를 통해 비교하고, 인간과 자연의 바람직한 관계를 제안한다.
[10통사1-03-03] 환경문제 해결을 위한 정부, 시민사회, 기업 등의 다양한 노력을 조사하고, 생태 시민으로서 실천 방안을 모색한다.
10통사1-04-01] 자연환경과 인문환경의 영향을 받아 형성된 다양한 문화권의 특징과 삶의 방식을 탐구한다.

[10통사1-04-02] 문화 변동의 다양한 양상을 이해하고, 현대 사회에서 전통문화가 지니는 의의를 탐색한다.
[10통사1-04-03] 문화적 차이에 대한 상대주의적 태도의 필요성을 이해하고, 보편윤리의 차원에서 자문화와 타문화를 평가한다.
[10통사1-04-04] 다문화 사회의 현황을 조사하고, 문화적 다양성을 존중하는 태도를 바탕으로 갈등 해결 방안을 모색한다.
[10통사1-05-01] 산업화, 도시화로 인해 나타난 생활공간과 생활양식의 변화 양상을 조사하고, 이에 따른 문제점의 해결 방안을 제안한다.
[10통사1-05-02] 교통·통신 및 과학기술의 발달과 함께 나타난 생활공간과 생활양식의 변화 양상을 조사하고, 이에 따른 문제점의 해결 방안을 제안한다.
[10통사1-05-03] 자신이 거주하는 지역을 사례로 공간 변화가 초래한 양상 및 문제점을 탐구하고, 공동체의 구성원으로서 지역 사회의 변화를 위한 방안을 모색하고 이를 실천한다.
[10통사2-01-01] 근대 시민 혁명 등을 통해 확립되어 온 인권의 의미와 변화 양상을 이해하고, 현대 사회에서 주거, 안전, 환경, 문화 등 다양한 영역으로 인권이 확장되고 있는 사례를 조사한다.
[10통사2-01-02] 인간 존엄성 실현과 인권보장을 위한 헌법의 역할을 파악하고, 시민의 권익을 보호하기 위한 다양한 시민참여의 방안을 탐구하고 이를 실천한다.
[10통사2-01-03] 사회적 소수자 차별, 청소년의 노동권 등 국내 인권 문제와 인권지수를 통해 확인할 수 있는 세계 인권 문제의 양상을 조사하고, 이에 대한 해결 방안을 모색한다.
[10통사2-02-01] 정의의 의미와 정의가 요구되는 이유를 파악하고, 다양한 사례를 통해 정의의 실질적 기준을 탐구한다.
[10통사2-02-02] 개인과 공동체의 관계를 기준으로 다양한 정의관을 비교하고, 이를 구체적인 사례에 적용하여 설명한다.
[10통사2-02-03] 사회 및 공간 불평등 현상의 사례를 조사하고, 정의로운 사회를 만들기 위한 다양한 제도와 시민으로서의 실천 방안을 제안한다.
[10통사2-03-01] 자본주의의 역사적 전개 과정과 그 특징을 조사하고, 시장과 정부의 관계를 중심으로 다양한 삶의 방식을 비교 평가한다.
[10통사2-03-02] 합리적 선택의 의미와 그 한계를 파악하고, 지속가능발전을 위해 요청되는 정부, 기업가, 노동자, 소비자의 바람직한 역할과 책임에 관해 탐구한다.
[10통사2-03-03] 금융 자산의 특징과 자산관리의 원칙을 토대로 금융 생활을 설계하고, 경제적, 사회적 환경의 변화가 금융과 관련한 의사결정에 미치는 영향을 탐구한다.
[10통사2-03-04] 자원, 노동, 자본의 지역 분포에 따른 국제 분업과 무역의 필요성을 이해하고, 지속가능발전에 기여하는 국제무역의 방안을 탐색한다.
[10통사2-04-01] 세계화의 다양한 양상을 살펴보고, 세계화 시대의 문제점과 그에 대한 해결 방안을 제안한다.
[10통사2-04-02] 평화의 관점에서 국제사회의 갈등과 협력의 사례를 조사하고, 세계 평화를 위한 행위 주체의 바람직한 역할을 탐색한다.
[10통사2-04-03] 남북 분단과 동아시아의 역사 갈등 상황을 분석하고, 이를 토대로 우리나라가 세계 평화에 기여하는 방안을 제안한다.
[10통사2-05-01] 세계의 인구 분포와 구조 등에 대한 이해를 토대로 현재와 미래의 인구 문

제 양상을 파악하고, 그 해결 방안을 제안한다.
[10통사2-05-02] 지구적 차원에서 에너지 자원의 분포와 소비 실태를 파악하고, 기후변화에 대한 대응과 지속가능한 발전을 위한 제도적 방안과 개인적 노력을 탐구한다.
[10통사2-05-03] 미래 사회의 모습을 다양한 측면에서 예측하고, 이를 바탕으로 세계시민으로서 자신의 미래 삶의 방향을 설정한다.

[통합과학 단원별 내용]
[10통과1-01-01] 자연을 시간과 공간에서 기술할 수 있음을 알고, 길이와 시간 측정의 현대적 방법과 다양한 규모의 측정 사례를 조사할 수 있다.
[10통과1-01-02] 과학 탐구에서 중요한 기본량의 의미를 알고, 자연 현상을 기술하는 데 단위가 가지는 의미와 적용사례를 설명할 수 있다.
[10통과1-01-03] 과학 탐구에서 측정과 어림의 의미를 알고, 일상생활의 여러 가지 상황에서 측정 표준의 유용성과 필요성을 논증할 수 있다.
[10통과1-01-04] 자연에서 일어나는 다양한 변화를 측정·분석하여 정보를 산출함을 알고, 이러한 정보를 디지털로 변환하는 기술을 정보 통신에 활용하여 현대 문명에 미친 영향을 인식한다.
[10통과1-02-01] 천체에서 방출되는 빛의 스펙트럼을 분석하여 우주 초기에 형성된 원소와 천체의 구성 물질을 추론할 수 있다.
[10통과1-02-02] 우주 초기의 원소들로부터 태양계의 재료이면서 생명체를 구성하는 원소들이 형성되는 과정을 통해 지구와 생명의 역사가 우주 역사의 일부분임을 해석할 수 있다.
[10통과1-02-03] 세상을 구성하는 원소들의 성질이 주기성을 나타내는 현상을 통해 자연의 규칙성을 도출하고, 지구와 생명체를 구성하는 주요 원소들이 결합을 형성하는 이유를 해석할 수 있다.
[10통과1-02-04] 인류의 생존에 필수적인 물, 산소, 소금 등이 만들어지는 결합의 차이를 이해하고, 각 물질의 성질과 관련지어 설명할 수 있다.
[10통과1-02-05] 지각과 생명체를 구성하는 물질들이 기본 단위체의 결합을 통해서 형성된다는 것을 규산염 광물, 단백질과 핵산의 예를 통해 설명할 수 있다.
[10통과1-02-06] 지구를 구성하는 물질을 전기적 성질에 따라 구분할 수 있고, 물질의 전기적 성질을 응용하여 일상생활과 첨단기술에서 다양한 소재로 활용됨을 인식한다.
[10통과1-03-01] 지구시스템은 태양계라는 시스템의 구성요소임을 알고, 지구시스템을 구성하는 권역 간의 물질 순환과 에너지 흐름의 결과로 나타나는 현상을 논증할 수 있다.
[10통과1-03-02] 지권의 변화를 판 구조론 관점에서 해석하고, 에너지 흐름의 결과로 발생하는 지권의 변화가 지구시스템에 미치는 영향을 추론할 수 있다.
[10통과1-03-03] 중력의 작용으로 인한 지구 표면과 지구 주위의 다양한 운동을 설명할 수 있다.
[10통과1-03-04] 상호작용이 없을 때 물체가 가속되지 않음을 알고, 충격량과 운동량의 관계를 충돌 관련 안전장치와 스포츠에 적용할 수 있다.
[10통과1-03-05] 생명 시스템을 유지하기 위해서 다양한 화학반응과 물질 출입이 필요함을 이해하고, 일상생활에서 활용되는 화학반응 사례를 조사하여 발표할 수 있다.
[10통과1-03-06] 생명 시스템의 유지에 필요한 세포 내 정보의 흐름을 유전자로부터 단백

질이 만들어지는 과정을 중심으로 설명할 수 있다.
[10통과2-01-01] 지질시대를 통해 지구 환경이 끊임없이 변화해 왔으며 이러한 환경 변화가 생물 다양성에 미치는 영향을 추론할 수 있다.
[10통과2-01-02] 변이의 발생과 자연선택 과정을 통해 생물의 진화가 일어나고, 진화의 과정을 통해 생물 다양성이 형성되었음을 추론할 수 있다.
[10통과2-01-03] 자연과 인류의 역사에 큰 변화를 가져온 광합성, 화석연료 사용, 철의 제련 등에서 공통점을 찾아 산화와 환원을 이해하고, 생활 주변의 다양한 변화를 산화와 환원의 특징과 규칙성으로 분석할 수 있다.
[10통과2-01-04] 대표적인 산・염기 물질의 특징을 알고, 산과 염기를 혼합할 때 나타나는 중화 반응을 생활 속에서 이용할 수 있다.
[10통과2-01-05] 생활 주변에서 에너지를 흡수하거나 방출하는 현상을 찾아 에너지의 흡수 ・방출이 우리 생활에 어떻게 이용되는지 토의할 수 있다.
[10통과2-02-01] 생태계 구성요소를 이해하고 생물과 환경 사이의 상호관계를 설명할 수 있다.
[10통과2-02-02] 먹이 관계와 생태 피라미드를 중심으로 생태계 평형이 유지되는 과정을 이해하고, 환경의 변화가 생태계에 미칠 수 있는 영향에 대해 협력적으로 소통할 수 있다.
[10통과2-02-03] 온실효과 강화로 인한 지구온난화의 메커니즘을 이해하고, 엘니뇨, 사막화 등과 같은 현상이 지구 환경과 인간 생활에 미치는 영향과 대처 방안을 분석할 수 있다.
[10통과2-02-04] 태양에서 수소 핵융합 반응을 통해 질량 일부가 에너지로 바뀌고, 그중 일부가 지구에서 에너지 흐름을 일으키며 다양한 에너지로 전환되는 과정을 추론할 수 있다.
[10통과2-02-05] 발전기에서 운동 에너지가 전기 에너지로 전환되는 과정을 이해하고, 열원으로서 화석연료, 핵에너지를 이용하는 발전소가 인간 생활에 미치는 영향을 조사・발표할 수 있다.
[10통과2-02-06] 에너지 효율의 의미와 중요성을 이해하고, 지속가능한 발전과 지구 환경 문제 해결에 신재생 에너지 기술을 활용하는 방안을 탐색할 수 있다.
[10통과2-03-01] 감염병의 진단, 추적 등을 사례로 과학의 유용성을 설명하고, 미래 사회 문제 해결에서 과학의 필요성에 대해 논증할 수 있다.
[10통과2-03-02] 빅데이터를 과학기술사회에서 사용하고 있는 사례를 조사하고, 빅데이터 활용의 장점과 문제점을 추론할 수 있다.
[10통과2-03-03] 인공지능 로봇, 사물인터넷 등과 같이 과학기술의 발전을 인간 삶과 환경 개선에 활용하는 사례를 찾고, 이러한 과학기술의 발전이 미래 사회에 미치는 유용성과 한계를 예측할 수 있다.
[10통과2-03-04] 과학기술의 발전 과정에서 발생할 수 있는 과학 관련 사회적 쟁점(SSI)과 과학기술 이용에서 과학 윤리의 중요성에 대해 논증할 수 있다.

아래 예시처럼 작성해 줘

[예시]
세부목표 15-1. "육상과 내륙 담수의 생태계 다양화를 위해 보전과 복원 활동을 활성화한다."

통합사회 연계:

[10통사1-03-01] 자연환경이 인간의 생활에 미치는 영향에 관한 과거와 현재의 사례를 조사하여 분석하고, 안전하고 쾌적한 환경에서 살아가는 것이 시민의 권리임을 주장한다.

탐구주제: 우리 지역의 하천/습지 생태계 변화와 인간 생활에 미치는 영향 분석 및 보전 방안 모색

탐구활동 예시: 과거 항공 사진이나 지도 등을 활용하여 하천/습지의 면적 변화 추이 조사, 하천/습지 주변 개발로 인한 생태계 변화 사례 조사, 하천/습지 생태계가 지역 주민의 삶(식수 공급, 홍수 조절, 여가 활동 등)에 미치는 영향 분석, 하천/습지 보전을 위한 시민참여 방안 아이디어 제시

[10통사1-03-03] 환경문제 해결을 위한 정부, 시민사회, 기업 등의 다양한 노력을 조사하고, 생태 시민으로서 실천 방안을 모색한다.

탐구주제: 습지 보전을 위한 국내외 정책 사례 비교 분석 및 효과적인 정책 제안

탐구활동 예시: 람사르 협약 등 국제 습지 보전 협약 내용 조사, 국내 습지 보호지역 지정 현황 및 관리 실태 조사, 습지 복원사업 성공 사례 및 실패 사례 분석, 습지 보전을 위한 시민단체 활동 조사 및 참여 방안 모색

통합과학 연계:

[10통과2-02-01] 생태계 구성요소를 이해하고 생물과 환경 사이의 상호관계를 설명할 수 있다.

탐구주제: 우리 지역의 산림/하천/습지 생태계 구성요소와 특징 조사

탐구활동 예시: 학교 주변 야산, 하천, 습지 등을 방문하여 식물, 동물, 미생물 등 생물종 관찰 및 기록, 채집 활동을 통해 생태계 구성요소 확인 및 분류, 생태계 구성요소 간의 먹이 관계 및 상호작용 분석, 생태 지도 제작

[10통과2-01-02] 변이의 발생과 자연선택 과정을 통해 생물의 진화가 일어나고, 진화의 과정을 통해 생물 다양성이 형성되었음을 추론할 수 있다.

탐구주제: 멸종 위기 야생 동식물의 특징과 서식 환경 분석 및 보호 방안 연구

탐구활동 예시: 환경부 멸종 위기 야생생물 목록 조사 및 특징 연구, 멸종 위기종의 서식지 파괴 원인 분석, 멸종 위기종 보호 시설 방문 및 활동 내용 조사, 멸종 위기종 복원사업 사례 연구

GPT 4o answer

K-SDGs 세부목표 10-5. "내・외국인 권익을 균형적으로 보장하는 이민정책을 통한 상호 문화 이해 환경을 조성한다."

평창군 2025년 대표 정책: 함께하는 공감의 행복 복지
• 멀리 보고 함께하는 복지 공동체 실현
• 꿈과 희망에 투자하는 미래 인재 육성
• 건강하고 활기찬 노후 생활

융합 탐구 주제 및 활동 예시

탐구 주제: "평창군 이주민 현황 및 사회통합 정책 연구: 상호 문화이해를 위한 실천적 방안 모색"

통합사회 연계:

[10통사1-04-04] 다문화 사회의 현황을 조사하고, 문화적 다양성을 존중하는 태도를 바탕으로 갈등 해결 방안을 모색한다.

탐구 내용: 평창군 내 이주민(결혼 이민자, 외국인 노동자, 유학생 등)의 현황과 지역 사회 적응 과정에서 겪는 어려움을 조사합니다. 이주민의 문화적 배경을 이해하고, 상호 문화이해를 증진하기 위한 정책과 프로그램을 연구합니다.

통합과학 연계:

[10통과2-03-03] 인공지능 로봇, 사물인터넷 등과 같이 과학기술의 발전을 인간 삶과 환경 개선에 활용하는 사례를 찾고, 이러한 과학기술의 발전이 미래 사회에 미치는 유용성과 한계를 예측할 수 있다.

탐구 내용: 디지털 기술을 활용하여 이주민의 지역 사회 적응을 돕고, 이주민과 지역 주민 간의 소통을 증진하는 방안을 모색합니다. AI 기반 다국어 번역 앱 개발 및 문화 교류 플랫폼 구축 등을 구상합니다.

탐구활동 예시:

• 현장조사: 평창군 내 이주민 인터뷰, 이주민 지원 단체 방문, 다문화 가정 방문, 지역 주민 인터뷰(이주민 현황 및 어려움, 지역 사회 적응 과정 파악).
• 정책 분석: 평창군 이주민 지원 정책 분석, 국내외 우수 사례 조사, 관련 법률 및 제도 연구.

- 기술 설계: AI 기반 다국어 번역 앱 개발, 문화 교류 플랫폼 개발(디자인 및 기능 구현), 데이터 기반 정책 제안 시스템 설계.
- 정책 제안: 평창군 이주민 지원 정책 개선안 제시, 다문화 교육 프로그램 개발, 상호문화 교류 활동 기획.
- 최근 트렌드: 디지털 기술을 활용하여 이주민의 지역 사회 적응을 돕고, 다문화 사회의 포용성을 높이는 방안을 모색합니다.

탐구 주제: "평창군 청소년의 다문화 감수성 증진 및 세계시민 의식 함양 방안 연구: 미래 인재 양성을 위한 교육 프로그램 개발"

통합사회 연계:

[10통사2-04-01] 세계화의 다양한 양상을 살펴보고, 세계화 시대의 문제점과 그에 대한 해결 방안을 제안한다.

탐구 내용: 세계화 시대의 다양한 문화적 배경을 가진 사람들과의 공존의 중요성을 인식하고, 청소년들의 다문화 감수성을 높이는 교육 프로그램의 필요성을 강조합니다. 세계시민으로서 책임과 역할을 인식하는 교육을 설계합니다.

통합과학 연계:

[10통과2-03-01] 감염병의 진단, 추적 등을 사례로 과학의 유용성을 설명하고, 미래 사회 문제 해결에서 과학의 필요성에 대해 논증할 수 있다.

탐구 내용: 과학적 탐구 방법을 통해 문화적 차이에 대한 편견을 극복하고, 문화 다양성의 가치를 이해하는 방법을 모색합니다. 감염병 발생 시 나타나는 문화적 차이로 인한 갈등 상황을 분석하고, 과학적 근거에 기반한 해결책을 제시합니다.

탐구활동 예시:

- 교육 프로그램 개발: 청소년 대상 다문화 감수성 교육 프로그램 및 워크숍 개발, 세계시민 교육 콘텐츠 개발, 문화 교류 체험 활동 기획.
- 미디어 제작: 다문화 이해 증진을 위한 영상 제작, 카드 뉴스 제작, 웹사이트 디자인.
- 토론 및 발표: 다문화 사회의 문제점 및 개선 방안 토론, 세계시민의 책임과 역할 발표.
- 정책 제안: 평창군 청소년 다문화 교육 정책 개선 제안, 학교 연계형 다문화 교육 모델 개발.
- 최근 트렌드: 청소년들이 세계시민으로서 성장할 수 있도록 다문화 감수성 교육의 중요성을 인식하고, 과학적 사고와 비판적 사고 능력을 함께 함양할 수 있는 교육 프로그램을 개발합니다.

탐구 주제: "평창군 노인 인구 증가에 따른 사회통합 방안 연구: 세대 간 공감대 형성을 위한 정책 및 프로그램 개발"

통합사회 연계:

[10통사2-05-01] 세계의 인구 분포와 구조 등에 대한 이해를 토대로 현재와 미래의 인구 문제 양상을 파악하고, 그 해결 방안을 제안한다.

탐구 내용: 평창군 고령화 현황 및 노인 인구 증가 추이를 분석하고, 노인 세대의 사회참여를 확대하고 사회적 고립감을 해소하기 위한 정책 방안을 모색합니다. 세대 간 소통을 증진하고 사회통합을 이루기 위한 구체적인 전략을 설계합니다.

통합과학 연계:

[10통과1-03-05] 생명 시스템을 유지하기 위해서 다양한 화학반응과 물질 출입이 필요함을 이해하고, 일상생활에서 활용되는 화학반응 사례를 조사하여 발표할 수 있다.

탐구 내용: 과학기술을 활용하여 노인 건강 증진 및 삶의 질 향상을 위한 방안을 모색합니다. 노인 건강관리 시스템, 건강 증진 프로그램 등을 설계하고, 화학반응을 활용한 건강관리 제품 개발을 시도합니다.

탐구활동 예시:

- 데이터 분석: 평창군 노인 인구 통계 분석(나이별, 지역별 분포, 건강 상태 등), 노인 복지 시설 현황 분석.
- 현장조사: 노인 세대 인터뷰, 노인 복지 시설 방문, 경로당 방문(노인 세대의 욕구 및 어려움 파악).
- 프로그램 개발: 세대 통합 프로그램 개발(세대 간 문화 교류, 기술교육, 공동 프로젝트).
- 기술 활용: AI 기반 건강관리 앱 개발, 노인 맞춤형 운동 프로그램 개발, 화학반응을 이용한 건강관리 제품 아이디어 제시.
- 정책 제안: 노인 복지 정책 개선안 제시(노인 사회참여 확대, 노인 일자리 창출, 세대 통합 교육).
- 최근 트렌드: 고령화 사회의 문제점을 해결하고, 노인 세대의 사회참여를 확대하기 위한 다양한 정책과 기술을 결합한 방안을 모색합니다.

탐구 주제: "지역 소외계층의 교육 불평등 해소 및 미래 인재 육성 방안 연구: 교육 기회 균등 보장을 위한 정책 제안"

통합사회 연계:

[10통사2-02-03] 사회 및 공간 불평등 현상의 사례를 조사하고, 정의로운 사회를 만들기 위한 다양한 제도와 시민으로서의 실천 방안을 제안한다.

탐구 내용: 평창군 내 교육 불평등 실태를 조사하고, 소외 계층(저소득층, 농어촌 거주 학생, 다문화 가정 학생 등)의 교육기회 불균형 문제를 분석합니다. 교육 기회균등을 위한 정책 및 프로그램 개선 방안을 모색합니다.

통합과학 연계:

[10통과2-03-03] 인공지능 로봇, 사물인터넷 등과 같이 과학기술의 발전을 인간 삶과 환경 개선에 활용하는 사례를 찾고, 이러한 과학기술의 발전이 미래 사회에 미치는 유용성과 한계를 예측할 수 있다.

탐구 내용: 디지털 기술을 활용하여 교육 격차를 해소하고, 소외계층 학생들에게 맞춤형 학습 환경을 제공하는 방법을 모색합니다. AI 기반 학습 시스템, 온라인 교육 플랫폼 구축, 스마트 학습 기기 지원 등 기술적 해결 방안을 탐구합니다.

탐구활동 예시:

- 현장조사: 소외계층 학생과 학부모 인터뷰, 지역 교육 기관 방문(교육 실태 및 불평등 실태 파악).
- 데이터 분석: 평창군 교육 수준 및 교육 격차 통계 분석, 지역별 교육 여건 비교 분석.
- 교육 프로그램 개발: 소외계층 학생 맞춤형 학습 프로그램 개발, 멘토링 프로그램 설계.
- 기술 활용: AI 기반 학습 플랫폼 설계, 온라인 학습 콘텐츠 개발, 스마트 학습 기기 지원 방안 모색.
- 정책 제안: 교육 불평등 해소를 위한 예산 확대, 교육 지원 정책 개선, 교육 환경 개선 방안 제안.
- 최근 트렌드: 교육 불평등 문제 해결을 위해 맞춤형 교육 시스템과 디지털 기술을 결합한 혁신적인 교육 모델을 개발합니다.

★ KDGs 항목-세부목표와 연계할 교과 단원의 성취기준 하나만 프롬프트에 입력하면 됩니다.

Ⅱ

활용편

제 1 장 'K-SDGs' 목표별 교과 연계 탐구보고서

K-SDGs란?	K-SDGs는 UN SDGs의 목표와 방향성을 존중하면서, 한국의 경제적, 사회적, 환경적 특성과 우선순위를 반영하여 국내 상황에 맞게 구체화한 목표입니다. 즉 UN SDGs라는 큰 그림 안에서 한국이라는 퍼즐 조각을 맞추는 과정입니다. 예를 들어, 한국의 경우 고령화 사회, 저출산 문제, 미세먼지 문제 등 UN SDGs가 직접적으로 다루지 않는 특수한 국가적 과제를 K-SDGs에 포함하여 더욱 현실적인 목표 설정을 가능하게 합니다. 또한, 한국의 높은 교육 수준이나 정보 통신기술 발전과 같은 강점을 활용하여 SDGs 달성에 기여할 수 있는 목표를 강조하기도 합니다.
K-SDGs 17개 주요 목표	□(G1) 빈곤층 감소와 사회안전망 강화 □(G2) 식량 안보 및 지속가능한 농업 강화 □(G3) 건강하고 행복한 삶 보장 □(G4) 모두를 위한 양질의 교육 □(G5) 성평등 보장 □(G6) 건강하고 안전한 물관리 □(G7) 에너지의 친환경적 생산과 소비 □(G8) 좋은 일자리 확대와 경제성장 □(G9) 산업의 성장과 혁신 활성화 및 사회기반시설 구축 □(G10) 모든 종류의 불평등 해소 □(G11) 지속가능한 도시와 주거지 조성 □(G12) 지속가능한 생산과 소비 □(G13) 기후변화와 대응 □(G14) 해양생태계 보전 □(G15) 육상생태계 보전 □(G16) 평화 · 정의 · 포용 □(G17) 지구촌 협력 강화

K-SDGs 119개 세부목표	• K-SDGs 119개 세부목표는 "국가지속가능발전포털(ncsd.go.kr)" 참고
탐구 SDGs 주요 목표	(G3) 건강하고 행복한 삶 보장
탐구 SDGs 세부목표	세부목표 3-8. "대한민국의 저출산 극복과 인구 고령화를 대비한다."
연계 과목	과목(통합사회 2) 단원(미래와 지속가능한 삶)
단원 성취기준	[10통사2-05-01] 세계의 인구 분포와 구조 등에 대한 이해를 토대로 현재와 미래의 인구 문제 양상을 파악하고, 그 해결 방안을 제안한다
사회과 핵심역량	☑ 비판적 사고력 역량 ☐ 창의적 사고력 역량 ☑ 문제해결력 및 의사 결정력 ☐ 의사소통 및 협업 능력 ☑ 정보 활용능력
탐구 키워드	#미래와 지속가능한 삶 #인구 문제 #저출산 극복 #인구 고령화 대비 #필리핀 가사도우미
참고자료	1. 신원건. "필리핀 가사도우미 100명 입국". 동아일보. 2024. 08. 06. 2. 김기훈. "외국인 가사도우미 도입 효과는… 국감서 '실효성 · 인권' 공방". 연합뉴스. 2023. 10. 16. 3. [기고] 고령화 시대, 저출산 문제 해결 방안. 경기일보. 2024. 7. 8. 4. 황철환. "저출산 초비상 한국, 외국인 가사도우미 투입"… 외신도 관심. 연합뉴스. 2023. 09. 02. 5. 정진호. "고령화 시대, 저출산 문제 해결 방안". 경기일보. 2024. 07. 06.
탐구 주제	한국의 저출산 및 고령화 문제 해결을 위한 외국인 가사도우미 도입

1. 서론

1) 탐구 목적(동기)

통합사회 '미래와 지속가능한 삶' 단원에서 현재와 미래의 인구 문제 양상을 파악하고, 그 해결 방안을 공부하면서 우리나라가 처한 '저출산 및 고령화 문제'의 심각성을 떠올리게 되었습니다. 한국은 세계 최저 수준의 출산율(2022년 기준 합계출산율 0.78명)과 급격한 고령화로 인해 심각한 인구 구조 문제에 직면하고 있습니다. 이러한 상황에서 정부는 육아와 가사의 부담을 줄여 출산율을 높이고 여성의 경제활동 참여를 촉진하기 위해 고용노동부와 서울시의 '외국인 가사관리사 시범사업'에 참여할 필리핀 가사도우미 100명이 2024년 8월 6일 오전 10시경에 한국에 입국하였습니다.[1)]

기존에 취업이 허용된 외국 국적 동포 이외의 외국인에 대해 고용허가제 방식으로 외국인 가사도우미 정책의 배경과 필요성을 분석하고, 실효성 및 개선 방안을 모색하고자 합니다.

2) 탐구의 중요성(필요성)

저출산과 고령화는 경제적, 사회적 지속가능성을 위협하는 중대한 문제입니다. 외국인 가사도우미 제도는 여성의 경력 단절을 줄이고 맞벌이 가정의 육아 부담을 완화할 수 있는 잠재적 해결책으로 주목받고 있습니다. 특히, 싱가포르와 홍콩 같은 사례[2)]를 통해 여성 경제활동 참여율 증가와 출산율 개선 효과를 기대할 수 있습니다. 하지만 외국인 가사도우미 도입과 관련해서 실효성 및 인권 문제 또한 지적되고 있습니다.[3)] 이번 탐구활동을 통해 외국인 가사도우미 도입에 관한 다양한 입장을 살펴보고 그 해결 방안을 탐구하고자 합니다.

---

1) 신원건, "필리핀 가사도우미 100명 입국", 동아일보, 2024. 8. 6.
https://www.donga.com/news/Society/article/all/20240806/126363794/1

2) https://www.jobkorea.co.kr/GoodJob/Tip/View?News_No=21552

3) 김기훈, "외국인 가사도우미 도입 효과는… 국감서 '실효성·인권' 공방", 연합뉴스, 2023. 10. 16.

2. 본론

1) 이론적 배경

한국은 출산율 감소와 평균수명 연장으로 인해 생산 가능 인구가 줄어들고 있으며, 이는 노동력 부족과 경제성장 둔화를 초래하고 있습니다.[4] 외국인 가사도우미 제도는 가사 노동시장의 인력 부족 문제를 해결하고, 육아와 가사 부담을 덜어줌으로써 출산율 제고와 여성 경제활동 참여를 촉진하는 것을 목표로 합니다. 싱가포르와 홍콩은 이미 유사한 제도를 통해 긍정적인 성과를 거두었습니다. 외국인 가사도우미는 24세부터 38세 사이이며 필리핀 정부가 공인한 'Caregiving(돌봄) NC2' 자격증 소지자들이고, 고용허가제(E-9) 인력으로 정부가 인증한 '가사근로자법'상 서비스제공기관에 고용됩니다.[5] 영어・한국어 능력 평가와 건강검진, 마약・범죄 이력 등 신원 검증 절차를 밟은 후, 고용허가제 공통 2박 3일 기본교육을 시작으로 4주간 총 160시간의 특화 교육을 마치면 서비스를 시작할 수 있습니다.

2) 문제 실태와 현황

한국의 출산율은 세계 최저 수준이며, 서울은 더욱 낮은 0.59명을 기록했습니다.[6] 맞벌이 부부가 많지만, 높은 생활비와 육아 비용으로 인해 여성들이 경력을 포기하거나 독박 육아를 맡는 사례가 빈번합니다.[7] 이 문제를 해결하고자 가사도우미 제도를 도입하였지만, 문제점 또한 노출되고 있습니다. 가사도우미를 필요로 하는 실질적인 수요자는 저임금 및 한 가족 여성들인데, 이들이 과연 가사도우미를 사용할 수 있는 여유가 있을지 의문이다. 또한, 언어와 문화적 차이로

4) [기고] 고령화 시대, 저출산 문제 해결 방안, 경기일보, 2024. 7. 8.
5) 고홍주, "필리핀 가사관리사 100명 입국", 뉴시스, 2024. 8. 6.
6) 황철환, "저출산 초비상 한국. 외국인 가사도우미 투입…" 외신도 관심, 연합뉴스, 2023. 9. 2.
7) 외국인 가사도우미 도입 논쟁, 잡코리아, 2023. 8. 23.

인한 의사소통의 어려움이 예상되고, 내국인 가사도우미들의 일자리 감소와 처우 하락으로 이어질 수 있다는 우려도 제기됩니다. 더불어 외국인 노동자의 이탈 가능성과 서비스 품질 관리의 어려움도 해결해야 할 과제입니다.

3) 문제의 해결 방안 및 한계[8)]

이 정책의 도입 취지는 맞벌이 가정의 돌봄 부담을 경감시키고 여성의 경력 단절을 예방할 수 있다는 점입니다. 특히 기존 민간 가사도우미보다 상대적으로 저렴한 비용으로 서비스를 이용할 수 있어 경제적 부담을 줄일 수 있습니다. 하지만, 이 정책이 성공적으로 안착하기 위해서는 다음과 같은 보완 장치가 마련되어야 합니다.

① 외국인 근로자의 자격요건과 교육과정을 체계적으로 마련하여 양질의 서비스를 제공하도록 해야 합니다.

② 임금 수준과 근로 조건을 국제 기준에 맞추어 인권 침해 우려를 최소화해야 합니다.

③ 맞벌이 부부를 위한 세제 혜택 및 보조금을 확대하고, 외국인 도우미 비용 일부를 정부가 부담하도록 해야 합니다.

④ 성평등 문화를 조성하고 가사와 육아를 분담하는 분위기를 확산시켜야 합니다.

⑤ 보육 시설 확충과 질 높은 돌봄 서비스를 제공하여 부모들의 부담을 줄여야 합니다.

8) 정진호, "고령화 시대, 저출산 문제 해결 방안", 경기일보, 2024. 7. 6.

3. 결론

1) 탐구 결과 요약

외국인 가사도우미 제도는 저출산 및 고령화 문제 해결을 위한 유효한 대안 중 하나로 평가됩니다. 이 제도는 육아 부담 완화와 여성 경제활동 참여 촉진이라는 두 가지 목표를 달성할 가능성을 보여줍니다. 그러나 성공적인 정착을 위해서는 임금 및 근로 조건 개선, 사회적 합의를 통한 정책 추진이 필요합니다. 아직 도입 초기이니 이번에 입국한 필리핀 가사도우미의 활동을 잘 모니터링하여 차후에 이 정책의 문제점 또한 개선해야 합니다. 궁극적으로는 가사도우미 문제를 '노동력이 아니라 인간'이라는 문제로 접근하고 우리 국민은 시민권 개념과 시민성 교육으로 세계시민 의식을 고양할 필요가 있습니다.

2) 다문화 정책에서 가사도우미 연구의 의의

외국인 가사도우미 제도는 다문화 사회로 나아가는 과정에서 중요한 의미가 있습니다. 이 제도를 통해 한국은 외국인 노동자를 포용하며, 다문화 사회로서의 역량을 강화할 수 있습니다. 또한, 이는 저출산 문제 해결뿐만 아니라 글로벌 노동시장과 연계된 지속 가능한 발전 모델을 이해하는 데 도움이 될 것입니다.

제 2 장 'K-SDGs' 목표별 교과 연계 탐구보고서 학생부 자기평가서

(통합사회) 자기평가서(예시) (출처: 최진규-결정적 학생부)

학번	1101	성명	김대한	희망 진로	행정 공무원

반드시 지켜야 할 사항	
❶	☞ 뒤에 작성할 것.
❷	작성한 후에는 ☞을 지우고 글자색을 검정으로 바꿀 것.
❸	**➡ 평가 요소를 매끄럽게 연결하는 파란색 문구는 문맥에 맞게 바꿔쓸 수 있음.**
❹	글을 작성할 때는 단순 나열에서 벗어나 **구체적 사실에 근거한 스토리 중심으로** 전개할 것.
❺	작성을 마친 후에는 파일이름에 학번과 성명(예: 1012 **홍길동**)을 기입하여 저장하여 제출할 것.
❻	「문제해결력」은 '자료활용형' or '수행평가형' 중 하나를 선택하여 작성할 것

평가 요소	순서		핵심	내용 작성
지적호기심	①		단원	☞ 「미래와 지속 가능한 삶」 단원을 배우며
	②		관심	☞ 한국의 저출생 및 고령화 문제 해결을 위한 외국인 가사 도우미 도입 문제에 관심을 갖게 됨.
자기주도성	③		어떤 내용	☞ 가사 도우미 도입의 필요성과 관련된 내용이 궁금하여
	④		어떤 방법	☞ '고령화 시대, 저출산 문제 해결 방안(00일보)' 등의 기사를 찾아 읽어 보는 방법으로 노력했음.
문제해결력(자료활용형)	하나 선택	⑤	어떤 부분	☞ 출산율을 높이기 위하여 외국인 가사 도우미의 역할과 효과 부분이 궁금하여 이를 해결하기 위해
		⑥	어떤 자료	☞ '저출산 초비상 한국, 최국인 가사도우미 투입(00뉴스)' 등의 관련 자료를 수집하여 현실적 상황과 그에 따른 문제점을 해결하기 위한 방안을 중심으로 살펴봤고 이를 통하여
		⑦	지식 습득	☞ 가사 노동 시장의 인력 부족 문제를 해결하고, 육아와 가사 부담을 덜어줌으로써 출산율 제고와 여성의 경제활동을 촉진하는 긍정적 측면을 알게 됨.
문제해결력(수행평가형)		⑤	수행 과제	
		⑥	내용 과정	
		⑦	깨달음	
전공적합성	⑧		성장 능력	이와 같은 배움을 통하여 ☞ 저출생 문제를 현실적으로 어떻게 풀어갈지에 대한 방법적 이해를 신장하는 능력이 향상되었고
	⑨		관심 분야	관심을 갖고 있던 ☞ 미래 지속 가능한 발전을 위한 핵심 과제인 고령화와 저출산에 따른 사회적 문제 가운데 가사와 보육이라는 두 마리 토끼를 잡기 위한 가사 도우미 도입 분야와 관련하여
	⑩		미친 영향	☞ 해당 제도의 장, 단점을 파악하고 우리 나라의 실정에 맞는 효과적인 방법을 찾아보는 계기가 됨.

제 3 장

'K-SDGs' 목표별 정부출연연구기관 연계 탐구보고서

K-SDGs란?	K-SDGs는 UN SDGs의 목표와 방향성을 존중하면서, 한국의 경제적, 사회적, 환경적 특성과 우선순위를 반영하여 국내 상황에 맞게 구체화한 목표입니다. 즉 UN SDGs라는 큰 그림 안에서 한국이라는 퍼즐 조각을 맞추는 과정입니다. 예를 들어, 한국의 경우 고령화 사회, 저출산 문제, 미세먼지 문제 등 UN SDGs가 직접적으로 다루지 않는 특수한 국가적 과제를 K-SDGs에 포함하여 더욱 현실적인 목표 설정을 가능하게 합니다. 또한, 한국의 높은 교육 수준이나 정보 통신기술 발전과 같은 강점을 활용하여 SDGs 달성에 기여할 수 있는 목표를 강조하기도 합니다.
K-SDGs 17개 주요 목표	□ (G1) 빈곤층 감소와 사회안전망 강화
	□ (G2) 식량 안보 및 지속가능한 농업 강화
	□ (G3) 건강하고 행복한 삶 보장
	□ (G4) 모두를 위한 양질의 교육
	□ (G5) 성평등 보장
	□ (G6) 건강하고 안전한 물관리
	□ (G7) 에너지의 친환경적 생산과 소비
	□ (G8) 좋은 일자리 확대와 경제성장
	□ (G9) 산업의 성장과 혁신 활성화 및 사회기반시설 구축
	□ (G10) 모든 종류의 불평등 해소
	□ (G11) 지속가능한 도시와 주거지 조성
	□ (G12) 지속가능한 생산과 소비
	□ (G13) 기후변화와 대응
	□ (G14) 해양생태계 보전
	□ (G15) 육상생태계 보전
	□ (G16) 평화・정의・포용
	□ (G17) 지구촌 협력 강화

K-SDGs 119개 세부목표	• K-SDGs 119개 세부목표는 "국가지속가능발전포털(ncsd.go.kr)" 참고
탐구 SDGs 주요 목포	(G3) 건강하고 행복한 삶 보장
탐구 SDGs 세부목표	세부목표 3-1. "만성질환의 위험요인관리와 건강보장을 확대한다."
정부 출연 연구기관	한국생명공학연구원(KRIBB)
연구 분야	생명과학: 유전체 연구, 단백질체 연구, 세포 연구, 발생 생물학 연구
연계 과목	과목(생물의 유전) 단원(원핵생물 유전자 발현 조절)
단원 성취기준	[12유전02-05] 생물의 유전자 발현 조절 및 발생에 관한 연구가 인류 복지에 기여한 사례를 조사하여 협력적으로 소통할 수 있다.
과학과 핵심역량	☑ 과학적 탐구 / □ 과학적 의사결정 능력 / ☑ 문제해결능력
탐구 키워드	#유전자발현 #원핵생물 #대사공학 #플라스미드
참고자료	1. 이상엽 외, "합성 조절 RNA를 이용한 대장균의 대사 공학 연구", KAIST Bio Design. 2. Jo et al., "E.coli BL21(DE3)에서 IsPETase와 NEXT-IsPETase의 세포질 내 수용성 발현", 한국연구재단. 3. "합성 조절 sRNA를 이용한 유전자 발현 미세조절", KAIST Bio Design. 4. "박테리아 기반의 유용 단백질 발현전략 최신동향", 전남대학교 생물학과. 5. (도서) 크리스퍼가 온다, 제니퍼 다우드나.
탐구 주제	대사 공학에서 플라스미드 기반 유전자 발현 최적화 방안

1. 서론

1) 연구 동기와 목적

생명공학에 관심이 많은 저는 생물유전 과목에 나오는 '원핵생물 유전자 발현 조절' 내용을 가장 흥미롭게 공부했습니다. '만성질환의 위험요인관리와 건강보장을 위해 유전자 발현 조절이 중요한 역할을 하지 않을까?' 라는 호기심이 생겼습니다. 그러던 중 대사 공학이라는 생소한 용어를 접하게 되었습니다. 대사 공학은 미생물을 이용해 고부가가치 화합물(예: 바이오 연료, 의약품, 고부가가치 화합물)을 생산하는 데 중요한 기술로 자리 잡고 있는데, 특히 플라스미드는 유전자 발현 조절과 대사 경로 최적화의 핵심 도구로 사용되며, 이를 통해 효율적인 물질 생산이 가능합니다. 플라스미드는 복제 기점, 프로모터, 전사 종결자 등 다양한 요소를 설계하여 유전자 발현 수준을 조정할 수 있는 장점이 있으므로 플라스미드 기반 유전자 발현 최적화 전략을 탐구하여 대사 공학의 효율성을 높이는 방안을 탐구하고자 합니다.

2) 연구의 중요성

플라스미드는 설계와 소삭이 쉬우며, 특정 유전자의 발현 수준을 조정할 수 있는 강력한 도구입니다. 이를 통해 대사 경로 내 병목현상을 해결하고, 생산성을 극대화할 수 있습니다. 플라스미드를 활용한 유전자 발현 최적화는 생명공학 산업에서 경제적이고 실용적인 해결책을 제공합니다.

3) 최근 연구 동향

최근 국내외 연구에서는 플라스미드를 활용한 대사 공학 기술이 활발히 이루어지고 있습니다. 예를 들어, KAIST 이상엽 교수 연구팀은 합성 조절 RNA를 이용해 타이로신과 카다베린 생산성을 크게 향상시켰으며, 플라스미드 설계를 통해 특정 효소 발현을 정밀하게 조절하는 기술을 개발하였습니다. 또한, 다중 플라스미드 시스템과 복제 기점 조정을 통한 효율적인 대사 경로 설계가 주목받고 있다는 사실도 알게 되었습니다.[1)2)]

1) 이상엽 외, "합성 조절 RNA를 이용한 대장균의 대사 공학 연구", KAIST Bio Design.
2) "합성 조절 sRNA를 이용한 유전자 발현 미세조절", KAIST Bio Design.

2. 본론

1) 이론적 배경

플라스미드는 세포 내에서 독립적으로 복제되는 원형 DNA로, 원핵생물의 유전자 발현 조절에 널리 사용됩니다. 플라스미드는 복제 기점(origin of replication), 프로모터(promoter), 전사 종결자(terminator) 등 다양한 요소로 구성되어 있으며, 이를 설계하여 특정 유전자의 발현 수준을 조정할 수 있습니다.

2) 플라스미드 기반 유전자 발현의 특징

(1) 장점

- 유연성: 다양한 프로모터와 복제 기점을 조합하여 목표 유전자의 발현 수준을 조정할 수 있습니다.[3)]
- 모듈성: 플라스미드는 설계와 수정이 쉬우며, 다양한 숙주 세포에 도입 가능합니다.
- 효율성: 높은 단백질 발현을 통해 대사 경로 내 병목 효소를 보완할 수 있습니다.

(2) 한계점

- 복제 안정성 부족: 세포 분열 과정에서 플라스미드 손실 가능성이 존재합니다.
- 대사 부담: 고복제수 플라스미드는 숙주 세포의 성장과 생존에 부정적인 영향을 미칠 수 있습니다.

3) Jo et al, "E.coli BL21(DE3)에서 IsPETase와 NEXT-IsPETase의 세포질 내 수용성 발현", 한국연구재단.

3) 플라스미드 기반 유전자 발현 최적화 전략

(1) 프로모터 및 복제 기점 설계

강력한 T7 프로모터를 사용하면 높은 단백질 발현이 가능하지만, 숙주 세포에 과도한 대사 부담을 줄 수 있으므로 중간 강도의 프로모터를 사용하는 것이 적합할 수 있습니다.

(2) 합성 조절 RNA 활용

합성 조절 RNA(synthetic regulatory RNA)는 특정 mRNA와 결합하여 번역을 억제하거나 촉진하는 방식으로 유전자 발현을 정밀하게 조절합니다.

(3) 다중 플라스미드 시스템

서로 다른 복제 기점과 선택 마커를 가진 다중 플라스미드를 도입하여 여러 유전자를 독립적으로 발현함으로써 복잡한 대사 경로를 재설계할 수 있습니다.[4)5)]

(4) 배양 조건 최적화

IPTG 농도나 배양 온도를 조정하여 단백질의 수용성 발현을 증가시키는 방법도 활용됩니다.

4) 사례 연구

(1) 타이로신 및 카다베린 생산 균주 개발

KAIST 이상엽 교수 연구팀은 합성 조절 RNA 기술을 이용해 타이로신(21.9

4) Jo et al, "E.coli BL21(DE3)에서 IsPETase와 NEXT-IsPETase의 세포질 내 수용성 발현", 한국연구재단.
5) "박테리아 기반의 유용 단백질 발현전략 최신동향", 전남대학교 생물학과.

g/L)과 카다베린(12.6g/L)의 생산성을 크게 향상시켰습니다. 이는 특정 효소의 발현 수준을 정밀하게 조정함으로써 기존 대사 공학 기술의 한계를 극복한 사례입니다.

(2) 자일로스 대사 효율 최적화

Saccharomyces cerevisiae에서 자일로스를 더 잘 대사하도록 설계된 플라스미드를 도입해 특정 효소들의 최적 발현 비율을 찾았습니다. 이를 통해 자일로스를 활용한 대사산물 생산성을 크게 향상시킬 수 있었습니다.

5) 한계점

1) 플라스미드 안정성 문제: 세포 분열 과정에서 플라스미드가 손실될 위험이 있으며, 이는 장기적인 산업적 응용에서 문제를 초래할 수 있습니다.
2) 대사 부담 증가: 고복제수 플라스미드는 숙주 세포에 과도한 에너지 소모를 요구하여 성장 속도를 저하시킬 가능성이 있습니다.
3) 유전체 통합 방식과 비교 시 낮은 안정성: 일부 연구에서는 플라스미드보다 유전체 통합 방식이 장기적인 안정성과 균일성을 제공한다고 보고되었습니다.

3. 결론

1) 연구 결과 요약

플라스미드는 대사 공학에서 중요한 도구이며, 적절한 설계와 최적화를 통해 효율적인 물질 생산이 가능합니다.[6)7)] 이번 탐구활동을 통해 프로모터 및 복제

6) 이상엽 외, "합성 조절 RNA를 이용한 대장균의 대사 공학 연구", KAIST Bio Design.
7) "박테리아 기반의 유용 단백질 발현전략 최신동향", 전남대학교 생물학과.

기점 설계, 합성 조절 RNA 활용, 다중 플라스미드 시스템 등 다양한 최적화 전략을 탐구해 보았습니다. 또한, 타이로신 및 카다베린 생산 균주 개발 등의 사례를 통해 플라스미드 기반 접근법의 효과를 알게 된 계기가 되었습니다.

2) 생명공학 분야에서 원핵생물 연구의 의의

플라스미드를 활용한 원핵생물 연구는 바이오 연료, 의약품, 친환경 소재 등 다양한 산업 분야에서 응용 가능성이 있습니다. 특히 합성 생물학 및 대사 공학 기술과 결합하여 지속 가능한 바이오산업 발전에 기여할 것으로 기대됩니다. 차후 탐구활동에서는 플라스미드 안정성과 숙주 세포의 대사 부담 문제[8)9)]를 해결하기 위한 추가적인 기술 개발이 무엇일까? 라는 탐구활동을 진행해 보고 싶습니다.

8) Jo et al, "E.coli BL21(DE3)에서 IsPETase와 NEXT-IsPETase의 세포질 내 수용성 발현", 한국연구재단.
9) "합성 조절 sRNA를 이용한 유전자 발현 미세조절", KAIST Bio Design.

제4장 'K-SDGs' 목표별 정부출연연구기관 연계 탐구보고서 학생부 자기평가서

(통합과학) 자기평가서(예시) (출처: 최진규-결정적 학생부)

학번	1101	성명	김과학	희망 진로	생명공학자

반드시 지켜야 할 사항	
❶	☞ 뒤에 작성할 것.
❷	작성한 후에는 ☞을 지우고 글자색을 검정으로 바꿀 것.
❸	➡ 평가 요소를 매끄럽게 연결하는 파란색 문구는 문맥에 맞게 바꿔쓸 수 있음.
❹	글을 작성할 때는 단순 나열에서 벗어나 구체적 사실에 근거한 스토리 중심으로 전개할 것.
❺	작성을 마친 후에는 파일이름에 학번과 성명(예: 1012 홍길동)을 기입한 뒤 저장하여 제출할 것.
❻	「문제해결력」은 '자료활용형' or '수행평가형' 중 하나를 선택하여 작성할 것

평가 요소	순서		핵심	내용 작성
지적호기심	①		단원	☞ 「원핵생물 유전자 발현 조절」 단원을 배우며
	②		관심	☞ 만성질환의 위험요인관리와 건강한 삶에 관심을 갖게 됨.
자기주도성	③		어떤 내용	☞ 만성질환의 문제를 해결 방안의 일환으로 유전자 발현 및 조절과 관련된 내용이 궁금하여
	④		어떤 방법	☞ 국내의 연구에서 나타난 플라스미드를 활용한 대사 공학 기술을 살펴보는 방법으로 노력했음.
문제해결력 (자료활용형)	하나 선택	⑤	어떤 부분	☞ 세포 내에서 플라스미드의 역할과 그에 따른 긍정적 효과 부분이 궁금하여 이를 해결하기 위해
		⑥	어떤 자료	☞ 생명공학을 연구하는 전문기관에서 발간하는 자료를 살펴봤고 이를 통하여
		⑦	지식 습득	☞ 플라스미드와 관련된 구성 균주의 시작 농도를 바꿔 자일로스의 발표 효율을 최적화할 수 있는 플랫폼 구축 사실을 알게 됨.
문제해결력 (수행평가형)		⑤	수행 과제	
		⑥	내용 과정	
		⑦	깨달음	
전공적합성	⑧		성장 능력	이와 같은 배움을 통하여 ☞ 플라스미드를 활용한 원핵생물 연구는 바이오연료, 의약품, 친환경 소재 등 다양한 산업 분야에서 응용 가능하다는 배경지식을 확장하는 능력이 향상되었고
	⑨		관심 분야	관심을 갖고 있던 ☞ 합성 생물학 및 공학 기술과 결합된 바이오 산업 분야와 관련하여
	⑩		미친 영향	☞ 플라스미드의 역할이 매우 중요하지만 안정성과 숙주 세포의 대사 부담 문제를 해결하기 위한 추가 기술의 개발에 관심을 갖는 계기가 됨.

제 5 장

'K-SDGs' 목표별 지방자치단체 연계 탐구보고서

K-SDGs란?	K-SDGs는 UN SDGs의 목표와 방향성을 존중하면서, 한국의 경제적, 사회적, 환경적 특성과 우선순위를 반영하여 국내 상황에 맞게 구체화한 목표입니다. 즉 UN SDGs라는 큰 그림 안에서 한국이라는 퍼즐 조각을 맞추는 과정입니다. 예를 들어, 한국의 경우 고령화 사회, 저출산 문제, 미세먼지 문제 등 UN SDGs가 직접적으로 다루지 않는 특수한 국가적 과제를 K-SDGs에 포함하여 더욱 현실적인 목표 설정을 가능하게 합니다. 또한, 한국의 높은 교육 수준이나 정보 통신기술 발전과 같은 강점을 활용하여 SDGs 달성에 기여할 수 있는 목표를 강조하기도 합니다.
K-SDGs 17개 주요 목표	□ (G1) 빈곤층 감소와 사회안전망 강화
	□ (G2) 식량 안보 및 지속가능한 농업 강화
	□ (G3) 건강하고 행복한 삶 보장
	□ (G4) 모두를 위한 양질의 교육
	□ (G5) 성평등 보장
	□ (G6) 건강하고 안전한 물관리
	□ (G7) 에너지의 친환경적 생산과 소비
	□ (G8) 좋은 일자리 확대와 경제성장
	□ (G9) 산업의 성장과 혁신 활성화 및 사회기반시설 구축
	□ (G10) 모든 종류의 불평등 해소
	□ (G11) 지속가능한 도시와 주거지 조성
	□ (G12) 지속가능한 생산과 소비
	□ (G13) 기후변화와 대응
	□ (G14) 해양생태계 보전
	□ (G15) 육상생태계 보전
	□ (G16) 평화・정의・포용
	□ (G17) 지구촌 협력 강화

K-SDGs 119개 세부목표	• K-SDGs 119개 세부목표는 "국가지속가능발전포털(ncsd.go.kr)" 참고
탐구 SDGs 주요 목표	(G8) 좋은 일자리 확대와 경제성장
탐구 SDGs 세부목표	세부목표 8-3. (신설) "중소기업과 소상공인의 성장을 촉진한다."
지방자치 단체	강원도 평창군
핵심정책 사업	활력 넘치는 골목상권
연계 과목	과목(통합사회 1) 단원(생활공간과 사회)
단원 성취기준	[10통사1-05-03] 자신이 거주하는 지역을 사례로 공간 변화가 초래한 양상 및 문제점을 탐구하고, 공동체의 구성원으로서 지역 사회의 변화를 위한 방안을 모색하고 이를 실천한다.
사회과 핵심 역량	☑ 비판적 사고력 역량 ☑ 창의적 사고력 역량 ☑ 문제해결력 및 의사 결정력 ☐ 의사소통 및 협업 능력 ☑ 정보 활용능력
탐구 키워드	#공간변화 #지역사회변화 #골목상권활성화
참고자료	1. 조상원, "평창군, 지역경제 살리기 안간힘", 강원일보, 2025. 1. 20. https://www.kwnews.co.kr/page/view/2025012011354821383 2. 김영석, "진부농협 마트건립 갈등 진정세", 강원일보, 2006. 3. 15. https://n.news.naver.com/mnews/article/087/0000078058?sid=102 3. 박현, "지방소멸위기-강원 평창군", 뉴스워치, 2024. 12. 12. https://www.newswatch.kr/news/articleView.html?idxno=69826 4. 조신옥, "감성 소재를 이용한 상품디자인 개발", 부산대학교 문화유산보존연구소, 2012. 12. pp. 44-72. 5. 한국지방행정연구원, "골목상권활성화를 기념하는 브랜딩 계획", 2020. 6. 행정안전부, "골목 경제 회복 지원사원 우수사례집", 2021. 12.
탐구 주제	평창군 골목상권활성화를 위한 탐구: 인구 감소 및 공간 변화 대응 전략

1. 서론

1) 탐구 배경

통합사회의 '생활공간과 사회' 단원을 배우면서 지난여름 평창에서의 여름휴가가 떠올랐다. 평창의 아름다운 자연과 평창동계올림픽을 기념하는 다양한 장소에 비해 평창의 골목상권은 너무나 열악한 환경으로 보였다. '평창의 공간 변화가 초래한 양상 및 문제점이 무엇이고 지역 골목상권을 살릴 방법이 무엇일까?'라는 호기심이 생겼다. 평창군은 2018 평창동계올림픽 개최 이후 관광객 증가와 지역경제 활성화에 대한 기대가 있었지만, 인구 감소와 고령화 심화, 올림픽 시설 사후 활용 미흡 등으로 인해 지역 경제가 정체되고, 특히 골목상권이 어려움을 겪고 있다. 이러한 상황은 평창군의 지속가능한 발전에 큰 위협이 되고 있으며, 지역 주민들의 삶의 질에도 부정적인 영향을 미치고 있다. 기존의 지역 경제 활성화 정책이 대규모 개발사업에 치중되어, 골목상권의 특성과 잠재력을 제대로 활용하지 못하고 있다는 비판이 제기되고 있다. 평창군은 골목상권 해결을 위해 다양한 캠페인을 펼치며 지역경제 살리기에 안간힘을 쓰고 있다.[1)]

2) 탐구의 필요성

골목상권은 지역 주민들의 삶의 터전이자 사회적 연결망을 형성하는 중요한 공간으로, 지역 경제 활성화의 핵심적인 요소입니다. 따라서, 인구 감소와 공간 변화에 대응하여 평창군만의 특색을 살린 골목상권활성화 전략을 수립하고, 이를 통해 지역 경제를 되살리고 주민들의 삶의 질을 향상시키는 것이 매우 시급합니다. 이번 탐구활동은 평창군 골목상권의 현실을 진단하고, 실질적인 정책 대안을 제시하여 지역 경제 활성화에 대한 구체적인 해결책을 찾고자 합니다.

1) 조상원, "평창군, 지역경제 살리기 안간힘", 강원일보, 2025. 1. 20.
https://www.kwnews.co.kr/page/view/2025012011354821383

3) 탐구 목적

평창군 골목상권의 현황을 다각적으로 분석하고, 인구 감소 및 공간 변화가 미치는 영향을 실증적으로 탐구하고자 한다. 평창군만의 고유한 특성을 살린 골목상권활성화 요인을 도출하고, 다양한 전략들을 제시하여 실질적인 정책 방향을 제시하고자 한다.

2. 이론적 배경

1) 골목상권의 개념 및 중요성

① 골목상권 개념: 골목상권은 대형 상업 시설이 아닌, 주택가나 도심의 좁은 골목길을 중심으로 형성된 소규모 상점들이 밀집한 상업 공간이다. 골목상권은 지역 주민의 일상생활과 밀접하게 연결되어 있으며, 다양한 업종의 소규모 상점들이 공존하는 특징이 있으며, 대규모 상업 시설과는 다른 특색있는 분위기와 개성을 지니고 있다.

② 골목상권의 중요성: 지역 경제의 기반으로서, 소상공인들의 생계유지 및 일자리 창출에 기여하며, 지역 주민들의 소비 생활과 여가 활동을 지원하고, 지역 커뮤니티 형성에 중요한 역할 수행한다. 또한, 지역 문화와 전통을 보존하고, 지역 정체성을 형성하는 데 기여하며, 지역 관광의 중요한 요소로서, 관광객 유치 및 지역 경제 활성화에 기여한다.

2) 인구 감소 및 공간 변화와 지역 경제

① 인구 감소의 영향: 인구 감소는 생산 가능 인구 감소, 소비 위축, 지역 경제 활력 저하를 초래, 지역 상권의 매출 감소, 폐업 증가, 상권 공동화 현상 심화의 악순환을 일으키는 주요 요인이다.

② 공간 변화의 영향: 평창군 진부면에 있는 진부농협 중앙지점,[2)] 롯데슈퍼 평창진부점, 하나로마트 평창축협진부점, 평창로컬푸드직매장 등 대규모 상업시설 및 프랜차이즈 매장 증가는 골목상권의 경쟁력을 약화시키고, 도심 공동화 현상으로 인해 도심 외곽으로 상권 이동 및 도심 내 골목상권 쇠퇴를 야기시키고 있다. 또한, 교통망 확충으로 인한 접근성 변화는 특정 지역 상권의 성장 및 쇠퇴를 초래하고 있다.

3. 평창군 지역 현황 분석

1) 평창군 인구 변동 추이 분석

① 인구 변화 분석: 강원도 평창군의 종인구는 24년 11월 30일 기준 4만 387명이다. 23년 12월 말 4만 659명에서 11개월 만에 272명이 감소했다. 1~2년 후에는 4만 명 선 붕괴 가능성까지 제기되고 있다. 지난 2000년 4만 7190명이었던 인구는 2005년 4만 5223명, 2010년 4만 3513명으로 감소세를 이어왔다. 이후 2015년 4만3505명으로 비슷한 규모를 유지해 오다가 2022년에는 4만 990명으로 다시 줄어들며 2020년 대비 약 13.1% 감소를 기록했다. 더욱이 해마다 저출산·고령화 현상이 심화하는 가운데 2022년 기준 65세 이상 고령 인구비율은 31.5%, 합계출산율은 0.77%를 나타냈다. 같은 해 강원도 전체 고령 인구비율이 22.0%인 것을 고려할 때, 평창군의 인구 실태는 도내에서 가장 심각한 수준에 달해 있는 상황이다. 아울러 청년층 외부 유출도 인구 감소의 주요 요인으로 작용하고 있다. 20~30대 전출이 지속해서 이뤄지지만 40~60대는 전입하는 기조를 유지하고 있지만, 청년층의 순 유출 지속으로 지역 인구 감소 현상은 매년 반복적으로 나타나고 있는 상태다.[3)]

2) 김영석, "진부농협 마트건립 갈등 진정세", 강원일보, 2006. 3. 15. https://n.news.naver.com/mnews/article/087/0000078058?sid=102

3) 박현, "지방소멸위기-강원 평창군", 뉴스워치, 2024. 12. 12. https://www.newswatch.kr/news/articleView.html?idxno=69826

② 인구 감소 원인: 인구 감소 원인은 저출산, 고령화, 청년 인구 유출, 일자리 부족, 교육 환경 미흡, 문화 시설 부족 등 복합적 원인으로 보인다.

4. 평창군 골목상권활성화 전략 모색

강원도 평창군의 골목상권을 활성화하기 위해 평창군의 자연환경, 문화유산, 2018 평창동계올림픽 유산을 결합한 실현 가능한 아이디어를 중심으로 창의적 전략과 해외 성공 사례의 현지화 방안을 제시하고자 한다.

1) 지역 특화 테마 골목 조성: "평창 스토리텔링 골목"

평창의 자연, 역사, 문화, 올림픽 유산 등 다양한 스토리를 골목 곳곳에 입혀, 방문객에게 흥미로운 경험과 추억을 선사하는 테마 골목을 조성한다. 이는 단순한 상업 공간을 넘어 '이야기가 있는 공간'으로 만들어 차별성을 확보하는 방안이다.

① '올림픽 영웅 골목': 평창 올림픽 영웅들의 이야기, 사진, 명언 등을 담은 골목을 조성하여 스포츠용품점, 기념품점, 건강 음식점 등을 유치하여 올림픽 열기를 재현한다.

② '메밀꽃 필 무렵 골목': 이효석 문학관과 연계하여 메밀꽃을 테마로 한 골목을 조성하여 메밀 음식점, 전통찻집, 공예품점 등을 유치하고, 메밀꽃밭 포토존, 문학 낭송회 등 문화 행사를 개최한다.

③ '약초 향기 골목': 평창 자생 약초를 테마로 한 골목을 조성하여 약초 판매점, 건강식품점, 약초 체험 공방 등을 유치하고, 약초 족욕 체험, 약초차 시음회 등 힐링 프로그램을 운영한다.

④ '전통 장터 골목': 평창 전통 시장의 활력을 담은 골목을 조성하여 지역 농특산물 판매, 전통 음식점, 수공예품점 등을 유치하고, 장터 공연, 전통 놀이 체험 등 즐길 거리를 제공한다.

테마가 있는 4개의 골목 투어를 상품으로 개발하여 할인 상품을 만드는 것이다. 지역 특화 테마 골목 조성으로 전 세계적인 관광지가 된 일본 오타루 '오르골당 거리'와 프랑스 파리의 '마레 지구'의 성공 요인을 분석하여 평창군만의 유니크한 관광상품을 개발하여야 한다.

2) 평창 로컬 브랜드 육성 및 골목상권 연계: "청정 평창 OOO 상품"

강원도 평창은 깨끗한 자연환경과 높은 일교차 덕분에 품질 좋은 특산물이 많은 곳이다. 대표적인 특산물인 메밀, 감자, 옥수수, 황태, 산나물, 고랭지 채소, 꿀 등의 상품을 개발하여 '평창 로컬 브랜드'를 개발하고, 이를 골목상권과 연계하여 경쟁력을 강화하는 방법이다. 청정 평창을 대표하는 상품을 명품화하여 브랜드화하는 전략이다. 이때 전통 감성 소재를 이용한 상품디자인 개발은 필수적이다.[4)]

3) 유튜브 및 인스타 홍보 브랜드와 "평창 골목 댁"

IT를 적극적으로 활용하여 평창군 골목상권 유튜브 및 인스타그램 홍보에 효과적인 브랜드 이름을 만들어 적극적으로 홍보해야 한다. 예를 들면, 친근한 인상의 평창의 '골목 댁' 이미지를 사용하여, 강원도 평창의 친근하고 편안한 골목길 분위기를 어필하여 관광객을 유인하는 것이다.

5. 결론

평창군 골목상권 활성화는 인구 감소 및 대형 상권과의 경쟁 심화 속에서 지역경제를 되살리는 핵심 과제이다. 이번 탐구에서는 평창군의 고유한 자원과 특성

4) 조신옥, "감성 소재를 이용한 상품디자인 개발", 부산대학교 문화유산보존연구소, 2012. 12. pp. 44-72.

을 활용한 세 가지 전략을 제시한다. 첫째, '평창 스토리텔링 골목' 조성은 올림픽, 메밀꽃, 약초, 전통 장터 등 테마 골목을 통해 방문객에게 특별한 경험을 제공하고, 일본 오타루, 프랑스 마레 지구와 같은 성공 사례를 벤치마킹하여 평창만의 매력적인 관광 명소를 창출한다. 둘째, '청정 평창 OOO 상품' 브랜드 육성은 지역 특산물을 활용한 명품 로컬 브랜드를 개발하여 골목상권의 상품 경쟁력을 강화하고, 지역 경제 활성화에 기여한다. 셋째, '평창 골목 댁' 유튜브 및 인스타그램 홍보 브랜드 구축은 친근한 이미지로 온라인 홍보를 강화하고, 다양한 디지털 마케팅 전략을 통해 젊은 층과 관광객의 유입을 유도한다. 이러한 전략들은 평창군의 골목상권을 단순히 소비 공간이 아닌, 이야기가 있는 문화 공간이자 지역 경제의 핵심 동력으로 재탄생시키 데 중요한 역할을 할 것이다.

제 6 장

'K-SDGs' 목표별 지방자치단체 연계 탐구보고서 학생부 자기평가서

(통합사회) 자기평가서(예시) (출처: 최진규-결정적 학생부)

학번	1101	성명	김민국	희망 진로	공간설계자

반드시 지켜야 할 사항	
❶	☞ 뒤에 작성할 것.
❷	작성한 후에는 ☞을 지우고 글자색을 검정으로 바꿀 것.
❸	➡ 평가 요소를 매끄럽게 연결하는 파란색 문구는 문맥에 맞게 바꿔쓸 수 있음.
❹	글을 작성할 때는 단순 나열에서 벗어나 구체적 사실에 근거한 스토리 중심으로 전개할 것.
❺	작성을 마친 후에는 파일이름에 학번과 성명(예:1012 홍길동)을 기입한 뒤 저장하여 제출할 것.
❻	「문제해결력」은 '자료활용형' or '수행평가형' 중 하나를 선택하여 작성할 것

평가 요소	순서		핵심	내용 작성
지적호기심	①		단원	☞ 「생활공간과 사회」 단원을 배우며
	②		관심	☞ 도심 공동화 현상에 따른 골목 상권의 쇠퇴에 따른 원인 분석과 대안 모색에 관심을 갖게 됨.
자기주도성	③		어떤 내용	☞ 인구 감소 및 공간 변화와 지역 경제 침체의 연관관계에 대한 내용이 궁금하여
	④		어떤 방법	☞ '평창군, 지역경제 살리기 안간힘(00일보)' 등의 기사를 찾아 내용을 분석하는 방법으로 노력했음.
문제해결력 (자료활용형)	하나 선택	⑤	어떤 부분	
		⑥	어떤 자료	
		⑦	지식 습득	
문제해결력 (수행평가형)		⑤	수행 과제	☞ '지역 주민들의 물리적, 정서적 터전이자 연결망인 골목 상권 활성화 방안'이라는 수행평가 과제를 해결하기 위해
		⑥	내용 과정	☞ 동계 올림픽 개최지로 유명한 강원도 평창 지역을 중심으로 ☞ 골목 상권의 현황을 다각적으로 분석하고, 인구 감소 및 공간 변화가 미치는 영향을 실증적으로 탐구하는 과정을 거쳤고 그 결과
		⑦	깨달음	☞ 평창 지역의 골목 상권을 살리기 위해서는 지역의 자연환경과 문화적 유산 그리고 실현 가능한 아이디어를 중심으로 창의적 기획과 실천이 필요하다는 사실을 알게 됨.
전공적합성	⑧		성장 능력	이와 같은 배움을 통하여 ☞ 평창의 특성을 반영한 스토리텔링 골목, 올림픽 영웅 골목, 메밀꽃 필 무렵 골목, 약초 향기 골목, 전통 장터 골목 등이 필요하다는 사실을 통하여 창의적 능력과 배경지식의 저변을 확장하는 능력이 향상되었고
	⑨		관심 분야	관심을 갖고 있던 ☞ 인구 감소 및 대형 상권과의 경쟁 심화 속에서 내리막 길을 걷고 있는 골목 상권을 살릴 수 있는 창의성을 발휘할 수 있는 공간 기획력 분야와 관련하여
	⑩		미친 영향	☞ 문제 상황에 맞튼 적절한 해결책을 찾아 공간에 적용하여 지역경제를 살릴 수 있는 방안을 모색하는 계기가 됨.

제 7 장

유형별 참고문헌 작성법 (출처: 숙명여자대학교 대학원 학위 논문작성법)

- **단행본:** 저자명 (발행 연도). 책 제목. (판 사항). 발행지: 발행사.

  ex) 정필모 (2011). 문헌정보학원론. (개정 5판). 서울: 한국학술정보.

- **번역서:** 원저자 (발행 연도). 책 제목 (옮긴이 역). 발행지: 출판사 (원서출판 연도).

  ex) 미국심리학회 (2013). APA 논문작성법 (강진령 역). 서울: 학지사. (원서출판 2010).

- **학위논문:** 저자명 (발행 연도). 논문 제목. 학위명. 학위 수여기관명.

  ex) 전경선 (2018). 디지털 아카이브 구축을 위한 공개 소프트웨어 사용성 평가. 박사학위 논문. 숙명여자대학교 대학원 문헌정보학과.

- **학술지:** 저자명 (발행 연도). 논문 제목. 학술지(저널)명, 권(호), 수록 면수. DOI or URL

  ex) 장윤금, 전경선, 이혜영, 이지수 (2018). 병영도서관 이용 및 독서 활성화 방안 연구. 한국도서관·정보학회지, 49(3), 241-261. https://doi.org/10.16981/kliss.49.3.201809.241

- **신문 기사:** 기자명. “제목” 신문 이름. 발행 일자. URL

  ex) 박종윤. “한국인의 효의식”. 00일보. 2008. 2. 12. https://www.ggo.kr

- **정기간행물:** 저자명. (발행 연도). 논문명. 자료명, 권(호), 수록 면수.

  ex) 박종윤. (2002). 중년층의 효의식에 관한 연구. 효사랑협회 논문집, 3(23), 40-51.

[참고문헌 및 사이트]

1. UN SDGs 협회 (https://asdun.org/)
2. 지속가능발전포털 (https://www.ncsd.go.kr/)
3. 2022 개정 교육과정 총론 해설 (교육부)
4. 2022 개정 교육과정 통합사회, 통합과학 성취기준 (교육부)
5. Google AI (https://aistudio.google.com/prompts/new_chat)
6. Perplexity (https://www.perplexity.ai/)
7. Open AI (https://openai.com/)
8. DeepSeek (https://www.deepseek.com/)
9. 평창군청-약속평창-군정기본방향
10. 정부출연연구기관
11. 최진규, 결정적 학생부 (한국교육컨설턴트협의회)

K-SDGs 저작권 논의 과정

- 2025. 02. 10. 19시 03분 (국무조정실 국무총리비서설 통화: 110번)
- 2025. 02. 10. 19시 07분 (국무조정실 국무총리비서설 통화: 044-200-2860)
- 2025. 02. 11. 16시04분
  (국무조정실 국무총리비서설 1차 통화: 044-200-2530)
  - 공표된 자료이면 출간할 수 있으나, 자세한 답변은 다시 연락하겠다고 함
- 2025. 02. 11. 16시 19분
  (국무조정실 국무총리비서설 2차 통화: 044-200-2527)
  - 제4차 지속가능발전 기본계획(2021-2024) 17개 항목, 17개 항목, 119개 세부목표, 236개 지표 내용은 공표자료이므로 사용 가능
  - 심볼 사용은 '환경부'에서 '2021년' 작성하여 공공누리 제4유형으로 지정되어 출처 표시하고 비상업적 이용만 가능
- 2025. 02. 11. 17시 35분
  (국무조정실 국무총리비서설 3차 통화: 044-200-2527)
  - 심볼 사용의 비상업적 이용만 가능이라 함은 심볼을 상업적으로 판매할 경우에 한하며 출간을 위해 심볼을 출처를 밝히고 사용하는 경우에는 허용이 된다고 최종 확인 받음.

부록편

자기평가서 양식 및 예시

(출처: 최진규-결정적 학생부)

1. 「교과세부능력 및 특기사항」 자기평가서 양식 및 예시
2. 「개인별 세부능력 및 특기사항」 자기평가서 양식 및 예시
3. 「자율활동」 자기평가서 양식 및 예시
4. 「진로활동」 자기평가서 양식 및 예시
5. 「동아리활동」 자기평가서 양식 및 예시
6. 「행동특성 및 종합의견」 자기평가서 양식 및 예시

1. 「교과세부능력 및 특기사항」 자기평가서 양식 및 예시

가. 양식

(   ) 자기평가서

학번		성명		희망 진로	

	반드시 지켜야 할 사항
❶	☞ 뒤에 작성할 것.
❷	작성한 후에는 ☞을 지우고 글자색을 검정으로 바꿀 것.
❸	➡ 평가 요소를 매끄럽게 연결하는 파란색 문구는 문맥에 맞게 바꿔 쓸 수 있음.
❹	글을 작성할 때는 단순 나열에서 벗어나 구체적 사실에 근거한 스토리 중심으로 전개할 것.
❺	작성을 마친 후에는 파일이름에 학번과 성명(예: 2012 홍길동)을 기입하여 저장할 것.
❻	「문제해결력」은 '자료활용형' or '수행평가형' 중 하나를 선택하여 작성할 것

평가 요소	순서		핵심	내용 작성
지적호기심	①		단원	☞ 단원을 배우며
	②		관심	☞ 관심을 갖게 됨.
자기주도성	③		어떤 내용	☞ 내용이 궁금하여
	④		어떤 방법	☞ 방법으로 노력했음.
문제해결력 (자료활용형)	하나 선택	⑤	어떤 부분	☞ 부분이 궁금하여 이를 해결하기 위해
		⑥	어떤 자료	☞ 살펴봤고 이를 통하여
		⑦	지식 습득	☞ 알게 됨.
문제해결력 (수행평가형)		⑤	수행 과제	☞ 수행평가 과제를 해결하기 위해
		⑥	내용 과정	☞ 중심으로 ☞ 과정을 거쳤고 그 결과
		⑦	깨달음	☞ 사실을 알게 됨.
전공적합성	⑧		성장 능력	이와 같은 배움을 통하여 ☞ 능력이 향상되었고
	⑨		관심 분야	관심을 갖고 있던 ☞ 분야와 관련하여
	⑩		미친 영향	☞ 계기가 됨.

나. 예시

(문학) 자기평가서-자료활용형

학번	2103	성명	김도영	희망 진로	전기전자공학

반드시 지켜야 할 사항	
❶	☞ 뒤에 작성할 것.
❷	작성한 후에는 ☞을 지우고 글자색을 검정으로 바꿀 것.
❸	➡ 평가 요소를 매끄럽게 연결하는 파란색 문구는 문맥에 맞게 바꿔 쓸 수 있음.
❹	글을 작성할 때는 단순 나열에서 벗어나 구체적 사실에 근거한 스토리 중심으로 서술할 것.
❺	작성을 마친 후에는 파일이름에 학번과 성명(예: 2012 홍길동)을 기입하여 저장할 것.
❻	「문제해결력」은 '자료활용형' or '수행평가형' 중 하나를 선택하여 작성할 것

평가 요소		순서	핵심	내용 작성
지적호기심		①	단원	☞ 2단원 문학의 수용과 생산 단원에서 '우리가 빛의 속도로 갈 수 없다면(김초엽)'이란 소설을 읽으며
		②	관심	☞ 주인공인 할머니 과학자가 가족과 생이별하고, 아득한 아주에서 고군분투하면서 우주의 스펙트럼 현상에 주목하는 장면을 보면서 색을 조합하고 표현하는 방법에 대해 관심을 갖게 됨.
자기주도성		③	어떤 내용	☞ 인간이 어떻게 많은 수의 색을 표현할 수 있을지 궁금하여
		④	어떤 방법	☞ 뉴스와 블로그 등을 찾아보며 자료를 조사한 바, 현재로서는 디스플레이로 색을 표현하는 것이 가장 많은 색을 나타낼 수 있다는 정보를 찾아 정리함.
문제해결력 (자료활용형)	하나 선택	⑤	어떤 부분	☞ 소설 속에서 할머니 과학자가 스펙트럼 현상에 의문을 갖게 되었듯이 디스플레이로 색을 표현하는 방법이 궁금하여 이를 해결하기 위해
		⑥	어떤 자료	☞ '기초 디스플레이 공학(김현후 등)'을 읽고 관련 정보를 습득하고 이를 통하여
		⑦	지식 습득	☞ 빨강, 파랑, 초록 세 가지 색을 가진 픽셀이 빛을 조합하고 방출하여 색을 표현한다는 것을 알게 되었고 단지 빛으로만 색을 표현하는 것이 아니라 음영을 통해서도 색을 조합할 수 있다는 사실을 알게 됨.
문제해결력 (수행평가형)		⑤	수행 과제	
		⑥	내용 과정	
		⑦	깨달음	
전공적합성		⑧	성장 능력	☞ 소설을 읽으며 관심을 갖게 된 내용을 흥미 있는 분야로 확대하여 궁금한 점을 조사하여 정리함으로써 지식의 폭을 넓힐 수 있었고
		⑨	관심 분야	관심을 갖고 있던 ☞ 전기전자 분야와 관련하여
		⑩	미친 영향	☞ 색을 조합하여 표현하는 디스플레이의 원리에 대하여 이해의 폭을 넓히는 계기가 됨.

(문학) 자기평가서-수행평가형

학번	2102	성명	김나래	희망 진로	영상미디어학

반드시 지켜야 할 사항	
❶	☞ 뒤에 작성할 것.
❷	작성한 후에는 ☞을 지우고 글자색을 검정으로 바꿀 것.
❸	➡ 평가 요소를 매끄럽게 연결하는 파란색 문구는 문맥에 맞게 바꿔 쓸 수 있음.
❹	글을 작성할 때는 단순 나열에서 벗어나 구체적 사실에 근거한 스토리 중심으로 서술할 것.
❺	작성을 마친 후에는 파일이름에 학번과 성명(예: 2012 홍길동)을 기입하여 저장할 것.
❻	「문제해결력」은 '자료활용형' or '수행평가형' 중 하나를 선택하여 작성할 것

평가 요소	순서		핵심	내용 작성
지적호기심	①		단원	☞ 2. 문학의 수용과 생산 (1) 문학의 이해 단원을 배우며
	②		관심	☞ 우리나라 전통극인 가면극에 대하여 관심을 갖게 됨.
자기주도성	③		어떤 내용	☞ 오랜 세월 동안 전승되고 있는 가면극의 특징과 현재 연희되고 있는 가면극에 대한 내용이 궁금하여
	④		어떤 방법	☞ 유튜브, 뉴스, 신문기사 등을 찾아 가면극의 역사적 배경과 사회적 현상을 중심으로 과거와 현재의 특징을 비교하여 정리함.
문제해결력 (자료활용형)	하나 선택	⑤	어떤 부분	
		⑥	어떤 자료	
		⑦	지식 습득	
문제해결력 (수행평가형)		⑤	수행 과제	☞ '독서신문 제작과 발표'라는 수행평가 과제를 해결하기 위해
		⑥	내용 과정	☞ '한국의 가면과 가면극(국립민속박물관)'을 읽고 시대적 상황에 따라 당대 이슈를 풍자적으로 표현하기 위한 목적으로 만들어진 가면극의 역할을 짚어보는 기사를 작성하였고, 다른 친구들의 기사도 읽어보며 의견을 제시하는 등 적극적인 모습을 보임.
		⑦	깨달음	☞ 특히 작성된 기사를 꼼꼼히 읽어보고 비판적 관점과 대안 제시라는 기사로서의 특성을 점검하는 등 설정된 과제의 목표에서 벗어나지 않도록 중심을 잡았고
전공적합성	⑧		성장 능력	☞ 이와 같은 과정을 통하여 필요한 정보를 추출하는 능력과 함께 기사문의 특징이 세밀한 분석력에 기초하여 비판적 사고를 견지한다는 사실을 깨닫게 되었고
	⑨		관심 분야	관심을 갖고 있던 ☞ 미디어 분야와 관련해서도
	⑩		미친 영향	☞ 대중의 관심을 끌 수 있는 콘텐츠의 시작은 결국 목적에 맞는 글에서 비롯된다는 점을 이해하게 됨.

2. 「개인별 세부능력 및 특기사항」 자기평가서 양식 및 예시

가. 양식

자율적 교육활동 자기평가서

-개인별 세부능력 및 특기사항-

학번		성명		희망 학과		희망 진로		활동 모둠	
• 작성 방법을 숙지하고 쓰세요. • 반드시 괄호→ ( ) 에 쓰세요. • 필요에 따라 고정 문맥을 바꿔 쓸 수 있어요. • 제출할 때는 ( ) 표시를 지우고 검정색으로 통일하세요.									

1	활동 참여		( ) 위해 ( ) 라는 자율적 교육활동에 참여함.
2	활동 내용	① 과목 융합	( ) 과목의 ( ) 내용과 ( ) 과목에서 학습한 ( ) 탐구의 이론적 배경으로 삼음.
		② 탐구 활동	( ) 라는 과제를 설정하고 ( ) 과정을 거쳐 ( ) 견주어 봄.
		③ 결과 도출	( )을(를) 확인함.
3	활동 소감		( ) 을(를) 배웠으며 ( ) 계기가 되었다고 활동 소감을 발표함.

나. 예시

자율적교육활동 자기평가서-인문

-개인별 세부능력 및 특기사항-

학번	1101	성명	김대한	희망 학과	국어교육과	희망 진로	국어 교사	활동 모둠	교육
• 작성 방법을 숙지하고 쓰세요. • 반드시 괄호→ ( ) 에 쓰세요. • 필요에 따라 고정 문맥을 바꿔 쓸 수 있어요. • 제출할 때는 ( ) 표시를 지우고 검정색으로 통일하세요.									

[1차 작성]

1	활동 참여		(학생의 지적, 정서적 성장을 이끌어 주는 교사의 꿈을 실현하기) 위해 ('교과 연계 독서활동의 이해와 실제')라는 자율적 교육활동에 참여함.
2	활동 내용	① 과목 융합	(문학) 과목의 (3. 문학의 갈래와 이해 단원에서 고전수필 '이옥설(이규보)'에 담긴 잘못을 알고도 고치지 않으면 나중에 더 큰 대가를 치른다는) 내용과 (사회문화) 과목에서 학습한 (4. 개인과 사회의 관계 단원에서 교육을 철학적 관점에서 서술한 '에밀(루소)'의 핵심적 주제인 성장 단계에 따른 교육과정의 적용과 연관된 내용을) 탐구의 이론적 배경으로 삼음.
		② 탐구 활동	(교과서의 내용을 문학작품에 적용하여 교육활동의 목적)이라는 과제를 설정하고 (자신이 생각하는 교육활동을 의미하는 문학 작품을 찾아 읽고 핵심 내용을 정리하여 그 의미를 교과서의 내용과 연계하는) 과정을 거쳐 (교육의 본질을 돌아볼 수 있는 '죽은 시인의 사회(N.H.클라인바움)'를 읽고 문학과 사회문화 교과서에서 주장한 즉각적인 개선과 성장 단계를 존중하는 의미를 키팅 선생님의 말과 행동을 중심으로) 견주어 봄.
		③ 결과 도출	(모둠의 친구들이 공통적으로 언급한 것은 교육의 문제는 결국 교사와 학생의 관계를 둘러싼 시대적 상황이라는 점에서 교육의 본질적 목표를 달성하기 위해서는 정치적 의도에서 벗어나야 한다는 견해)를 확인함.
3	활동 소감		(교과서의 내용을 독서와 연계하여 사고의 폭을 넓히는 과정)을 배웠으며 (교단에 서면 주변 상황에 동요하지 않고 교육의 본질을 일관성 있게 추진하겠다는 소신을 갖는) 계기가 되었다고 활동 소감을 발표함.

자율적 교육활동 자기평가서-사회경제

-개인별 세부능력 및 특기사항-

학번	1102	성명	김순수	희망 학과	경제학과	희망 진로	금융전문가	활동 모둠	경제
• 작성 방법을 숙지하고 쓰세요. • 반드시 괄호→( ) 에 쓰세요. • 필요에 따라 고정 문맥을 바꿔 쓸 수 있어요. • 제출할 때는 ( ) 표시를 지우고 검정색으로 통일하세요.									

[1차 작성]

1	활동 참여		(수익형 투자상품을 안내하는 금융전문가의 꿈을 실현하기) 위해 ('보호무역주의 시대의 금융투자방법')이라는 자율적 교육활동에 참여함.
2	활동 내용	① 과목 융합	(정치와 법) 과목에서 학습한 (국제 관계와 한반도 단원과 연계하여 최근 보호무역주의가 확산되고 있다는) 내용과 (경제) 과목의 (금융 단원에서 저성장 국면에 접어들면 노동소득분배율 하락에 따른 경제성장률 둔화의 원인을) 탐구의 이론적 배경으로 삼음.
		② 탐구 활동	(다양한 투자상품에서 출발하여 실제 시장에서 거래되고 있는 상품의 특성)이라는 과제를 설정하고 (수요와 공급 곡선이 교차하는 지점에서 시장 가격이 형성된다는) 논의를 거쳐 (선물, 옵션 등 파생상품의 가격을 결정하는 데 기초자산 가격의 시계열 데이터와 프로그래밍을 활용한 자동 트레이드 기술과) 견주어 봄.
		③ 결과 도출	(금, 원유 선물, 주식, 예금으로 대상을 다각화하여 장기적인 자산 축적 계획을 수립하는 모의 투자 활동을 통하여 금과 예금은 안전자산으로, 원유 선물과 주식은 위험 자산으로 분류한 것)을 확인함.
3	활동 소감		(논의 과정에서 비효율시장가설(IMH)의 핵심 가설인 행동경제학)을 배웠으며 (GDP 대비 수출 비중이 높은 한국의 경제 구조를 고려할 때 환율 변동성을 완화하기 위한 다양한 금융 상품 구조를 이해하는) 계기가 되었다고 활동 소감을 발표함.

자율적 교육활동 자기평가서-자연과학

-개인별 세부능력 및 특기사항-

<table>
<tr><td>학번</td><td>1103</td><td>성명</td><td>김연구</td><td>희망 학과</td><td>화학공학과</td><td>희망 진로</td><td>계산화학자</td><td>활동 모둠</td><td>과학</td></tr>
<tr><td colspan="10">• 작성 방법을 숙지하고 쓰세요.
• 반드시 괄호→ ( ) 에 쓰세요.
• 필요에 따라 고정 문맥을 바꿔 쓸 수 있어요.
• 제출할 때는 ( ) 표시를 지우고 검정색으로 통일하세요.</td></tr>
</table>

[1차 작성]

<table>
<tr><td>1</td><td colspan="2">활동 참여</td><td>(인공지능과 결합된 맞춤형 계산화학자의 꿈을 실현하기) 위해 ('계산화학 시뮬레이션이 활용한 물리 · 화학의 특징')이라는 자율적 교육활동에 참여함.</td></tr>
<tr><td rowspan="3">2</td><td rowspan="3">활동 내용</td><td>① 과목 융합</td><td>(화학1) 과목에서 학습한 (원자 반지름이나 전기음성도와 같은 주기적 성질로 기인한 화학 결합의 성질이라는) 내용과
(화학2) 과목의 (전자쌍 반발 원리를 기반으로 한 다양한 분자 구조 등을 직접 양자 계산으로 가능하다는 것을) 탐구의 이론적 배경으로 삼음.</td></tr>
<tr><td>② 탐구 활동</td><td>(데이터 기반 과학 실험 프로젝트)라는 과제를 설정하고
(전자쌍 반발 원리나 결합 에너지 같은 분자 구조의 결합을 이론적으로 정립하고 이를 webmo를 활용하여 각자 밀도범함수이론(Density functional theory) 기반 양자 계산을 통해 간단한 구조를 갖춘 분자와 이원자 분자의 결합 등을 확인하는) 실습을 거쳐
(계산 소프트웨어를 활용하여 특정 분자와 결합 에너지의 결합각을 구하는 것과 계산화학 기반 시뮬레이션 활동을 통해 화학 결합이 생기는 원인을 핵 간 거리에 따른 반발력으로 설명하는 방식으로) 견주어 봄.</td></tr>
<tr><td>③ 결과 도출</td><td>(물질의 특성과 안정성을 분석할 수 있다는 점에서 계산화학 분야에 매력을 느꼈고 특히 인공지능 기술이 발전함에 따라 계산화학 같은 시뮬레이션과 인공지능이 결합되어 새로운 소재의 전기적 성질을 예측하는 데 활용할 수 있음)을 확인함.</td></tr>
<tr><td>3</td><td colspan="2">활동 소감</td><td>(이와 같은 활동을 통해 직접 실험하기에 앞서 시뮬레이션을 하는 것이 효율적이란 점)을 배웠으며
(계산화학 분야와 다양한 실험 기법을 활용하여 미래의 안정적이고 효율적인 촉매에 대한 연구 의욕을 갖는) 계기가 되었다고 활동 소감을 발표함.</td></tr>
</table>

3. 「자율활동」 자기평가서 양식 및 예시

가. 양식

자율활동 소감문

-"담임 선생님, 이런 활동 했습니다"-

학번		성명		진로		학과	

■ 자율활동을 솔직하게 정리해 보세요.

↳ 활동 Ⅰ · Ⅱ · Ⅲ · Ⅳ에 자신이 참여했던 활동 중에서 의미 있다고 생각하는 것의 제목을 쓰고 내용을 정리하면 됩니다.

↳ 활동의 신뢰성을 위해 날짜가 필요하다면 작성해도 됩니다. 〈예〉 인문학 캠프(2024. 06. 01.)

• 주의: 청색 ( ) 안에 구체적인 내용을 쓰되, 해당 없는 내용은 지우거나 새로운 내용이 있으면 첨가해도 됩니다.

활동 Ⅰ		
상황	짧게	☞ (상황 소개)
과정	길게	☞ (실천 내용)
평가	짧게	☞ (의미 부여)
활동 Ⅱ		
상황	짧게	☞ (상황 소개)
과정	길게	☞ (실천 내용)
평가	짧게	☞ (의미 부여)
활동 Ⅲ		
상황	짧게	☞ (상황 소개)
과정	길게	☞ (실천 내용)
평가	짧게	☞ (의미 부여)
활동 Ⅳ		
상황	짧게	☞ (상황 소개)
과정	길게	☞ (실천 내용)
평가	짧게	☞ (의미 부여)

나. 예시

자율활동 소감문
-"담임 선생님, 이런 활동 했습니다"-

학번	2101	성명	김대한	진로	소프트웨어 개발자	학과	컴퓨터 공학과 or 소프트웨어학과

■ 자율활동을 솔직하게 정리해 보세요.

↳ 활동 Ⅰ · Ⅱ · Ⅲ · Ⅳ에 자신이 참여했던 활동 중에서 의미 있다고 생각하는 것의 제목을 쓰고 내용을 정리하면 됩니다.

↳ 활동의 신뢰성을 위해 날짜가 필요하다면 작성해도 됩니다. 〈예〉 인문학 캠프(2024. 06. 01.)

• 주의: 청색 ( ) 안에 구체적인 내용을 쓰되, 해당 없는 내용은 지우거나 새로운 내용이 있으면 첨가해도 됩니다.

활동 Ⅰ		학급 자치활동
상황	짧게	☞ (학습부 부장을 맡고 있으며,)
과정	길게	☞ (아침마다 일찍 등교하여 칠판에 영어 단어와 숙어 2개씩 쓰고 교내시험의 정보도 정리하는 등 친구들의 어학능력향상은 물론이고 공통 관심사인 교내시험 관련 정보를 제공하는 등)
평가	짧게	☞ (자신이 맡은 역할에 대하여 책임의식을 갖고 적극적으로 실천에 옮김.)
활동 Ⅱ		역할 나누기 활동
상황	짧게	☞ ('학급 1인 1역할' 프로그램에서 휴지통 비우기를 담당한 바,)
과정	길게	☞ (아침 청소가 끝나면 휴지통을 비우는 일을 빼놓지 않고 했으며 특히 휴지통이 지저분하면 화장실에 가서 깨끗이 닦아다 놓는 등 위생관리에도 철저한 모습을 보임. 쉬는 시간이나 점심 시간에도 항상 휴지통을 살펴보고 비워야 한다고 생각되면)
평가	짧게	☞ (곧바로 분리수거장으로 가는 모습도 인상적임.)
활동 Ⅲ		학생인권교육
상황	짧게	☞ (학생인권교육 영상을 시청한 후,)
과정	길게	☞ (학생의 인권의 범위에 대하여 생각해 봄. 학생 인권의 최대 관심 요소인 두발, 복장 등과 관련해서 획일적 기준을 적용하는 것은 스스로 결정할 수 있는 권리의 침해라는 인식을 갖게 됨. 하지만 친구들을 유심히 관찰한 후 두발, 교복이 기준에서 벗어난 경우 이것이 다른 친구들의 학업에 방해를 준다는 점에서)
평가	짧게	☞ (다소 강제성도 필요하다는 생각을 갖게 됨.)
활동 Ⅳ		자율주제탐구활동
상황	짧게	☞ (학급의 진로와 연계한 모둠형 자율탐구활동에 참여하여)
과정	길게	☞ (정보통신 분야의 친구들과 함께 양자컴퓨터가 작동하는 원리에 대해 탐구하면서 현재 양자컴퓨터가 상용화되지 못하는 이유에 대하여 조사함. 또한, 양자컴퓨터가 상용화되었을 때 발생하는 문제점들을 분석하여 아직은 기술적으로 보완할 부분이 많다는 의견을 제시하고)
평가	짧게	☞ (이런 부분을 개선하면 다양한 분야에서 엄청난 기술적 진보를 가져올 수 있다고 강조함)

4. 「진로활동」 자기평가서 양식 및 예시

가. 양식

진로활동 소감문

-"담임 선생님, 이런 활동 했습니다"-

학번		성명		진로		학과	

■ 자율활동을 솔직하게 정리해 보세요.

↳ 활동 Ⅰ · Ⅱ · Ⅲ · Ⅳ에 자신이 참여했던 활동 중에서 의미 있다고 생각하는 것의 제목을 쓰고 내용을 정리하면 됩니다.

↳ 활동의 신뢰성을 위해 날짜가 필요하다면 작성해도 됩니다. 〈예〉 인문학 캠프(2024. 06. 01.)

• 주의: 청색 ( ) 안에 구체적인 내용을 쓰되, 해당 없는 내용은 지우거나 새로운 내용이 있으면 첨가해도 됩니다.

활동 Ⅰ		진로 상담 활동
상황	설정	☞ (상황 소개)
과정	제시	☞ (실천 내용)
평가	판단	☞ (의미 부여)
활동 Ⅱ		진로 탐색 활동
상황	설정	☞ (상황 소개)
과정	제시	☞ (실천 내용)
평가	판단	☞ (의미 부여)
활동 Ⅲ		
상황	설정	☞ (상황 소개)
과정	제시	☞ (실천 내용)
평가	판단	☞ (의미 부여)
활동 Ⅳ		
상황	설정	☞ (상황 소개)
과정	제시	☞ (실천 내용)
평가	판단	☞ (의미 부여)

나. 예시

진로활동 소감문

-"담임 선생님, 이런 활동 했습니다"-

학번	2101	성명	김대한	진로	소프트웨어 개발자	학과	컴퓨터 공학과 or 소프트웨어학과

■ 자율활동을 솔직하게 정리해 보세요.

↳ 활동 Ⅰ · Ⅱ · Ⅲ · Ⅳ에 자신이 참여했던 활동 중에서 의미 있다고 생각하는 것의 제목을 쓰고 내용을 정리하면 됩니다.

↳ 활동의 신뢰성을 위해 날짜가 필요하다면 작성해도 됩니다. 〈예〉 인문학 캠프(2024. 06. 01.)

• 주의: 청색 ( ) 안에 구체적인 내용을 쓰되, 해당 없는 내용은 지우거나 새로운 내용이 있으면 첨가해도 됩니다.

활동 Ⅰ		진로 상담 활동
상황	설정	☞ (평소 인공지능 분야에 관심을 갖고 있어)
과정	제시	☞ (여름방학 방과 후 활동 프로그래밍 강좌를 수강하여 프로그래밍을 배움.)
평가	판단	☞ (인공지능 프로그램을 개발하기 위해서는 뛰어난 집중력과 함께 실용적인 분야에 호기심이 많아야 한다는 점에서 새로운 것을 배우려고 노력하는 학생의 성향에 잘 맞는다고 생각하여 격려함.)
활동 Ⅱ		진로 탐색 활동
상황	설정	☞ (소프트웨어의 사회적 영향력에 대하여 찾아본 후, 취업의 방향성과 연계하여 조사함.)
과정	제시	☞ (특히 다양한 소프트웨어를 능동적으로 운용할 수 있는 인공지능의 역할이 새로운 일자리 창출과 관련하여 주목받고 있는 분야도 알아보고)
평가	판단	☞ (결국 이런 과정을 보다 효율적으로 탐구하기 위해서는 수리적 계산 능력을 갖춰야 하기 때문에 확률과 통계, 미적분 등의 과목을 이해하는 데 중점을 둠.)
활동 Ⅲ		진로 독서 활동
상황	설정	☞ (인공지능 전문가는 각종 프로그램 개발 외에도 로봇이나 게임 등 신산업의 핵심 분야와 연관되기 때문에 더 큰 매력을 느껴)
과정	제시	☞ ('인공지능 생존 수업(조중혁)'을 읽음. 독서 활동을 통해 인공지능의 특징과 활용 분야 등을 알게 되었고)
평가	판단	☞ (특히 인공지능의 법률적, 도덕적 책임과 관련하여 개발자가 갖춰야 할 소양을 기르는 계기가 됨.)
활동 Ⅳ		진로 심화 활동
상황	설정	☞ (소프트웨어의 의미를 이해하기 위하여 다양한 자료를 찾아 정리함.)
과정	제시	☞ (소프트웨어는 비가시성, 비마모성, 복제 용이성, 복잡성 등의 특징과 시스템 소프트웨어와 응용소프트웨어의 2가지로 구분된다는 것을 알게 됨.)
평가	판단	☞ (소프트웨어에 대하여 학습하면서 컴퓨터의 데이터 처리 방식의 큰 틀을 알게 되었고 게임도 하나의 소프트웨어에 속하다는 것을 알게 됨.)

5. 「동아리활동」 자기평가서 양식 및 예시

가. 양식

(　　　　) 동아리 자기평가서

학번		성명		진로		학과	

[주의]

① 손가락(☞)으로 표시된 부분에 기록할 것.
② 매끄러운 문맥을 위한 청색 글씨는 본인의 특성에 맞게 고칠 수 있음.
③ '공통 영역'은 함께 활동한 내용으로 그대로 두면 됨.
④ 내용 요소별로 지정된 글자수를 맞출 수 있도록 할 것.
⑤ 작성된 소감문은 동아리 담당선생님께 제출하여 학생부 동아리활동 기록에 참고할 수 있도록 할 것.

①	관심 (25자)	평소 ☞ 에 관심을 갖고 있던 바,
②	근거 (100자)	☞ 활동에 참여함.
③	활동 (200자)	'데이터를 활용한 역사적 의미의 분석과 재구성'이라는 탐구과제를 설정하여 ☞ 과정을 거쳐 ☞ 역할을 함.
④	결과 (100자)	이를 통하여 ☞ 알게 되었고 그런 점에서 ☞ 깨닫게 됨.
⑤	역량 (75자)	무엇보다도 자신의 진로인 ☞ 관련하여 ☞ 계기가 됨.

나. 예시

(독서반) 동아리 자기평가서

학번	1101	성명	김대한	진로	큐레이터	학과	역사학과

[주의]

① 적색 손가락(☞)으로 표시된 부분에 기록할 것.
② 매끄러운 문맥을 위한 청색 글씨는 본인의 특성에 맞게 고칠 수 있음.
③ '공통 영역'은 함께 활동한 내용으로 그대로 두면 됨.
④ 내용 요소별로 지정된 글자수를 맞출 수 있도록 할 것.
⑤ 작성된 소감문은 동아리 담당선생님께 제출하여 학생부 동아리활동 기록에 참고할 수 있도록 할 것.

[작성본]

①	관심 (25자)	평소 ☞ 과거의 역사적 사건을 정리하고 분석하는 활동에 관심을 갖고 있던 바,
②	근거 (100자)	☞ 과거의 데이터를 통해 현재를 분석하고 미래 사회를 예측하는 활동에 참여함.
③	활동 (200자)	'데이터를 활용한 역사적 의미의 분석과 재구성'이라는 탐구과제를 설정하여 ☞ 동료들과 함께 '호모데우스(유발하리리)'를 읽음. 함께 '10장, 의식의 바다'를 선정하여 정독한 후, '데이터가 인간보다 인간을 잘 아는 세상에서 인류는 어떠한 변화를 맞이할까'라는 내용으로 논점을 축소하여 데이터를 미래 사회에 적용했을 경우 나타나는 현상을 살펴보는 과정에서 ☞ 활발한 논의가 이루어질 수 있도록 화제를 이끌고 정리하는 역할을 함.
④	결과 (100자)	이를 통하여 ☞ 이미 일어난 과거의 사건을 상황에 맞게 통계학적으로 정리하여 인공지능의 알고리즘에 적용한다면 미래의 세계에서 일어날 수 있는 부정적 요소도 어느 정도 예방할 수 있다는 사실을 알게 되었고 그런 점에서 ☞ 역사학을 과거의 사건으로 구조화하는 것에서 벗어나 미래의 사건도 예측할 수 있어야 한다는 시대적 요구와 당위성을 깨닫게 됨.
⑤	역량 (75자)	무엇보다도 자신의 진로인 ☞ 박물관의 자료를 전시하고 홍보하는 큐레이터로서의 역할과 관련하여 ☞ 역사의 이해와 분석을 통한 통계학적 방법론의 필요성을 인식하는 계기가 됨.

6. 「행동특성 및 종합의견」 자기평가서 양식 및 예시

가. 양식

행동특성 및 종합의견 소감문

-"담임 선생님, 저에게는 이런 모습도 있답니다"-

학번		성명		진로		학과	

→ 「행동특성 및 종합의견」은 교수님께 자신을 알리는 '자기소개서' 및 '추천서'와 같습니다.

■ 학교 내에서 있었던 일을 솔직하게 정리해 보세요.

• 주의: 청색 ( ) 안에 구체적인 내용을 쓰되, 해당 없는 내용은 지우거나 새로운 내용이 있으면 첨가해도 됩니다.

Ⅰ	배려, 나눔, 협력 ⬅ 해당되는 항목에 동그라미 표시를 하세요	
상황	어떤 문제	☞ (장소에서) ☞ (상황 발견)
근거	어떤 가치	☞ (문제 상황) ☞ (문제 이유) ☞ (문제 의미)
과정	어떤 방법	☞ (구체적 행위) ☞ (실천에 옮김.)
성찰	어떤 계기	☞ (의미 분석) ☞ (가치 판단)
Ⅱ	공동체 의식, 리더십 ⬅ 해당되는 항목에 동그라미 표시를 하세요	
상황	어떤 문제	☞ (장소에서) ☞ (상황 발견)
근거	어떤 가치	☞ (문제 상황) ☞ (문제 이유) ☞ (문제 의미)
과정	어떤 방법	☞ (구체적 행위) ☞ (실천에 옮김.)
성찰	어떤 계기	☞ (의미 분석) ☞ (가치 판단)
Ⅲ	자기주도적 학습	
상황	어떤 모습	☞ (학습 장소) ☞ (학습 형태)
근거	어떤 과정	☞ (학습 노력) ☞ (학습 의미)
판단	어떤 의미	☞ (가치 판단)

나. 예시

행동특성 및 종합의견 소감문

-"담임 선생님, 저에게는 이런 모습도 있답니다"-

학번		성명		진로		학과	

→ 「행동특성 및 종합의견」은 교수님께 자신을 알리는 '자기소개서' 및 '추천서'와 같습니다.

■ 학교 내에서 있었던 일을 솔직하게 정리해 보세요.

• 주의: 청색 ( ) 안에 구체적인 내용을 쓰되, 해당 없는 내용은 지우거나 새로운 내용이 있으면 첨가해도 됩니다.

I	배려, 나눔, 협력 ⬅ 해당되는 항목에 동그라미 표시를 하세요	
상황	어떤 문제	☞ (점심시간에 급식실로 이동하던 중) ☞ (목발을 짚고 가는 친구를 발견함)
근거	어떤 가치	☞ (마침 계단이 있어) ☞ (올라가야 했기에) ☞ (위험할 수도 있어)
과정	어떤 방법	☞ (재빨리 다가가) ☞ (어깨를 손으로 감싸서 부축함)
성찰	어떤 계기	☞ (친구의 어려움을 함께 나누고자 하는) ☞ (배려심이 돋보임.)
II	공동체 의식, 리더십 ⬅ 해당되는 항목에 동그라미 표시를 하세요	
상황	어떤 문제	☞ (교내체육대회가 열린 운동장에서) ☞ (축구경기가 진행되던 중)
근거	어떤 가치	☞ (상대팀에 끌려가고 있어) ☞ (사기도 떨어지고) ☞ (패색이 짙어가는데)
과정	어떤 방법	☞ (학급 구성원들을 독려하여) ☞ (열렬한 응원을 주도한 바)
성찰	어떤 계기	☞ (난관을 극복하고) ☞ (역전승을 거두는 데 탁월한 리더십을 발휘함.)
III	자기주도적 학습	
상황	어떤 모습	☞ (야간에 이루어지는 자기주도적 학습에 참여하여) ☞ (일과 중에 배운 과목을 중심으로)
근거	어떤 과정	☞ (예습과 복습을 빠트리지 않고) ☞ (끈기 있게 지속적으로 수행하는 과정을 통하여)
판단	어떤 의미	☞ (학습의 기본기를 정확히 지키고 단계적으로 학습 내용을 심화하는 주체적 자세를 보임.)

필요한 자기평가서 양식을 QR 코드로 다운받아서 활용하세요. (양식과 작성 예시 포함)

1. 교과세부능력 및 특기사항 자기평가서	2. 개인별 세부능력 및 특기사항 자기평가서
3. 자율활동 자기평가서	4. 진로활동 자기평가서
5. 동아리활동 자기평가서	6. 행동특성 및 종합의견 자기평가서

검토진 소개

권혜경 (1급 진로진학상담사)
이현아 (1급 진로진학상담사)
고상민 (1급 진로진학상담사)
김근범 (1급 진로진학상담사)
박진양 (1급 진로진학상담사)
이강욱 (1급 진로진학상담사)
옥현주 (1급 진로진학상담사)
최선아 (1급 진로진학상담사)
소　민 (1급 진로진학상담사)
유경화 (1급 진로진학상담사)
이원주 (1급 진로진학상담사)
오현주 (1급 진로진학상담사)
배수현 (1급 진로진학상담사)
윤남순 (1급 진로진학상담사)
임은노 (1급 진로진학상담사)
배용제 (1급 진로진학상담사)
모규민 (1급 진로진학상담사)
정아윤 (1급 진로진학상담사)
박범호 (1급 진로진학상담사)
구민영 (한국행복인재교육원 대표)
조경일 (성균관대 이학박사. 카이스트 연구원)
김준수 (카이스트 기계공학과 박사과정)
송재섭 (포항공대 신소재공학 박사과정)
권윤환 (서울대 정치외교학과)
전준혁 (고려대 기계공학과)
권오윤 (고려대 국어교육학과)
권혁균 (고려대 역사교육학과)
유지환 (연세대 정치외교학과)
윤종호 (건국대 수의학과)
남희연 (디지스트 기초학부 컴퓨터전공)
선우현 (가천대 약학과)
장현규 (한국에너지공과대학 1기 학생회장)
박정현 (충남대 의대)

저자 약력

김선환

- 한국진로진학연구원 수석연구원
- 한국교육컨설턴트협의회 대전 · 세종 · 충청 본부장
- 태재대학교 자문위원 / 메이저맵(Major Map) 선임연구원
- 한국진로진학정보원 정회원
- 서울특별시 다문화 상담위원
- (주)중앙에듀 대입컨설턴트
- 진로진학상담사 1급
- 진로진학상담사 2급 3급 양성교수
- 전국 중고등학교 및 지자체 진로진학 전문강사

[저서]
- 결정적 코치 대입실전편 7, 8, 10, 11, 12, 13 집필팀장
- AI와 함께 하는 심화 탐구보고서(교육과학사)
- 긍정의 힘(공저. 행복에너지)

[기고]
- 김선환 샘의 대학입시/진로진학 결정적 코치 (시빅뉴스)

김진환

- 콘코디아국제대학교 인문학연구소 교수(연구소장)
- 성균관대학교 문화융합대학원 겸임교수
- 한국대학입학사정관협의회 부회장 & 교육위원장
- 한국대학교육협의회 대입상담센터 대표강사
- 충청남도교육청 인정도서심의위원회 위원장
- 광주광역시교육청 인정도서심의위원회 위원장
- 광주광역시 빛고을장학재단 이사
- 전북 정읍시 고교지역으뜸인재육성사업 전문 컨설턴트
- 진로진학상담사 1급(한국교육컨설턴트협의회)

[저서]
- 프랑스혁명의 이해(원광디지털대학교, 2003)

[논문]
- 이원화된 프랑스의 대학 체제(열린정신 인문학연구, 2004)

[기고]
- 한눈에 보는 대입 면접 요령(괜찮은 뉴스, 2021~현재)

이석록

- 한국외국어대학교 대학원 국어국문과 박사과정 수료
- 화곡고 교사
- EBS언어영역, 논술강사
- 메가스터디 입시평가연구소장
- 한국외국어대학교 입학사정관실장
- 전국입학사정관 수도권협의회 회장
- 한국외국어대학교 입학초빙교수
- 공공입학사정관

[저서]
- 학생부종합전형 101가지 이야기(6개 대학 공동)
- 학생부종합전형 공통 평가요소 및 평가항목 (6개 대학 공동)
- SKY 직행 학생부, 탐구력을 잡아라(포르체)

정재훈

현) 고성고등학교 생명과학 교사
현) 전국진학지도협의회 학생부종합전형 의치약한수팀 전문위원
현) 건국대, 숭실대 등 입학사정관 교사 협력 자문위원
현) 과학기술정보통신부 한국과학창의재단 진로 컨설턴트
현) 경상남도 교육청 온라인 진로 상담교사
현) 한국교육컨설턴트협의회 진로진학상담사 1급, 19기 회장
전) 경상남도교육청 중등교육과 대학진학위원단
전) 경상남도 통영교육지원청 고교학점제 교사 대상 특강 위촉강사

[저서]
- 고교학점제 어떻게 활용할 것인가?(정재훈 외 7명, 교육과학사)
- 대입면접의 정석(의생명계열, 공학계열) (교육과학사)
- 대입면접의 정석(교육대, 사범대) (교육과학사)
- 대입면접의 정석(상경계열, 사회계열, 인문계열)(교육과학사)
- 배터리 에너지 진로 코칭(정재훈 외 2명, 미디어 숲)
- 결정적 코치 11, 12, 13 대입 실전편 집필팀장
- 학생부 서류기반 면접(정재훈 외 9명, 프리에듀)
- AI와 함께하는 심화 탐구보고서(김선환 외 17명, 교육과학사)

최진규

- 現 충남 서령고등학교 교사
- EBS 교육방송 입학사정관제, 논술 강사
- TBS 교통방송 '기적의 TV, 상담받고 대학가자' 고정출연
- 대학교육협의회 대학 입학사정관전형 평가위원
- 대학교육협의회 논술연구위원
- 조선일보 논술 네트워크 위원
- 개정교육과정 교과서 심의위원회 연구위원

[저서]
- 논술교과서 '논술의 과정'(엘림에듀)'서울시 교육청 인정 교과서'
- 언어영역 원리서 '언어영역 맞짱뜨기'(교학사)
- 언어영역 특강 교재 '청출어람'(교학사) 문학편
- 언어영역 특강 교재 '청출어람'(교학사) 비문학편
- 입시 안내서 '학과 보고 대학 가자(미래엔)-일반대/전문대'
- 입시 학습서 '학생부 1등급 만들기(한국교육컨설턴트협의회)'
- 입시 학습서 '결정적 학생부(한국교육컨설턴트협의회)'

피상훈

현) (주)프레디저 진로진학연구소 소장
현) Institute of AI for Academic Excellence
(학문적 탁월함을 추구하는 AI 연구소 소장)
현) (주)한국학원대학교 AI 기반 진로진학 분야 외부 협력 전문가
현) AI 기반의 고교학점제 전문 지도사 자격증 과정
(한국직업능력연구원 정식 등록) 프로그램 고안 및 교육 책임자

[저서]
- 진로 탐색 워크북 '나는 나비'
- 꿈의 나침반(IDK)
- 학달자마(프레디저, 학생부 관리 워크북)
- AI와 함께하는 심화탐구보고서(교육과학사)
- 범교과 학습주제 심화탐구보고서(출간 예정)

SDGs와 함께 하는 심화 탐구보고서

2025년 3월 20일 1판 1쇄 발행
2025년 8월 20일 1판 2쇄 발행

공저자 : 김선환 김진환 이석록
정재훈 최진규 피상훈
발행자 : 한 정 주
발행처 : 교 육 과 학 사

저자와의 협의하에 인지생략

경기도 파주시 광인사길 71
전화 (031)955-6956~8/팩스 (031)955-6037
Home-page : www.kyoyookbook.co.kr
E-mail : kyoyookbook@daum.net
등록 : 1970년 5월 18일 제2-73호

낙장 · 파본은 교환해 드립니다.
Printed in Korea.

정가 27,000 원
ISBN 978-89-254-2026-4